스위스에서 정치를 묻다

분권적
국가개조론

Machtteilung
in der Schweiz

스위스에서 정치를 묻다

Machtteilung
in der Schweiz

분권적
국가개조론

이기우 지음

■ 머리말

정치가 국가발전과 경제발전에 걸림돌이 되고 있다. 정치로 인하여 사회적 갈등이 해결되는 것이 아니라 사회적 갈등이 증폭되고 있다. 그래서 국민들은 정치가 문제라고 생각한다. 정치만 제대로 되면 국가가 발전할 것이고 경제가 발전할 것으로 믿고 있다. 정치인들조차도 정치가 문제라고 생각하기는 마찬가지이다. 그래서 정치인들은 틈만 나면 정치개혁을 외치고 있고, 새정치를 약속한다. 하지만 정치현실은 개선되지 않고 있다. 여당은 야당의 탓으로, 야당은 여당의 탓으로 돌린다. 그뿐이다. 국민들도 이제는 체념하고 만다. 정치란 으레 그런 것이라고 포기한다.

세월호 침몰을 계기로 국가개조가 거론되고 있다. 우리의 정치, 이대로는 안 된다는 인식이 널리 퍼져있다. 세월호 사건을 사전에 예방하지 못한 것에는 중앙정부의 부패에 원인이 있고, 인명구조에 있어서는 중앙집권적 권력구조의 비효율성으로 실패하였다. 사후대책을 강구해야할 국회는 여당과 야당간의 사생결단식 대결정치로 5개월이 넘도록 마비상태에 빠져 있었다. 정치가 공동체문제를 해결하는 것이 아니라 오히려 새로운 문제를 만들어내고 사회적 갈등을 해소하는 것이 아니라 증폭시키고 있다.

정치가 국가발전과 경제발전에 도움이 될 수는 없을까? 정치가 번영의 디딤돌이 되고 견인차역할을 할 수는 없을까? 정치가 사회갈등을 해소하여 사회안정에 기여할 수는 없을까? 필자가 학문을 하면서 항상 제기하는 질문이고 화두이다. 여당과 야당이 비생산적인 논쟁을 하면서 허송세월하는 것이 정치인의 탓인가? 아니면 정치제도의 탓인가?

정치가 경제발전과 국가발전의 걸림돌이 아니라 디딤돌이 되는 나라를 스위스에서 본다. 정치가 안정되고, 예측가능하고, 정치가 사회적 갈등을 해소하고 있다. 스위스 정치의 모습은 우리가 금과옥조로 본받고자 했던 미국이나 영국의 정치체제와 참 많이 다르다. 같은 민주주의라고 하지만 전혀 다른 원리에 의해 운영되고 있다. 스위스의 성공스토리를 펼치는데 정치가 그 중심에 있다. 우리가 새로운 정치를 찾고 있다면 기존의 정치틀을 넘는 새로운 정치의 틀을 짤 필요가 있다. 스위스의 정치에서 많은 시사점을 얻을 수 있을 것으로 본다.

우리가 익숙한 영국이나 미국의 정치질서는 정치엘리트들이 국가문제와 경제문제를 잘 해결할 것이라고 믿고 맡기고 있다. 권력자에 대한 신뢰와 국민에 대한 불신에 기초를 두고 있다. 이에 대해서 스위스는 반대로 권력자에 대한 불신과 국민에 대한 신뢰에 기초를 두고 있다. 이에 스위스는 철저한 권력분립을 통해서 권력에 대한 불신을 제도화하고 있고, 중요한 결정권을 국민에게 맡기고 있다. 영국이나 미국의 민주주의가 여당과 야당의 권력독식을 위한 대결정치에 기초를 두고 있는 반면에 스위스는 주요 정당들이 권력을 공유하는 화합정치를 기초로 하고 있다. 영미식의 대의정치와 대결정치가 극단화된 우리나라에서는 완충지대가 필요하다. 스위스 정치는 여야의 정치인들이 극한적인 권력투쟁으로 서로의 발목을 잡는 대결정치 대신에 여야가 공존하고, 중앙과 지방이 공존하는 화합정치의 가능성을 보여준다.

필자는 독일의 정치제도를 주로 연구해왔으나 수년 전부터 스위스 정치제도에 관심을 갖기 시작했다. 우선은 필자가 전공하는 지방분권과 관련하여 스위스의 지방자치제도와 연방제도를 공부하기 시작하였다. 연구를 진행함에 따라 스위스 정치제도에는 다른 나라와 구분되는 특별한 요소가 많다는 것을 발견하게 되었다. 이에 연구를 지방자치와 연방제도를 넘어서 스위스 정치전반으로 확대하게 되었다.

필자는 독일에서 1989년 박사학위논문을 제출하고 스위스를 여행한 적이 있다. 당시 스위스 연방제도에 관심이 컸기 때문에 이와 관련된 연구소를 방문하였고, 스위스 여러 곳을 다니면서 아름다운 자연과 도시와 마을, 친절하고 우호적인 사람들에게서 깊은 인상을 받았다.

다시 한 번 스위스에 관심을 갖게 된 것은 이명박 정부가 대대적인 시·군 통합을 추진할 때였다. 스위스의 지방자치단체는 그 평균규모가 우리의 1/70에 불과하지만 이를 통합하려는 움직임에 대해서는 찬반논쟁이 치열하였다. 이를 연구하는 과정에서 스위스 프라이부르크대학의 아이헨베르거(Reiner Eichenberger) 교수가 쓴 글들을 대하면서 깊은 감명을 받았다. 그는 지역발전을 위해 지방자치단체를 통합해야한다는 주장에 대해서 "거지가 결혼한다고 해서 부자가 되는 것은 아니다"라는 함축적인 말로써 반박했다. 그의 연방제도나 지방분권관련 논문들을 읽으며 많은 시사점을 얻었다.

　다음으로 한국지방세연구원에서 스위스 지방세제도를 연구해 달라는 부탁을 받고 스위스의 재정제도를 살펴볼 기회가 있었다. 지방정부인 칸톤이나 게마인데가 갖는 재정자율성이 매우 높고, 지방간의 조세경쟁으로 지방의 혁신을 가져오고 이를 통하여 연방의 혁신으로 이어진다는 사실을 발견하게 되었다.

　또한 지방분권운동을 하는 분들이 경북영주에서 개최한 '스위스학교'에서 1박을 하면서 안성호교수님, 안권욱교수님과 함께 강의를 하고 밤늦게까지 참여자들과 진지한 토론하면서 많은 얘기를 나누었다.

　최근, 오랜만에 연구년을 갖게 되면서 스위스 정치제도의 연구에 전념을 하기로 했다. 구할 수 있는 스위스 문헌을 통해서 정치제도의 골격을 정리를 했다. 집필이 상당히 진전된 후에 스위스를 방문하였다. 여러 학자들을 만나서 많은 얘기를 나누었다. 특히 아이헨베르거 교수에게 연락을 했더니 집으로 초대를 했다. 아침에 그의 집을 방문하여 차와 점심을 하면서 오후 늦게까지 장시간 연방제도와 지방분권, 스위스 정치제도, 한국정치 등을 토론하였다. 학자에게는 국경이 있지만 학문에는 국경이 없다고 생각했다. 스위스 정치제도에 관해 가장 많은 논문과 저서를 발표하고 있는 베른대학의 파터(Adrian Vatter)교수와 만남도 많은 도움이 되었다. 마침 최근에 발간된 그의 저서인 "스위스 정치제도"를 읽고 있었기 때문에 궁금했던 많은 의문을 해소할 수 있었다. 또한 스위스에서 가장 영향력 있는 정치경제학자인 바젤대학의 프라이(René Frey) 교수와 만남은 매우 인상적이었다. 그에게 스위스를 잘 살게 만드는 제도가 무엇인지 한 가지만 얘기해 달라고 했더니 망설임 없이 "연방제도"라고 답했다. 연방제도가 스위스의 평화와 스위스의 발전을 이끄는 핵심적인 정치제도라고 했다. 그는 최근에 발표한 여러 편의 논문을 복사해 주었다. 그림까지 그려가면서 스위스 정치제도를 아주 쉽게 설명해 주던 노학자의 모습은 잊을 수가 없다. 그는 특히 조세경쟁과 직접민주주의의 작동원리에 대해서도 매우 함축적이면서 이해하기 쉬운 언어로 설명을 했다. 복잡하고 어려운 내용을 쉽고 간결하게 설명하는데서 대가의 모습을 느꼈다. 그 외에도 아이헨베르거 교수가 추천하는 지역과 기관을 방문하고, 학자들을 만나면서 스위스에 대한 현실감을 갖게 되었다. 귀국하여 전에 집필했던 부분을 보강하여 출간하게 되었다. 스위스의 정치체제를 연구하면서 그 동안 생각하지 못했던 민주주의의 새로운 모습과 다양한 정치적인 제도들을 접하게 되면서 집필과정은 발견의 기쁨으로 즐거웠다. 새로운 정치를 갈망하는 학자들과 학생, 새로운 정치를 실현하고자 하는 정치인과 시민사회의 리더들과 이 책을 통하여 교류하기를 희망한다.

아무쪼록 이 책이 국가발전을 발목잡고 있는 한국 정치의 고질병인 대결정치를 화합정치로 전환하고, 소모적인 정쟁을 생산적인 정치로 바꾸어 내어 정치가 국가발전의 걸림돌이 아니라 디딤돌이 되도록 국가를 개조하는데 일조를 하기를 희망한다. 마침 정치권에서 개헌논쟁이 뜨겁다. 한편에서는 개헌이 경제발전의 블랙홀이라고 반대를 하고, 다른 한편에서는 경제발전을 위해서도 개헌이 필요하다고 한다. 필자는 뷰캐넌의 지적처럼 정치실패는 헌법실패에 원인이 있다고 본다. 정치에 심각한 문제가 있으면 헌법을 고쳐주어야 한다. 좋은 정치를 위해서는 좋은 헌법이 필요하다. 국가개조수준의 정치개혁은 헌법개정을 전제로 한다. 스위스는 거의 매년 헌법을 개정하지만 국가경쟁력이 세계 최고라는 점은 시사하는 바가 크다. 정치가 난관에 부딪혀 국가발전에 걸림돌이 되는 경우에 헌법을 개정하는 것은 당연하다. 제대로 된 헌법개정은 경제의 블랙홀이 아니라 경제발전을 촉진하는 빅뱅이 될 수 있다. 문제는 개헌의 방향과 내용이다. 이점에서 이 책이 개헌 논쟁과 개헌의 내용을 잡는데 기여할 수 있을 것으로 기대한다.

마지막으로 이 책을 집필하는 동안 적극적으로 협조를 해준 가족들에게 고마움을 느낀다. 스위스를 함께 방문하여 전문가 면담과 자료조사를 위해 그 좋은 스위스 관광도 포기하고 협조해준 아내 김경숙님에게 감사를 드린다. 서울대 행정대학원 박사과정에 재학중인 딸 단비와 연세대학교 행정학과에 재학중인 아들 호준이 원고를 정리하고 교정하는데 많은 도움을 주었다. 출판시장이 매우 어려움에도 불구하고 시장성이 높지 않은 이 책의 출판을 기꺼이 허락하여 주신 한국학술정보의 채종준사장님과 이 책의 발간을 주선하고 도움을 주신 인하대학교 모세종 교수님과 정석학술정보관의 김봉세팀장님, 출판을 위해 편집과 교정, 인쇄에 많은 노력을 아끼지 않은 한국학술정보의 조현수과장과 권오권님을 비롯한 관계자 모두에게 이 기회를 빌어 깊은 감사를 드린다.

2014년 10월 저자 이기우

■ 서장

세계에서 정치가 가장 안정된 나라, 세계에서 가장 국가경쟁력이 높은 나라, 정부에 대한 국민의 신뢰가 가장 높은 나라, 세계에서 가장 기업하고 싶어 하는 나라, 세계에서 가장 살고 싶은 나라… 그 중심에는 정치가 있다. 스위스의 이야기다.

유엔이 2013년 156개국을 대상으로 행복지수를 측정한 결과 스위스는 덴마크, 노르웨이와 더불어 국민이 가장 행복한 나라에 속한다. 또한 월드뱅크에 의하면 2013년도 스위스 1인당 국민소득은 81,323 달러로 가장 부유한 나라 중의 하나이다. 한마디로 스위스는 국민이 부유하고 또한 국민이 행복한 나라이다. 스위스의 국가발전과 국민행복의 디딤돌이 되는 스위스 정치체제는 어느 날 아침에 갑자기 만들어진 것이 아니라 1848년 이후에 거의 해마다 국민들이 헌법개정을 통해 이룩한 정치혁신의 산물이다.

표 1 : 국가경쟁력지수순위 (출처: http://www.weforum.org)

Country/Economy	Rank(out of 144)	GCI 2014-2015 Score	GCI 2013-2014 Rank(out of 148)
Switzerland	1	5.70	1
Singapore	2	5.65	2
United States	3	5.54	5
Finland	4	5.50	3
Germany	5	5.49	4
Japan	6	5.47	9
Hong Kong SAR	7	5.46	7
Netherlands	8	5.45	8
United Kingdom	9	5.41	10
Sweden	10	5.41	6
Norway	11	5.35	11
United Arab Emirates	12	5.33	19
Denmark	13	5.29	15
Taiwan, China	14	5.25	12
Canada	15	5.24	14
Qatar	16	5.24	13
New Zealand	17	5.20	18
Belgium	18	5.18	17
Luxembourg	19	5.17	22
Malaysia	20	5.16	24
Austria	21	5.16	16
Australia	22	5.08	21
France	23	5.08	23
Saudi Arabia	24	5.06	20
Ireland	25	4.98	28
Korea, Rep.	26	4.96	25

우리는 그렇게 될 수 없는가? 필자가 항상 품고 있는 화두이다. 가능성은 있다. 우리는 가장 가난했던 나라에서 경제발전의 기적을 이루었다. 제2차 대전이후 독립한 나라에서 유일하게 민주화의 기적을 성취했다. 엄청난 정치발전이다. 문제는 여기에 있다. 우리가 달성한 민주주의가 이제는 경제와 사회의 발전에 디딤돌이 되지 못하고 걸림돌이 되어버렸기 때문이다. 여야가 서로 사생결단 발목을 잡고 있으니 경제가, 민생이, 사회가 정치에 볼모로 잡혀 앞으로 나아가지 못한다. 사회의 갈등과 분쟁이 정치로 인하여 증폭되고 있다. 사회갈등을 정치가 치유하는 것이 아니라 새로운 갈등을 만들어 내고 있다. 우리가 달성한 민주주의에 뭔가 잘못이 없는지 근본적인 점검을 할 때가 되었다.

삼성연구소의 연구결과에 의하면 사회갈등지수가 10%감소하면 1인당 GDP가 7.1% 증가하는 효과가 발생한다고 한다. "한국의 갈등지수를 OECD 평균인 0.44로 완화할 경우 1인당 GDP는 27.0% 상승할 것"이라고 한다(삼성연구소, 2009, 11). 우리나라는 다른 나라에 뿌리 깊은 갈등요인인 인종적 갈등, 종교적 갈등, 문화적 갈등이 거의 없는 기적 같은 나라이다. 그럼에도 불구하고 갈등의 사회적 비용이 국민총생산액의 27%에 이르는 것은 정치에 근본적인 원인이 있다. "문제는 정치이다"라는 말이 숫자로 입증된 것이다. 우리 사회에 고질적인 지역갈등, 노사갈등, 이념갈등의 근본원인도 따지고 보면 이를 정략적으로 이용하고 있는 정치에 있다.

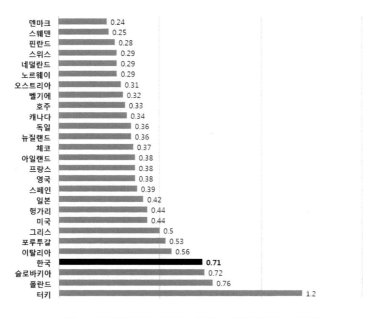

덴마크	0.24
스웨덴	0.25
핀란드	0.28
스위스	0.29
네덜란드	0.29
노르웨이	0.29
오스트리아	0.31
벨기에	0.32
호주	0.33
캐나다	0.34
독일	0.36
뉴질랜드	0.36
체코	0.37
아일랜드	0.38
프랑스	0.38
영국	0.38
스페인	0.39
일본	0.42
헝가리	0.44
미국	0.44
그리스	0.5
포루투갈	0.53
이탈리아	0.56
한국	**0.71**
슬로바키아	0.72
폴란드	0.76
터키	1.2

그림 1 : 사회갈등지수 국제비교 (출처: 삼성경제연구소, 2009)

정치를 바꾸어주면, 정치가 안정되면, 정치가 합리적인 결정을 하게 되면, 현재의 여건에서도 적어도 27%의 경제발전을 할 수 있다는 것이다. 우리가 경제발전을 위해 다른 나라를 벤치마킹했 듯이 정치발전을 위해서도 벤치마킹이 필요하다. 많은 국민들은 정치적 영웅의 등장을 기대하고 있다. 정치인을 참 많이 물갈이를 해보았다. 낙천낙선운동을 통해서 대대적인 물갈이도 해보았고, 대통령선거를 통해 정권교체도 여러 차례 경험했다. 하지만 정치 는 근본적으로 달라진 것이 없다. 정치인들은 수없이 정치개혁을 외치고 있고, 새정치를 약속하고 있지만 달라지는 것은 별로 없 다. 운동선수를 수입하듯이 정치인도 수입하자는 얘기도 나오지만 외국의 정치선수를 들여와도 우리 정치가 크게 달라질 것 같지가 않다. 왜냐하면 여야가 죽기 살기로 발목을 잡고 대결정치를 하고 있기 때문이다.

정치문제를 해결하는 실마리는 대결정치를 화합정치로 바꾸어 내는 데 있다. 여야가 서로 발목을 잡는 대신에 머리를 맞대고 국사를 논의한다면, 서로 협의하고 타협하는 정치를 한다면 달라질 수 있을 것이다. 이러한 정치문화는 정치인의 품성의 문제가 아니다. 정치체제의 문제인 것이다. 정치체제가 바뀌면 정치인이 바뀌게 되고 정치문화가 바뀌게 되는 것이다. 좋은 정치란 좋은 정치제도의 문제이다. 좋은 정치제도란 정치인과 정당, 국민 등 정치행위자가 합리적인 행위를 하도록 동기를 부여하는 제도이다. 나쁜 정치제도란 그 반대이다. 여야가 극단적으로 대립하게 만들고, 서로 사생결단 발목을 잡게 만드는 정치제도는 나쁜 정치제도이다. 이에 대하여 여야가 이마를 맞대고 최선을 정책을 강구하도록 만드는 제도가 좋은 정치제도이다. 전자는 갈등을 증폭시키고 후자는 신뢰를 증폭시킨다.

스위스 성공스토리의 배경은 정치이다. 정치가 국가와 사회발전의 걸림돌이 아니라 디딤돌이 되고 있다. 스위스 정치의 비밀은 정치제도에 있다. 스위스 정치제도의 핵심은 누구든지 절대적인 강자를 허용하지 않는데 있다. 대통령이 있지만 임기 1년에 그치는 의례적인 존재이다. 정부는 단독기관이 아니라 협의체기관이다. 국회가 중요한 결정을 하지만 상원과 하원으로 분리되어 있다. 정부와 의회의 결정은 언제든지 국민이 번복할 수 있다. 스위스에도 사회적인 갈등이 있지만 정치가 갈등을 해결하고 치유하려고 노력을 한다. 정치가 이를 못하면 국민이 나선다. 정치의 중심에는 국민이 있다. 국민이 정치의 주역이 되고 정치인은 조역이 된다. 권력교체와 권력유지를 위한 선거가 정치의 중심에 있는 것이 아니라 해결되어야 할 안건이 정치의 중심이 된다. 스위스 정치의 성공공식은 다음과 같다.

권력분점제도 + 협력강제장치 = 화합정치
(국민중심의 안건정치)

이에 비하여 우리나라에서는 다음 공식에 의하여 정치가 사회와 국가의 발전을 가로막는 대결정치를 하고 있다. 정치에 의해서 사회적 갈등이 해결되고 치유되는 것이 아니라 증폭된다. 모든 갈등이 권력교체를 위한 선거정치의 불쏘시게가 되기 때문이다. 정치과정에서 국민은 소외되고 권력엘리트간의 권력투쟁이 정치의 중심이 된다. 해결되어야 할 문제는 새로운 문제의 불씨가 된다. 정치는 선거에서 시작하여 선거로 끝난다. 국민은 조역이 되고 주역은 정치인이 된다. 거대여당과 거대야당의 양당제는 선거를 향해 질주하는 브레이크 없는 갈등증폭장치가 된다.

권력집중제도 + 갈등증폭장치 = 대결정치
(엘리트중심의 선거정치)

정치제도는 정치적 발명품이다. 인쇄술과 전기의 발명, 증기기관이나 컴퓨터의 발명이 인류의 역사를 바꾸어 내었듯이 좋은 정치제도는 역사를 바꾸고 한 국가의 운명을 좌우할 수 있다. 정치제도는 한 개인의 창조품이기 보다는 수천년의 역사를 통하여 개선되고 시행되면서 시행착오와 비싼 대가를 지불하고 발전되어 온 것이다. 좋은 정치제도는 좋은 기술을 받아들이듯이 채용될 수 있는 것이다. 선진기술을 받아들여 새로운 기술을 창조해가는 것과 마찬가지로 정치제도도 선진정치제도를 벤치마킹하고 한 단계 발전시키는 창조가 필요하다. 과학기술은 비싼 로열티를 지불하고 도입하지만 정치기술인 정치제도는 오히려 협력을 받으며 도입할 수 있다는 점에 차이가 있다. 과학기술이 특허장벽의 칸막이로 접근이 제한되고 있지만 정치발명품은 누구에게나 개방되어 있다.

스위스 정치제도는 많은 시행착오를 거치면서 발전해 온 것이다. 스위스 정체제도는 외국의 영향을 받기도 했고 다른 외국에 영향을 미치기도 했다. 특히 미국과 스위스는 정치적 자매관계라고 할 정도로 영향을 주고받았다. 연방제도가 그렇고 직접민주제도가 그렇다.

정치가 국가발전의 걸림돌이 되고 있다고 모든 국민이 지탄하고 있고, 정치인 스스로도 인정하고 정치개혁을 외치고 있다. 오랫동안 정치개혁을 통한 정치발전을 갈망해 왔지만 아직 돌파구를 찾지 못하고 있다.

정치제도를 모든 국민이 자랑스럽게 생각하고 자부심을 갖는 나라, 정치가 국가발전의 걸림돌이 아니라 디딤돌이 되고 있는 나라가 있다면 그 나라의 정치제도를 살펴보는 것이 필요하다. 그런 나라 중의 하나가 스위스이다.

좋은 정치를 실현하기 위해서는 가장 안전하고 쉬운 방법은 좋은 정치를 실현하고 있는 나라의 정치제도를 학습하고 도입하는 것이다. 왜냐하면 이들 나라에서 좋은 정치제도를 도입하기 위해서 수많은 실패와 어려움을 극복하고 비싼 대가를 치르면서 오늘날의 제도를 갖게 되었기 때문이다.

이 책은 5개의 장으로 구성되어 있다. 먼저 제1장에서는 분권국가의 특징을 다룬다. 스위스 정치제도는 권력자에 대한 불신을 제도화하고 국민에 대한 신뢰, 다양성에 대한 인정과 보호가 그 핵심이다. 이어서 제2장과 제3장, 제4장은 스위스 분권정치의 3대축을 이루는 직접민주주의, 연방제도, 화합정치를 자세히 논의한다. 먼저 제2장에서는 국민에 대한 신뢰와 권력자에 대한 불신을 제도화한 직접민주제도를 논의한다. 국민에 의한 권력자에 대한 통제문제를 다룬다. 제3장에서는 지방이 정치의 중심이 되게 하는 연방제도를 다룬다. 지방적인 다양성을 인정하고 지방간의 협력과 경쟁에 의한 공존과 번영의 정치를 분석한다. 제4장에서는 선거에서 승리한 정당이 모든 권력을 독식하는 대결정치 대신에 모든 정치주체들이 참여하여 정부를 구성하고 안건을 해결하는 화합정치를 다룬다. 제5장에서는 이들 분권국가의 3대축이 다양한 정치주체들을 통하여 어떻게 실현되고 있는 지를 살펴본다. 즉, 연방의회, 연방정부, 연방법원, 칸톤, 게마인데, 정당, 이익단체 등에 대해 살펴본다. 제6장에서는 스위스 분권국가에 대한 분석을 기초로 우리의 대결정치를 극복하고 정치가 국가발전의 걸림돌이 아니라 디딤돌이 되기 위한 몇 가지 분권과제를 제언한다.

부록으로 스위스 연방헌법에 대한 번역을 실었다. 본문내용이 스위스 연방헌법에 관련된 부분이 많아 참고가 될 것으로 본다. 특히 헌법개정을 논의함에 있어서도 도움이 될 것으로 본다.

스위스 정치체제는 권력자에 대한 불신에서 출발하여 다양한 권력분점을 제도화하고, 국민에 대한 신뢰를 바탕으로 국민에게 최초의 발언권(국민발안)과 최종적인 결정권을 부여하여 정치인들이 대결정치를 지양하고 화합정치를 하도록 동기를 부여하고 있다고 볼 수 있다. 스위스 정치에 있어서 국민은 알파이고 오메가인 셈이다. 말로만 국민을 외치는 것이 아니라 국민이 정치일상의 살아있는 정치주체로 역할을 하도록 제도화하고 있는 것이다. 권력을 분점하여 권력남용을 방지하고, 화합정치를 통하여 다양한 권력주체가 참여하여 협의와 타협을 하도록 제도화하고 있다. 정치의 본질은 소통에 있다. 소통이 안 된다고 비판을 할 것이 아니라 소통을 하지 않을 수 없도록 정치제도를 개선하는데서 해결방안을 찾아야 한다. 이에 거의 매년 헌법개정을 통해 정치제도를 개량해 온 스위스 정치제도는 우리에게 많은 시사점을 줄 수 있을 것으로 본다.

■ 목 차

제1장

분권국가의 특성

제1절 권력불신의 다차원적 제도화

스위스만큼 철저한 권력분립이 실현된 나라는 세계에 없다. 가장 분권적인 나라로서 스위스를 들 수 있다[1]. 스위스는 대부분의 국가에서 채택하고 있는 3권분립을 넘어 다차원적인 권력분립제도를 도입하고 있다. 권력분립은 권력에 대한 신뢰가 아니라 권력에 대한 불신에서 비롯된다. 권력분립은 권력자에 대한 불신을 제도화한 것이다. 권력을 분립함으로써 권력을 통제 가능한 범위내에 묶어두고자 하는 것이다. 권력이 집중되면 남용될 우려가 있다. 집중된 권력은 통제가 불가능해지기 때문이다. 스위스에서는 권력을 어느 한 기관 내지 어느 한 사람에게 집중시키지 않는다.

스위스는 미국대통령이나 독일의 수상처럼 강력한 권력기관이 없다. 모든 권력이 대통령과 국회에 집중된 한국의 입장에서 보면 스위스에는 그러한 강력한 권력자가 없는 셈이다. 권력자 중의 한

---

[1] 여기서 분권(Machtteilung 혹은 Gewaltenteilung)은 중앙정부와 지방정부간의 권력배분에 관한 지방분권뿐만 아니라 중앙정부와 지방정부의 내부적인 권력배분과 국민대표와 국민간의 권력배분을 포함하는 모든 종류의 권력분립을 의미한다.

명이 있을 뿐이다. 권력기관은 있지만 강력한 권력기관은 없다. 권력기관중의 하나가 있을 뿐이다. 스위스는 어느 나라보다도 많은 기관과 사람에게 권력을 분산시키고 서로 협력하고 타협하도록 하는 제도를 발명해 냄으로써 권력의 남용을 방지하고, 권력을 합리적으로 행사되도록 동기를 부여해서 정치적인 안정과 정치적 성공을 거두고 있다.

권력분립은 국가권력을 여러 가지 기능으로 구분하고 이를 다양한 기관에게 분배하는 것을 말한다. 즉, 기능의 분할과 기관간의 기능배분은 권력분립의 필요적 요건이 된다. 권력분립의 목적은 권력남용을 방지하고 권력의 올바른 사용을 촉진하고자 하는데 있다(Riklin, 2006, 357). 스위스의 정치제도는 중첩적인 권력의 분립을 가장 큰 특징으로 한다. 분립된 권력은 정치적 의사결정과정에서 협력하고 타협함으로써 공존한다. 이를 통하여 정치적 안정을 달성한다.

다차원적 권력분립(분권)

권력의 분립에 대해서는 몽테스키외 이래로 전통적으로 3권분립을 주로 논의하였으나 그 외에도 여러 종류의 권력분립 내지 권력분점이 논의되고 있다. 특히 스테파니(Winfried Steffani)는 정치학적 관점에서 다차원적인 중첩적 권력분립론을 주장했다(Tremmel/Karls, 2013; Steffani, 1997, 37 이하)
① 수평적 권력분립(horizontale Gewaltenteilung)
국가권력을 기능적으로 분리된 입법과 행정, 사법으로 구분하여 각각 독립적으로 기능을 수행하게 하되 상호 견제와 균형을 하도록 하는 제도를 수평적 권력분립이라고 한다. 전통적인 3권분립론이다.

수평적 권력분립론으로는 몽테스키외의 3권분립론외에도 국가권력을 정책결정권, 정책집행권, 정책통제권으로 구분하는 뢰벤스타인의 동태적 권력분립론을 비롯하여 다양한 분립론이 주장된다.

② 수직적 권력분립(vertikale Gewaltenteilung 혹은 föderative Gewaltenteilung)

국가권력을 영토적인 정치주체간에 배분하고 상호간의 관계를 설정하는 제도를 수직적인 권력분립이라고 한다. 미국이나 독일의 연방과 주, 주와 지방자치단체간의 권력분립이 이에 해당한다. 수직적 권력분립에서 보충성의 원칙이 중요한 방향을 제시한다.

③ 시간적 권력분립(zeitliche Gewaltenteilung 혹은 temporale Gewaltenteilung)

임기제를 통하여 권력자의 권력을 일정한 기간에 한정시키는 제도를 의미한다. 일정한 기간을 두고 주기적인 선거를 실시하여 권력의 순환이 가능하도록 한다. 헌법에 그 효력의 만기일을 정하는 등 세대간의 권력분립을 의미하기도 한다. 이는 미국건국 초기에 깊이 논의되었다. 특히 제퍼슨은 매19년마다 법률이나 헌법은 효력을 상실하도록 함으로써 각 세대가 전세대와 마찬가지로 자신의 공동생활을 규정할 수 있어야 한다고 했다. 1793년의 프랑스 헌법 제28조는 이를 다음과 같이 규정하였다. "국민은 언제든지 법률과 헌법을 검토하고, 개정하고 변경할 권리를 가진다. 어떠한 세대도 미래세대에 대해 그들의 법률에 복종할 것을 강요할 수 없다."

④ 헌법적 권력분립(konstitutionelle Gewaltenteilung)

헌법개정권력의 배분에 관한 제도를 의미한다. 유럽의 대부분의 국가에서는 의회다수에게 헌법개정권을 배분하고 있지만 국민이나 지방정부에게 배분하는 경우도 있다.

⑤ 결정에 관한 권력분립(dezisive Gewaltenteilung)

의사형성과정과 결정과정에 관련된 권력의 분점을 의미한다. 스테파니는 정부, 의회, 정당, 이익집단, 여론간의 상호관계를 언급했다.

⑥ 사회적 권력분립(soziale Gewaltenteilung)

민주제도에서 이익은 정당이나 의회, 정부에 의해서만 대표되어서는 안되며 노동조합이나 사용자 단체와 같은 다양한 이익집단도 포함되어야 한다. 다양한 사회세력간의 상시적인 경쟁으로 균형이 이루어지며 사회적 권력분립 상태가 된다는 것이다. 공직을 전문가나 직업관료에게만 맡기지 않고 일반시민이 담당하도록 하는 스위스의 시민복무제도(Milizsystem)도 사회적 권력분립의 일종으로 볼 수 있다.

I. 수평적 권력분립

전통적인 권력분립 내지 권력분점으로는 흔히 삼권분립을 든다. 몽테스키외에 의해 체계화되었다. 국가의 권력을 입법기관과 행정기관, 사법기관으로 분립시키고 서로 견제와 균형을 취하도록 하는 제도이다. 권력에 대한 신뢰 대신에 권력에 대한 불신을 전제로 한다. 이른바 수평적인 권력분립으로 국가기관간의 역할 배분과 상호협력과 타협과 상호 억제를 전제로 한다. 국가의 권력을 효율적으로 행사하기 위한 원리가 아니라 권력이 남용되지 못하도록 억제하는 브레이크 역할을 한다.

스위스에서도 이러한 의미의 권력분립원칙이 채택되어 있다. 국가권력은 연방정부와 연방의회, 연방법원이 분점하고 있다. 대부분의 나라에서 권력분립은 이 수평적인 권력분립을 중심으로 하는데 비하여 스위스에서는 이를 훨씬 넘는 중층적인 권력분점 제도를 취하고 있다는 점에 특성이 있다. 스위스에서 3권분립은 권력분립제도의 하나에 속할 뿐이다. 그 외에도 스위스에서는 수직적 권력분립, 정부의 권력분립, 의회의 권력분립, 국민대표와 국민간의 권력분립 등을 통해 권력남용을 방지하고 실질적인 국가통합을 실현하고 있다.

II. 수직적 권력분립

스위스는 수직적인 권력분립체제를 가지고 있다. 이는 중앙정부와 지방정부간의 권력분립이다. 연방과 칸톤간의 권력분립은 물론 칸톤과 지방자치단체인 게마인데간에 권력분립을 하고 있다. 스위스의 연방제도가 언어적 다양성 때문에 불가피한 선택이라고 보는 입장이 있으나 반드시 그러한 것은 아니라고 본다. 오히려 연방제 국가를 채택하였기 때문에 언어적, 문화적, 종교적, 정치적, 사회적, 경제적 다양성을 지킬 수 있었다고 볼 수 있다. 연방제를 채택해서 다양성을 보존하고 있는 것이지, 다양했기 때문에 연방제도를 채택하는 것은 아니라는 의미이다.

1848년 스위스 연방국가를 세우기 이전에 스위스는 1797년 이후 1847년 내전에 이르기까지 나폴레옹의 점령과 그 영향하에서 지방분권을 주장하는 연방주의자들과 중앙정부의 강화를 주장하는 중앙집권주의자간의 대립이 극심하였다. 일부의 칸톤들이 별도의 동맹을 맺고 외국군대를 끌어들이려는 시도 때문에 1847년에는 분리동맹전쟁이라 불리는 내전이 발발했다. 연방제를 지지했던 분리동맹이 패배하고 중앙집권을 주장했던 자유주의 세력이 승리하였다. 스위스는 1848년 헌법을 채택하면서 승자인 중앙집권파는 패자인 연방주의자들의 주장을 수용하여 칸톤의 자율성과 고유성을 최대한 실현할 수 있도록 보장하는 연방국가를 채택하였다. 이는 스위스 연방제가 단순히 역사적, 문화적, 언어적 여건에 기인하기 보다도 스위스 헌법제정권자의 진지한 고뇌와 투쟁을 거친 선택의 결과라고 볼 수 있다. 이런 의미에서 스위스 국민은 스위스의 국가정신을 의지국가(Willensnation)라고 부른다.

연방과 칸톤이 국가권력을 수직적으로 분권함으로써 중앙정부나 지방정부에 의한 권력남용의 가능성을 억제한다. 연방이 권한을 갖기 위해서는 반드시 헌법개정을 통해 헌법에 명시하도록 함으로써 중앙집권화를 억제한다. 칸톤은 헌법을 통해서 명시적으로 연방에 이양한 권한을 제외하고는 입법권과 행정권, 사법권을 자신의 고유한 권한으로 행사한다. 칸톤간의 경쟁을 통해서 새로운 혁신을 하게 되고, 아래에서 혁신이 위로 영향을 미쳐 국가전체의 혁신을 유발하고 있다. 칸톤간의 다양성과 차별성은 조세경쟁과 정책경쟁을 통한 혁신을 유발한다. 칸톤 내부에서도 칸톤과 게마인데간의 권력의 분점을 통하여 자기책임과 경쟁, 협력의 문화를 풀뿌리에서 실천하고 있다. 연방에서 소외된 소수자도 칸톤에서는 정부를 구성하여 소수자의 이익을 실현할 수 있으며, 칸톤에서 소외된 소수자도 게마인데에서는 정부구성에 참여함으로써 다양성의 존립기반을 가지게 된다.

III. 정부의 권력분립

스위스 정치의 특성중의 하나로 화합정치(Konkordanz)에 의한 정부내의 권력분립을 들 수 있다. 화합정치는 정부를 구성하거나 정치적인 의사를 결정함에 있어서 중요한 정치적 행위자를 모두 참여하도록 하는 제도를 의미한다. 다른 권력분립제도는 모두 헌법상에 명시적으로 제도화되어 있는데 비하여 화합정치에 의한 권력분립은 헌법이나 법률에 충분한 근거가 없이 사실상 수행되고 있는 것이다. 그렇다고 하여 독일이나 오스트리아의 연립정부처럼 연정계약 내지 연정협약이 있는 것도 아니다. 정당간의 묵시적 합의에 의해 그렇게 하고 있는 것이다.

연방정부를 구성함에 있어서 독일의 수상이나 미국의 대통령처럼 행정부의 수반이 없다. 7명의 각료로 구성되는 협의체로서 연방정부가 있을 뿐이다. 연방대통령이 있지만 임기 1년에 의전적 역할만 한다. 연방사무총장(Bundeskanzler)이 있지만 연방정부의 보조기관의 수장일 뿐이다. 7명의 각료가 합의하여 중요사항을 결정한다.

또한 연방정부를 구성함에 있어서도 영국이나 미국, 한국과는 달리 선거에서 이긴 정당이 정부의 모든 권력을 장악하는 승자독식(勝者獨食)이 아니라 선거에서 패배한 정당도 그 대표를 정부구성에 참여시킨다. 정당의 지지율에 비례하여 정부를 구성하게 된다. 모든 주요정당이 참여하여 정부를 구성하게 된다. 주요정당은 모두 여당이 되고, 유력한 야당은 없다. 대부분의 국가에서는 유력정당이 여당과 야당으로 나누어져 사생결단 싸우는 대결정치를 하는데 비하여 스위스에서는 주요정당의 대표들이 모두 정부구성에 참여하여 협상과 타협으로 합의에 의한 정치를 한다. 선거도 승자독식을 가져오는 것이 아니므로 그렇게 치열하지 않다. 야당을 무력화시켜야 여당이 계속 집권하게 되고, 여당의 발목을 잡아 무능하게 만들어야 정권교체가 가능하게 되는 영미식의 다수민주주의와는 정치의 기본메커니즘을 달리한다. 모든 정치세력이 정부구성에 참여하여 협상과 타협을 통해 현안문제를 해결하게 되므로 평화적이고 상생적인 공존의 정치모델이라고 할 수 있다. 정당간의 권력분점을 통하여 화합정치를 추구하고 있다. 권력교체도 없다. 참여정당과 정당별 참여비율에 변화가 있을 뿐이다.

정권교체가 없으므로 혁신의 부족을 화합정치의 단점으로 지적되기도 한다. 사실 정권교체가 되면 전임정권의 정책을 대부분 갈

아치우는 우리나라와 영미식의 다수민주주의는 표면상 매우 혁신적이라고 볼 수 있다. 하지만 긴 관점에서 보면 전 정권의 혁신은 정권교체로 대부분 폐기되는 것이다. 그렇게 본다면 다수민주주의가 반드시 혁신적인지 의문의 여지가 있다. 화합정치를 통한 혁신은 더디긴 하지만 정책적인 지속성과 일관성을 가진다. 정치적인 안정성을 가진 혁신이 가능하다는 점에서 화합정치는 단점이 아니라 장점으로 볼 수도 있다.

스위스에서 화합정치는 정부구성에서 주요정당이 참여하는 것을 넘어서 정치적인 의사결정과정에 모든 중요한 정치적, 사회적 집단이 참여하는 것을 포함하는 넓은 의미를 가진다. 예컨대, 의회전절차(議會前節次)나 의회과정에서 경제단체나 노동단체, 칸톤 등 제반 이해관계자들이 참여하여 이익을 대변하는 참여절차 등이 이에 해당한다.

이러한 정부의 권력분립 내지 화합정부는 연방정부뿐만 아니라 칸톤정부나 게마인데정부를 구성함에 있어서도 마찬가지로 적용된다. 즉, 칸톤정부나 게마인데정부도 협의체로 구성되고, 주요정당이 모두 참여하여 협상과 타협에 의한 운영을 한다.

IV. 의회의 권력분립

다음으로 양원제에 의한 의회의 권력분점을 들 수 있다. 스위스는 1848년 연방헌법을 제정하면서 단원제를 채택하지 않고, 미국헌법의 영향으로 양원제도를 도입하였다. 국민을 대표하는 하원(Nationalrat)와 칸톤을 대표하는 상원(Ständerat)을 설치하였다.

즉, 의회의 권력은 상원과 하원에 분점되어 있다. 이는 국민전체의 이익을 대변하는 연방과 부분의 다양성과 이익을 대변하는 칸톤간의 권력분점이라고 볼 수도 있다. 또한 하원은 규모가 큰 칸톤이 그에 비례하여 많은 의석을 갖도록 하고 작은 칸톤은 적은 의석만을 갖도록 하고 있다. 즉 하원은 대도시 칸톤에 유리한 구도를 가지고 있다. 이에 대해서 상원은 모든 칸톤이 동일하게 2석의 의석을 가지도록 함으로써(다만 6개의 반주는 1석) 작은 농촌 칸톤에게 더 많은 대표성을 갖도록 하고 있다. 이점에서 양원제는 대도시와 농촌지역간의 권력분점을 의미하기도 한다. 모든 법률안과 의안은 상원과 하원의 의결로 결정하도록 하여 양원은 실질적으로 대등한 지위를 가지고 있다. 의회의 권력분립은 연방정부에만 적용되고, 칸톤이나 게마인데에서는 채택하지 않고 있다. 즉, 칸톤이나 게마인데는 단원제의회이다.

V. 국민대표와 국민 간 권력분립

다음으로 직접민주주의에 의한 정치엘리트와 국민간의 권력분립을 들 수 있다. 이는 국민의 대표기관인 의회와 국민간의 권력분점이라고 볼 수 있다. 국민의 대표자인 정치엘리트와 피대표자인 국민간의 권력분점이다. 국민의 대표자인 정치엘리트가 권력을 남용하지 못하도록 피대표자인 국민이 통제하는 장치이다. 국민속의 다양한 집단이 각각 그 이익을 실현하기 위해 서로 경쟁을 하면서 의사결정을 하게 된다는 점에서 직접민주주의는 국민집단간의 권력분점이라고 볼 수도 있다. 정부와 연방의회의 정치인들이 국민의 의사를 대변한다고 하지만 경우에 따라서는 국민의 의사와는 거리가 먼 자신들의 이익을 대변하는 경우도 있다. 이런 경우에 국민들이 직접 자신의 의사를 대변할 수 있도록 하고 있다.

연방정부의 경우 헌법개정안에 대해서는 필수적으로, 법률안에 대해서는 국민이 요구하는 경우에 국민투표를 실시한다. 이는 정치엘리트들이 정치카르텔을 맺어 국민의 의사에 반하는 결정을 하는 경우 국민들이 억제할 수 있도록 비상제어장치를 국민에게 부여한 것이라고 볼 수 있다.

또한 중앙정치인들이 중요한 현안문제를 결정하지 않거나 무관심한 경우에 국민들이 직접 의제를 설정하여 국민들이 직접 결정하는 국민발안제도를 두고 있다. 이는 정치인들의 무관심과 나태로 소홀히한 안건을 국민들이 직접 제안하여 결정하는 가속장치를 국민들에게 부여한 것이다. 칸톤이나 게마인데 차원에서는 일정규모 이상의 공공사업에 대해서 주민들이 직접 그 시행여부를 결정하는 재정국민투표 등 다양한 참여제도를 가지고 있다. 스위스에서 직접참여제도는 우리나라처럼 법전위에 잠자는 제도가 아니라 일상생활에서 중요한 역할을 하는 살아있는 현실적인 제도라는 점에 특색이 있다. 대부분의 연방과 칸톤, 게마인데에서 실시하는 국민투표는 1년에 적게는 10여건, 많게는 30여건에 이르는 경우도 있다. 연방정부 홈페이지를 검색해보면 2014년 현재 2033년까지 1년에 4번씩 실시하는 국민투표날짜가 이미 공시되어 있다. 연방과 칸톤, 게마인데의 여러 가지 안건을 정해진 국민투표일에 한꺼번에 결정하게 된다. 위에서 논의한 스위스의 다차원적인 권력분립체제를 요약하면 다음과 같다.

표 2 : 스위스의 다차원적 분권체제

권력분립의 형태	권력분립의 주체	비 고
수평적 권력분립	입법부/ 행정부/ 사법부간	대부분의 민주국가에서 채택
수직적 권력분점	연방/ 칸톤/ 게마인데간	- 연방권한은 헌법에 열거된 것에 한정 - 칸톤간, 게마인데간 경쟁활발 (아래로부터 혁신)
정부의 권력분립	정당/정당, 각료/각료	- 협의체정부 - 승자독식 대신에 정당비례에 따른 정부구성
의회의 권력분립	- 상원/ 하원간 - 연방전체/ 칸톤전체간 - 대도시/ 농촌간	- 의회내부의 권력분점 - 상원과 하원은 대등한 지위
국민대표와 국민간 권력분립	- 국민대표/ 국민간 - 국민집단/ 국민집단간 - 국가/사회간	- 정치엘리트의 정치카르텔 견제 - 국민에게 최종결정권 부여

제2절 분권적 국가질서의 3대축

스위스는 정치적으로 매우 안정되어 있고, 정치적 안정이 스위스의 경제적 입지요건을 결정하는 중요한 요소가 되고 있다. 스위스의 정치적 안정과 경제적 발전은 스위스의 정치체제에 상당한 부분을 의존한다. 스위스의 정치체제를 구성하는 3대 지주는 다음과 같다.

첫째, 연방제도를 들 수 있다. 국가권력을 연방과 칸톤, 게마인데가 분점하는 3단계 국가구조를 가지고 있다.

둘째, 직접민주제를 들 수 있다. 의회민주주의를 채택하면서도 중요한 사안에 대한 최종결정권을 국민에게 주고 있다. 국민의 최종적인 결정권은 법전을 장식하는 예외적인 제도가 아니라 현실

정치과정에서 일상적으로 실현되고 있다.

셋째, 화합정치를 들 수 있다. 대부분의 국가에서는 선거에서 승리한 정당이 여당으로서 국가권력을 독점하고 선거에서 진 정당이 야당이 되어 대립하는 다수민주주의 또는 경쟁민주주의체제를 채택하고 있다. 스위스는 이들 국가와는 달리 정치적으로 중요한 행위자가 모두 정부의 구성과 정치적 의사결정과정에 참여하여 협의와 타협으로 정치적인 의사결정을 하는 화합민주주의를 채택하고 있다.

I. 연방제도

스위스 연방제도는 중세 이래 유럽에서 매우 이례적이고 이질적인 형태였다. 스위스를 둘러싼 대부분의 유럽국가들은 획일적이고 집권적인 민족국가를 지향하였다. 스위스는 중앙집권적인 단일국가를 세우는 대신에 정치적·인종적 다양성을 국가적인 통합의 목적으로 삼았다. 다른 것을 다른 것으로 존중하는 공동의 목적을 실현하기 위하여 통합을 이룩하였다. 스위스 연방제는 스위스인들의 두 가지 신념에 기초를 두고 있다. 첫째로, 언어적-문화적 공동체를 대신하여 의지공동체(Willensgemeinschaft)에 기초한 국가를 세울 수 있다고 믿었다. 둘째로, 권력은 한곳에 집중시켜야 하는 것은 아니며 전국적으로 각 지역에 분배할 수 있다고 믿었다 (Widmer, 2008, 121).

o 아래에서 위로 국가형성(국가혁신)

스위스는 연방과 26개의 칸톤과 약 2,400개의 게마인데로 구성
된다. 칸톤이 형성되기 이전에 게마인데가 존재하였고, 칸톤이 헌
법에 의해서 연방에 권한을 이양함으로써 연방을 결성하였다. 이
점에서 스위스는 역사적으로 "아래에서 위로" 국가를 형성하였다
고 볼 수 있다. 연방제도는 지방의 다양성을 보전하고 동시에 확
대하고 창출하는 데 기여한다. 연방제도는 전국적인 획일성을 거
부한다. 연방제도는 하나의 문제를 해결하는데 항상 여러 가지 대
안을 제공한다. 연방제하에서는 여러 지방에서 채택한 여러 가지
대안을 비교하게 된다. 이러한 비교를 통하여 최선의 해결책을 찾
을 수 있는 기회를 갖게 된다. 연방제도는 지방간의 다양성을 존
중하고, 비교하고 배우게 한다.

지역의 자율성과 다양성, 경쟁을 통하여 게마인데 수준에서, 칸톤
수준에서 혁신이 일어나고 연방으로 확산되어 왔다. 예컨대, 국민의
직접참여제도나 회의체정부형태, 복식부기 등이 먼저 게마인데나 칸
톤수준에서 도입되고 연방에서 나중에 이를 수용하는 경우가 많다.
이런 점에서 칸톤과 게마인데는 혁신제작소(innovative Werkstatten)
또는 민주주의의 실험실이라고 할 수 있다(Rhinow, 6). 스위스는
"아래에서 위로" 국가를 혁신한다고 볼 수 있다.

o 보충성의 원리와 연대성의 원리

스위스 연방제도를 구성하는 원리는 연방과 칸톤, 게마인데의
수직적인 관계에 있어서 보충성의 원리에 기초한다. 연방의 권한
은 헌법에 열거된 것에 한정되며 그 밖의 사무는 칸톤의 관할에

속한다. 연방과 칸톤의 관계에 있어서 연방은 칸톤이 처리하기 어려운 사무만을 직접 처리하며, 나머지는 칸톤이 처리한다. 이는 칸톤과 게마인데 간에도 적용이 된다.

또한 연방은 칸톤이 혼자 힘으로 그 사무를 처리하기 어려운 경우에 이를 지원할 의무를 부담한다. 칸톤도 게마인데에 대해 같은 의무를 부담한다. 칸톤과 칸톤, 게마인데와 게마인데의 수평적인 관계에 있어서는 서로 협력하고 상호 지원하여야 하는 연대성의 원칙이 적용된다. 연방은 칸톤에 대해서, 부유한 칸톤은 가난한 칸톤에 대해서, 부유한 게마인데는 가난한 게마인데에 대해서 연대적인 관점에서 지원의무가 부과된다.

o 협력적 경쟁연방제도

스위스 연방제도는 칸톤과 칸톤이 상호 협력하고 부유한 지방과 가난한 지역간의 조정이 이루어진다는 점에서 지역간의 경쟁을 강조하는 미국식의 경쟁연방주의(Wettbewerbsföderalismus)와는 차별화된다. 이점에서 스위스 연방제는 협력적이라고 할 수 있다. 또한 칸톤과 칸톤간, 게마인데와 게마인데간에는 협력적 관계만 있는 것이 아니고 세율을 차별화함으로써(조세경쟁) 기업과 주민을 유치하려는 지역간 경쟁이 상당한 수준에서 이루어지고 있다. 독일식의 협력적 연방제도와도 차별화되는 경쟁적 요소가 있다. 스위스 학자들은 스위스 연방제를 협력적 연방제도라고 부르고 있으나 지역간 경쟁이 상당한 수준에서 이루어지고 있다는 측면에서 협력과 경쟁이 조화를 이루고 있는 협력적 경쟁연방제도라고 볼 수 있다.

o 국가로서 칸톤

스위스의 26개 칸톤은 헌법에 의해서 그 존립과 지위가 보장된다. 칸톤은 헌법에 의하여 명시적으로 주권이 제한되지 않는 범위 안에서 여전히 주권을 가지고 있는 국가이다. 칸톤이 갖는 대내적 주권은 고유한 주권이며 분할된 주권이다(Fleiner/Fleiner.564). 다만 국제관계에 있어서 칸톤의 주권이 국제법상으로 인정되는 것은 아니다. 즉, 대외적인 주권은 인정되지 않는다. 칸톤은 고유한 헌법을 가지고 있으며 입법부와 정부와 법원을 갖고 있다. 칸톤은 법률을 제정할 수 있으며, 연방의 배타적 세금이 아닌 한 세목과 세율을 자율적으로 결정할 수 있다. 칸톤과 게마인데는 대부분 자신의 수입에 의해서 사무를 처리한다.

o 칸톤의 연방에 대한 수직적 관계

스위스 연방제도는 연방과의 수직적인 관계에서 칸톤의 참여를 다양하게 인정하고 있다. 먼저 칸톤은 상원을 통하여 연방의 의사 결정과정에 참여를 한다. 스위스의 의회는 양원제를 채택하고 있다. 하원이 국가전체의 이익을 대변한다면 상원은 칸톤의 이익을 대변하는 연방기구이다. 칸톤은 상원을 통하여 연방정부에 영향을 미친다. 하원은 인구비례로 구성되는데 비하여 상원은 반칸톤을 제외한 모든 칸톤이 규모와 상관없이 동일한 의석을 가진다(칸톤의 등가성). 이에 작은 칸톤의 대표성이 큰 칸톤에 비하여 높게 인정된다. 이에 상원에서는 인구밀도가 높은 도시지역보다 인구밀도가 낮은 농촌지역의 영향력이 훨씬 높은 편이다.

또한 헌법개정안에 대한 국민투표는 국민다수뿐만 아니라 칸톤다수(Städemehr)를 요구한다(이중다수결). 이는 지역적인 다양성이 다수결로 인하여 파괴되는 것을 방지하고 소수자를 보호하는데 기여한다. 뿐만 아니라 각 칸톤은 연방의회에 의안을 발의할 수 있는 권한을 가지고 있다. 이를 통해서 각 칸톤은 지역적인 관심사를 전국적인 의제로 상정할 수 있다.

연방의 법률안에 대한 국민투표는 50,000이상의 국민들이 요구하거나 8개 이상의 칸톤이 요구하는 경우에 실시된다. 8개 이상의 칸톤은 국민투표의 제안을 통해서 연방정치에 영향을 미칠 수 있다. 그밖에도 칸톤은 정당이나 이익단체들과 함께 연방정부의 전문가위원회에 참여하여 법률안의 초안을 작성하고 사전심의 하는데 영향력을 행사할 수도 있다(의회전절차). 연방법률은 대부분 칸톤을 통하여 집행되고, 이러한 법률집행에 칸톤의 자율성이 상당히 인정될 뿐만 아니라, 연방법률의 제정과정에도 칸톤이 참여하여 칸톤의 경험과 이익을 반영할 수 있다. 이점에서 칸톤과 연방의 수직적인 관계는 연방의 칸톤에 대한 일방적인 관계가 아니라 칸톤의 연방정치결정과정에 광범한 참여를 보장하는 쌍방적인 관계를 이룬다.

o 칸톤과 칸톤간의 수평적인 관계

칸톤과 칸톤은 한편으로는 경쟁관계에 있지만 다른 한편으로는 공동의 목적을 위해 협력하는 수평적인 관계를 형성한다.

먼저 부유한 칸톤과 가난한 칸톤간에는 수평적인 재정조정제도를 통하여 재정적인 협력을 한다. 물론 재정조정에는 연방에 의한 수직적인 재정조정제도가 중요한 역할을 하기는 하지만 칸톤간의

재원이전을 통하여 칸톤간의 재정력 격차를 평균의 85% 이내가
되도록 유지한다.

칸톤간의 협력은 칸톤간의 자유로운 계약에 의하지만, 강제되
는 경우도 있다. 두 개의 칸톤이 계약을 맺는 경우도 있지만 다수
의 칸톤이 계약을 체결하기도 한다. 또한 칸톤간의 협력은 칸톤간
의 회의체를 통하여 광범위하게 이루어진다. 이에는 칸톤정부회
의와 칸톤부서장회의가 있다. 전자는 칸톤의 공통적인 이해관계
를 연방정부에 반영하고, 칸톤간의 이해관계를 스스로 조정하는
역할을 한다. 후자는 업무분야별로 칸톤의 부서장들이 회의체를
구성하고 협력관계를 이룬다. 양자는 별개의 회의체로 구성되어
있다.

> **수직적 연방제와 수평적 연방제**
>
> 연방의 정치와 입법에 구성국가들이 참여하는 제도를 수직적 연방제
> 도(vertikaler Föderalismus)라고 한다. 예컨대, 상원을 통해서 칸톤이
> 연방의 입법과정에 참여하는 것이 이에 속한다. 이에 대해서 연방의
> 개입없이 구성국가들이 서로 협력하고 정책을 조정하는 것을 수평적
> 연방제도(horizontaler Föderalismus)라고 한다. (Sturm, 2010, 26)

II. 직접민주제도

o 직접민주주의의 기능

스위스에서 국민의 대표에 의한 의회민주주의는 직접민주제보
다도 역사적으로 더 오래되었고, 정치적으로도 일상적이다. 하지

만 다른 나라와는 달리 많은 경우에 국민들이 직접 현안문제에 대한 최종적인 결정권을 행사하고 있다.

스위스 국민은 헌법개정안을 최종적으로 결정하며, 발의할 수 있다. 또한 국회가 의결한 법률안에 대해서 국민투표를 통하여 통제할 수도 있다. 칸톤이나 게마인데에서는 일정금액이상의 사업의 실시여부를 주민들이 직접 결정한다. 직접민주주의는 생활문제를 다른 사람과 대등하게 참여하여 결정하고 해결하는 조합적 전통을 반영한 것이라고 볼 수 있다.

스위스에서 직접 민주주의는 모든 국가수준에서 실시되지만 특히 게마인데 수준에서 중요한 역할을 한다. 많은 게마인데에서 주민들은 게마인데총회를 통해서 스스로를 대표하며 정치적인 문제를 직접 결정한다. 게마인데 총회는 최선의 직접민주주의 학교가 된다.

국민들은 국민발안과 국민투표를 통하여 게마인데와 칸톤, 연방수준에서 적극적으로 정치에 참여한다. 게마인데 자치는 직접민주주의의 기반이 된다. 게마인데 자치를 통한 시민근접성은 개인이 정치과정에 강력한 영향을 미치도록 만든다. 지역마다 다른 관심사를 고려하도록 만든다.

직접민주주의를 통하여 의회나 정당을 거치지 않고 시민이 직접 중요하다고 생각하는 현안문제에 참여할 수 있다. 의회에서 대표되지 않는 소수자도 주목을 받을 수 있도록 한다. 모든 정치과정은 투명하게 되고 의안에 대한 심도있는 논의를 하게 된다. 국민투표가 끝난 후에는 반대자도 국민투표의 결정을 보다 잘 수용하게 된다. 직접민주주의는 사회적 평화를 보장하는 데 기여한다.

국민이 직접 결정하게 되면 국민의 국가에 대한 정체성이 높아진다. 스위스 사람에게 스위스를 비판하게 되면 스위스 사람들은 자기가 직접 비판받은 것처럼 모욕감을 느낀다. 스위스사람들은 본인과 국가를 구별하지 않는다. 직접민주제하에서는 우리가 곧 국가이다라는 의식이 강해진다. 한걸음 더 나아가면 루이14세 대신에 국민들이 "내가 곧 국가이다"라고 느끼게 된다(Koydl, 2014, 144). 국민을 신뢰하고 책임을 맡기면 국민의 책임감도 증가된다. 이에 대해 국민을 불신하고 신하로 취급하면 책임감도 없어진다.

또한 직접민주주의를 통하여 정치적 엘리트에게 권력이 집중되는 것을 막을 수 있다. 직접민주주의는 권력엘리트와 국민간의 권력분립을 의미한다. 국민의 대표자에 대한 국민의 통제이다. 직접민주주의를 통하여 스위스는 역사적으로 시대적인 과제에 대해 잘 대응할 수 있었고 인간다운 해결책을 모색할 수 있었다. 특히 국회의 법률안에 대한 국민투표는 통제적이고 억제적인 효과를 가진다. 의회나 정부를 그대로 믿지 않고 현안문제에 대한 최종결정권을 국민에게 부여한 것은 권력을 통제하기 위한 것이다. 직접민주주의는 정부와 권력엘리트에 대한 국민의 불신을 제도화한 것이다. 물론 국민도 잘못 결정할 수 있다. 하지만 정치인들도 역시 잘못 결정할 수 있다. 의회와 정부가 잘못된 법률을 만들면 국민들은 서명을 모아 국민투표를 요구하고 광범위하고 심도깊은 논의를 한다. 직접민주적인 통제하에서 부패의 소지도 현저하게 줄어든다. 모든 문제가 토론되고 의문이 제기되고 지속적으로 해명을 해야 하는 직접민주제하에서 부패가 발붙이기 어렵다(Erne, 18).

직접 민주주의를 통한 권력통제는 경제생활상의 이익도 있다.

스위스에서 사회적 문제를 다른 나라보다 일찍 보다 잘 해결할 수 있었던 것은 직접민주주의와 관계가 있다. 스위스에는 파업이나 혁명적인 사건이 별로 없다. 1874년에 국민투표권을 노동자들에게 부여한 이래 기업인들은 노동자에 대해 더 많은 고려를 하게 된다. 노동자를 착취하는 법안에 대해 노동자들이 국민투표를 요구하여 폐기되면 기업가들은 아무것도 얻을 수 없다. 노동자들은 불법적이거나 사회불안요인이 되는 파업이나 쟁의 대신에 국민투표를 통하여 해결책을 모색하게 된다. 국민투표는 노동투쟁을 위하여 거리로 나서는 대신에 투표소로 가게 한다. 이를 통해 보다 생산적인 노동평화를 가져오는데 기여한다(Erne, 18).

직접민주주의가 정부의 비용을 저렴하게 한다는 실증적인 연구도 있다(Freitag/Vatter/Müller, 2003). 국가에 대한 정체성이 높아지고 세금을 자발적으로 납부하게되어 탈세가 줄어든다는 것이다.

직접민주주의는 스위스와 같이 작은 국가에서나 실현가능한 것이고 큰 나라에서는 불가능하다는 주장이 많다. 스위스보다도 규모가 훨씬 큰 미국의 캘리포니아에서도 직접민주주의를 실시하고 있으며, 스위스보다 작은 나라에서도 실시하지 않는 곳이 많다. 직접민주주의는 국가규모의 문제라기보다는 태도의 문제이다(Erne, 19). 모든 국민을 대등하게 보는 태도의 문제이다.

직접민주주의와 국가의 규모

직접민주주의는 지역이 협소한 곳에서 잘 기능을 발휘할 수 있다는 것을 루소가 주장한 이래 많은 사람들이 그렇게 믿고 있다. 지역이 넓고 인구가 많은 지역에서는 직접민주주의는 적절하지 않으며 기대된 효과를 거두기 어렵다는 것이다. 또한 많은 사람들이 모일 수 있는 장소를 구하기도 어렵다는 것이다. 이는 전 국민(혹은 주민)이 한 자리에 모여서 공동체의 문제를 논의하는 집회민주주의(Versammlungsdemokratie)를 직접민주주의의 모델로 상정하는 경우에 일응 타당성을 가질 수도 있다. 하지만 오늘날 집회민주주의는 거의 쇠퇴하였으며 더 이상 이를 주장하는 견해는 찾아보기 어렵다.

오늘날 직접민주주의는 구체적인 사안에 대해서 국민들이 직접 표결을 통해서 결정하는 표결민주주의(Abstimmungsdemokratie)를 의미한다. 표결민주주의는 인구나 면적이 큰 문제가 되지 않는다. 오히려 규모가 큰 공동체일수록 대표자 1명이 갖는 대표성을 엷어지고, 민주적인 정당성은 그만큼 약해진다. 이에 규모가 큰 공동체일수록 민주적인 정당성을 강화하려면 대의민주적인 제도는 직접민주주의의 의한 정당성의 보완을 필요로 한다. 이에 국가의 규모는 직접민주주의를 실현하는데 아무런 장애가 되지 않으며, 국가규모가 커질수록 대표성의 취약성으로 인하여 민주적인 정당성을 강화하기 위해서는 직접민주주의의 도입이 불가결하다(Gross, 2004, 56).

직접민주적인 참여에는 국민발안과 국민투표가 그 주된 내용을 이루고 있다. 국민발안은 의회에서 소홀히 하거나 의도적으로 회피하는 사안을 국민이 직접 의제화해서 적극적으로 공론화한다는 의미에서 혁신적인 기능을 한다고 볼 수 있다. 사회적 변화를 촉진한다. 이에 대해서 국민투표, 특히 임의적 국민투표는 정부나 의회의 제안에 대해서 거부하고 개혁과 혁신의 속도를 늦추는 역할을 한다. 이는 사회적 안정에 기여한다. 국민투표가 정부나 의회의 결정에 제동장치로서 소극적인 기능을 한다면 주민발안은 정부나 의회가 어떤 일을 추진하도록 적극적인 가속장치와 같은 역할을 한다.

대표민주주의와 직접민주제도는 서로 보완하는 관계에 있지만 경우에 따라서는 긴장관계 내지 경쟁관계에 있다. 이런 의미에서 스위스는 준직접민주제도(halbdirekte Demokratie)를 채택하고 있다고 볼 수 있다.

o 국민발안

국민발안은 일정한 수의 유권자가 법질서의 변경을 발의하여 논의하게 하는 제도로 반드시 국민들이 표결로 결정을 하여야 한다. 이점에서 국민발안은 단순한 청원과는 의미가 다르다. 연방헌법개정을 발의하기 위해서는 유권자 100,000명의 서명을 요한다. 소수자가 헌법개정의 과제를 의제화할 수 있도록 한 것이다. 국민발안은 국민에 의한 국민에 대한 요구라고 할 수 있다. 연방차원에서 법률안에 대한 국민발안은 인정되지 않지만 칸톤차원에서는 광범위하게 인정된다. 국민발안은 다음과 같은 기능을 한다(Rhinow, 3).

국민발안은 첫째로 의회가 소홀히 하고 있는 사회집단의 관심사를 정치적 의사결정과정에 올려놓는 배출기능(Ventilfunktion)을 한다. 국민발안이 의도된 직접적인 성과를 거두는 것은 드물지만 정치권에서 소홀히 취급받는 의제를 공론화하는 간접적인 효과는 적지 않다.

둘째로, 국민발안은 국회나 정부로 하여금 정부나 의회가 일정한 행위를 하도록 동기를 부여하는 압력기능(Druckfunktion)을 한다. 정부나 의회는 국민발안에 대해 지지를 하거나 대안을 작성해서 국민에게 제시하도록 한다. 이러한 압력은 국민발안으로 인한 직접 효력보다는 간접적으로 정치과정에 영향을 미쳐 의도한 목적의 실현에 영향을 미친다.

셋째로, 국민발안은 새로운 의제를 정치적 의제를 정치적 논의 과제에 올려놓음으로써 정치행위자들의 우선순위에 영향을 미치는 의제설정기능을 한다.

넷째로, 또한 국민발안은 사회운동을 동기화하고 촉발하며, 정당들이 언론에 효율적으로 대응하는 것을 통해 정당이 선거지지 기반을 확보하는데 기여한다.

o 국민투표

국민투표를 통해 국민은 의회의 결정에 대해서 지지를 결정하거나 이를 취소하는 결정을 하게 된다. 국민투표는 필요적 국민투표와 임의적 국민투표가 있다. 필요적 국민투표는 헌법개정안과 같이 가장 중요한 사안에 대해서 국민들이 최종적으로 결정하도록 한다. 이에 대해서 임의적 국민투표는 일정 수 이상의 유권자들이 요구하는 경우에 국민투표에 붙일 수가 있다. 국민투표는 의회의 헌법안이나 법률안에 대해서 가능하다. 예외적으로 의회의 개별적인 처분에 대해서도 인정된다.

국민투표는 무엇보다도 연방권한의 확대에 대한 제동장치가 된다. 스위스 헌법개정의 대부분은 연방권한의 확대에 관한 규정이다. 연방권한을 확대하기 위해서는 반드시 헌법개정을 필요로 하고 이 헌법 개정은 반드시 국민투표를 거쳐야 한다. 헌법개정을 위한 국민투표에서는 국민다수와 칸톤다수를 동시에 만족시켜야 하기 때문에 연방권한 확대에 불가피성에 대한 확신을 국민에게 주지 못하면 통과되기 어렵다. 이점에서 국민투표는 칸톤권한의 희생하에 연방권한을 확대하는 것을 억제하는데 기여한다.

임의적 국민투표는 입법자들이 입법과정에서 정당이나 이익단체, 칸톤의 입장을 반영시키도록 노력하게 만든다. 입법자가 자신의 이익에 반하는 법률을 제정하려는 경우에 이들 유력한 단체들이 임의적인 국민투표를 실시하도록 하겠다고 하면 입법자들은 국민투표를 피하기 위하여 의회전절차나 의회절차에서 이해당사자들과 보다 잘 협상하고 타협을 하여 합리적인 선택을 하려고 노력을 하게 된다. 즉 관련단체들이 협력이나 타협을 하도록 강제하는 효과를 갖는다. 즉, 국민투표는 다음에 설명하는 화합정치를 사실상 강제하는 제도적 장치가 된다.

III. 화합정치질서

o 공존과 상생의 정치질서

스위스는 각 지역의 문화적, 종교적, 언어적, 사회적 이질성으로 인한 갈등소지를 화합정치(Konkordanz)를 도입함으로써 해결하고 안정과 평화를 추구하고 있다.

영국을 비롯한 대부분의 국가에서의 정치모델은 선거에서 다수를 차지하는 정당이 모든 국가권력을 독식하고, 정치적 의사결정과정에서 다수결을 통해서 지배적인 역할을 한다. 즉, 승자독식의 정치체제이다. 이는 정부를 구성하는 여당과 정부를 구성하는데 실패한 야당간에 경쟁하면서 대립하는 갈등구도를 제도화하고 있다.

이에 대해서 스위스는 정부를 구성하는데 있어서 중요한 정치세력을 모두 참여시키고 정치적인 의사결정과정에서도 다수결로 일도양단식의 결정을 하기보다는 협상과 타협을 통해서 합의를 도출하는 화합적, 상생적 정치체제를 가지고 있다. 합의민주주의(Konsensusdemokratie)모델의 스위스식 표현인 화합민주주의[2] (Konkordanzdemokratie)이다. 이는 승자독식 대신에 정치행위자들 간의 권력분점과 협상을 통해서 모두가 조금씩 가질 수 있도록 하는 정치체제라고 할 수 있다.

o 정부구성에 있어서 화합민주주의

먼저 연방정부를 구성함에 있어서 정치적 권력을 한 사람에게 집중시키는 단독기관 대신에 7인의 각료로 구성하고 협의해서 결정하게 하는 협의체정부(Kollegialregierung)를 채택하여 각료간에 권력을 분산시키고 있다. 스위스에도 대통령이 있긴 하지만 임기 1년의 의전적 역할을 하는데 그치고 특별한 지위가 주어져 있지 않다. 각료회의는 협상과 타협을 통해서 합의를 통해서 의사결정을 하며 외부적으로는 하나의 합의된 의사를 표현하여야 한다. 연방정부뿐만 아니라 칸톤정부나 게마인데정부도 마찬가지로 협의체정부를 채택하고 있다. 정부 내의 인적 권력분점이다.

또한 선거에서 다수를 차지한 정당이 모든 각료를 독점하는 것이 아니라 의회에서 각료를 선출하되 각 정당의 지지율에 비례해

---

[2] 스위스 정치의 특징을 이루는 "Konkordanz", "Konkordanzdemokratie"를 번역하는 것이 쉽지 않아 여기서는 화합정치, 화합민주주의라고 번역하기로 한다. 협의민주주의 또는 합의민주주의라고 번역도 있으나 의미전달에 한계가 있어 그대로 사용하기에 어려움이 있다. 이에 번역 없이 '콘코르단츠'민주주의로 사용하는 경우(선학태, 2006, 77)도 있다.

서 중요한 정당이 모두 참여하여 이른바 화합내각을 구성한다. 특별한 필요가 있는 경우에 일시적으로 구성되는 연립내각이 아니라 상시적으로 주요정당이 모두 참여하여 권력을 분점하는 다당정부(多黨政府)를 구성함으로써 모든 중요한 정치적 행위자들, 특히 소수자도 정부구성에 참여할 수 있는 길을 열어놓고 있다. 스위스의 연방정부를 구성함에 있어서 1959년에서 2003년까지 지켜졌던 정당별 내각구성 비율을 가리켜 마법의 공식(Zauberformel)이라고 부른다. 연방정부의 각료 7명을 각각 자민당(FDP)과 사민당(SP), 기민당(CVP), 국민당(SVP)에 2:2:2:1의 비율로 배정하였다. 가장 지지율이 높은 3개의 정당에 각각 2명을 배정하고 그 다음으로 지지율이 큰 정당에 1명을 배정한 것이다. 2003년 이후에 정치적 변화로 정부를 구성하는 정당에 변화가 생기고, 각료의석의 배정 비율에 변화가 있지만 여러 정당이 참여하여 정당간 권력분점내각을 구성하는 구성원리는 지켜지고 있다. 또한 정부를 구성함에 있어서 정당비율만 고려하는 것이 아니라 남녀의 성별, 지역과 언어권의 대표성 등도 동시에 배려하도록 하고 있다.

이러한 화합정부의 구성방식에 대해서 헌법이나 법률에 규정된 것은 없으며, 정당간의 묵시적 합의에 의해서 불문율로 지켜지고 있다(연방헌법은 지역과 언어권에 대해서만 언급하고 있다). 이러한 정부의 구성방식은 연방정부뿐만 아니라 칸톤정부의 게마인데 정부를 구성함에 있어서도 적용된다. 다만 정부구성 정당이나 그 구성비율은 칸톤마다, 게마인데마다 그 지역의 정당체제와 정당 지지율에 따라 매우 상이하다.

o 정치적 의사결정에 있어서 화합민주주의

의회민주주의는 의회에 권력을 집중시키는데 비하여 스위스의 화합민주제도는 여러 정치행위자들을 정치과정에 참여시켜 협상과 타협을 하도록 함으로써 소수자를 통합하고 정치적인 안정을 가져오는데 기여를 한다. 중요한 정치주체로는 연방정부와 칸톤, 이익단체, 의회, 국민, 연방행정 등을 들 수 있다. 이들 정치주체들은 의회전 심의단계와 의회심의단계, 의회후절차인 국민투표단계에서 각각 참여하여 정치적인 의사결정에 영향을 미칠 수 있도록 하고 있다.

의회의 결정에 대해서 국민투표를 예정하거나 가능성을 부여함으로써 정당간의 타협을 통해 올바른 결론을 도출하도록 사실상의 압력을 행사한다. 의회결정 중에서 실제로 국민투표에 부의되는 것은 7%에 불과하지만 국민투표에 회부될 가능성은 화합정치를 작동하도록 하는데 결정적인 영향을 미친다. 스위스에서 화합정치를 채택하여 소수정당도 정부구성에 참여하도록 한 것은 국민투표를 도입한 것이 그 배경을 이루고 있다. 다수당이 다수결을 배경으로 하여 결정한 의회의결이 국민투표를 통하여 무산되는 것을 피하기 위해서 정부의 구성단계와 정부내 논의과정에서 소수파도 참여시켜 협상과 타협을 하도록 한 것이다.

연방제도도 화합정치의 중요한 부분을 이룬다. 연방의 권력을 헌법에 규정된 것에 한정시키고, 칸톤의 자율성을 보장하는 연방제도는 칸톤을 연방의 정치결정과정에 참여할 수 있도록 칸톤의 대표로 구성되는 상원을 설치하여 문을 열어 놓고 있다. 또한 헌법개정안에 대해서는 이중다수결의 원칙에 따라 국민의 다수뿐만 아니라 칸톤 다수의 찬성을 요구함으로써 소수자보호와 타협정치를 통해 화합정치를 실현하는데 이바지 하고 있다. 이를 통해서 칸톤은 연방정치에 있어서 중요한 행위자로서 역할을 하게 되며 국가권력을 분점하게 된다. 연방제도는 수직적인 권력분립을 통해서 다수의 지배에 한계를 설정하고 소수를 배려하도록 만드는 제도적 장치가 되고 있다.

스위스의 화합민주주의에 대해서도 여러 가지 비판이 제기되고 있다. 예컨대, 협상과 타협을 위해 많은 시간이 걸리고, 이익단체들의 영향이 과도할 수 있으며 장기적인 관점보다는 단기적인 이익이 주도할 우려가 있다는 점이다. 이러한 비판에도 불구하고 스위스와 같이 문화와 언어권, 사회가 다양화된 국가에서 실질적인 통합과 안정을 유지하기 위해서는 화합적 민주주의는 앞으로도 계속 형태를 달리하면서 존속할 것으로 전망된다.

제3절 기타 주요 요소

I. 국가정체성으로서 의지국가

스위스 국가 내지 스위스 정치의 정체성을 표현하는 말로써 "의지국가(Willensnation)" 또는 "특별한 경우(예외적인 경우)로서 스위스(Sonderfall Schweiz)"라는 말을 많이 사용한다. 스위스는 공통된 언어도 없고, 공통된 종교도 없다. 민족도 동일하지 않다. 스위스에는 국민을 묶을 수 있는 실질로 내세울 것이 없다. 오직 하나의 나라를 만들고자 하는 의지만 있다는 의미에서 의지국가라는 말을 사용한다. 1848년에 건국된 스위스에서는 민족이나 언어나 종교와 같은 정체성이 결여되어 있었기 때문에 의지국가를 국가정체성으로 강조하였다.

"의지국가"의 유래

의지국가(Willensnation)는 원래 국법학자인 힐티(Carl Hilty)의 연방정치학 강의에서 유래를 찾을 수 있다.

그는 "스위스는 인종이나 부족, 공동의 풍속이나 자연, 역사때문에 스위스 연방국가를 건설한 것이 아니다. ... 자연이나 언어 혈통, 부족 특성 모든 것은 스위스를 하나로 결합시키기 보다는 부족을 따라 동서남북으로 분열시킬 수 있다.... 스위스를 결합시키는 것은 ... 여러 가지 관점에서 더 나은 국가를 만들고, 더 나은 나라이고자 하는 경향, 의식이다."라고 했다(Hilty, 1875: 28f.; Seitz, 52).

스위스는 1848년 건국할 당시의 유럽의 이웃나라들과는 다른 선택을 했다. 스위스를 제외한 다른 유럽국가들은 언어를 중심으로 국가를 형성했다. 국가의 실체를 동일한 언어에서 찾았다. 스위스는 그렇게 하지 않았다. 오히려 국가형성의 기초를 국민들의 정치적 자유에서 찾았다. 다른 나라들이 강력한 중앙정부를 중심으로 위에서 아래로 국가를 형성하였는데 비하여 스위스는 아래로부터 위로 국가를 건설하였다. 의지국가의 의지는 국가의 의지가 아니라 국민의 의지이다. 국민들의 의지에 의하여 아래에서 위로 국가를 형성하려고 했다.

의지국가가 성립하기 위해서는 한편으로는 연방국가라는 특정한 국가형태를 전제로 하고, 다른 한편으로는 이를 뒷받침하는 정치문화를 필요로 한다. 다언어적이고 다문화적인 스위스는 연방주의적 국가형태를 통해서 성립할 수 있었다. 스위스는 중앙집권적인 국가가 분권화를 통해서 지방의 자치권을 인정한 지방분권국가가 아니다. 오히려 원래부터 게마인데와 칸톤이 가지고 있던 자치권을 지키기 위해서 연방국가를 이룬 것이라 볼 수 있다. 스위스에서 게마인데와 칸톤은 고유의 권한을 가지고 있고, 중앙정부인 연방정부에게는 게마인데나 연방이 할 수 없는 업무만 부분적으로 이양하였다. 게마인데와 칸톤은 연방국가의 성립 후에도 이전에 갖고 있었던 자기책임성을 여전히 가지고 있다. 이점에서 스위스는 연방정부가 강력한 권력을 가진 적이 없는 비집권국가(nicht-zentralisiertes Land)라고 할 수 있다(Widmer, 2010, 26).

스위스는 기본적으로 강력한 연방국가에 반대하는 의지국가로서 성립되었다. 가능하면 연방국가에게 작은 권한을 이양하고 대신에 개인과 게마인데와 칸톤에 많은 자유를 보전하려고 했다. 이러한 연방국가적 국가형태가 작동하기 위해서는 이를 뒷받침하는 정치문화가 요구된다. 시민의 참여, 자기책임감, 합의절차에 대한 애착, 대외문제에 대한 자제 등이다. 앞에서 말한 국가형태가 헌법과 제도로 보장되는 하드웨어라면 이러한 정치문화는 소프트웨어에 해당한다. 정치문화는 오랜 시간을 두고 형성되는 것이다. 단기간에 필요한 정치문화를 만들어 내는 것은 쉬운 일이 아니다. 제도를 도입하기는 쉬워도 이를 운용하는데 필요한 문화를 만드는 것은 쉽지 않다. 제도의 정신을 일상생활에 실천하는 노력이 필요하다.

스위스가 당시 유럽과는 달리 하나의 언어를 중심으로 하지 않고, 위로부터 국가를 건설하지 않고, 개인의 자유와 게마인데와 칸톤의 자율권을 중심으로 아래로부터 위로 국가를 건설한 것 자체가 당시 유럽으로서는, 나아가서 세계적으로 보더라도 전례가 없는 것이다. 이점에서 스위스는 예외적인 특별한 경우(Sonderfall)에 속한다고 할 수 있다. 스위스가 19세기에 직접민주제를 의도적으로 채택하여 국민이 최종적으로 국가의사를 결정하도록 한 것도 특별하고, 중앙집권적인 단일국가 대신에 비집권적 연방제를 채택한 것도 특별한 것이다. 대외적으로나 대내적으로 중립성을 선언하고 이를 실천한 것도 특별한 것이다. 정치나 군에 대해서 직업정치인이나 상비군제도 대신에 시민복무제도(Milizsystem)를 채택한 것도 특별한 것이다. 여러 언어권을 인정하면서 통일국가를 형성한 것도 특별하다.

스위스는 주어진 여건에 의하여 특별한 것이 되고 예외적인 경우가 된 것이 아니다. 1848년 건국당시부터 주변국가와는 달리 의식적으로 특별한 원칙에 따라서 국가를 형성했다. 이웃나라들은 국가형성에 있어서 국가권력과 국가규모를 가장 중요시 했다. 스위스에 있어서 그것은 부차적인 것이 되었다. 중세의 나라에서 서약은 통상적으로 귀족통치자에 대한 충성의 맹세이다. 스위스는 그렇게 하지 않았다. 자신의 손으로 스스로를 지키고 보호하겠다는 맹세를 했다. 자기 스스로에게 서약을 한 것이다(Widmer, 2008, 2). 특별한 경우(Sonderfall)로서 스위스는 통상적인 경우(Normalfall)로서 스위스를 넘어서고자 하는 의식이다. 스위스는 다른 나라와는 차별화된 무엇인가 특별한 나라이고, 특별한 나라로 만들어야

하는 국민의식이다(Eberle, 2007, 7)

"의지국가", "특별한 경우"로서 스위스는 오늘날도 날마다 스위스를 새롭게 자기정화하고 내부개혁을 통하여 특별한 나라, 다른 나라에 모범이 되는 국가로 만들어가는, 미래에 대해서 개방적인 스위스의 정체성으로 작용하고 있다.

II. 조합원칙

o 경제적 자조조직으로서 조합

스위스의 연방을 의미하는 Eidgenossenschaft에서 Genossenschaft는 동료관계, 협동조합, 단체의 의미를 가진다. 조합은 자조(自助)를 위한 경제적 조직형태로서 조합원인 동료들의 대등한 가치성과 조합원에 의한 공동생활과제의 해결을 요소로 한다. 조합의 목적은 모든 구성원에 의해서 규정된 목적조항의 공동과제를 해결하는데 있다. 조합에서는 모든 문제에 대해서 모든 조합원들이 한 표씩을 가지고 회의에서 민주적으로 함께 결정한다.

조합의 과제는 매우 다양한 분야에 걸친다. 양로원과 같은 사회적인 과제일 수도 있고, 상수도나 전기공급과 같은 공공서비스 제공일 수도 있다. 농산품의 공동구매와 공동판매일수도 있고, 포도재배와 같은 생산조합일수도 있다. 또는 공유물의 이용에 관한 것일 수도 있다3). 조합의 활동형태와 이용형태는 여러 가지 일

---

3) 이러한 스위스의 조합적 전통은 19세기 산업화과정을 거치면서 광범위한 조합운동으로 발전했다. 농업조합, 생산조합, 소비조합, 주택건설조합, 신용-저축조합 등으로 나타났다. 1930년대 경제위기를 겪으면서 조합은 급증하였다. 1957년에는 12,000개가 넘었고 현재에 이르고 있다 (Wüthrich/Roca).

수 있으나 항상 공공복리에 기여하는 것을 목적으로 한다. 스위스의 저명한 역사학자인 가서(Adolf Gasser)는 조합원칙의 의미를 분명하고 이해하기 쉽게 강조하였다.

가서는 유럽의 역사를 서로 다른 두 가지 신념에 의해 서로 강하게 대립해 왔다고 보았다. 지배체제(Herrschaft)와 조합체제(Genossenschaft)는 확연히 다른 발전법칙 아래에 있는 두개의 세계라는 점을 강조했다. 종속관계(Subordination)의 세계와 협조관계(Koordination)의 세계로 보았다. 명령행정의 원칙과 자치행정의 원칙간의 대립, 권위적인 명령과 권력기구에 의한 국가질서와 국민집단의 자유로운 사회적 의지에 기초한 국가질서간의 대립이라고 했다. 전자는 위에서 아래로 구성된 국가이고 후자는 아래에서 위로 구성된 국가라고 보았다. 전자는 명령과 복종에 길들여진 질서이고, 후자는 자유로운 협력을 위한 전면적인 의지에 기초한 질서원칙이다. 지배체제는 넓은 영토의 국가적인 집중을 목표로 하기 때문에 국민과 유리된 군사적—관료적 중앙기구를 필요로 한다. 이와는 달리 조합적 국가는 언제나 작은 지역적 공간에 뿌리를 두고 있다. 살아있는 조합적 자치가 전개될 수 있는 작고 개관 가능한 게마인데가 그에 해당한다. (Gasser,1947, 12,13).

o 게마인데자치(Gemeindeautonomie)

스위스에서 조합은 항상 지역적으로 정착하여 아래에서 위로 상향적으로 국가를 구성하는 스위스의 정치체제의 기본원리가 된다. 행정관에 의해서 부하처럼 명령받지 않고 지역의 조합(오늘날의 게마인데)이 스스로 결정하고 그것이 어려운 불가피한 경우에만 상위공동체로 위임하였다. 오늘날 이를 두고 보충성의 원칙이라고 한다.

스위스의 국가형성은 다른 유럽국가들의 국가형성과는 다른 모습을 보인다. 다른 유럽국가들이 정치적인 통합을 달성하려는 목적으로 국가를 형성한데 비하여 스위스는 국가를 구성하는 지역공동체들의 고유한 특성과 자유를 유지하기 위해, 즉, 다양성을 지키기 위해 국가를 만들었다. 스위스의 통합성은 상위권력이나 획일성을 통해서가 아니라 공동의 과제를 해결하기 위한 자유로운 협력에서 생겨났다(Wartburg, 11). 조합원이 마을 시민이 되고, 기존의 마을조합이 공적인 마을게마인데로 발전했다. 이것이 오늘날 여러 칸톤에서 볼 수 있는 시민게마인데(Bürgergemeinden)가 되었다.

스위스의 게마인데는 마을의 시민들이 공동생활에서 발생한 문제를 함께 해결하기 위한 목적으로 만들어 졌다. 오늘날 스위스는 2400개에 가까운 게마인데로 구성된다. 게마인데에서는 게마인데 도로의 건설이나 학교건축, 유치원, 수영장, 병원, 도서관, 소방서 등 처리할 업무를 스스로 규정하고, 그에 필요한 세금과 세율을 스스로 결정한다. 오늘날 게마인데 업무는 증가되고 변화하고 있다. 과거 조합의 업무는 오늘날 지방자치단체가 승계하고 있으며, 쓰레기처리, 정화조의 설치 등 새로운 업무들이 추가된다. 아래로부터 형성된 게마인데자치의 기초는 변함이 없다. 모든 게마인데 업무를 시민들이 공동으로 자기책임하에 처리하는 것이다.

모든 주민들이 게마인데총회에 모여 집행기관(게마인데 위원회:Gemeinderat)을 선임하고, 안건을 의결한다. 대부분의 칸톤에서는 게마인데법으로 주민발안과 주민투표가 규정하고 있다. 게마인데 위에는 자치국가로서 칸톤이 있고, 칸톤 위에는 전체국가인 연방이 있다.

게마인데와 칸톤, 연방의 집행기관은 협의체기관(Kollegialbehörde)이다. 이들 집행기관은 정당비율에 따라 구성된다. 조합적 요소를 볼 수 있다. 공동체의 운명을 구성원들이 함께 결정하는 것이다. 정부와 야당의 구분이 없다. 현실문제를 해결하는데 모든 주요정당이 참여하는 것이다. 여기서 야당의 기능은 전체로서 국민이 해마다 네 번 실시되는 국민투표기간에 수행한다. 연방정부(Bundesrat)는 7명의 대등한 동료인 각료로 구성된다. 연방대통령은 해마다 각료중에서 교체된다. 형식적인 대표와 의전기능만 부여된다. 독일이나 영국과 같은 수상이나 미국의 대통령과 같이 권력자는 스위스에 존재하지 않는다. 권력의 분점과 권력남용의 방지는 스위스의 중요한 정부구성요소가 된다. 이러한 제도로 인하여 스위스는 어느 나라보다도 높은 정치적인 안정을 누리고 있다.

조합적인 구성원간의 등가치성은 이웃나라에 비하여 강한 편이다. 오스트리아나 독일과는 달리 스위스에서는 왕이나 황제, 귀족 등으로 표현되는 계층적 사회구조는 매우 약한 편이다. 심지어는 1848년에서 1999년까지 귀족칭호가 헌법에 의하여 금지되기도 했다.(Erne, 15).

III. 시민복부제도(Milizsystem)

게마인데에서 공동체정신의 표현으로 시민복무제도를 들 수 있다. 시민복무원칙(Milizprinzip)은 시민들이 공동체의 업무를 위임하지 않고 스스로 수행하는 것을 말한다. 게마인데에서 주민들의 자발적이고 명예직인 공직수행은 조합적 전통을 승계한 것이라고 볼 수 있다. 시민복무는 공동생활의 일부가 된다. 적극적인 시민은 공동체를 위하여 필요한 존재가 되고, 공동체를 위한 기여가 중요하다는 것을 인식한다. 시민복무는 인간적인 면이나 사회적인 측면뿐만 아니라 재정적인 측면의 이점도 있다. 직업관료를 유지하기 위해 드는 비용을 주민들의 자발적인 참여로 절감한다.

정치에 있어서 시민복무제도는 게마인데뿐만 아니라 칸톤과 연방의 모든 국가수준에서 나타난다. 스위스에는 직업의회(Berufsparlament)가 없다. 게마인데나 칸톤의회 의원은 물론이고 연방의회도 기본적으로 시민복무제도를 기본으로 한다. 물론 연방의회를 시민복무제로 운영하는 것이 무리라는 주장도 있지만 직업정치인 대신에 부업적으로 의정활동을 수행하는 것을 전제로 하고 있다. 연방의회는 1년에 4번, 각각 3주간씩 정기회가 소집된다. 필요한 경우에는 일주일 이내의 특별회가 소집될 수 있다. 그 외의 기간에는 의회가 비어있다. 모든 의회의원은 본업을 가지고 있다. 의회의원은 실제생활에 뿌리를 내리고 있어서 그 결정이 실생활에 어떤 영향을 미치는지를 잘 알고 있다. 또한 모든 직업계층의 의원들로 구성되는 의회는 국민들의 실생활과 연계한 의정활동으로 보다 나은 문제해결을 기대할 수 있다. 일반인이 많이 참여하는 의회에서 제정한 법률은 그 문장이나 용어도 국민에게 이해하기가 쉽다. 많은 경우에 게마인데나 칸톤에서는 집행기관도 본업으로 수행하는 것이 아니라 부업적으로 시민복무제로 운영하고 있다.

지방소방대원의 경우 대부분이 시민복무에 의해 주민들이 자발적으로 참여한다. 물론 직업소방관이 없는 것은 아니지만 이는 취리히나 베른, 바젤과 같은 대도시에 한정된다. 특히 군대는 시민군(Milizarmee)에 의하여 구성된다. 시민들은 상설군에게 나라의 안전을 위임하지 않고 직접 수행한다. 그렇게 하기를 원하고 그렇게 하는 것이 더 좋은 결과를 가져온다고 믿기 때문이다. 냉전당시에 전체 6백만명의 국민중에서 70만의 군대를 2일 만에 동원할 수 있었다고 한다(Erne, 2010, 11).

IV. 영구적 무장중립

스위스의 대외정책은 중립성을 특징으로 한다. 어떤 국가도 침략하지 않고, 전쟁을 개시하지 않고, 제3국의 자국내 전쟁행위를 지원하거나 용인하지 않겠다는 약속이다. 스위스는 어떠한 군사동맹에도 가입하지 않고 있으며, 유럽에서 식민지를 획득하지 않았던 드문 사례에 속한다. 칸트가 그의 저서 영구평화론에서 말한 "영구적인 무장중립(ewige und bewaffnete Neutralität)"의 많은 부분을 실현하고 있다.

1999년 헌법개정에 의해서 연방정부와 연방의회의 중립의무가 비로소 헌법에 규정되었다(173조 제1항 a호, 제185조제1항). 그 이전에는 헌법에 중립성을 명시적으로 규정하지 않았다. 1848년 건국헌법을 제정하면서 중립성은 역사적으로 명백한 것으로 보았기 때문에 헌법에 별도로 규정하지 않았다. 오늘날 스위스 사람들은 중립성을 연방국가의 포기할 수 없는 기초를 이룬다고 보고 있다. 취리히대학의 연구결과에 의하면 스위스인의 95%가 중립성의 준수를 지지하고 있다(Wüthrich/Roca).

스위스의 대내적인 중립성원칙은 이미 중세시대의 서약동맹에서 찾아볼 수 있다. 연방내부적인 분쟁에 대해서 칸톤은 어느 한편을 지원해서는 안 될 의무가 있었다. 한걸음 나아가서 적극적인 중립정책, 즉 칸톤간의 분쟁에서 중재를 할 의무가 있었다. 이러한 두 가지 요소 즉, 개입금지와 중재의무는 오늘날도 유지되고 있다.

대외관계에 있어서 스위스는 30년전쟁(1648년)이후 중립성을 유지해왔다. 모든 외국군대에게 통과권을 거부함으로써 외부분쟁에 휘말리는 것을 피했다. 나폴레옹체제가 붕괴된 1815년 스위스는 중립성을 선언하였다. 영구적 무장 중립성은 강대국에 의해서도 승인되었다.

스위스의 중립성은 무장중립을 의미한다. 외부의 침입이나 위협에 대해서 국가와 국민은 방어의무를 가진다. 스위스의 중립의무는 자유로운 표현을 제한하는 것은 아니다. 다른 나라의 국제법위반이나 기본권침해에 대해서 스위스는 입장을 표명할 수 있다.

군대의 외국파견은 법률에 의해서 엄격하게 제한된다. 전투병력의 파견은 금지되고 평화유지를 위해 유엔의 위임에 의해서만 가능하다. 2008년 스위스는 중립의무를 이유로 아프가니스탄으로부터 2명의 군사감시원을 철수시킨 적이 있다.

스위스는 오늘날 전쟁중에 해결책을 찾는 모두에게 외교적인 화해알선기구를 통해 신중하고 안전한 대화장소를 제공한다. 전쟁에는 참여하지 않지만 전쟁희생자를 돕기 위해서 1863년에 적

십자협회를 설립하고 인간적인 도움을 제공하고 있다. 작은 중립
국가인 스위스가 중심이 되어 활동을 하기 때문에 많은 나라로부
터 신뢰를 얻고 있다.

V. 지속가능한 재정: 채무제동장치의 도입

스위스는 다른 나라에 비하여 비교적 국가의 재정상태가 좋은
편이다. 이에는 여러 가지 요인이 있겠으나 2003년에 도입된 이
른바 채무제동장치(Schudbremse)의 도입이 중요한 원인이 된다.
스위스의 국가채무를 이웃나라들과 비교해 보면 스위스의 국가재
정상태가 매우 양호함을 알 수 있다.

표 3 : 국가채무비율의 국제비교(2005년, 2012년) (단위:%)
(출처: 스위스연방 재무부)

	2005	2012	증감(%)
스위스	53	37	-17
스웨덴	50	36	-14
오스트리아	64	76	+12
독일	69	84	+15
이탈리아	105	120	+15
네덜란드	52	68	+16
프랑스	67	90	+23
영국	43	95	+52
아일랜드	27	113	+86

스위스는 1958년에 이미 헌법에 채무를 점진적으로 상환해야
한다는 채무상환의 원칙(Grundsatz der Entschuldung)을 규정하는

등 1950년대 이후 채무증가를 억제하기 위해 지속적으로 노력해 왔다. 그럼에도 불구하고 1990년대에 들어서 국민총생산 대비 국가채무의 비중이 15%에서 30%로 급증하였다. 수입과 지출이 지속적인 균형을 유지해야 한다는 원칙이 헌법에 규정되어 있었음에도 불구하고 채무는 지속적으로 증가하여, 헌법의 균형예산원칙은 사실상 사문화되었다. 왜냐하면 의회에서 정당을 초월하여 다수가 한도를 넘는 지출정책을 추구했기 때문이다. 이에 여러 가지 대책이 마련되었다. 2001년 12월 2일에 채무억제를 위해 지출을 수입에 연계시키는 이른바 채무제동장치를 헌법에 도입하는 헌법개정안을 국민투표에 회부하였다. 국민의 84.7%가 찬성을 하여 2003년부터 효력을 발생하였다.

스위스 연방헌법상의 채무제동장치(제126조)

① 연방은 지출과 수입의 균형을 지속적으로 유지해야 한다.
② 승인을 위해 제안된 총지출예산의 상한액은 경제상황을 감안한 추계수입총액에 맞추어야 한다.
③ 예외적인 재정수요가 있는 경우에는 제2항에 의한 상한액을 적정하게 인상할 수 있다. 상한액의 인상에 대해서는 연방의회가 제159조 제3항에 의하여 결정한다.
④ 국가회계상 총지출액이 제2항이나 제3항에 의한 상한액을 초과하는 경우에는 다음 연도들에 보전하여야 한다.
⑤ 자세한 것은 법률로 정한다.

이를 분석해 보면 다음과 같다. 채무제동자치의 중점은 연방헌법 제126조 제2항의 지출원칙을 새로 도입한 것에 있다.

o 기본원칙: 지출과 수입의 지속적 균형유지(제126조 제1항). 기존헌법에 이미 규정되어 있었으나 지켜지지 않았다. 균형예산의 총론에는 모두 동의하였으나 개별적인 예외를 갖가지 이유로 정당화했고 채무는 급증했다. 이에 헌법규정을 보완할 필요가 생겨 제2항 이하의 규정을 추가하게 되었다.

o 지출원칙: 지출상한액은 수입예상액에 맞추어야 함(제126조 제2항). 제1항의 균형예산원칙이 실질적으로 지켜지도록 하기 위해 도입된 규정이다. 예산상의 지출상한액은 수입에 맞추어야 한다. 이는 채무억제규정이 실질적인 구속력을 갖도록 한다. 추가수입이나 다른 지출의 포기로 비용충당이 가능한 경우에만 지출인상이 허용된다. 세금인하는 상응하는 지출의 감소를 수반해야 한다. 채무억제를 위한 조치에 구속력을 인정하되 경제상황을 고려할 수 있도록 함으로써 융통성을 보장한다.

o 예외: 특별한 재정수요가 있는 경우 연방의회가 상한액 인상(제126조 제3항). 자연재해나 경기후퇴와 같은 예외적인 상황에 대비하여 예외를 인정하되 후속연도에 보상을 하도록 하는 제4항의 제재규정을 두어 남용하지 못하도록 하고 있다.

o 제재: 초과지출액은 후속연도에 보상해야 함(제126조 제4항). 초과지출은 전액을 후속연도에 보상하도록 함으로써 채무억제장치가 실효성을 가질 수 있도록 하고 있다.

2003년에 채무제동장치를 도입한 이래 채무증가는 둔화되고 국민총생산에 대한 국가채무의 비중은 다음 그림과 같이 감소하고 있다. 이는 채무 제동장치가 긍정적인 효과를 발휘하고 있음을 보여준다.

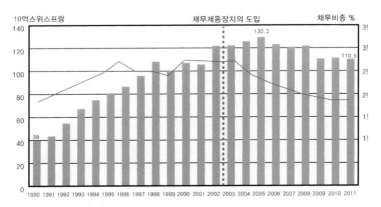

막대그래프: 채무액(단위:10억 스위스프랑) | 꺾은 선 그래프:채무/국민소득비율(단위:%)

그림 2 : 스위스 채무의 변화(1990-2011) (출처:Eidgenössische Finanzverwaltung EFV)

칸톤재정부장회의는 1981년에 칸톤재정운영에 관한 모범법률 (Mustergesetz)을 공표하였다. 많은 칸톤(St. Gallen, Freiburg, Solothurn, Appenzell Ausserrhoden, Graubünden, Luzern, Bern und Wallis 등)에서 이에 근거하여 내용상의 차이는 있지만 채무제동장치를 칸톤헌법에 규정하고 있다. 또한 칸톤의 주민들은 재정국민투표를 통하여 일정규모 이상의 사업에 대한 통제를 할 수 있다.

대부분의 스위스 게마인데에서는 주민이 게마인데총회에 참여해서 다음 연도의 예산을 결정한다. 게마인데 집행기관은 예산금액을 초과하는 금액에 대해서는 충분한 해명을 해야 한다. 이에 스위스에서는 방만한 재정운용은 생각하기 어렵고 더구나 부패가 발붙이기는 어렵다(Wüthrich/Roca).

또한 칸톤과 게마인데의 재정자율성은 매우 높게 보장된다. 이는 칸톤과 게마인데의 수입과 지출에 대한 자기책임성을 보장하는 것이다. 칸톤과 게마인데는 연방금고로부터 재원을 이양받는 것이 매우 적다. 칸톤과 게마인데 자체재원으로 충당해야 한다. 연방금고로부터 이전된 재원에 대해서는 다음해 또 지원을 받기 위해서 방만한 지출을 하는 경향이 있으나, 칸톤이나 게마인데의 자체재원에 대해서는 엄격한 통제가 이루어진다. 대부분의 스위스 게마인데의 채무는 높지 않은 편이다. 주민들이 자신의 돈을 예산으로 운영하기 때문이다.

채무억제장치를 통한 제도적 제한과 직접민주주의, 연방제도의 결합을 통해서 스위스는 국가의 채무를 낮게 유지하고 있다(Feld/Kirchgässner, 2005).

제2장

국민을 신뢰하는 정치:
직접민주제도

Q&A

?

스위스 민주주의는 권력자에 대한 불신과 국민에 대한 신뢰에 뿌리를 두고 있다. 국민의 대표를 국민이 통제하는 제도로서 직접민주주의를 도입하였다. 직접민주주의는 국민의 대표자들이 국민을 대표하지 않을 때 국민이 스스로를 대표하는 제도적 장치이다. 스위스 국민들은 몇 년에 한번 선거를 통하여 국민의 대표를 선출하고 임기기간동안 백지위임을 하는 대신에 국민의 대표가 처리하는 매안건마다 국민이 통제할 수 있는 가능성을 열어 둔 것이다. 권력자에 대한 불신을 구체화한 것이 다층적인 권력분립이라면, 직접민주주의는 국민에 대한 믿음을 제도화한 것이다.

제1절 직접민주제의 의의

스위스처럼 국민주권이 많이 실현된 나라는 없다. 국가의 모든 헌법개정은 국민들이 발의할 수 있고, 모든 헌법개정은 예외없이 국민투표를 요한다. 의회의 결정도 국민들이 사후결정으로 변경될 수 있다. 전세계에서 실행되는 국민투표의 1/4이 스위스에서 이루어진다(Vatter, 343). 스위스는 국민의 공민권이 가장 폭넓게 보장되고, 가장 자주 사용된다는 점에서 대의적 선거민주주의를 채택한 대부분의 다른 나라와 차이가 있다. 직접민주주의는 스위스 정치체제의 중요한 특징중의 하나이다. 국민투표는 의회의 결정에 대한 최종결정권을 유권자에게 부여한다. 국민발안은 유권자들에게 헌법개정을 발의할 수 있게 한다.

직접참정권인 국민의 공민권(Volksrecht)은 정치적 엘리트를 통제하기 위한 국민의 반대도구(Oppositionsinstrument)이다. 직접민주제는 국민의 자기결정으로 정치적 결정의 정당성을 강화한다. 직접민주제는 간접적으로 승자독식의 다수민주주의(Mehrheitsdemokratie)를 타협과 동의에 의한 권력분점적 화합민주주의(Konkordanzdemokratie)로 전환하는데 기여한다. 물론 스위스는 정부를 구성함에 있어서 모든 주요 정당들이 참여하는 다당내각을 구성하여 정치적 엘리트간의 권력분점을 하고 있다. 한걸음 더 나아가서 직접민주제의 도입으로 권력엘리트(국민대표)와 국민간의 권력분점을 제도화하고 있다.

스위스에서 행정부는 게마인데수준이나 칸톤수준이나 연방수준이나 정당비례로 구성되는 협의체기관이다. 중요한 정당들이 모두 행정부의 구성에 참여하기 때문에 다른 나라와 같은 여당과 야당이 존재하지 않는다. 굳이 말하자면 스위스에서는 모든 주요 정당이 여당이라고 할 수 있다. 스위스에서는 정부에 대한 통제적 기능은 제도화된 야당으로서 국민(Volk als Opposition)이 수행한다. 국민들이 해마다 국민투표를 통하여 정부를 통제하는 것이다 (Erne, 2010, 15).

I. 대의민주제도의 한계와 직접민주주의

o 대의민주주의의 한계

직접민주주의에 대응되는 개념은 대의민주주 혹은 간접민주주의이다. 대의민주주의는 독일이나 영국 등과 같이 의회주의적 정부형태를 갖고 있는 나라에서 정치적인 의사결정방식 내지 국가형태를 말한다. 대의민주주의하에서 국민은 여전히 주권자의 지위를 가지고 있다. 하지만 단지 이론상 주권자일 뿐이다(Haller 2004, 80). 국민들은 자유선거를 통해서 의회에서 자신을 대표할 대표자를 뽑는다. 국민이 갖는 주권은 국민대표를 통하여 간접적으로 행사될 뿐이다. 자유위임(freien Mandat)의 원칙에 따라 국민대표는 자기책임하에 활동한다. 국민은 그 국민대표를 선출하는 선거기관에 불과하다. 선거와 선거 사이의 기간 동안에 국민은 구체적인 사안에 대한 결정을 할 수가 없다. 따라서 국민은 권력행사에 대해서 아무런 직접적 영향을 미칠 수 없다. 이러한 약점은 직접민주제를 통하여 보완될 필요가 있다(Linder, 1999, 338).

o 직접민주주의

직접 민주주의는 대의민주주의와는 달리 국민이 현안문제에 대한 최종적인 결정권을 가지도록 함으로써 전통적인 권력분립제도와 더불어 또 하나의 권력의 분립과 권력통제수단이 된다(Krumm, 42). 직접민주주의에 의한 권력분립은 정치엘리트와 국민간의 권력분립인 동시에 정부와 국민간의 권력분립으로서 의미를 가진다.

직접민주주의에는 두 가지 형태가 있다. 표결민주주의(Abstimmungsdemokratie)와 집회민주주의(Versammlungsdemopkratie)가 이에 속한다. 전자는 공동체의 현안문제를 국민이 투표소에서 표결로 결정하는 것을 의미한다. 후자는 시민들이 한자리에 모여 공동체의 문제를 결정하는 것을 의미하며 역사적으로 초기의 민주주의 제도의 기본모델이라고 할 수 있다(Schiller, 2002, 160).

스위스에서 직접민주주의는 스위스 연방국가가 설립되기 이전인 19세기 초반에 이미 칸톤수준에서 도입되기 시작했다. 특히 사회사상가인 루소와 직접민주제의 특성을 가진 1793년의 프랑스헌법이 중요한 자극제가 되었다(Krumm, 43). 이런 의미에서 스위스의 저명한 정치학자인 린더는 "스위스에서 민주주의는 만들어진 것이라기보다는 나폴레옹에 의해서 강제된 것이라고 볼 수 있다."라고 했다(Linder, 2010a, 95).

스위스 민주화의 선구자들은 정치적 엘리트들에 대한 불신에서 의사결정의 완전한 민주화를 요구했다. 이것은 처음에는 칸톤총회(Landsgemeinde)의 형태로, 나중에는 직접민주주의의 수단인 국민표결로 나타났다. 모든 유권자들이 참여하는 칸톤총회는 몇몇 칸톤에서 실현되었으나 오늘날은 거의 폐지되고 2개의 칸톤(글라루스, 아펜젤 인너로덴)에서만 명맥을 유지하고 있다. 이에 민주주의형태로서 집회민주주의는 스위스에서 칸톤수준에서는 거의 쇠퇴했다고 볼 수 있다(게마인데 수준에서는 여전히 집회민주주의가 실행되고 있다). 이에 대해서 직접민주주의의 또 다른 형태인 표결민주주의는 칸톤에서 시작해서 연방으로, 게마인데로 확산되어 연방과 칸톤, 게마인데에서 정치적인 일상으로 중요한 기능을 실제적으로 수행하고 있다.

직접 민주주의는 국민들이 의회의 결정에 대해서 최종적인 결정을 할 수 있도록 하고, 헌법개정을 제안할 수 있도록 한다. 국민투표와 국민발안은 의회의 결정에 대한 중요한 교정수단이 된다. 이를 통해서 국민은 정치엘리트에 대한 지속적인 통제를 할 수 있게 한다. 국민투표와 국민발안을 통하여 유권자들은 게마인데, 칸톤, 연방의 모든 정부차원의 정치적 현안에 영향을 미칠 수 있다. 직접민주제도는 국가의 형태(Staatsform)일 뿐만 아니라 모든 국가차원에서 국민이 최고기관으로서 최종결정을 할 수 있다는 국민의 신념(Volksgesinnung)이다(Bauer, 2).

국민투표와 국민발안의 대상은 헌법에 규정되어 있다. 국민투표와 국민발안은 본질적으로 반대를 위한 도구로 의회의 재량을 억제하는 역할을 한다. 이로 인해 급격한 정치적 혁신은 억제되고 점전적인 변화를 가져오게 된다. 예컨대 스위스에서 여성의 투표권이 1971년에 와서야 보장되게 된 것이라든지 연방정부의 경제에 대한 개입이 자제되는 것도 국민투표와 국민발안으로 그 도입이 여러 차례 좌절되거나 인정되지 않았기 때문이다. 무엇보다도 직접민주주주의는 스위스의 정치체제를 다수가 독식하는 다수민주주의로부터 소수자도 권력을 공유하는 화합민주주의로 전환시키는데 기여를 하고 있다. 왜냐하면 정당간의 충분한 협의와 타협없이 의결된 의회결정은 국민투표에서 번복될 우려가 있기 때문이다.

직접민주제가 스위스 정치의 중요한 특징을 이루고 있다고 하여 의회와 정부의 역할이 감소하는 것은 아니다. 직접민주제로 혁명이 일어난 것도 아니고, 국민입법부(Volksgesetzgebung)가 도입된 것도 아니다. 스위스에서 중요한 정치적 행위자는 여전히 국회와 정부이다. 중요한 결정의 대부분은 연방의회와 연방정부에 의해서 이루어진다. 이점에서 스위스는 다른 나라들과 마찬가지로 의회민주주의가 지배하고 있다고 할 수 있다. 직접민주제는 의회민주주의를 대체하는 것이 아니라 보완하는 것이라고 볼 수 있다.

몽테스키외(Montesquieu)와 루소(Rousseau)의 민주주의 논쟁

오늘날의 민주주의를 발전시키는데 가장 큰 영향을 미친 이론가로 몽테스키외와 루소를 들 수 있다. 몽테스키외(1689-1755)는 직접민주주의를 강하게 부정했다. 국민에 의한 입법은 가능하지 않다는 것이다. 소수의 국민대표가 국민을 위하여 입법을 할 수 있는 체제를 갖추어야 한다고 했다. 이는 오늘날 대의민주주의 모델과 일치한다. 이에 대해서 루소(1712-1778)의 국가론의 중심을 개인간의 사회계약에 두고 있다. 사회계약은 개인의 자유와 평등을 지키고 보호하기 위하여 국가권력에 정당성을 부여한다고 했다. 루소는 모든 인간이 평등하게 결정에 참여해야 한다는 원형민주주의(Urdemokratie)를 상정하고 있다. 사회계약의 기초에는 사람들이 공동으로 행동하기 위해서 자유롭게 결사를 해야 한다고 했다. 개인의 전체에게 주권이 속하게 되고, 그것은 국민총회에게만 있게 된다. 국가는 이성적인 개인의 구성체로서 일반의지(volonté générale)에 의해서 모두의 복리를 위하여 노력한다. 일반의지에 참여하는 것은 각 개인의 권리라고 했다. 그는 사회계약론(1762)에서 대의기관은 일반의지를 왜곡시킬 위험이 불가피하다고 했다. 주권을 대표자에게 넘겨주어서는 안 되며, 국민이 스스로 가지고 있어야 한다고 했다. 또한 루소는 정당을 인정해서는 안된다고 했다. 이러한 단체들(수공업－상공업조합, 종교단체 등 포함)은 자유로운 의사형성을 방해하고 일반의지를 약화시킨다고 했다(Krumm, 43; Steiger,8). 이 점에서 뢰벤쉬타인은 "아마도 매세대마다 몽테스키외와 루소의 논쟁을 새롭게 해결해야 할 것이다"라고 했다. (Loewenstein 1975, 472).

II. 준직접민주제하에서 의사결정권의 배분

대의민주주의자들은 국민들은 합리적인 정치적 결정을 할 능력이 없다는 주장을 한다. 이에 미국헌법의 아버지인 아담스(John Adams)와 메디슨(James Madison)은 책임감이 있고 능력이 있는 국민대표가 국정을 운영하여야 한다고 했다. 하지만 스위스에서 150년에 걸친 직접민주제의 경험은 국민들이 중요한 정치적인 결정을 함에 있어서 동참하는 것이 가능하고 중요한 역할을 할 수 있다는 것을 보여 준다. 중요한 정치문제에 대한 국민의 직접 결정이 불합리한 결과를 초래한 것도 아니고, 국회를 무력화 시킨 것도 아니다. 국회와 국민은 중요한 정치적 결정을 함에 있어서 정치적 행위자로서 상호 결합되어 있다. 즉, 중요한 정치문제에 대한 결정권을 분점하고 있는 것이다. 여전히 정치적 엘리트가 의회를 중심으로 결정하지만, 유권자들의 요구와 기호에도 귀를 기울여야 한다. 이점에서 스위스의 정치체제는 준직접민주주의(halbdirekte Demeokratie)체제라고 할 수 있다.

스위스 연방헌법은 국민에게 참여권을 부여함으로써 국가의 의사결정과정에서 정부와 국회, 국민이 공동으로 참여하도록 역할을 배분하고 있다. 대부분의 나라에서는 국민들의 참여권을 선거에 참여해서 국가기관을 구성하는데 한정시키는 대의제도를 채택하고 있음에 비하여 스위스에서는 국회와 정부를 국가기관으로 두면서도 국민에게 국가의사결정과정에 대한 직접적인 참여권을 인정함으로써 준직접민주주의적 의사결정체제를 갖고 있다. 미국과 같이 일부국가에서도 국민의 직접 참여권을 인정하고 있지만 어디까지나 주차원에서 보장되고 있는데 그치며, 전국적인 차원에서 이를 인정하고 있지는 않다.

스위스에서 직접민주적인 국민참여권이 도입되었을 때 어떤 결정은 국민들이 하고 어떤 결정은 국회와 정부가 이전처럼 할 것인지에 대한 문제가 제기되었다. 헌법은 이 문제를 해결하기 위하여 국민과 국회, 정부간의 역할배분을 하고 있다. 가장 중요한 모든 결정은 국민에게, 중요한 결정은 국회에게, 나머지 결정은 정부에게 맡기도록 하였다. 법질서의 중요도에 따라 헌법, 법률, 명령의 단계로 구분하고 다음과 같이 최종결정권을 배분하고 있다.

최고의 정당성을 갖는 국민은 헌법적인 차원에서 해결되어야 하는 가장 중요한 모든 정치적인 문제의 결정에 참여하며 최종적인 결정권을 가진다. 이는 국민발안과 필요적 국민투표에 의해서 보장된다. 국민주권에 대한 신념을 표현하고 있다. 국민에 의한 결정은 최고의 정당성을 가지며 다른 모든 기관의 결정에 우선한다. 직접민주적 결정의 정당성에 대한 신념은 스위스 정치문화의 가장 큰 특징을 이룬다.

차순위 정당성을 갖는 국회는 법률적 수준에서 해결되어야 할 중요한 문제를 결정한다. 대부분의 경우에 있어서는 국회가 최종적인 결정권을 갖지만 국민들의 사후결정권이 유보되어 있다. 국민들은 이 경우에 임의적인 법률국민투표를 통해서 최종적인 결정권을 행사한다.

국민과 국회에 비하여 민주적 정당성이 낮은 정부는 영향력이 법률보다 낮은 명령이나 개별결정을 한다. 정부는 권한범위 안에서 국회나 국민에 의존하지 않고 활동한다. 정부결정에 대해서는

국민투표를 통한 사후결정이 없으며, 정부업무에 대한 국민발안
도 원칙적으로 없다. 국회의 단순결정에 대해서도 마찬가지이다.
이를 정리하면 다음과 같다.

표 4 : 스위스의 의사결정체제 (출처: Linder, 265)

결정의 정치적 의미	법의 단계	심의기관	국민참여
최고의 중요성	헌법	국회	필요적 국민투표 국민발안
높은 중요성	법률 연방결정	국회	임의적 국민투표
낮은 중요성	단순한 국회결정 명령	국회 정부	국민참여권 없음

준직접민주적인 체제는 정치과정에서 국민의 지위를 높이고, 국민
주권의 원칙을 구체화하는 것을 보장한다(Marxer/Pallinger, 2006, 21).

제2절 직접민주제의 도입과정

스위스에서 직접민주제가 처음부터 오늘날의 모습으로 실현된
것은 아니다. 스위스에서 직접민주제의 전통은 몇몇 예외를 제외
하고는 19세기의 개혁의 산물이라고 할 수 있다. 19세기초만 하
더라도 스위스에서는 칸톤총회제도(Landsgemeinde)를 채택한 일
부지역과 그라우뷘덴(Graubünden)과 발리스(Wallis)를 제외하고는
법률제정에 국민의 직접참여는 거론되지 않았다. 귀족주의적 특
권이 반영된 대의제 헌법이 대세를 이루고 있었다. 국민투표와 국

민발안은 19세기에 먼저 칸톤차원에서 도입되었고, 점차 게마인데와 연방차원으로 확대되었다.

스위스는 원래 대의민주주의를 기본으로 했다. 스위스연방에서 직접민주주의가 도입된 것은 19세기 후반이다. 19세기 민주화 투쟁의 산물이다. 스위스에서는 1798년에서 1848년 사이에 진보적 자유주의와 보수적 카톨릭세력 간에 여러 차례에 걸친 분쟁을 통하여 1848년에 비로소 현대적인 연방국가가 탄생하였다. 1798년에 나폴레옹의 침공으로 헬베티아 공화국이 건설되었다. 프랑스의 국가모델에 따라 중앙집권적인 국가로 전환하였다. 1815년 동맹협약(Bundesverrrag)에 의하여 국가연합이었던 구체제가 부분적으로 부활했다. 1830년대에 이른바 갱생(Regeneration)을 통해서 다시 세력을 회복한 진보적 자유주의세력은 칸톤차원에서 구질서를 교체하기 위하여 현대적 의회민주주의체제를 도입하였다. 직접민주주의적인 요소는 헌법개정에 필요적 국민투표를 도입한 것에 불과했다. 진보적 자유세력과 보수적 카톨릭세력의 대립(분리동맹전쟁:1847)은 내전으로 발전했다. 내전에서 진보적 자유주의가 승리하여 동맹협약은 연방헌법으로 바뀌었다(1848). 이렇게 제정된 스위스 연방헌법은 칸톤의 모델에 따라 대의민주주의제도를 도입했다. 직접민주적인 요소는 헌법개정에 대한 필요적 국민투표와 전면적인 헌법개정에 대한 국민발안만을 인정했다.

1860년대에 들어서면서 지배세력인 부르조아 자유주의 세력에 대항하는 민주주의운동은 의회민주주의 대신에 직접민주주의를 도입할 것을 요구하였다. 직접민주주의를 통하여 정부와 의회의 힘을 약화시키고, 지배세력인 부르조아 자유주의세력의 독주를 막으려고 했다.

1865년에 연방차원에서 칸톤에서 운동과 마찬가지 방향을 추구하는 운동조직이 만들어졌다. 1874년에 연방헌법의 전면개정을 통하여 임의적 국민투표가 도입되고 1891년 연방헌법 부분개정에 대한 국민발안이 도입되었다. 1921년에 국가조약에 관한 국민투표가 도입되었다. 1949년에는 폐기적 국민투표(resolutive Referendum)가 도입되었다. 2003년에 직접민주주의 확대를 위한 일반국민발안이 잠정적으로 도입되었으나 2009년 폐지되었다.

o 칸톤수준의 직접민주제 도입과정

1830년대의 갱생운동(Regenerationsbewegung)이 전개되면서 국민의 직접참여에 대한 요구가 급속하게 확산되었다. 갱생운동은 국민주권의 이름으로 정치적 질서의 재편을 요구하였다. 이러한 시대적 흐름속에서 오늘날 형태의 직접민주제는 우선 칸톤차원에서 도입되었다.

1830년대에 개정된 칸톤의 헌법들은 필요적 헌법국민투표를 도입하였다. 그럼에도 불구하고 취리히, 베른, 졸로투른, 프라이부르크, 테신, 바트 등 혁신 칸톤에서는 헌법국민발안을 인정하지 않았다. 헌법국민발안제도를 채택한 혁신칸톤들도 헌법개정발의 요건을 엄격하게 설정하였다. 수년간은 헌법개정을 할 수 없도록 하거나 발의에 유권자 과반수나 2/3의 서명을 요구하였다. 다만, 상트 갈렌(St. Gallen)에서만 1838년부터 2단계 국민발안절차를 도입하였다. 유권자 10,000명이상이 발의하도록 하고 국민투표를 통해서 확정하도록 하였다.

1845년에는 바트(Waadt)에서 법률안국민발의권을 도입하였다[4]. 이어서 아르가우(Aargau)에서도 이를 도입하였다. 1846년에는 베른의 근본주의자들이 국민소환권과 신임투표적 국민투표를 도입하였다. 1848년 쉬비쯔(Schwyz)에서는 칸톤총회(민회)를 폐지하는 대신에 법률국민투표와 헌법국민발안제도를 도입하였다.

1848년 연방헌법이 제정된 이후에 새로 제정된 모든 칸톤 헌법에서는 칸톤의 헌법의 전면개정에 국민발안과 국민투표를 도입하였다. 1863년에 바젤-란트샤프트가 국회가 정한 법률안에 대한 국민투표를 도입한 이래 1869년에는 취리히, 졸로투른, 투르가우, 베른에서는 법률안에 대한 국민투표를 도입하였다. 같은 해에 칸톤 취리히는 법률안 국민발안권을 도입하였다. 이어서 칸톤 겐프(1891), 테신(1892), 발리스(1907), 프라이부르크(1921)에서 법률안 국민발안권을 도입했다.

스위스에서 직접민주제의 도입은 다음과 같은 세 단계로 구분할 수 있다.

먼저 1단계로 1830년대에 자유주의자들에 의해 초기형태의 공민권(Volksrecht)의 도입을 들 수 있다. 이는 농부들과 근본주의자들, 민주주의자들의 압력하에 추진되었다. 하지만 입법권에 대한 국민들의 참여는 실제로는 잘 활용되기 어려웠다. 대의제원칙 때문에 직접민주제는 상당한 제약 아래에서 도입되어 의회주의가 지배적인 상황에서 실효성을 갖기 어려웠다. 헌법에 대한 필요적 국민투표는 제외되었다. 공민권은 도입되었으나 근본적인 헌법변

---

4) 칸톤총회제도(Landsgemeinde)를 채택한 칸톤에서는 1848년 이전에도 칸톤총회에서 유권자 개인 또는 일정수 이상에게 법안의 발의권(Anzugsrecht)이 인정되었다.

화에는 미치지 못하였고, 이를 위한 첫걸음에 해당한다.

다음 단계로 19세기 중엽에 법률국민투표제도의 도입을 둘 수
있다. 필요적 법률안국민투표와 임의적 법률안국민투표제도가 도
입되었다. 그럼에도 불구하고 1840년대에서 50년대는 많은 칸톤
에서 대의제가 지배적인 정치구조를 이루었다.

세 번째 단계로 1860년대에 들어서 민주화운동에 의해서 직접
민주제는 확산된다. 많은 칸톤에서 법률국민투표와 법률국민발안
제도가 요구받았다. 이러한 민주화요구는 전통적인 칸톤총회의
영향을 받기 보다는 프랑스혁명의 영향으로 전개되었다. 특히 루
소, 지롱드파, 자코방파 등의 영향이 컸다. 칸톤총회 설치지역이
아닌 많은 칸톤에서 법률안 국민투표제를 도입함으로써 기존의
대의민주제도는 근본적인 변화를 겪게 된다. 독일어권 스위스 칸
톤에서 법률국민투표가 1860년대에 먼저 도입되었으나 그 외 지
역에서는 1870년대 혹은 1880년대에 도입되었다.

o 연방수준의 직접민주제 도입과정

연방수준에서 직접민주제는 칸톤보다 나중에 도입되었다. 1848
년의 연방헌법은 필요적 헌법국민투표와 전면개정 국민발안만을
규정했다. 1874년에 와서 임의적인 법률안국민투표제도가 도입되
었고, 연방헌법에 대한 부분개정 국민발안제도가 1891년에 도입
되었다. 1921년에 국제조약에 대한 국민투표가 도입되었고 1977
년에 범위가 확대되어 국민의 외교정책에 대한 참여가능성이 열
렸다. 2003년에는 중요한 입법적 규정을 포함하거나 그 집행을
위해 연방법률의 제정을 요하는 모든 조약에 대해 임의적인 국민

투표를 할 수 있도록 그 범위가 확대되었다. 1971년에 여성투표권이 보장되면서 임의적 국민투표는 3만명 대신에 5만명의 서명을 필요로 하게 되었고, 국민발안은 5만에서 10만명의 서명을 요하는 것으로 높아졌다.

2003년에는 10만명의 서명으로 일반 국민발안제도(allgemeine Volksinitiative)가 새로 도입되었다. 이에 의하면 유권자들은 국회에게 헌법안이나 법률안을 제정 또는 개정을 하도록 위임할 수 있었다. 이 경우 헌법개정안은 필요적 국민투표를 요하였고, 법률안은 임의적 국민투표에 회부할 수 있도록 되었다. 일반국민발안제도를 도입하는 헌법개정안(제139a조)에 대한 국민투표가 2003년 2월 9일에 실시되었다. 투표자의 70.3%가 찬성하여 가결되었다. 하지만 투표율은 28%에 불과했다. 이 개정안은 시행되지 못하였다. 왜냐하면 개정안이 시행되기 전에 2009년 9월 27일에 일반국민발안제도 도입 폐지안(헌법 제93a조 삭제안)이 국민투표에 회부되어 67.9%의 찬성을 얻어 폐기되었기 때문이다(투표율은 41%).

19세기에 국민주권(Volkssouveränität)과 국민입법(Volksgesetzgebung)에 대한 열정으로 직접 민주적 제도가 도입되었음에도 불구하고 대부분의 결정은 의회와 정부에 의해서 이루어졌다. 국민발안과 국민투표가 도입된 이후에도 국민들은 제한된 범위 내에서만 결정에 참여할 수 있었다. 오늘날 국민발안과 국민투표의 숫자가 현저하게 증가되었음에도 불구하고 국민의 직접참여는 여전히 그 비중이 높지 않은 편이다. 그럼에도 불구하고 국민의 직접참여권은 정부와 국회, 국민이 함께 참여하여 결정하는 다른 종류의 민주주의를 낳았다(Linder, 242).

표 5 : 연방수준의 직접민주제의 도입

유형 (도입년도, 개정연도)	적용요건	내용
헌법국민투표(1848), 초국가적 조직 가입에 대한국민투표(1921, 1977)	필요적 국민투표	헌법개정과 초국가적 조직가입 국민다수와 칸톤 다수의 이중다수결
법률국민투표(1874), 국가 간 계약에 대한 국민투표(1921, 1977, 2003)	임의적 국민투표 유권자 5만명 서명 또는 8개 칸톤	모든 연방법률과 중요한 국제조약을 폐지 시킬 수 있음. 국민다수결로 법률 효력상실
폐기적 국민투표 I(1949)	임의적 국민투표 유권자 5만명 서명	즉시 효력을 발생한 긴급연방법률을 발효 후 1년 내에 취소할 수 있음
폐기적 국민투표 II(1949)	필요적 국민투표	즉시 효력을 발생한 헌법적 근거 없는 긴급연방법률은 1년 내에 필요적 국민투표에 회부됨. 국민과 연방의 이중다수결로 취소됨
헌법 일부개정 국민발안(1891)	유권자 10만명 서명	부분개헌, 정부와 의회는 국민에게 찬반 추천, 국민다수와 칸톤다수의 이중다수결
헌법 전면개정 국민발안(1848)	유권자 10만명 서명	헌법전면개정발안, 국민다수결로 의회 해산, 재선된 의회가 헌법안 작성, 국민투표에 부쳐 국민다수, 칸톤다수의 이중다수결로 헌법안 채택

o 게마인데 수준의 직접민주제도 도입

스위스에서는 13세기에 이미 도시지역을 중심으로 시헌장이 제정되었다. 예컨대, 바젤에서는 1260년, 상트 갈렌에서는 1291년, 취리히에서는 1336년 제도적 틀을 갖추게 되었다. 하지만 도시의 정치일상은 유력가문의 손에 의해 좌우되었다. 이들이 시집행기관에 서로 선출되었다. 일반주민의 지방정치에 대한 영향력 있는 참여는 보장되어 있지 않았다.

스위스의 게마인데 수준에서 현대적 의미의 직접민주제도가 도입된 것은 칸톤헌법과 연방헌법에 직접민주제도가 도입된 이후이다. 물론 이미 15세기 말에 일부지역에서 유사한 형태의 주민참여제도가 있었다. 예컨대, 바젤이나 취리히 등 도시지역에서는 주민의견조사(Landsanfragen)가 실시되었고, 칸톤 그라우뷘덴이나 발리스에서는 게마인데투표(Gemeindereferenden)가 있었다. 하지만 현대적 의미에서 주민의 직접적인 자기결정으로 보기는 어렵고 그 영향력도 낮았다(Bützer, 2007,35).

게마인데 수준에서 현대적 의미에서 직접민주제도가 도입된 것은 19세기말이다. 1882년에 베른이 처음으로 필요적 국민투표제도와 국민발안제도를 도입했다. 이어서 노이에부르크, 취리히, 비일(Biel), 겐프 등이 이들 제도를 도입했다. 추르와 상트갈렌에서는 20세기 초에, 루체른과 샤프하우젠, 로잔느 등에서는 더 나중에 도입하였다.

표 6 : 국민투표와 국민발안의 도입(게마인데 수준) (출처: Bützer, 2007, 39)

	필요적 국민투표	임의적 국민투표	국민발안
베른	1882	-	1882
뇌샤텔	-	1888	1888
취리히	1891	-	1891
비일	-	1892	1892
제네바	-	1895	-
추르	1904	1904	-
상트 갈렌	1909	1909	1909
루체른	-	1915	-
샤프하우젠	-	1918	-
로잔느	-	1921	1948

제3절 직접민주제의 실시현황

I. 연방차원

연방차원의 직접민주제는 점점 활용빈도가 늘어나고 있으며, 특히 지난 10년 전부터 급속하게 늘어나고 있다. 이는 한편으로는 우파정당인 스위스 국민당(SVP)과 좌파정당인 사민당(SPS), 녹색당간의 대립 속에서 직접민주제를 반대수단으로 활용하게 되고, 또한 필요적 국민투표사항인 헌법개정을 통한 연방사무의 증가 등에 기인한다. 연방차원에서 직접민주제의 활용빈도는 다음과 같다.

표 7 : 1848-2012의 직접민주제 실시 현황 (출처: Vatter, 2014, 350 요약)

구분	총계			필요적 국민투표			임의적 국민투표			국민발안		
	총계	가결	부결	총계	가결	부결	총계	가결	부결	총계	가결	부결
총계	566	273	293	214	160	54	170	94	76	182	19	163

연방차원에서 직접민주제의 실시는 1848년 이래 2012년까지 해마다 3.45회 정도이지만 최근에 들어서는 급격하게 증가하여 2001년에서 2012까지는 연간 7.75회에 달한다.

국민투표에 참여율은 높지 않은 편이다. 공적 토론에서 종종 낮은 투표율에 대한 문제가 제기된다. 이는 국민투표에 의한 결정의 정당성문제와 결부될 수 있기 때문이다. 지난 25년간 국민투표 평균 참여율은 다른 나라에 비하여 낮은 편이다. 하지만 어느 나라와 비교하기 어려울 정도로 자주 실시된다는 점을 감안하면 단순 비교하기는 어렵다. 투표율은 처리하여야 하는 안건에 따라서 상당히 기복이 있다(Marxer/Pallinger, 2006, 23). 예컨대, 1992년 5월 17일에 실시된 7건의 안건에 대한 주민투표에서는 투표율이 39%였으나 같은 해 12월 6일에 실시된 유럽경제권(Europäische Wirtschaftsraum)가입 국민투표에는 유권자의 79%가 참여했다. 1910년부터 투표율의 추이는 다음과 표와 같다. 20세기에 들어서 계속 떨어지다가 최근에 약간 상승하는 추세를 보이고 있다.

표 8 : 국민투표 투표율의 추이(1910-2010) (출처: Statiatic Schweiz)

년도	1911-1930	1931-1950	1951-1970	1971-1990	1991-2010
단위(%)	59.7	60.5	47.8	40.9	44.1

국민투표 참여율은 칸톤에 따라서 상당한 차이를 보인다. 2001-2010의 투표율을 보면 칸톤 샤프하우젠(Schaffhausen)이 57.5%, 바젤-쉬타트(Basel-Stadt)가 48.5%로 비교적 높은 편이나 아펜젤 인너로덴(Appenzell Innerrhoden)은 31.3%, 글라루스(Glarus)는 31.6%로 가장 낮다.

투표율과 관련된 또 다른 문제의 하나는 직접민주제가 모든 국민의 평등한 참여를 보장하려는 목적에서 도입된 제도이나 실제적인 참여에 있어서는 차이를 보이고 있다는 점이다. 한 조사에 의하면 국민의 26%만 주기적으로 투표를 하는 반면에 56%는 기회를 봐서 투표를 한다. 18%는 참여하지 않는다고 한다. 또한 교육수준이 낮고, 낮은 직업군, 젊은층, 독신자, 이혼자 등이 평균투표율에 미치지 못한다. 이는 직접참여제도가 특정계층에 불리하게 작용하고 있다는 것을 말한다(Marxer/Pallinger, 25).

표 9 : 1990-2013년 연도별 국민투표 참여율/투표횟수/처리안건수(연방차원)
(출처: Statistik Schweiz)

연도	유권자 수	투표참여율	투표횟수	처리안건수
1990	4,336,305	40.7	2	10
1991	4,424,960	32.3	2	4
1992	4,528,704	52.0	4	16
1993	4,557,564	48.0	4	16
1994	4,574,208	44.3	4	13
1995	4,587,863	39.1	2	7
1996	4,604,757	36.4	3	9
1997	4,617,373	38.1	2	5
1998	4,634,892	43.7	3	10
1999	4,643,610	39.9	3	10
2000	4,670,283	44.3	4	15
2001	4,699,814	45.3	3	11
2002	4,736,552	48.2	4	8
2003	4,760,181	39.2	2	11
2004	4,805,262	46.8	4	13
2005	4,849,474	51.2	3	5
2006	4,891,363	40.7	3	6
2007	4,921,794	41.2	2	2
2008	4,973,571	43.8	3	10
2009	5,020,372	46.2	4	8
2010	5,070,806	44.8	3	6
2011	5,092,212	49.2	1	1
2012	5,153,959	38.5	4	12
2013	5,189,673	46.6	4	11

필요적 국민투표의 대상이 되는 결정에 대해서는 거의 3/4이
국민투표에서 가결되고, 의회의 결정에 반대하는 임의적 국민투

표에서는 과반수이상이 가결되었다. 이에 대해서 국민발안에 대해서는 가결률이 10%정도에 불과하다. 최근에 들어서는 국민발안의 건수뿐만 아니라 가결률로 증가하고 있다.

1970년대 초반까지는 국민발안이 통과된 것이 없었으나 1980년에서 2000년대 초반까지는 5% 내지 7%가 가결되었다. 2004년에서 2013년에는 가결율이 25%이상으로 높아졌다.

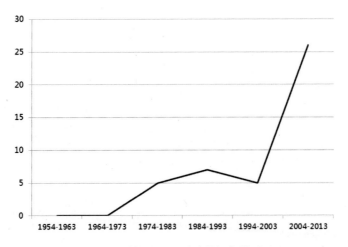

그림 3 : 국민발안 가결율(1954-2013) (단위;%) (출처: Vatter, 351)

국민발안의 가결률이 국민투표에 비하여 낮다고 하더라도 그 영향은 무시할 수 없다. 부결되거나 철회된 국민발안도 직접 또는 간접으로 다른 계기에 법률안에 반영되는 경우가 많기 때문이다. 거의 절반가량의 국민발안이 법질서를 변경하는데 직접 혹은 간접적으로 영향을 미쳤다(Vatter, 352).

II. 칸톤차원

연방에 비하여 칸톤에서는 주민들의 직접민주적 권리가 훨씬 더 확대되어 있다. 헌법에 대한 국민발안과 필요적 혹은 임의적 법률국민투표는 물론 법률국민발안과 재정국민투표도 보장되어 있다. 그 외에도 많은 칸톤들이 재정국민투표외에 행정국민투표, 국가협약국민투표, 협정국민투표, 연방에 대한 칸톤의 입장결정 에 대한 국민투표 등이다. 또한 일부 칸톤에서는 그 외에도 행정 국민발안이나 국가협약국민발안 등도 보장하고 있다.

칸톤차원에서 직접 민주적 참여는 20세기에 들면서 지속적으 로 증가하고 있으며 특히 1960년대에서 1980년대에 급격하게 증 가된 후 현재까지 유지되고 있다. 칸톤에서 국민투표는 절반이상 이 법률에 관한 것이며, 임의적인 재정국민투표는 1/3 정도 된다. 국민발안도 2/3이상이 법률안에 대한 것이고 헌법에 대한 것은 1/4이 채 안된다.

1990년에서 2010년 사이에 칸톤별로 실시된 직접적 국민참여 의 횟수는 다음 표와 같다.

표 10 : 직접적 국민참여의 빈도(1990-2010)
(출처: Vatter, 355-366) *는 1990-2009년 통계임

칸톤	필요적 국민투표	임의적 국민투표	국민발안	총 계
ZH	137	18	57	212
BE	43	19	19	81
LU	44	22	20	86
UR	102	11	7	120
SZ	81	7	9	97

OW	16	7	4	27
NW	12	11	26	49
GL*	266	0	172	438
ZG	52	20	8	80
FR	20	12	6	38
SO	124	15	12	151
BS	16	44	34	94
BL	126	22	32	180
SH	130	0	18	148
AR	20	6	6	32
AI*	191	2	17	210
SG	57	20	11	88
GR	120	7	5	132
AG	101	2	18	121
TG	40	11	5	56
TI	14	22	14	50
VD	24	20	2	46
VS	36	7	20	63
NE	29	14	5	48
GE	71	40	39	150
JU	16	10	4	30

직접 민주적 참여의 빈도는 칸톤에 따라 상당한 차이를 보이고 있다. 칸톤 글라루스(GL)은 연간 평균 20회 이상 직접 참여가 이루어진 반면에 옵발덴(OW)에서는 연간 1회 정도에 그친다.

제4절 연방의 직접민주제도

연방수준의 직접민주제도는 필요적 국민투표와 임의적 국민투표, 국민발안이다. 필요적 국민투표는 헌법에 의해 반드시 국민투표를 거치도록 의무화된 국민투표이다. 임의적 국민투표는 연방의회가 의결한 연방법률안에 대해서 일정 수 이상의 국민이 요구하는 경우에 실시해야하는 국민투표이다. 국민이 요구하지 않는 경우에는 실시되지 않는다는 점에서 필요적 국민투표와 차이가 있다. 임의적 국민투표는 의회의 결정을 전제로 한다는 점에서 이를 전제로 하지 않는 국민발안과 차이가 있다. 국민발안은 의회나 정부가 무관심하거나 소홀히 하는 안건을 일정 수 이상의 주민이 국민들의 결정에 붙이도록 의제를 설정하는 것을 의미한다. 연방차원의 직접민주제는 어느 경우이든 최종적인 결정은 국민표결로 한다. 직접민주제도의 결정방법은 국민표결이다. 연방차원에 국민표결의 원인에는 필요적 국민투표, 임의적 국민투표, 국민발안이 있다.

표 11 : 직접민주제의 종류

직접민주제 실시 동기	직접민주제 실시여부 결정	결정방식
필요적 국민투표 (obligatorisches Referendum)	헌법 (칸톤은 헌법 또는 법률)	국민표결 (Volksabstimmung)
임의적 국민투표 (fakultatives Referendum)	일정 수 이상의 국민 (사후적)	
국민발안(Volksinititive)	일정 수 이상의 국민 (사전적)	

I. 국민투표(Referendum)

국민투표는 국민들이 직접 국가기관의 결정을 최종적으로 폐기하거나 변경하는 것을 의미한다. 국가기관의 중요한 결정은 그 효력발생이 국민투표에 의해 좌우된다. 필요적 국민투표는 이중다수(국민다수와 칸톤다수)를 요구하는데 비하여 임의적 국민투표는 국민다수만을 요구한다.

1. 필요적 (헌법)국민투표

연방헌법 제140조에 따라 국회에서 제안된 모든 헌법개정안과 초국가적 공동체에 가입, 집단안전보장조직에 가입 등은 국민다수와 칸톤다수의 이중다수결을 요한다. 1930년대까지 국민투표는 드문 편이었다. 1960년대에 들어서 국가의 개입이 늘어나고 급부국가로 발전하면서 국민투표가 급속하게 늘어났다. 1848년에 도입된 이래 2009년까지 187번의 필요적 헌법국민투표가 실시되었고 그중에서 139번은 통과되었고, 48번은 부결되었다.

연방의 모든 새로운 권한은 헌법개정을 필요로 하기 때문에 이를 위한 필요적 헌법개정이 잦은 편이다. 대부분의 헌법개정은 연방의 권한확대나 그 변경에 관한 것이었다.

정부와 의회에 의해 제안된 헌법개정안이 부결되는 경우가 적지 않다. 이는 국민투표의 억제기능을 보여준다. 이로써 정부와 의회의 중요한 결정도 국민투표에 의해 무력화 될 수 있다. 1992년의 유럽경제공동체가입에 대한 국민투표에서 부결된 것을 그 예로 들 수 있다.

1992년의 유럽경제공동체가입에 대한 국민투표

1992년 12월 6일에 스위스 국민투표는 유럽경제공동체가입을 부결하였다. 유럽자유무역연합의 다른 회원국인 오스트리아, 핀란드, 아일랜드, 노르웨이, 스웨덴, 리히텐쉬타인이 가입결정을 하였으나 스위스에서는 가입이 부결되었다. 국민투표에서 19 개의 칸톤이 반대하였고, 국민의 50.3%가 역시 반대하였다. 제2차 세계대전이후 스위스에서 가장 중요한 결정이었던 유럽경제공동체 가입문제를 두고 전국적으로 찬반논쟁이 전개되었다. 반대자들은 경제적 중요성보다는 정치적 중립성과 국가의 주권과 직접민주주의의 유지를 우선적이라고 보았다. 국민투표를 통해서 국민들은 유럽공동체 밖에서 스위스의 정체성을 지키는 선택을 했다.

2. 임의적 국민투표

연방법률에 관한 연방의회의 모든 결정과 대부분의 연방결정은 공포된 날로부터 100일이내에 50,000명 이상의 서명으로 요구하는 경우와 8개 이상의 칸톤이 요구하는 경우에 국민투표가 실시된다. 이 경우 국민투표는 투표자의 단순 과반수를 요한다.

임의적 국민투표의 대상이 되는 것으로는 연방법률, 유효기간이 1년이 넘는 긴급연방법률, 헌법이나 연방법률이 규정하는 연방결정, 무기한의 해지불가능한 조약, 국제기구에 가입하는 조약, 중요한 입법규정을 포함하거나 그 집행에 연방법률의 제정을 요하는 조약 등이다(연방헌법 제141조).

1848년부터 2006년까지 의회에서 통과된 2,260개의 법률 중에서 약 7%에 대해서 국민투표가 실시되었고, 그 중에서 50%이상이 국민투표로 폐지되었다. 전체적으로 의회에서 통과된 법률의 97%가 효력을 발생했다. 임의적 국민투표가 실제로 실시되는 것

은 전체법률의 7%에 불과하지만 국민투표에 회부된 과반수이상
의 안건이 폐지된다. 이러한 높은 국민투표 가결율은 법률안에 반
대하는 자들에게 강력한 무기가 되고 있다. 입법자들은 국민투표
를 피하기 위해서 반대세력과 충분한 대화와 협상을 하도록 압박
을 받게 된다. 1990년대 이후 스위스에서 실시된 임의적 국민투
표의 예를 몇 가지 들어보면 다음과 같다.

표 12 : 임의적 국민투표의 주요사례 (출처: Linder, 272)

연도	안 건	찬성률(%)
1992	브레튼 우즈 협정 가입	55.8
1992	제2 스위스 알프스 횡단철도 건설	63.6
1992	연방의회의원 세비인상	27.6
1994	평화유지작전에 스위스 평화유지군파견	42.8
1994	신의료보험법	51.8
1994	외국인법에 강제조치	72.9
1995	외국인에 의한 토지취득제한의 폐지	46.4
1996	실업보험 급여감축	49.2
1999	헤로인부담금	54.4
2000	스위스-유럽공동체 상호협정	67.2
2002	임신중절 기간규제	72.2
2002	전기시장법	47.4
2004	임산부보험	55.5
2005	새로운 유럽공동체국가로 인적자유이전 확대	54.4
2006	동성부부의 등록된 동반자관계	58.0

* 폐기적 국민투표

폐기적 국민투표(resolutives(aufhebendes) Referendum)는 1949년
에 국민투표를 회피할 가능성을 주었던 긴급연방법률에 다시 국
민투표를 부활시키기 위해 도입되었다. 폐기적 국민투표제의 도

입으로 이미 효력을 발생한 연방의 결정이 사후적으로 폐기될 수 있게 되었다. 긴급연방법률은 모두 기한제로 도입될 수 있다. 국민투표가 요구되는 긴급연방결정은 연방의회에 의하여 승인된 지 1년 이내에 국민에 의해서 승인되지 않으면 효력을 상실한다(연방헌법 제165조 제3항).

국민투표(Referendum)와 신임투표(Plebiszit)의 구분

국민들이 특정 사안에 대해서 최종 결정권을 갖는 국민결정(Volksentscheidung)에는 여러 가지 종류로 구분할 수 있다. 국민결정을 할 것인지 여부를 누가 결정하는지에 따라 필요적 국민투표와 임의적 국민투표, 신임투표 등 여러 가지 유형으로 구분할 수 있다.

먼저 필요적 국민투표(obligatorisches Referendum)는 국민투표의 실시가 헌법이나 법률에 의해 미리 예정되어 있는 경우를 말한다. 예컨대, 스위스의 경우 헌법개정은 필요적 국민투표이다. 헌법개정을 하려면 누구의 결정을 기다릴 것 없이 당연히 국민투표를 하게 되어 있는 것이다.

임의적 국민투표(fakultatives Referendum)는 일정 수 이상의 국민의 요구에 의해서 국민투표에 회부되는 경우를 의미한다. 임의적 국민투표는 국회가 결정한 법률안에 대해서 일정 수 이상의 국민들이 요구하는 경우에 국민결정에 회부하는 것을 의미한다.

신임투표(Plebiszit)는 권력자가 주도하는 국민결정을 의미한다. 즉, 대통령이나 정부 혹은 의회의 요구에 의해서 실시되는 국민결정이다. 신임투표는 권력자가 헌법적 장애나 정치적인 장애를 극복하기 위한 방편으로 이용된다. 스위스에서는 신임투표를 인정하지 않는다. 신임투표의 예로는 1969년 드골대통령의 상원개혁을 위한 국민결정이나 1998년 임신중절 합법화에 관한 포르투갈의 국민결정이 이에 속한다(Erne, 2002).

II. 국민발안(Volksinititive)

100,000명의 유권자는 전면적 혹은 부분적 연방헌법개정에 관한 국민발안을 할 수 있다.

연방헌법의 전면개정을 위해서는 10만의 유권자들이 18개월 이내에 연서하여 헌법개정을 발의하면 국민투표에 회부하게 된다. 연방헌법의 부분개정을 발의하는 경우에는 좀 복잡하다. 발의하는 방식은 완성된 법률안의 초안의 형식으로 발안(정형적 형식의 발안)을 할 수도 있고, 기본방향만 정해서 발의하는 일반적 발안(비정형적 형식의 발안)으로 구분할 수 있다. 완성된 초안으로 발의하는 정형적 형식의 발안은 국민과 칸톤의 투표에 회부되어 비교적 절차가 단순하다. 이에 대해서 일반적 발안(비정형적인 발안)의 경우에는 좀 복잡하다. 연방의회가 국민발안의 취지에 동의하는 경우에는 개정안을 작성해서 국민투표에 회부하면 된다. 만약 연방의회가 일반적 발안에 반대하는 경우에 일반발안에 대한 국민투표를 하게 된다. 이 경우에 국민들이 일반발안에 대해 동의를 하게 되면 연방의회가 그 취지대로 개정안을 작성해서 국민투표에 회부하게 된다. 연방의회는 국민발안에 대해 동의 혹은 거부할 것을 권고한다. 헌법개정안에 연방의회가 반대하는 경우에는 대안(Gegenentwurf)을 작성해서 국민발안 발의안과 함께 국민투표에 회부할 수 있다(연방헌법 제139조 제5항). 이 경우에 투표권자는 국민발안 발의안과 대안에 대해서 동시에 투표를 하며 양자에 모두 찬성을 할 수 있다. 처음에는 양자에 모두 찬성하는 이중찬성(Doppel Ja)이 금지되었으나 1987년 이후 허용되었다. 양자를 찬성하는 경우에 투표권자는 우선순위질문(Stichfrage)에서 어느 안을 더 선호하는 지를 표시할 수 있다. 통과된 헌법개정안 중에서 우선순위질문에서 하나의 헌법개정안이 국민다수를 차지하고, 다른 하나의 개정안이 칸톤다수를 차지한 경우에는 우선순위질문에서 국민다수의 비율과 칸톤다수의 비율이 높은 헌법개정안이 효력을 갖는다(연방헌법 제139b조).

국민발안이 형식의 통일성, 그 대상의 통일성이나 강행적인 국제법규를 침해하는 경우에는 연방의회가 그 전부 또는 일부에 대해 무효를 선언할 수 있다(연방헌법 제139조 제3항).

전면적인 헌법개정에 대한 국민발안은 거의 행사되지 않는다. 1935년에 시도된 적이 있으나 실패하였다. 이에 대해서 부분적인 헌법개정안에 대한 발의는 1848년에서 2012년 사이에 290회 이상 발의되었다. 국민발안은 일반적인 발안과 완성된 초안형식으로 발의되기도 한다. 완성된 초안형식으로 발의되는 것은 주로 의회와 반대되는 헌법개정안이어서 의회의 협조를 얻기 어려운 경우에 많이 이용된다. 일반적 형식의 발안은 의회의 초안 작성과정에서 취지가 희석될 우려가 있는데 비하여 완성된 초안의 경우에는 발안내용 그대로 변경되지 않고 바로 투표에 회부된다는 점에서 차이가 있다.

연방법률에 대한 국민발안제도는 국민투표를 통하여 2003년에 도입되었으나 2009년에 폐지되었다. 칸톤차원에서는 법안에 대한 국민발안이 광범위하게 인정되고 있다. 스위스 연방헌법에 보도와 산책로, 임대제도 등 다른 나라에서 법률로 정하는 사항을 헌법에서 직접 자세하게 규정하고 있는 것은 연방권한의 열거주의에 기인하는 것도 있지만 법률에 대한 국민발안이 인정되지 않아 헌법개정발안을 통해서 목적을 실현하려고 하기 때문인 측면도 있다.

스위스 군대 폐지 국민투표

스위스군대 폐지를 위한 국민발안에 대한 투표가 1989년 11월에 있었다. 이 국민발안은 1985년 2월 25일 접수되어 1985년 3월 12일에 연방관보(Bundesblat)에 공고 되었고 유권자 서명을 받기 시작했다. 서명기간이 만료된 1986년 가을에 111,300명의 서명을 받아 국민발안이 성립되었다. 이 국민발안에 대해서 4년에 걸쳐 전국적인 토론이 활발하게 전개되었다. 1989년 11월 25/26일 주말에 이 국민발안에 대한 투표가 실시되었다. 유권자의 69.18%가 투표에 참가하여 35.6%가 스위스군대의 폐지에 찬성하였다. 칸톤 제네바와 쥐라에서는 유권자의 다수가 군대폐지를 찬성하였다.
국민발안을 주도했던 단체에서는 처음부터 이 국민발안이 유권자 다수의 찬성을 얻을 것을 기대하지는 않았다. 군대문제에 대한 4년간에 걸친 공공토론으로 인하여 그 동안 스위스 정치권에서 터부시 되었던 스위스 군대에 대한 비판이 가능하게 되었다는 점을 성과로 꼽고 있다. 스위스군대 폐지 국민발안은 국민들의 새로운 여론변화에 동기를 부여한 좋은 사례가 된다. 군대를 민간 평화유지단 (Friedenskorps)으로 대체하려는 1999년 가을에 제기된 제2의 군대폐지 국민발안에 대한 투표가 2001년 12월 2일에 있었으나 역시 부결되었다. 찬성률은 21.9%에 그쳤다.

제5절 칸톤의 직접민주제도

칸톤에서 직접민주제는 연방의 경우보다 상당히 강화되어 있다. 칸톤의 직접민주제는 칸톤마다 상당한 차이를 보이고 있다.

칸톤에는 헌법발안과 헌법국민투표뿐만 아니라 법률발안과 법률국민투표, 재정국민투표(Finanzreferendum)가 보장되어 있다. 많은 칸톤에서는 재정국민투표외에도 행정국민투표, 협약국민투표(Konkordatsreferendum), 연방의 사전심의 절차에서 칸톤의 입장 표명에 대한 국민투표 등이 있다. 직접민주제도의 활용빈도는 칸톤에 따라 큰 차이를 보이고 있다.

20세기에 들어서 1980년대 초반까지 칸톤차원에서 직접민주적인 논쟁은 지속적으로 증가되었다. 1960년대와 1970년대 특히 증가율이 높았는데 칸톤에서 국민투표는 그 이전에 비하여 배로 증가하였다. 그 이후 비슷한 수준을 유지하고 있다. 칸톤국민투표의 절반이상은 법률안에 대한 국민투표이다. 임의적인 재정국민투표가 1/3이상이 되며, 행정국민투표는 10%정도를 차지한다. 국민발안에 있어서는 2/3가 법률안에 대한 것이고 칸톤헌법의 개정안 발의는 1/4에 달한다. 그밖에 행정발안이나 칸톤발안 등은 10%미만이다.

국민발안과 임의적인 국민투표에서 중심이 되는 분야는 국가질서와 민주주의, 재정정책 특히 조세정책, 사회정책과 보건정책분야이다. 양적으로 가장 많은 분야는 민주적인 참여의 확대이다. 19세기에는 직접민주제의 강화가 중심적인 주제였다. 이후 의회나 정부, 그 밖의 국가기관의 선거에서 비례선거로 전환하는 선거절차와 선거구의 개선이 중요하게 다루어 졌다. 이어서 여성과 외국인의 투표권에 관한 것이 주제가 되었다. 20세기 중·후반이 되면서는 재정국민투표와 행정국민투표, 원자력발전소와 같은 대형기반시설의 설치 등이 중요한 테마가 되었다.

20세기 중반에 들면서 경제적인 재분배문제와 정치적인 지배권의 배분문제가 도시지역과 경제가 발전된 칸톤부터 문제가 되기 시작했다. 복지국가의 확대를 가져온 사회정책적인 제안은 20세기 초에는 매우 의견대립이 컸으나 제2차 세계대전이후에 광범위한 동의가 이루어졌다. 1970년대에 들어 도시지역의 독일어권 칸톤에서는 환경문제가 중심이 되었다. 이탈리아어권 칸톤에서는 사회정책과 재정정책에 초점이 두어졌다. 농촌지역의 칸톤에서는 19세기 중반까지만 해도 민주적인 권력배분문제가 중심이 되었고, 좌파세력이 약했던 관계로 재배분문제는 거의 등장하지 않았고, 환경문제도 1980년대까지 거의 없었다. 1990년대에 들어서는 도시지역에서도 환경문제에 대한 논의가 현저히 감소되고 경제정책이나 이민정책의 제안이 현저히 증가했다. 1990년부터 직접민주적인 논쟁의 중점은 생태적 문제로부터 시장경제적 자유주의와 보수적인 간섭주의간의 논쟁으로 변화되었다.

I. 칸톤의 직접참여제도

1. 국민투표(Referendum)

o 칸톤헌법개정

연방헌법 제51조 제2항에 따라 칸톤헌법과 그 개정은 필요적 국민투표사항이다. 이는 모든 칸톤헌법의 개정에 공통적이다.

o 법률국민투표(Gesetzesreferendum)

모든 칸톤에서 법률국민투표가 인정되고 있다. 일부 칸톤에서

는 필요적 국민투표 사항이고 다른 일부 칸톤에서는 임의적 국민
투표사항이다.

○ 협약국민투표(Vertragsreferendum)
대부분의 칸톤에서는 칸톤간의 협약에 국민투표를 하도록 하고
있다. 예컨대 취리히 칸톤헌법 제33조 제1항 b호는 법률적 효력
을 갖는 칸톤간, 국제간의 협약을 임의적인 국민투표사항으로 규
정하고 있다.

○ 행정국민투표(Verwaltungsreferendum)
여러 칸톤에서 행정국민투표를 인정하고 있다. 이는 행정청의
결정에 대한 국민투표로 오해될 수 있으나 칸톤의회의 개별적인
결정에 대한 국민투표를 의미한다(Tschannen, 636).
예컨대, 베른 헌법 제62조 제1항에 의하면 의회의 특허결정, 원
칙의 결정, 그밖에 법률이 정하거나 의회의원 70인 이상이 요구
하는 안건에 대한 결정은 임의적 국민투표사항이다. 다만 선거나
사법사항, 국가회계나 예산 등은 제외된다.

○ 재정국민투표(Finanzreferendum)
재정국민투표는 스위스의 모든 칸톤과 많은 게마인데에서 채택
하고 있다. 2008년에는 연방에서도 채택하려고 시도하였으나 아
직 연방수준에서는 도입되지 않고 있다. 일부 칸톤에서는 이미 19
세기에 재정국민투표제도를 도입하였으나 대부분의 칸톤은 1970
년대 이후에 도입하기 시작하여 전 칸톤으로 확산되었다. 일부 칸

톤(5개)에서는 필요적 국민투표로, 일부 칸톤(7개)에서는 임의적 국민투표사항으로 규정하고 있으며 일부 칸톤에서는 양자를 모두 규정하고 있다. 즉, 대규모지출에 대해서는 필요적 국민투표로, 중간규모의 지출에 대해서는 임의적 주민투표로 규정하고 있다. 재정국민투표는 칸톤의 지출결정에 대한 국민투표를 의미하며 광의로는 예산안, 연간징세율(Steuerfuss), 기채에 대한 재정국민투표를 포함하기도 한다. 재정국민투표는 앞에서 설명한 행정국민투표의 한 종류에 속한다. 스위스에서 재정국민투표의 긍정적인 경험은 이웃나라인 독일과 오스트리아에서 재정국민투표 도입논의를 불러 일으키고 있다(Tiefenbach, 2011).

재정국민투표에 관한 칸톤헌법규정(투르가우 칸톤헌법 제23조)

" 정부의 결정이 한번에 300만 스위스 프랑을 초과하거나 매년 반복적인 지출이 60만 스위스 프랑을 초과할 것으로 예상되는 경우에 국민투표를 실시하여야 한다. 정부의 한번 지출이 백만 스위스 프랑을 넘거나 매년 지출이 반복적으로 20만 스위스 프랑을 초과하는 결정에 대해서는 공표후 3개월 이내에 유권자 2,000명이 서명을 하여 요구하는 경우에 임의적 국민투표를 실시한다...."

---

o 건설적 국민투표(konstruktives Referrendum)와 변형 국민투표
   (Variantenabstimmung)
- 건설적 국민투표 : 의회가 국민투표를 요하는 제안에 대해서 일정 수 이상의 유권자들이 의회제안에 대응하는 대안을 제안하여 국민투표를 하는 것을 의미한다. 투표권자들은 의회발의안건과 대안에 대해서 동시에 투표를 한다. 양자 모두에 대해서 찬성

투표를 할 수 있으며 양자가 모두 통과되는 경우에 어느 안을 선호하는 지를 묻는 우선순위질문에 표시를 할 수 있다. 예컨대, 취리히 칸톤헌법 제35조 제1항은 3,000명의 유권자가 이를 청구할 수 있도록 하고 있다. 건설적 국민투표는 국민투표의 억제적 효과를 완화하기 위해서 도입된 것으로 국회발의안이 부결되는 경우에 대안을 곧바로 채택될 수 있도록 함으로써 공백을 메꾸도록 고안된 방식이다.

- 변형국민투표 : 의회가 제안하는 국민투표안에 원안과 상이한 예비적 선택안을 추가하여 국민투표에 회부하는 방식이다. 투표권자들은 의회가 제안한 복수안에 대해서 투표를 하게 되며 이 경우에도 중복적인 찬성이 가능하며 우선순위질문에 표기를 하게 된다.

2. 국민발안(Initiative)

o 연방헌법상의 요구: 칸톤헌법 개정에 대한 국민발안

연방헌법 제51조 제1항은 칸톤헌법의 개정에 대한 국민발안을 도입하도록 규정하고 있다. 이에 모든 칸톤헌법은 헌법개정에 대한 국민발안을 인정하고 있다.

o 칸톤발안

일부 칸톤에서는 국민발안을 통해서 칸톤발안을 할 수 있다.

o 법률국민발안

대부분의 칸톤에서는 일정수 이상의 유권자가 법률안의 제정, 개정, 폐지에 대한 국민발안을 할 수 있다. (예컨대 취리히 칸톤헌법 제23조 b호). 칸톤 취리히에서는 6,000명의 유권자가 이를 할 수 있도록 하고 있다. 법률에 대한 국민발안은 연방차원에서는 인정되지 않으며 칸톤에서만 인정되고 있다.

o 행정국민발안(Verwaltungsinitiative)

상당수의 칸톤은 행정국민발안을 인정하고 있다. 이는 행정청의 결정을 구하는 국민발안이 아니라 의회의 개별결정을 구하는 국민발안이다. 엄밀한 의미에서는 의회결정 국민발안이라고 할 수 있다(Tschannen, 634).

o 국민발의(Volksmotion)과 제안권(Antragsrecht)

- 국민발의 : 칸톤 졸로투른(Solothurn)에서는 국민발의권을 인정하고 있다. 100명의 유권자는 칸톤의회에 문서로 안건을 발의할 수 있으며 이 안건은 국회의원의 발의와 마찬가지로 다루어진다(솔로투른 칸톤헌법 제34조).

- 제안권 : 게마인데 주민총회(Gemeindeversammlung)나 칸톤총회(Landsgemeinde)에서 투표권자는 제안을 할 수 있다. 제안은 주민총회나 칸톤총회의 권한범위에 속하는 것이어야 한다. 글라루스 칸톤헌법 제58조 f호는 "모든 투표권자는 칸톤총회에서 혼자 혹은 다른 투표권자와 공동으로 제안을 할 수 있다. 제안은 일반적 제안일 수도 있고 완성된 초안형식으로도 가능하다.

II. 칸톤별 직접민주제 지표

칸톤에서 직접민주제도의 도입정도를 쉽게 파악할 수 있는 방법으로 쉬투츠지표(Stutzer Index)가 활용되고 있다. 지표는 칸톤에 따라 심한 차이를 보이고 있다. 칸톤 글라루스와 바젤－란트샤프트에서 지표가 가장 높은 편이며 겐프에서 가장 낮다. 겐프에서 공민권이 가장 적게 보장되었음을 의미한다(자세한 것은 Stuzer, 1999 참조).

표 13 : 칸톤별 중요 직접민주제의 개요와 Stutzer-Index(출처: Vatter, 354)
* 필: 필요적 국민투표, 임: 임의적 국민투표

칸톤	헌법국민 투표	법률국민 투표	재정국민 투표	헌법국민 발안	법률국민 발안	칸톤발안의 발안	Stutzer-Index (1990-2009)
AG	필	필/임	임	o	o		5.37
AR	필	필/임	필	o	o		5.31
AI	필	필/임	필/임	o	o		5.40
BL	필	필/임	임	o	o		5.58
BS	필	임	임	o	o		4.45
BE	필	임	임	o	o		3.13
FR	필	임	필/임	o	o		2.74
GE	필	임	임	o	o		1.74
GL	필	필	필	o	o		5.67
GR	필	필/임	필/임	o	o	국민	4.76
JU	필	임	필/임	o	o	국민	3.95
LU	필	임	필/임	o	o		4.43
NE	필	임	임	o	o		2.54
NW	필	임	필/임	o	o		4.71
OW	필	필/임	필/임	o	o	국민	5.14
SG	필	임	필/임	o	o		3.53
SH	필	필/임	필/임	o	o	국민	5.23
SZ	필	필/임	필	o	o		5.33

SO	필	필/임	필/임	o	o	국민	5.39
TG	필	임	필/임	o	o	국민	4.31
TI	필	임	임	o	o		2.21
UR	필	필/임	필/임	o	o	국민	5.22
VS	필	임	임	o	o		3.54
VD	필	임		o	o		2.42
ZG	필	임	임	o	o	국민	4.49
ZH	필	임	필/임	o	o	국민	4.07

III. 직접민주제의 실시빈도

직접민주적인 투표를 얼마나 자주 실시하는지에 대해서는 칸톤마다 큰 차이를 보이고 있다. 1990년에서 2000년 사이에 10개의 칸톤(AG, AI, BL, GE, GL, GR, SH, SO, UR, ZH)에서는 연 평균 5회 이상 실시하였으며, 4개의 칸톤(AR, FR, JU, OW)에서는 실시횟수가 연간 평균 2회 미만이다. 나머지 12개의 칸톤에서는 2회 내지 4회에 이른다. 이러한 차이는 국민투표를 위한 서명숫자라든지 서명기간 등의 영향을 받기보다는 해당 칸톤의 사회구조나 정치적 성격에 따라 차이가 난다. 전자는 주로 도시지역인지 여부, 후자는 정부연립의 정도, 지방자치의 정도 등에 따른 차이가 있다(Vatter, 2014, 264).

제6절 직접민주제의 영향

직접민주주의는 적극적 시민에게 참여가능성을 부여한다. 임의적 국민투표의 경우 유권자의 1%, 국민발안의 경우에는 유권자의 2%가 발의를 할 수 있다. 이를 통하여 정부와 의회는 적극적인 시민의 상시적인 통제하에 놓여있다. 대의기관과 선거의 의미는 축소되고, 국민의 이익을 고려하게 된다. 즉, 정치의 대응성을 높이게 된다. 직접민주주도가 어떤 영향을 미치는 것인지는 직접민주제도의 종류에 따라 다르게 나타날 수 있으므로 개별적으로 살펴보기로 한다(직접민주주의의 기능에 대해서 자세한 것은 Vatter, 2014, 358-377; Linder, 2012, 278-292 참조).

I. 필요적 국민투표의 영향

헌법개정안이나 헌법적 근거가 없는 긴급 연방법률, 집단안보조직이나 국제기구에 가입 등은 반드시 국민투표를 거쳐야 한다. 이런 중요한 안건은 이중다수결(국민다수와 칸톤다수)을 요한다. 이를 통하여 소수자와 이익집단은 거부권자(Vetospieler)의 위치에 있게 된다.

비록 정부나 의회에서 한 결정의 3/4이 국민투표에서 가결된다고 하더라도 부결되는 경우도 적지 않다. 이에 정부나 의회는 법률안이 국민투표에서 부결되는 것을 피하기 위하여 법률안을 작성함에 있어서 사회적으로 중요한 관련집단을 입법과정에 참여시켜 그 이익을 적절하게 반영하게 된다. 스위스에는 수많은 노선분쟁이 존재하고 다수와 소수가 수시로 바뀔 수 있다. 때문에 필요적 국민투표는 거의 대부분의 유력단체들이 정치적 결정에 지속적인 영향을 미칠 수 있도록 한다. 가장 강력한 단체도 다른 단체를 전적으로 희생시키고 그 이익을 관철할 수가 없다. 이에 필요적 국민투표는 소수자 보호 내지 통합적인 작용을 한다고 볼 수 있다.

또한 필요적 국민투표는 현상유지적인 성격으로 인하여 변화나 개혁을 통한 혁신을 억제하는 방향으로 작용한다. 경제나 사회복지 분야에서 연방권한이 적은 것이나 다른 나라보다 국가의 비중이 낮은 것, 약한 집권화 수준, 다른 나라보다 절제된 연방행정, 국제적인 정치협력의 자제 등이 이에 속한다. 즉, 중앙집권화가 제한되었고, 복지국가의 진전에 제동이 걸렸고, 공공지출의 급증과 관료의 팽창을 억제하는데 기여를 했다.

II. 임의적 국민투표의 영향

연방법률, 유효기간이 1년이 넘는 긴급연방법률, 헌법이나 연방법률이 규정하는 연방결정, 무기한의 해지불가능한 조약, 국제기구에 가입하는 조약, 중요한 입법규정을 포함하거나 그 집행에 연방법률의 제정을 요하는 조약 등은 공포된 지 90일 이내에 유권자 5만이상의 서명으로 국민투표에 회부될 수 있다. 임의적 국민투표의 목적은 어느 한 집단의 불이익을 유발하는 연방의회의 결정이 효력을 발생하지 못하도록 하는 것이다. 필요적 국민투표와 마찬가지로 임의적 국민투표도 현상유지적인 기능을 한다. 현재의 상태로부터 많이 벗어나는 개혁안은 임의적 국민투표에 의해 폐기될 위험에 놓일 수 있다.

1874년 임의적 국민투표제도가 도입되자 소수파인 카톨릭 보수세력은 자유주의세력의 권력독점을 깨기 위해서 임의적 국민투표를 많이 활용했다. 임의적 국민투표는 반대파를 위한 효율적인 도구가 될 수 있다. 1874년 이래 현재까지 임의적 국민투표에 회부된 안건 중에서 거의 절반이 가결되어 의회의 의안이 폐기되었다. 임의적인 국민투표는 스위스의 화합정치모델이 출현하는데 결정적인 기여를 하였다. 국민투표의 위험을 피하기 위하여 관련 이익집단이나 정당을 입법의 조기단계부터 참여시킨다. 예컨대, 연방정부의 전문가위원회나 사전의견청취절차에서 국민투표 발의능력이 있는 단체나 기관을 참여시키고, 그 입장을 반영하려고 노력을 하게 된다.

필요적 국민투표와 마찬가지로 임의적 국민투표도 통합적이고 혁신을 억지하는 방향으로 작용한다. 공개된 국회 대신에 공개가 덜 되는 의회전절차에서 이해대립과 갈등을 조정하도록 함으로써 정치의 투명성을 감소시키고 정치과정의 비공식화를 초래한다. 이는 공공에 의한 통제를 어렵게 하고, 개별적인 이익을 반영시키기도 한다.

정치적 엘리트들은 법률을 제정함에 있어서 국민투표가능성을 고려하게 된다. 이들은 입법과정에서 모든 이익단체나 정당들과 협상을 하면서 어느 정도 만족할 수 있도록 타협을 함으로써 대부분의 경우 국민투표를 방지하려고 한다. 이로 인하여 개혁은 소폭으로 그치는 경우가 적지 않다.

의안이 국민투표로 폐기되면 의회는 반대그룹의 주장들을 수용해서 새로운 법률안을 모색하게 된다. 이에 국민투표는 반대자들을 위한 수단이 되고 현상 유지적으로 작용한다. 이에 전시나 급격한 변화를 수용할 필요가 있는 경우에 직접민주제도는 적응의 한계를 나타낼 수 있다. 스위스에서도 제1차 세계대전과 제2차 세계 대전 때 이러한 문제점이 있었다. 이에 정부와 의회는 그 활동능력을 유지하기 위하여 비상권(Notrecht)을 활용해서 위기를 극복한 경험이 있다.

III. 국민발안의 영향

국민발안은 18개월 이내에 유권자 10만 이상의 서명으로 성립된다. 의회는 국민발안에 대해 지지를 하든지, 국민발안에 대응하는 대안(Gegenvorschlag)을 세울 수 있다. 국민발안에 대해서는 국민표결로 결정을 한다. 이는 국민다수와 칸톤다수의 이중다수결을 요한다.

의회나 정부의 의사에 반하는 국민발안이 통과되어 관철되는 경우는 전체 국민발안의 7% 정도에 불과하다. 이점에서 국민발안의 직접적인 성과는 높지 않다고 볼 수도 있다. 하지만, 그 간접적인 효과는 적지 않다. 비록 국민발안이 국민표결에서 부결된다고 하더라도 국민발안의 취지가 부분적으로 반영된 의회의 대안이 통과될 수도 있으며, 의회가 부결된 국민발안 의제를 사후의 입법에 고려하여 반영하는 경우가 많기 때문이다. 조사결과에 의하면 국민발안의 1/3이 입법의 변화를 가져왔다고 한다(Rhinow, 3). 또한 정치적 엘리트집단이 주목하지 않거나 소홀히 하고 있는 새로운 정치적 의제를 국민발안을 통해서 확산시키고 새로운 흐름을 불러일으킬 수도 있다. 국민발안은 국민여론의 변화를 미리 알려주는 기능을 하기도 한다. 이점에서 국민발안은 혁신적인 기능을 한다고 볼 수 있다. 또한 정당들은 국민발안을 선거전략의 일환으로 사용하기도 한다.

장기적인 관점에서 국민발안은 두 가지 주요기능을 한다. 하나는 화합정치체제하에서 과도하게 억제된 혁신의 취약성을 보완하고 소통기능을 통해서 정치적인 불만족 세력을 통합하는데 기여한다(Marxer/Pallinger, 2006, 30).

직접민주주의 하에서 중요한 결정은 모두 국민투표에 회부될 수 있기 때문에 선거와 정부,의회의 의미가 대의민주주의에서 보다는 줄어든다. 또한 이익단체들이 정당을 매개로 하지 않고 국민투표를 통하여 직접 자신들의 이익을 지키고 실현할 수 있는 여지가 있으므로 정당의 의미도 그 만큼 줄어든다(Marxer/Pallinger, 31).

스위스에서 직접민주제도는 정치적 엘리트에 대한 불신을 제도화한 것으로 국민에게 제도화된 야당의 지위를 부여한 것으로 볼 수 있다. 이점에서 직접민주제도는 정치엘리트와 국민간의 권력분점이고, 정부와 국민간의 권력분립이라고 할 수 있다.

IV. 직접민주주의의 경제에 미치는 영향

스위스 직접민주주의가 경제에 미치는 영향을 실증적으로 연구한 결과물에 의하면 직접민주주의의 성과를 다음과 같이 긍정적으로 평가하고 있다(Stutzer/Frey, 2000, 22, 안성호, 2005, 270 이하).

- 직접민주주의제도는 국가영역의 범위와 국가활동의 팽창을 억

제하고 국가적 산출물의 효율성을 높인다(Pommerehne,1990).
- 예산과정에 시민의 직접적인 정치적인 참여가능성을 보장하
  는 스위스 도시에서 공공지출을 14% 줄이고, 세금은 14% 높
  였다. 이로 인하여 도시채무는 제한된 참여가능성만을 인정
  하는 도시와 비교하여 45%에 불과했다(Feld/Kirchgässner, 1999).
- 일인당 국민소득과 관련하여 직접민주주의를 실시하는 칸톤
  의 요소별 생산성이 그렇지 못한 칸톤보다 5.4%가 높다는 것
  을 입증했다(Feld/ Savioz, 1997).
- 시민들은 공정하다고 느끼는 의사결정절차에서 선호하는 것
  을 표현할 수 있다. 공정하게 느껴지는 절차는 개인의 행동에
  영향을 미친다. 예컨대, 탈세의 감소 등의 형태로 나타날 수
  있다(Frey, 1997).
- 직접민주적인 제도는 주관적인 만족감에 직접적인 영향을 미
  친다. 다른 모든 조건이 동일하다면 강한 공민권은 생활만족
  감을 높이는데 기여한다. 특히 법률국민발안이나 헌법국민발
  안을 통하여 국민들이 새로운 생각을 정치과정에 상정할 수
  있는 경우에 주관적인 만족감은 높아진다. 이는 국민발안을
  위해 요구되는 서명자 수가 낮을수록, 서명기간이 길수록 높
  게 나타난다(Stutzer/Frey, 2000).

V. 직접민주주의와 정치적 안정

스위스는 정치적으로 가장 안정된 나라에 속한다. 이는 국민과
기업에게 예측가능성을 부여한다. 정치적 안정은 정치적인 측면

1	Norwegen	9.49
2	Schweiz	9.49
3	Chile	9.48
4	Neuseeland	9.41
5	Finnland	9.18
6	Deutschland	9.11
10	Danemark	8.94
11	Luxemburg	8.92
14	Singapur	8.50
15	USA	8.47
16	Niederlande	8.33
17	Grossbritannien	8.25
18	Brasilien	8.17
19	Frankreich	8.09
20	Hongkong SAR	7.57
22	China	7.15
29	Indien	6.71
35	Irland	6.33
48	Russland	4.90
51	Italien	4.58
54	Belgien	4.03
55	Japan	3.89

그림 4 : 정치적 안정지수(10; 안정, 0: 불안정)
(출처: IMD World Competitiveness Online 2011)

에서 중요할 뿐만 아니라 경제적인 입지를 결정하는데도 매우 중
요한 역할을 한다. 스위스가 경제적인 번영을 구가하는 것은 정치
적인 안정이 뒷받침이 되고 있기 때문이다. 앞의 그림은 스위스의
정치적 안정수준을 다른 나라와 비교하여 보여주고 있다.

직접 민주주의는 사회적 갈등을 합리적으로 해결하여 스위스가
높은 정치적 안정을 누리는데 기여한다(직접민주주의의 갈등진정
효과에 대해서는 안성호, 2005, 283 이하 참조).

이성적인 결정을 하기 위해서는 모든 사람이 가진 지혜를 모아
야 한다. 직접민주제는 합리적인 결정을 위한 제도이다(이하 Maurer,
2013 참조). 국민투표는 의회나 정부가 잘못된 무모한 결정을 하
는 경우에 이를 멈추게 하는 비상제동장치(Notbremse)이다. 국민

발안은 의회나 정부가 잠자고 있을 때 작동하는 가스페달이다. 물론 국민이 최종적인 결정을 하는 직접민주제가 항상 옳은 것을 보장하는 것은 아니다. 국민도 실수를 할 수 있다. 하지만 정치인에게만 맡겨놓으면 더 많은 실수를 할 수 있다. 국민이 결정하는 경우에 결정을 한 국민이 그 결과를 감수해야 하므로 자기 책임이 된다.

2013년 연방대통령을 역임했던 마우러(Ueli Maurer)는 직접민주주의에 대해 다음과 같이 확신했다(이하 Maurer, 2013참조).

"나는 국민들을 믿는다. 물론 나는 종종 국민표결에서 다른 결과를 원하기도 했다. 모든 국민투표의 결과에 항상 만족하는 국민은 없다. 그러나 지난 150년간 경험은 우리의 직접민주주의가 세계최고의 국가형태라는 것을 발견하게 한다. 직접민주주의는 안정과 자유, 번영을 보증한다."

1848년 연방국가를 건설할 당시 헌법에 이미 국민발안이 규정되어 있었다. 1874년에 임의적인 국민투표가 도입되었다. 1891년에는 헌법 일부개정을 위한 국민발안제도가 도입되었다. 스위스가 오늘날처럼 건재한 것은 이성적인 결정을 한 국민덕분이다. 새로운 세계를 약속하는 비전이나 이데올로기들이 되풀이하여 유행하였다. 정치적 엘리트들은 너무나 쉽게 새로운 것, 큰 것, 번쩍거리는 것에 감동하였다. 국민이 최종적인 결정을 할 수 있도록 함으로써 국민들이 이성적인 결정을 해왔음을 역사적으로 입증하고 있다.

정치와 행정, 법원의 엘리트들은 국민에게 맡겨놓으면 중우정치가 되고 말 것이라고 한다. 국민은 이성적이지 않다고 한다. 국민들은 그가 결정해야 될 사안을 모른다고 한다. 국민들은 이성적이지 않으므로 누군가 이성적인 다른 사람이나 기관이 최종적인 결정권을 가져야 한다고 한다.

이에 대해서 마우러는 다음과 같이 반문을 하고 있다.

"국민들이 항상 옳은 것은 아니라고 교수들이 신문에 기고를 하고 있다. 그렇다면 국민들이 옳은 지 여부는 누가 결정해야 하는가? 이들 교수? 일부의 정치인? 아니면 몇 명의 법관? 주의해야 한다. 소수가 다수를 누르고 결정하려고 하는 경우에 우리는 위험한 낭떠러지에 가까이 가고 있다! 국민을 위해서 무엇이 좋은 지를 혼자 알고 있다는 사람들과 자칭 엘리트가 항상 있었다. 이로 인하여 세계역사가 반복해서 어둠에 빠져들곤 했다."

직접민주제는 국민들의 불만이나 염려를 풀어주는 밸브역할을 한다. 불편한 사항이 있으면 국민들이 스스로 다수의 찬성을 얻어 바꿀 수 있다. 모든 국민들이 염려와 불편사항을 해소할 수 있는 도구를 가지고 있다. 국민들이 스스로 문제를 제기할 수 있고, 모두가 관심사에 대해 결정할 수 있다. 직접민주제는 분노를 토론으로 바꾼다. 서로 다른 생각들이 세련되게 교류되고 민주적으로 성숙하게 논의되고 결정된다. 대립속에서 새로운 해결책을 찾게 된다. 직접민주제를 통하여 평화를 가져오고 사회는 안정된다.

직접민주제를 통하여 불만을 해소시킬 밸브가 없으면 쌓여서 위험한 상태가 된다. 국민들이 불만을 말하고 해결책을 찾을 수 없게 되면 길거리에서 증오와 분노에 찬 고함소리와 폭력으로 터져 나온다. 안전과 안정은 실종된다(Maurer, 2013).

제7절 다른 나라와 비교

I. 미국의 직접민주제도

스위스뿐만 아니라 미국에서도 28개주에서 직접민주제도인 국민투표와 국민발안제도를 도입하고 있다. 19세기말에서 20세기초에 스위스의 직접민주제 모델을 본받아서 도입하게 되었다. 이는 정치엘리트에 대한 불신을 기반으로 한다. 1898년(South Dakoda)과 1918년 사이에 22개주가 직접민주제를 도입했고, 1959년 이후에 6개주가 추가적으로 도입했다. 스위스와 미국의 북부와 뉴잉글랜즈지역과 그 지역 지방자치단체에서 직접민주제가 일찍 도입된 것은 두 나라에 모두 시민참여, 특히 주민총회 혹은 칸톤총회를 통한 참여전통이 있었던 것과 관계가 있다(Schiller, 2002, 12). 특히 미국의 뉴잉글랜드 지역에서는 미국연방헌법이 1878년에 제정되기 이전에 이미 각 지역에서 헌법국민투표를 실시한 적이 있었다. 코넥티커트(1639), 메사츄세츠(1778), 뉴 햄프셔(1873) 등에 이에 속한다. 일부 주에서는 이를 필요적 국민투표로 도입하였다. 예컨대, 메인(1816), 미시시피(1817)가 이에 해당한다. 또 일부 주에서는 미국연방에 가입 전에 국민투표를 실시하였다. 아이오와(1845), 텍사스(1845), 캘리포니아(1856)가 이에 속한다(Krumm, 61).

미국에서 직접민주제를 강화하는 두 번째 단계는 대중주의자와 진보주의자의 운동에 의해 1890년대에서 제1차 세계대전까지 전개되었다. 이는 정치와 경제의 유착에 저항하는 운동으로 성격을 가졌다. 주된 요구는 국민발안, 국민투표, 국민소환의 도입이었다. 1898년에서 2018년 사이에 22개주에서 이들 직접민주제를 도입하였다. 그 후 6개주가 추가되어 현재 28개주에서 직접민주제를 가지고 있다. 이들 주에 사는 국민의 비중은 미국전체의 70%에 달한다.

> ## 스위스와 미국에 있어서 직접민주제의 차이점
>
> 스위스의 국민투표는 입법자들이 법률을 제정하기에 앞서서 이해관계자들과 정치적 소수자들을 미리 참여시켜 협상을 통해서 타협안을 도출하게 하여 국민투표가 불필요하도록 하는 갈등예방적인 기능이 있다. 즉, 화합정치를 하도록 시스템적으로 틀을 짜놓고 있는 것이다. 이에 대해서 미국의 국민투표는 그러한 효과를 기대하기 어렵다는 측면이 있다. 왜냐하면 미국은 시스템적으로 승자독식의 다수민주주의 체제를 갖고 있어 소수자를 배제하기 때문이다(Steigner, 2006, 34). 미국에서는 선거에 더 큰 비중을 두기 때문에 국민투표는 상대적으로 덜 중요한 것이 된다. 반대로 스위스에서는 국민투표의 의미가 크기 때문에 선거의 의미는 상대적으로 덜 중요한 것이 된다. 다음으로 스위스에서는 게마인데 차원과 칸톤수준, 연방수준 등 모든 수준에서 직접민주제를 도입하여 실시하고 있는 반면에 미국에서는 지방자치단체와 주수준에서만 실시하고 연방수준에서는 실시하지 않고 있다.

II. 유럽의 직접민주주의 확산

유럽에서는 스위스와 리히텐쉬타인에 이어 이탈리아에 직접민주제가 가장 많이 제도화되어 있다. 이탈리아에서는 새로운 지역(Region)을 창설하거나 통합하는 경우에 국민투표가 필요적이다. 또한 프로빈차(Provincia)나 꼬뮤네(Comune)를 다른 지역과 교환하는 경우에도 주민투표가 필요적이다. 헌법개정도 국민투표를 요한다. 다만 상·하 양원에서 모두 2/3이상의 찬성을 받으면 그렇지 않다. 또한 스위스에서는 연방법률안에 대한 국민발안이 인정되지 않지만 이탈리아에서는 유권자 50,000명이상의 서명을 받아 법률안을 발의할 수 있다(Krumm, 62).

독일에서는 주의 재편성에 필요적인 국민투표가 규정되어 있다. 이 규정에 따라 1996년 베를린과 브란덴부르크 통합이 국민투표에 붙여졌으나 부결되었다. 그 외 연방수준에서 직접민주제에 관한 규정은 없다. 주수준에서는 1990년대 이후 직접민주제도가 광범위하게 도입되었다.

제8절 선거제도

I. 선거제도의 변천

1848년 스위스 연방헌법은 원칙적으로 모든 20세 이상의 남성인 스위스인은 연방선거에 참여할 수 있도록 했다. 이 점에서 스위스는 보통, 평등직접 선거에서 유럽에서 선도적인 국가에 속했다. 그럼에도 불구하고 칸톤은 여러 가지 사유로 일부 주민의 선거권을 배제시킴으로써 20세기 초까지 사실상 제한선거로 운용을 했다. 다른 칸톤에서 온 이주자나 체류자, 파산자, 피후견인, 전과자 등의 선거권을 배제시키는 칸톤이 많았다. 일부 칸톤에서는 숙박요식금지처분을 받은 자, 걸인, 선거사기범, 상속거부자 등을 제외시키기도 했다. 그리하여 1850년에서 1910년 사이에 유권자는 전체국민의 23%내지 25%정도였다. 이러한 선거권제한은 사회적 하층계층의 사람들에게 불리하게 작용하였고, 이는 사민당에 불리한 결과를 초래하였다(Vatter, 2014, 66).

연방하원선거에서 선거구는 처음부터 전국적인 단일 선거구를 채택하는 대신에 칸톤을 독자적인 선거구로 설정하였다. 이를 통해서 지역적 비례가 보장되었다. 특히 작은 칸톤도 독자적인 선거구로 인정되어 카톨릭－보수적인 지역에 유리하게 작용하였다. 1848년 연방헌법 제정 이래 1961년까지 하원의원의 정원은 인구 20,000명당 1명으로 가변적이었다. 1848년 하원의원의 숫자는 111명이었으나 인구증가로 1922년에는 198명으로 증가되었다. 인구증가로 하원의원 정수가 늘어날 때마다 새로운 선거구를 설정하고 칸톤선거구당 의석배분을 새로 결정했다. 선거구를 지배적인 정당에 유리하게 인위적으로 조작하는 스위스판 게리멘더링이 이루어 졌다. 1962년에는 하원의원의 정수를 200명으로 설정하고 현재까지 유지하고 있다[5].

---

5) 의원수를 200명으로 한 것은 특별한 이유보다도 연방하원의 회의장의 규모가 200명을 넘어서 수용하기 어려웠기 때문이다.

스위스는 1848년 건국 이래로 오랫동안 연방선거에서 다수대표
제를 채택하였다. 1차투표와 2차투표에서는 절대다수를 요구하였다.
3차투표에서는 상대적 다수로 결정하였다. 스위스내전에서 승자인
근본주의적 자유주의자들의 입장에서는 전쟁으로 인한 분열을 극복
하여 안정된 정부를 세우기 위해서는 의회에서 다수에 의한 지지를
불가결한 것으로 보았다. 이를 위해 다수대표제도는 이론의 여지가
없다고 보았다. 1872년에 헌법개정을 논의함에 있어서 처음으로 비
례대표제의 도입이 논의되었다. 그 당시 의회에서 절대다수를 차지
했던 자유주의 정당은 이를 단호하게 반대했다. 연방차원에서 비례
대표제를 도입하는 것은 실패했지만 비밀투표제도와 다수결 계산에
총투표수의 과반수가 아니라 유효투표수의 과반수로 되었다.

1890년에서 1892년 사이에 칸톤 테신, 노이엔부르크, 겐프 등
에서 칸톤의회 선거에서 처음으로 비례대표제도를 도입하였다.
새로운 선거제도를 도입한 칸톤에서 경험이 축적되었고, 다수대
표제에 의해 부당하게 불이익을 받았다고 느낀 좌파정당이나 개
혁적 보수당 등의 주도로 비례대표제를 연방차원에서 도입하려는
토론이 재개되었다. 하지만 연방선거에 비례대표제를 도입하려는
1900년과 1910년의 헌법개정안에 대한 국민발의는 실패로 끝났
다. 1910년의 국민발안에 대한 국민표결에서 근소한 표차로 비례
대표의 도입에 실패한 사민당과 보수당은 1913년에 연방하원선
거에 비례대표제를 도입하기 위한 세 번째의 국민발안을 공동으
로 추진하였다. 이에 대한 국민표결이 1918년 10월에 있었다.

당시 다수정당이었던 자유당을 제외하고 나머지 당들은 비례대
표제의 도입을 적극적으로 찬성하였다. 국민발안에 대한 국민표

결에서 2:1로 다수를 획득하여 마침내 연방차원에서 연방하원 선거에 비례대표제가 도입되었다. 국민발안에 의해서 도입된 비례대표제도는 오늘날까지 스위스에서 가장 중요한 정치적 결정의 하나에 속한다. 1918년까지 선거권의 제한과 선거구조직, 다수대표제는 사회민주당과 기독교보수당, 진보세력 등의 희생하에 자유주의세력이 정치적 헤게모니를 장악하는데 기여했다.

1919년부터 하원선거는 새로 도입된 비례선거에 따라 정당의 득표비율에 따라 비례적으로 배분한다. 다만 의석이 1석만 있는 6개 칸톤(우리, 옵발덴, 니더발덴, 글라루스, 아펜젤-인너로덴, 아펜젤아우서로덴)에서는 다수대표제가 적용되어 가장 많은 득표를 한 입후보자가 선출된다.

대수대표제에서 비례대표제로 전환의 영향

스위스에서 1918년에 연방하원선거에서 다수대표제를 비례대표제로 전환함으로써 스위스 정당체제와 정당간 의석배분에 매우 큰 변화를 가져왔다. 자유세력은 연방하원에서 1848년 이후 줄곧 유지해 왔던 절대적 다수의 지위를 상실하였다. 1918년 비례대표제로 전환한 후 1919년에 실시된 선거에서 자유세력의 연방하원 의석은 종전의 103석에서 60석으로 줄었다(전체의석은 189석).

새로 생긴 농민-자영업자- 부르조아당(BGB)은 4석에서 29석으로 증가되어 의회에서 유력한 4당이 되었다. 사민당도 20석에서 41석으로 의석이 2배로 늘어났다. 다수대표제를 비례대표로 전환한 것은 20세기초 스위스의 선진산업화, 증가되는 사회적 긴장관계, 사회문화적인 이질성에 비추어 적절한 조치로 평가할 수 있다(Vatter, 2014, 78). 이는 나중에 연방의회를 구성함에 있어서 1959년 마법의 공식(Zauberformel)을 통하여 화합정치의 모델을 형성하는데 제도적인 전제조건이 되었다.

연방하원선거에서 비례대표제가 도입된 후에도 선거권은 스위스 남성에게만 허용되었다. 1920년대 초반에 칸톤수준에서 여성투표권을 도입하려는 움직임이 있었으나 실패하였다. 1959년 연방차원에서 여성투표권을 도입하려는 국민투표가 있었으나 유권자인 남성들의 반대로 실패하였다. 1971년에 와서야 여성투표권이 연방차원에서 국민투표를 통하여 인정되었다. 선거연령도 긴 정치적인 논쟁을 거쳐서 1991년에 20세에서 18세로 낮추어졌다.

II. 연방하원선거

1. 선거구와 선거절차

연방 하원 선거는 매4년마다 10월 마지막 둘째 주 일요일에 실시된다. 다만 보궐선거나 재선거는 해당 칸톤정부에 선거일을 결정한다. 200명의 하원의원을 비례대표제에 의해서 선출한다. 칸톤을 단위로 한 대선거구(Mehrpersonenwahlkreise)제이지만 1명만 선출하는 6개 칸톤에서는 사실상 다수대표제에 의해서 선출한다. 칸톤별 의석은 칸톤의 규모에 따라 배분한다. 200명의 하원의원 중 194명은 비례대표에 의해서 선출하고, 6명은 1명만 선출하는 칸톤 선거구에서 다수대표제에 의해 선출한다. 선거의 주관은 연방정부사무처(Bundeskanzlei)에서 한다.

후보자명부는 정당의 하위지역단위에서 작성한다. 유권자는 소속된 칸톤에 배정된 의원의 의석수만큼 투표권을 가진다. 유권자들은 정당의 후보자명부에 단순히 표시를 할 수도 있지만 누적투표(kmulieren)나 분할투표(panaschieren)도 허용된다. 2표까지 명부상의 특정후보에게 누적적으로 투표할 수 있다. 이는 한 후보자를 다른 후보자에 비해서 특히 지원하고 싶은 경우에 사용한다. 또한 선택한 정당의 명부상 후보자보다 다른 정당의 명부에 있는 후보 자를 선호하는 경우에는 선택한 정당의 후보자중에서 선호하지 않는 후보자 이름을 지우고 대신에 다른 정당의 명부후보자 중에 서 선호하는 후보의 이름을 그 위에 쓸 수 있다(투표방식에 대해 자세한 것은 안성호, 2001, 308이하 참조).

> **누적 투표와 분할투표**
>
> 누적투표(kumululieren)는 대선거구에서 투표자가 특정 후보자의 당 선가능성을 높이기 위해서 표를 누적적으로 몰아주는 것을 의미한 다. 스위스에서는 한 후보자에게 2표까지 누적시킬 수 있다. 이에 대 해 분할 투표(panaschieren)는 한 정당의 명부에 있는 후보자 대신에 다른 정당의 명부에 있는 후보자에게 표를 분할하여 투표하는 방식 을 의미한다.
> 실제투표에 있어서는 양자의 방법을 결합하여 모두 사용할 수 있다.

유권자가 받는 투표서류에는 정당의 후보자 명단이 미리 인쇄 된 투표용지와 아무런 표시가 없는 백지투표용지가 있다 유권자 는 둘 중에서 하나를 선택하여 투표를 할 수 있다. 먼저 후보자가 정당명부가 인쇄된 투표용지를 선택하는 경우에 투표자는 단순하 게 각 정당의 후보명부중에서 지지정당의 명부를 채택할 수 있다. 정당명부 투표용지를 사용하되 이를 변경하고자 하는 경우에는 앞에서 설명한 누적투표 또는 분할투표를 할 수 있다. 경우에 따 라서는 누적투표와 분할투표를 모두 사용할 수도 있다.

정당명부를 사용하는 것이 깔끔하지 못하다고 생각하는 경우에 투표자는 백지투표지에 여러 정당의 후보명단 중에서 선별적으로 지지하는 후보자의 이름을 적어서 투표할 수도 있다. 1인선거구 에서는 다수대표제에 의하여 투표를 한다. 이 경우에는 공식적으 로 입후보하지 않은 유권자의 이름을 써서 투표를 할 수도 있다.

스위스 투표에서 특기할만한 것은 우편투표가 보편적인 투표방 식이라는 점이다. 오늘날 연방하원선거에서 투표자의 80%이상이 우편투표를 통해서 투표를 한다. 외국거주 스위스인의 투표권행 사가 늘어나고 전자투표를 보충적으로 사용하고 있다. 2011년의 경우 약 22.000명의 외국거주 스위스인이 전자투표를 통하여 선 거에 참여하였다.

2. 의석배분절차

스위스에서 연방하원의원의 정수는 200명이다. 200명의 하원 의원은 일차적으로 선거구인 칸톤별로 그 주민 수에 비례하여 의 석이 배분된다. 다음으로 칸톤에 배정되는 하원의 의석수는 다시 투표결과에 비례하여 정당별로 배분되고 후보자별로 투표수에 따 라 배분된다.

칸톤별 의석의 배분은 연방수상이 칸톤의 인구규모를 기초 로 하여 배분한다. 이에 대해서는 '정치적 권리에 관한 연방법률 (Bundesgesetz über das politische Recht:BPR)에 규정되어 있다. 칸 톤의 인구에 비례하여 의석을 배분하되 각 칸톤에는 최소한 1석 이상의 의석을 배분한다(배분절차에 대해서는 제17조BPR).

다음으로 각 칸톤에 배정된 의석은 선거결과에 따라 각 정당에 배분된다. 먼저 각 칸톤의 선거구별로 정당별 득표수를 산출하고 이에 비례하여 각 칸톤의 의석을 각 정당에 배분한다. 이를 함에 있어서는 동트(d'Hondt)방식이 적용된다. 다음으로 정당내에서 후보자별 득표를 많이 한 자가 당선자가 된다. 이에는 하겐바흐－비숍(Hagenbach-Bischoff)의 방식이 적용된다.

III. 연방상원(Ständerat)선거

연방상원은 46명의 상원의원으로 구성되며 칸톤의 대표들이다. 20개의 칸톤에서는 각각 2명씩 선출하고, 6개의 반칸톤(Halbkanton)에서는 각각 1명씩 선출을 한다. 상원의원의 선거구는 칸톤이 된다. 상원은 연방기관이긴 하지만 상원의원의 선거는 칸톤의 사무이다. 선거시기와 선거절차 등을 칸톤의 고유한 재량으로 칸톤법률로 규율한다. 대부분의 칸톤에서는 연방하원선거와 연방상원선거가 같은 날 시행된다. 칸톤 추크와 그라우뷘덴에서 연방상원선거와 연방하원선거가 각각 다른 시기에 실시되었으나 2007년과 2011년에 같은 날로 조정되었다. 유일하게 칸톤 아펜젤－인너로덴에서만 상원선거를 하원선거가 있기 전 칸톤총회(Landsgemeinde)에서 선출한다. 또한 소규모 칸톤인 니더발덴에서는 상원후보가 1명인 경우 무투표(stille Wahl)로 당선될 수 있다. 한 가지 특별한 경우로 칸톤 글라루스에서는 칸톤선거와 지방선거에서 선거연령이 16세이다.

연방상원선거의 절차는 칸톤법률로 규율되기 때문에 칸톤마다 상이할 수 있다. 대부분의 칸톤은 상원의원을 다수대표제로 선출한다. 칸톤 겐프를 제외한 모든 칸톤에서 가중된 다수결(절대다수)을 요구하기 때문에 제1차 투표에서 당선자가 없는 경우에 2차 투표를 실시한다. 2차 선거에서는 상대적 다수로 당선자를 결정한다. 겐프에서는 유효표의 1/3이상을 얻으면 당선된다.

원래 상원의원은 칸톤의회에서 선출하였다. 1970년대에 들어서 미국과 마찬가지로 상원을 유권자들이 직접 선출하는 것으로 변경되었다. 베른에서 1979년에 마지막으로 칸톤의회에 의한 상원의원선거가 있었다. 상원의원에 유고가 생기면 보궐선거를 통해서 선출한다.

IV. 칸톤선거

칸톤은 칸톤 선거법을 제정함에 있어서 재량에 따라 자유롭게 규정할 수 있다. 이에 스위스 칸톤차원의 선거제도는 칸톤에 따라 매우 다양하다.

1. 칸톤정부의 각료선거

스위스의 칸톤정부는 협의체기관으로 5명 내지 7인의 각료로 구성된다. 칸톤정부의 구성원인 칸톤각료의 임기는 칸톤마다 매우 상이하다. 임기가 4년인 칸톤이 많지만 5년 또는 1년인 곳도 있다. 칸톤각료는 모든 칸톤에서 국민이 직접 선출한다. 선거방식으로는 대부분의 칸톤에서 다수대표방식을 채택하고 있다. 즉, 후보자 개인에 대한 투표를 하고 정당명부에 대한 투표를 하지 않는다. 다만 칸톤 테신과 추크에서만 비례대표제로 칸톤정부의 구

성원인 각료를 선출한다. 추크에서는 2013년 국민투표로 다수대
표제로 전환하였다.

다수대표제도를 채택하고 있는 칸톤에서는 2단계 선거과정을
두고 있다. 첫 번째 선거에서는 절대적 다수를 요하며, 두 번째
선거에서는 상대적 다수면 된다. 정부각료선거에서 칸톤 전체가
하나의 선거구를 이룬다.

2. 칸톤의회의 선거

칸톤의회는 연방의회와는 달리 단원제로 구성된다. 칸톤의회의
의원정수는 칸톤에 따라 큰 차이가 있으며 최소 49명에서 최대
180명에 이른다. 많은 칸톤에서 칸톤의회의 의원정수를 축소했다.
여성투표권은 연방차원에서는 1971년에 도입되지만 칸톤 바트와
노이엔부르크에서는 이미 1859년에 도입되었다. 1972년까지 두
곳을 제외한 모든 칸톤에서 여성투표권을 도입하였다. 다만 칸톤
아펜젤-아우서로덴과 아펜젤-인너로덴에서는 1980년에 여성투
표권 도입시도가 실패하였다. 1989년과 1990년에 와서야 비로소
여성투표권이 이들 두 칸톤에 도입되었다. 특히 칸톤 아펜젤-인
너로덴에서는 연방재판소가 칸톤에서도 여성에게 정치적 권리를
가진다는 판결[6]을 하고 이에 압력을 받아서 비로소 여성투표권을
도입하였다.

선거연령은 1980년대 중반까지 대부분의 칸톤에서는 20세였으
나 1990년대 중반까지 모든 칸톤에서 선거연령을 18세로 낮추었

---

6) BGE 116 Ia 359

다. 2007년 글라루스에서는 16세 이상으로 낮추었다.

이에 대해 외국인에 대한 선거권도입은 지난 20년간 시도되고 있으나 칸톤 유라와 노이엔부르크에서만 칸톤과 게마인데 수준에서 외국인의 선거권을 인정하고 있다. 게마인데수준에서만 외국인 선거권을 인정하는 칸톤으로는 바트, 프라이부르크, 겐프를 들 수 있다. 특히 바트와 겐프에서는 게마인데 수준에서 외국인에게 선거권은 물론이고 피선거권도 부여하고 있다.

대부분의 칸톤에서는 칸톤의회 선거를 비례대표로 선출하고 있다. 다만 칸톤 아펜젤-인너로덴과 그라우뷘덴에서는 다수대표로 칸톤의원을 선출한다. 칸톤 바젤-쉬타트, 쉬비츠, 우리, 추크에서는 비례대표와 다수대표제도가 함께 적용된다. 다수대표는 주로 한명을 뽑거나 소수를 뽑는 선거구에 적용되고 여러 명을 뽑는 선거구에서는 비례대표에 의한다.

칸톤의회 선거구는 칸톤에 따라 매우 다양하다. 칸톤 겐프와 테신에서는 단일선거구를 운영하는 반면에 다른 칸톤들은 그 구역을 다수의 선거구로 분할한다. 다수의 작은 선거구로 분할하는 것은 군소정당이 의회에 대표할 수 있는 기회를 감소시킨다. 연방법원은 2010년 판결을 통하여 선거결과의 편차가 10%이상이면 비례선거의 원칙에 위반한다고 했다[7]. 이에 칸톤 취리히를 시작으로 샤프하우젠, 아아르가우 등에서는 수학자인 푸켈스하임이 고안한 의석배분절차를 도입했다(Doppelter Pukelsheim). 이는 기존의 선거구를 변경함이 없이 정당의 지지율과 의석수가 가능한

---

7) BGE 136 I 376 다만 특별한 역사적, 연방제적, 언어·문화적, 종교적 이유가 있는 경우에는 예외가 허용된다고 했다.

일치하도록 의석을 배정하는 방식으로 2006년부터 칸톤 취리히
에서 적용하였다. 투표자가 정당명부를 변경하는 누적투표나 분
할투표가 연방선거처럼 인정되지만 프라이부르크, 테신 발리스,
노이엔부르크, 겐프 등에서는 누적투표가 인정되지 않는다. 의원
의 임기는 통상 4년이지만 일부 칸톤(프라이부르크, 바트, 유라)에
서는 5년이다.

V. 투표율

스위스에서 투표율은 20세기에 들어서 점차적으로 감소하고
있다. 비례대표제가 도입되고 처음 실시된 연방하원선거에서 투
표율은 거의 80.4%에 달하였으나 1967년 이후 급격하게 감소하
였다. 1979년에 48%로 떨어진 이래로 투표율은 42%에서 49%사
이에서 머물고 있다.

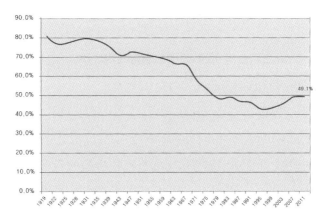

그림 5 : 스위스 연방상원의원 선거 투표율 (출처: 스위스연방의회)

이러한 스위스의 투표율은 유럽내의 다른 국가와 비교해서도 현저히 낮은 편이다. 유럽국가내에서 투표율은 가장 낮다. 이웃 나라인 독일이나 프랑스, 오스트리아와 비교해보면 투표율은 현저히 떨어진다. 유럽내에서 투표율을 1945년 이래 1999년까지 비교해보면 다음 그림과 같다.

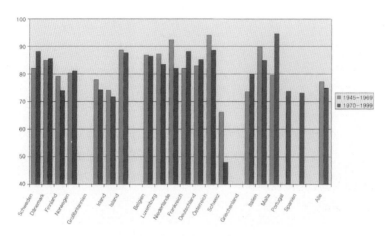

그림 6 : 유럽국가간 투표율 비교 (출처:
www.politik.uni-mainz.de/cms/Europa.pdf)

이와 같이 스위스의 투표율이 현저하게 떨어지는 같은 몇 가지 원인을 들 수 있다(Krumm, 2013, 135).

첫째로, 투표피로증을 들 수 있다. 스위스에는 다른 나라와 달리 매년 수차례에 걸쳐 국민투표가 실시된다. 연방차원, 칸톤차원, 게마인데 차원의 국민투표가 실시되고 다른 나라와 마찬가지로 게마인데선거, 칸톤선거, 연방선거가 실시된다. 국민들의 입장에서 보면 투표가 다른 나라에 비하여 현저히 많은 편이다. 이로 인하여 주민들은 투표피로증에 빠질 수 있다.

둘째로, 선거는 국민투표와 일종의 경쟁관계에 있다. 국민들의 입장에서 보면 다른 나라와는 달리 4년에 한 번씩 선거로 정치적인 영향력을 행사하는 데 그치는 것이 아니고, 구체적인 현안문제를 주민들이 스스로 국민발안을 통해서 제안할 수도 있고, 국민투표로 직접 결정할 수도 있다. 즉, 정치의 내용을 결정하는 것은 선거가 아니라 국민투표가 된다(Weiss 2012, 20). 이로 인하여 선거의 중요성이 다른 나라에 비하여 상대적으로 떨어진다.

셋째로, 화합민주주의도 투표율에 영향을 미치는 것으로 보고 있다. 중요한 것은 선거를 통해서 결정되는 것이라기보다는 정치 엘리트들 간의 협상과정에서 타협에 의해서 결정된다. 1953년에서 2003년까지 정부구성은 이른바 마법의 공식이 적용되어 선거결과는 정부의 구성에 큰 영향을 주지 못하였다. 그리하여 유권자들의 선거에 대한 관심이 줄어들었을 수 있다. 2007년에 스위스 국민당(SVP)의 도약으로 연방정부의 구성이 달라질 수 있는 시점에는 투표율이 48%로 높아졌다.

제3장

지방중심의 정치:
연방제도

제1절 스위스 연방의 성립과 변천

I. 스위스 서약동맹의 결성과 확장

오늘날 스위스 연방은 1848년 스위스연방헌법이 제정됨으로써 성립되었다. 하지만 그 뿌리는 1291년으로 거슬러 올라간다. 스위스는 당시 봉건적인 독일제국에 속해 있었다. 황제로부터 이곳에 총독으로 파견을 받은 세속귀족이나 성직자 귀족이 주민으로부터 세금을 거두고 재판권을 행사하였다.

스위스 내륙지방의 산악공동체들은 이러한 외부지배자가 불필요하며 세금을 바칠 필요가 없다고 생각했다. 특히 현지사정을 이해하지 못하는 외부판사는 불필요하다고 보았다. 우리Uri), 쉬비츠(Schwitz), 운터발덴(Unterwalden) 지역의 대표자들이 모여 상의한 결과 총독의 지배로부터 벗어나면 경제적인 이익도 얻을 수 있다는 것을 알게 되었다. 독일지역과 이탈리아 지역을 연결하는 알펜관문(St. Gotthart Pass)을 차지하게 되면 통행료를 스스로 징수할 수 있게 된다는 것이었다. 이에 외부법관을 더 이상 받아들이지 않고, 외부침략에 대해 서로 보호하며, 황제에게 자치를 통보할 준비가 되어 있는지를 물어보게 되었다. 마침내 세 산악지역의 대표자 33인이 피어발트스테터호수(Vierwaldstättersee) 근처의 뤼틀리(Rütli)에서 동맹헌장(Bundesbrief)을 작성을 하였다. 각 지역으로 돌아가서 동맹헌장에 찬성하는 공동체는 신호를 보내기로 했다. 특정한 저녁에 산꼭대기에서 불을 붙이기로 했다. 다른 산악공동체가 이 불을 보면 동맹은 효력을 발생하고 봉기하기로 했다. 이것은 유럽최초의 헌법제정회의라고 할 수 있다(Erne, 2010, 11).

산꼭대기에서 불길이 치솟아 오른 것은 구전에 따르면 1291년 8월 초라고 한다. 스위스 서약동맹은 이렇게 출범을 하였다. 1848년 설립된 스위스 연방은 이 서약동맹을 기반으로 하고 있다. 이 불길은 요즘도 국경일인 8월1일에 게마인데마다 솟아올라 연방헌정의 효력발생을 기념하고 있다[8]. 최초의 동맹국인 우리, 쉬비츠, 운터발덴을 원칸톤(Urkanton)이라고 한다. 원칸톤에 인접한 지역들이 그 후 점차로 서약동맹에 가입을 하게 되어 1513년에는 서약동맹의 구성원은 13개가 되었다. 이들 지역은 자유지역인 동맹에 자유로운 의사로 가입하였다. 이런 의미에서 스위스는 서약을 통해 자유로운 의사로 동맹을 결성하기로 공동으로 결정하고, 자유로운 의사로 이에 가입하여 형성되었다고 할 수 있다.

서약동맹의 기구로는 동맹회의(Tagsatzung)를 두었다. 동맹회의는 서약동맹의 입법기관인 동시에 집행기관이었다. 거의 대부분의 권한은 각 칸톤이 갖고 있었기 때문에 동맹회의의 권한은 매

---

[8] 건국신화인 빌헬름 텔(Wilhelm Tell)은 이 당시 상황을 담고 있으며 독재자에 대한 저항을 담고 있다. 이는 1804년 쉴러(Friedrich Schiller)가 구전신화에 기초하여 쓴 작품이다.

우 제한되어 있었다. 동맹회의는 14세기부터 1848년 스위스연방이 결성되기까지 구스위스연방의 칸톤회의체로 존속하였다.

1523년에 취리히에서 시작된 종교개혁은 다른 지역으로 확산되고 1536년에는 제네바에까지 확대되었다. 이에 카톨릭지역과 신교지역의 대립으로 인하여 1712년까지 여러 차례에 걸쳐 서로 전쟁을 했다. 한편 30년 전쟁(1618-1648)의 결과 베스트팔렌 평화협정은 스위스의 완전한 자유를 명시적으로 확인하였다.

II. 헬베티아공화국(1798-1803)

18세기 스위스에서는 계몽주의 사상이 널리 퍼지게 되고, 산업적으로 섬유산업과 시계산업의 발전으로 경제적인 호황을 누리기 시작했다. 1789년 프랑스에서 일어난 프랑스혁명은 주변국에 많은 영향을 주었다. 스위스도 프랑스의 혁명으로 인한 영향을 직접 받게 되었다. 1798년에 프랑스 혁명군은 스위스를 침공하여 함락시켰다. 칸톤의 자율성을 박탈하고 중앙집권적인 헬베티아공화국을 설치하였다. 국민주권과 국민의 기본권, 권력분립의 원칙이 헌법에 보장되었다. 다만, 국가권력구조는 분권적 성격을 상실하고 중앙집권적 단일국가로 변경되었다. 칸톤은 종전의 자율성을 잃고 중앙정부의 행정구역으로 전락하였다. 외교상으로 스위스는 프랑스의 위성국가로서 지금까지 지켜오던 중립성을 포기하도록 강요되었다. 쉬비츠를 비롯한 중앙 스위스의 칸톤들은 이러한 강요된 헌법을 수용하기를 거부하고 군사적인 저항을 시도하기도 하였으나 프랑스 군대에 의해 진압되었다. 1798년 가을에는 러시

아와 오스트리아, 영국, 오스만제국 등이 제2차 대프랑스동맹을 결성하여 전쟁을 하게 되어 스위스는 국제적인 전쟁터가 되었다. 스위스는 내부적으로 온건 공화주의자, 급진적 애국주의자(스위스 자코뱅파), 연방주의자간의 파벌이 형성되고 서로 투쟁이 벌어졌다. 나폴레옹은 스위스에서 집권주의자 대신에 연방주의자를 지지했다. 그는 1801년에 미국에서 자극을 받아 연방국가 헌법초안을 제안하기도 했다. 집권주의자들은 칸톤에게 약간의 자치권을 부여하여 중앙집권적 경향을 완화하는 헌법개정안을 제안하였다. 1802년 5월 25일에 스위스에서 처음으로 국민투표에 의해 헌법개정안을 통과시켰다. 연방주의자들은 집권주의자들에 대해 도처에서 저항을 하였고 내전이 발생하였다.

III. 조정시대(1803-1813)

1802년 12월 10일 나폴레옹은 파리에서 스위스 대표자회의를 열었다. 이에는 45명의 집권주의자와 15명의 연방주의자들이 참석했다. 나폴레옹은 1803년 2월 19일 조정칙령(Mediationsakte)을 내어 놓았는데 스위스의 새로운 헌법(Mediationsverfassung)이 되었다. 집권주의자들의 편을 들어 등족사회의 특권폐지와 평등권, 거주이전의 자유, 영업의 자유 등 기본권을 보장하는 동시에 연방주의자들의 주장을 들어 칸톤주권의 부활을 포함시켰다. 13개의 칸톤이 부활되었고 추가적으로 6개의 새로운 칸톤이 국가로서 지위를 부여받았다. 19개의 칸톤이 각각 고유한 헌법을 가지게 되었고, 연방전체에 공통된 하나의 헌법을 가졌다. 1804년에서

1813년에 이르는 조정시대는 내적으로나 외적으로 평화가 유지되었고 산업이 발전하였다.

IV. 동맹협약(Bundesvertrag: 1815)

나폴레옹의 몰락으로 스위스에서 조정헌법은 효력을 상실하였다. 프랑스에 속했던 3개지역(발리스, 노이엔부르크, 겐프)이 스위스 동맹으로 복귀하였다. 1815년 4월 6일에서 8월 31일에 개최된 이른바 장기 동맹회의(lange Tagsatzung)에서 긴 협상을 거쳐서 1815년 8월 7일 동맹협약(Bundesvertrag)을 체결하게 되었다. 동맹협약은 이른바 복고시대인 1815년에서 1848년 스위스 연방헌법이 채택되기까지 스위스 동맹의 법적 근거가 되었다. 동맹협약은 나폴레옹에 대한 승전국인 강대국의 영향 하에서 체결되었다. 이에 의해 스위스의 오늘날 영토가 결정되고, 22개의 칸톤이 독립된 국가로서 지위를 부여받았다. 동맹이 가졌던 권한은 동맹협약에 의해서 다시 칸톤에게 귀속되었다. 안보정책분야에 관한 권한은 동맹의 권한으로 남았다. 동맹의 기관으로는 동맹회의(Tagsatzung)를 두고, 소재지는 취리히, 베른, 루체른으로 하였다. 동맹회의에는 2명의 공무원으로 구성된 사무국(Bundeskanzlei)을 두었다. 1815년의 빈협약(Wiener Kongress)에 따라 스위스의 중립성과 그 영토에 대한 불가침성이 국제적으로 인정되었다. 스위스 국경과 칸톤의 경계가 오늘날처럼 확정되었다(다만 칸톤 유라는 1979년에 설치).

V. 갱생시대와 내전(1830-1847)

　　1830년 이전의 유럽과 스위스에서는 보수주의가 지배적이었다. 자유주의와 민족적 요구는 억압되었다. 산업화를 통하여 특히 도시지역에서는 수공업자, 상공인, 기업인, 지식인 등 자유주의적 시민들이 늘어났다. 이러한 분위기 속에서 1830년 프랑스 7월 혁명은 스위스의 자유주의 물결을 자극하여 각 칸톤에서 자유주의적 헌법을 도입하기 위한 노력으로 이어졌다. 1832년에 자유주의 헌법을 채택한 취리히, 베른, 루체른, 솔로툰, 상트 갈렌, 아르가우, 투르가우 등이 보수주의적 세력의 위협에 대항하기 위하여 루체른에서 협약(Siebnerkonkordat)을 맺었다. 이에 대응하여 보수적인 칸톤인 우리, 쉬비츠, 니더발덴, 바젤-쉬타트, 노이엔부르크 등이 역시 1832년에 동맹을 결성하였다. 자유주의 칸톤과 보수적 칸톤의 대립은 날로 첨예하게 대립하였다.

　　1845년에 7개의 보수적 카톨릭 칸톤(루체른, 우리, 쉬비츠, 니더발덴, 추크, 프라이부르크, 발리스)들이 분리동맹(Sonderbund)을 결성하였다. 회원칸톤간의 상호군사적 지원을 위한 군사동맹적인 성격을 가졌다. 분리동맹은 보수적인 외국과도 접촉을 했다. 자유주의적 진보칸톤들은 이 분리동맹이 동맹협약에 위반된다는 것을 이유로 동맹회의에서 분리동맹의 해산을 의결하려 하였으나 10개 칸톤이 찬성하여 의결에 필요한 과반수를 얻지 못하였다. 1847년에는 칸톤 겐프와 상트 갈렌에서 자유주의세력이 승리함으로써 자유주의 칸톤의 세력이 강화되었다. 동맹회의는 이 안을 재상정하여 과반수의 찬성을 얻어 분리동맹의 해산을 명하였다. 분리 동맹이 오스트리아 등 외국과 손을 잡으려고 시도하자 이를 저지하기 위한 내전이 발생하였다. 동맹회의측은 1847년 11월 4일 뒤프르(Guillaume-Henri Dufour) 장군의 지휘하에 기습공격을 감행하여 1847년 11월 29일에 분리동맹을 진압하였다.

VI. 연방헌법의 제정(1848년)

분리동맹전쟁에서 승리한 자유주의와 근본주의자들은 중앙정부의 권력을 강화하는데 찬성을 하였다. 하지만 헬베티아 공화국의 단일국가의 모범을 따르는 대신에 미국헌법의 모범을 따라 연방국가를 구상하였다.

스위스 연방제도는 미국의 연방제도를 도입한 것이다. 미국헌법의 아버지들은 새로운 헌법을 초안함에 있어서 유럽 여러 국가들의 다양한 헌법적 상황을 참고를 하였다. 당시 유럽에는 중앙집권적인 단일국가가 대부분이었고 스위스의 서약동맹 즉, 국가연합이 있었다. 미국의 연방주의자들, 특히 메디슨은 스위스의 국가동맹에 많은 영감을 받았다. 하지만 메디슨은 스위스는 미국의 새로운 헌법에 모델이 될 수 없다는 결론을 내리게 된다. 전국적인 기관이 없었기 때문이다. 그렇다고 하여 프랑스와 같은 중앙집권적인 단일국가형태를 취하지도 않았다. 한편으로는 구성국가들의 독립성을 존중하면서도 전체로서의 통합성과 업무수행능력을 구비한 중앙정부가 병존하는 연방제도를 창안하게 되었다. 국가권력이 구성국가와 전체국가사이에 균형적으로 배분되는 연방제도는 미국헌법 이전에는 존재하지 않았던 새로운 국가형태를 만들어 낸 것이다. 말하자면 연방제도는 미국의 발명품이라고 할 수 있다.

미국연방제도는 두 가지 원칙을 핵심적인 요소로 한다. 첫째로, 연방권력은 대등한 입법권을 가진 하원과 상원에 배분된다. 즉, 양원제를 기초로 한다. 둘째로, 헌법에서 명시적으로 연방의 권한으로 이양하지 않은 권한은 구성국가인 개별국가의 권한이 된다. 1787년의 미국헌법은 이러한 두 원칙에 의하여 국가사무를 연방국가와 구성국가에 배분하였다.

1848년 스위스헌법을 제정함에 있어서 스위스 입법자들은 의식적으로 미국의 양원제와 연방제원칙을 철저하게 수용했다. 부분적으로는 거의 표절(Plagiat)이라고 말할 수 있다. 스위스에서는 이미 1830년대에 연방관계에 있어서 가능한 미국의 원칙을 따라야 한다는 주장이 있었다(Widmer, 2008, 123). 스위스 내전을 거치면서 보수주의자들은 귀족주의적인 칸톤과 민주적인 칸톤의 느슨한 동맹을 통해서 구질서의 존속을 원했다. 이에 대해서 자유주의적 근본주의자들은 중앙정부에 의한 품질보증이 되지 않은 모든 것을 거부했다. 논쟁을 거치면서 점차로 구질서의 폐단을 시정하면서도 깊이 뿌리내린 칸톤과 게마인데의 자치를 희생하지 않도록 하기 위해서는 연방제도가 가장 적합하다는 결론에 달하게 되었다(Widmer, a.a.O.).

1991년 미국의회도서관에서 "자매국가: 1776년부터 현재까지 미국과 스위스(The Sister Republics: Switzerland and the United States from 1776 to the Present)"라는 책이 출간되었다(저자 James H. Hutson). 이에 의하면 빌(Biel)시의 의원이었던 Rudolf Valtrasers는 1778년에 이미 미국의 건국의 아버지중의 한 사람이었던 Benjamin Franklin에게 "두자매공화국으로서 통합하자"는 제안을 하였다. 물론 그의 제안은 성과가 없었지만 미국과 스위스가 정치적으로 상당한 영향을 주고받았음을 보여주고 있다. 스위스의 서약동맹 (Eidgenossenschaft)은 1776년 미국혁명과 1787년 미국헌법을 제정함에 있어서 많은 관심의 대상이 되었다.

또한 1787년의 미국헌법과 국가구조는 1848년 스위스 연방국가를 건설함에 있어서 영향을 미쳤다. 1848년 스위스 건국의 아버지들인 자유주의적 근본주의자들은 헌법을 제정함에 있어서 선례를 찾았다. 당시 스위스로서는 미국 헌법이 유일한 선례가 되었다. 19세기에 주변 국가들이 왕정국가임에 비하여 유일하게 양국은 공화정국가들이 연방국가를 결성하고 공화국가를 이루었다는 점에서 상당한 유대감과 동질성을 갖고 있었다. 하지만 스위스 헌법이 미국헌법과 큰 차이를 갖고 있는 부분은 연방정부를 대통령제를 채택하는 대신 7명으로 구성되는 회의체정부를 채택하였다는 점이다. 대통령을 헌법에 수용하기는 했지만 의전적인 역할에 국한시켰다.

미국과 스위스의 제도적 교류는 1848년 이후에도 계속되었다. 특히 19세기말에 도입된 국민발안과 국민투표제도는 미국사람들의 관심을 끌었다. 1880년대와 1990년대에 미국에서는 스위스의 국민투표제와 국민발안제를 소개하는 책자와 신문기사가 봇물을 이루었다. 직접민주제는 정치적 기망과 연방국가의 부패를 극복하기 위한 만병통치약으로 간주되기도 했다. 1890년과 1912년 사이에 18개 주가 스위스의 직접민주제를 도입하였고, 오늘날 28개 주로 확대되었다. (Defago, 2008, 40-42).

동맹회의에서 의결된 새로운 연방국가헌법은 루체른을 비롯하여 15 1/2 개 칸톤이 찬성하여 통과되었다. 칸톤 쉬비츠, 추크, 발리스, 우리, 니더발덴, 옵발덴, 아펜젤 인너로덴, 테신 등에서는 반대하였다. 프라이부르크에서는 국민투표에 부쳐지지 않았다. 연방헌법의 제정으로 스위스는 하나의 통일적인 법적 공간 내지 경제공간으로 되었다. 1848년 제정된 스위스 연방헌법은 1874년 과 1999년에 두 차례 전면개정이 있었고 거의 매년 부분개정을 거쳐 오늘에 이른다. 1848년 헌법의 주요 내용은 다음과 같다.

o 연방의 권한

연방헌법에 의해서 연방의 권한이 신설되었다. 연방에는 전쟁과 평화, 동맹과 국가계약을 결정하고, 칸톤간의 분쟁에 개입할 수 있도록 했다. 관세와 우편, 통화 등도 연방의 권한이 되었다. 연방의 수도는 베른으로 정해졌다. 지금까지 개인이나 칸톤에 운영했던 우편은 1848년에 연방에서 인수하였다. 1949년에 국내관세는 폐지되고 국경관세는 연방에서 징수하기 시작했다. 1850년에는 스위스 프랑을 재도입하여 스위스 유일의 화폐로 하였다. 1855년에는 전신업무가 연방사무로 되었고, 1855년에 처음으로 취리히에 연방대학이 생겼다.

o 기본권의 보장

스위스 국민에게는 거주의 자유, 종교의 자유, 언론의 자유, 결사의 자유가 보장되었다. 또한 50,000명 이상의 국민이 연서로 헌법개정을 요구할 수 있도록 하였다.

o 연방기관

미국 모델에 따라서 1848년 헌법에서 최고기관의 하나로 의회를 규정하고 양원을 두었다. 하원의원은 주민 20,000명마다 1명을 선출하도록 하였으나(1848년 111명, 1850년 120명) 나중에는 하원의원의 정수를 200인으로 고정되었다. 상원은 각 칸톤에서 2명씩 동일하게 대표자를 선임하고, 반칸톤은 1명씩의 대표자를 선임했다. 양원은 대등한 지위를 가졌다.

- 집행기관으로 7명의 각료로 구성되는 연방정부(Bundesrat)를 두었다. 각료는 각각 연방행정의 한부서의 장을 맡아서 수행하고 중요한 안건에 대해서는 함께 결정하도록 하였다(협의체원칙). 다른 유럽국가들의 수상이나 미국의 대통령과 같은 강력한 집행부 수장제도를 두지 않았다. 연방대통령은 해마다 선출되는 실질적 권한이 없는 의전적인 역할에 한정되었다. 연방사무총장(Bundeskanzler)을 두었지만 독일과는 달리 수상 내지 총리로서 역할을 하는 것이 아니라 연방내각회의에 투표권없는 서기로서 참여하고, 정부의 최고대변인으로 가능을 하도록 하였다.

- 사법기관은 연방법원은 주로 칸톤간의 분쟁을 규율하는 기관으로 기능을 했고, 오늘날 같은 민·형사사건의 최종심으로서 역할은 약했다. 왜냐하면 당시는 민사법과 형사법이 통일되어 있지 않았기 때문이다.

VII. 1874년의 연방헌법전면개정과 직접민주제도의 확장

카톨릭교회와 국가의 분쟁인 문화투쟁(Kulturkampf)은 자유주의와 보수주의자간의 대립으로 나타났다. 자유주의 세력은 문화투쟁을 거치면서 연방권력을 강화하고 민주적 권리를 확장하는 전면적인 헌법개정을 추진하였다. 1872년에 국민투표에서 제1차 헌법개정안은 카톨릭지역과 프랑스어권 칸톤의 반대로 부결되었다. 중앙집권적인 요소를 약간 완화한 제2차 헌법개정안이 1874년 4월 19일 국민투표에서 국민다수와 칸톤다수의 찬성으로 통과되었다. 가장 중요한 내용으로 연방법률에 대한 국민투표제를 도입을 들수 있다. 국민이 연방의회에 대한 직접적인 통제권을 갖게 되었다. 1891년 국민발안제도를 도입함으로써 국민들은 연방정치인에게 영향을 미칠 수 있는 추가적인 도구를 갖게 되었다.

VIII. 1999년 연방헌법전면개정

1960년대에 들어오면서 전면적인 헌법개정의 요구가 본격적으로 제기되었다. 연방정부는 1967년과 1974년에 헌법개정을 위한 준비위위원회를 구성하여 전면개정안을 작성하도록 하였다. 1977년에 이 위원회가 제출한 헌법개정안에 대해 의견수렴을 하였다. 전면적인 헌법 개정의 요구가 더욱 높아짐에 따라 연방정부는 1985년 11월 6일에 상세한 연방헌법 전면 개정보고서를 제출하였다. 연방의회는 이 보고서를 1986년과 1987년에 검토를 하고 1987년 6월 3일에 전면적인 헌법개정을 추진하기로 의결하였다. 하지만 유럽공동체문제가 현안문제로 등장하면서 헌법개정문제는 잠시 현안에서 밀려났다. 1992년 12월 6일에 유럽경제지역 가입문제에 대한 국민투표가 부결되면서 헌법개정문제에 다시 관심이 집중되었다. 1995년에 헌법개정시안이 작성되고 의견수렴을 거쳐 연방의회에 제출되었다. 연방의회에서는 연방헌법 제정 150

년이 되는 1998년 12월 18일에 헌법개정안을 가결하였다. 이어서 헌법개정안은 1999년 4월 18일에 국민투표에 회부되어 국민다수와 칸톤다수의 의결로 통과되었고 2000년 1월 1일부터 효력을 발생하였다(상세한 것은 박영도, 2004 참조).

1999년 전면적인 헌법개정이후에도 여러 차례에 걸쳐 부분적인 헌법개정이 있었다. 특히 중요한 개혁으로 신재정조정제도를 도입하기 위한 연방제개혁을 위한 헌법개정을 들 수 있다. 연방과 칸톤의 역할을 각각 강화하는데 헌법개정의 주된 관심이 있었다. 2003년 10월 3일에 헌법개정안이 연방의회에서 가결되었고 2004년 11월 28일 국민투표를 통해 헌법개정안이 확정되었다. 신재정조정제도는 2008년 1월 1일부터 효력을 발생하였다.

IX. 연방제도 변천의 의미

스위스 연방제도는 처음부터 완성한 제도라기보다는 스위스의 칸톤들이 강대국의 위협속에서 존립을 보장하면서도 각 칸톤의 고유성과 다양성을 지키기 위한 노력의 표현이었다. 스위스의 국가형태는 1291년 서약동맹을 결성한 이래 나폴레옹에 의한 무력침공을 받아 점령당하기까지 느슨한 형태의 국가연합으로 존속하였다. 나폴레옹의 지배체제하에서 중앙집권적인 단일국가로 변질되었으나 중앙집권주의자와 연방주의자간의 대립을 거치면서 절충과 타협을 통해서 1848년 연방국가를 설립하였다. 특히 주목할 것은 1847년의 내전에서 승리한 자유세력은 중앙집권적 경향이 강한 정치세력이었지만 내전에서 패배한 분리동맹의 소속 칸톤의 연방주의적 보수세력을 포용하기 위하여 중앙집권적 단일국가 대신에 연방국가를 채택하였다는 점이다. 물론 스위스가 연방국가를 채택한 것은 미국의 연방제에 의한 영향이 크다. 스위스의 서약동맹이 미국의 연방제 성립에 영향을 주었고, 미국에서 발전된 연방제국가형태는 다시 스위스에 영향을 미쳤다. 1848년 연방제 헌법을 채택한 이후에도 집권주의자들과 연방주의자들간의 대립은 지속되었으며 헌법개정을 통하여 점진적인 개선을 해오고 있다. 스위스의 헌법개정은 1848년 건국이후 거의 200회에 가깝지만 그 대부분이 칸톤과 연방의 권한배분 즉, 연방제도의 개선에 관련된 부분이다. 스위스에서 헌법개정은 일상화된 정치과정으로서 보다 자유롭고 보다 나은 국가를 결성하기 위한 의지의 실현이라고 할 수 있다. 이점에서 스위스인들은 스스로 의지국가(Willensnation)라고 부른다.

제2절 스위스 연방제도 개관

I. 연방국가의 의의

연방국가 혹은 연방제도가 무엇을 의미하는지에 대해서는 여러 가지 논의가 있다. 국가에 따라서 연방국가를 이루는 구성요소는 매우 다양하다. 연방제를 연구함에 있어서는 한편으로는 대다수의 연방국가에 공통되는 연방국가의 요소를 도출한다는 것도 중요하지만 한 국가의 연방제도가 다른 국가와는 다른 어떤 특성을 가지는 지를 이해하는 것도 중요하고 의미가 크다. 영미국가에서는 연방국가와 관련된 영어단어로 "confederation"과 "federation"을 구별해서 사용하고 있다. "confederation"을 국가와 국가간의 느슨한 결합형태인 국가연합의 의미로 사용한다. 이에 대해서 "federation"은 여러 국가가 결합하여 하나의 국가를 형성하는 연방국가의 의미로 사용한다. 이에 대해서 스위스에서는 이러한 구별을 하지 않는다.

스위스연방의 명칭은 프랑스어로 "Confédération suisse", 이탈리아어로 "Confederazione Svizzera", 로만슈어로 "Confederaziun svizra", 정식명칭으로 사용하는 "Confoederatio Helvetica" 등에서 영어의 "confederation"과 같은 어원을 가지는 단어를 사용하고 있다. 스위스에서 "Föderation"이라는 단어는 사용하지 않는다. 스위스에서 연방주의자를 의미하는 "Föderalisten"은 연방의 권력을 확장하는 것에 반대하는 자라는 의미로 사용하고 있다(Linder, 2006, 140).

연방국가에 대한 상반된 이해

영미계통에서는 연방주의는 중앙집권적 경향을 의미한다. 이는 1787년의 미국헌법논쟁에서 연방주의자와 반연방주의자간의 논쟁에서 비롯된다. 연방주의자들은 연방의 권한을 강화시켜 국가적인 통합을 강화하고자 했고, 반연방주의자들은 이에 반대하였다. 이에 연방주의자들은 중앙집권주의자를 의미했다.

이에 대해서 유럽대륙의 관점에서 본다면 연방국가는 단일국가에 비해서 분권적인 국가를 의미했다. 연방국가에 대한 이해는 역사적인 관점과 변천경향에 비추어서 판단하여야 한다. 예컨대, 국가연합에서 연방국가로 변화되는 경우에 연방국가는 중앙집권화를 의미한다. 이에 대해서 단일국가에서 연방국가로 전환하는 경우에는 연방국가는 분권화를 의미한다(Krumm, 2013, 21). 스위스에서 연방제도는 후자의 의미로 사용된다.

국가연합과 연방국가는 여러 가지 측면에서 구분된다. 연방국가는 연방과 그 구성원인 국가가 각각 헌법을 가지고 있으며, 연방헌법은 연방의 권한과 조직을 규정하고 있다. 연방헌법을 변경하기 위해서는 가중된 다수결이 있어야 한다. 이에 대해서 국가연합은 협약에 기초를 두고 있으며 이를 변경하기 위해서는 참여국가들의 만장일치가 있어야 한다. 국가연합은 주권국가인 참여국가들의 결합으로 초국가적인 조직에게 주권을 양도하지 않는다. 참여국가는 자치적이며 이론적으로는 언제든지 탈퇴하는 것도 가능하다. 이에 대해서 연방국가는 연방과 그 구성국가가 모두 국가로서 지위를 가지고 있다. 연방은 주권을 가지고 있다. 연방이 갖는 주권은 헌법에 의하여 구성국가의 주권의 일부를 이양받은 것이다. 개개 구성국가의 존립은 헌법에 의해 보장된다.

　연방국가와 단일국가, 특히 분권화된 단일국가와 차이는 단일국가의 하위단위는 국가로서 성격을 갖지 않고 정부나 의회로부터 부여된 권한을 자율적으로 수행한다는 점이다. 영국이나 스페인은 헌법적으로는 단일국가의 형태를 취하고 있지만 영국의 스코틀랜드나 웨일즈, 스페인의 자치공동체의 경우처럼 국가의 하위단위인 지역이 자치행정권 뿐만 아니라 자치법률을 제정할 권한을 가지고 있어 연방국가의 구성국가에 준하는 권한을 갖는 경우가 있다. 이에 연방국가와 분권화된 단일국가 사이의 구별은 상대화되고 있다.

II. 스위스 연방제도의 특징

1. 비집권성(Nicht- Zentralisierung)

스위스는 1291년 이래 700년의 역사를 통틀어 나폴레옹에 의해 수립되었던 헬베티아공화국(1798-1803) 5년을 제외하고는 칸톤과 게마인데의 독자성과 자율성, 다양성을 존중하는 비집권적 국가로서 전통을 간직하고 있다. 스위스는 오늘날까지 그 기원이 참여 도시와 농민공동체의 자율성을 유지하는 것을 유일한 목적으로 하는 느슨한 국가연합에 있다는 것을 잊지 않고 있다. 스위스의 작가이자 문명이론가이고 유럽연방주의자인 루즈몽(Denis de Rougemont)은 "그들은 서로 다르게 남기 위해 서로 단결했다. 그들의 연대성에 기초가 되는 것은 집단적인 권력이 아니라 개개의 자치였다"고 했다(Habermann, 2005).

스위스에서 칸톤은 헌법제정권과 조세권 등 중요한 국가적인 권한을 가지고 있다. 연방의 권한은 헌법에 의하여 명시적으로 규정되는 것에 한정된다. 연방의 권한을 새로 추가하기 위해서는 국민투표를 거쳐 국민다수와 칸톤다수의 동의를 요하는 헌법개정이 있어야 한다. 헌법에 명시적으로 연방의 권한으로 규정되지 않은 모든 권한은 칸톤의 권한이 된다. 스위스 연방정부가 1848년에서 2003년에 걸쳐 제안한 199번의 헌법개정안 중에서 1/4이 국민투표에 의해서 부결되었다.

2. 보충성(Subsidiarität)

보충성의 원칙은 다층적 국가구조를 전제로 계층간의 사무배분원칙을 의미한다. 하위공동체가 해결할 수 있는 기능과 사무를 상위공동체가 처리하도록 하는 것은 정의에 반한다는 것이다. 교황비오 11세(Pius XI)는 1931년 교황교서(Quadragesimo Anno)에서 보충성의 원칙을 카톨릭의 중요한 사회윤리로 선언하였다. 신학자인 브루너(Emil Bruner)는 보충성의 원칙과 연방주의원칙을 전체주의에 저항하는 정의로운 사회건설의 기초로 보았다(Bruner, 1943, 164).

유럽공동체 결성의 기초가 된 1957년 유럽공동체설립조약에서 그 구성원리로 보충성의 원칙을 채택하였다. 스위스 헌법에 명시적으로 보충성의 원칙이 도입된 것은 1999년이다. 스위스 연방헌법 제5a조는 "국가의 사무를 배분하고 수행함에 있어서 보충성의 원칙을 고려해야 한다"라고 규정하고 있다. 연방헌법 제43a조도 "연방은 칸톤에 의한 사무 수행이 불가능하거나 연방에 의한 통일적인 규율이 필요한 사무만을 수행한다."라고 규정하여 보충성의 원칙을 강조하고 있다.

3. 연대성(Soldarität, nicht Konkurrenz)

스위스 연방제도는 미국 연방제도의 영향을 받았지만 차이점이 적지 않다. 미국 연방제와 구별되는 스위스 연방제의 가장 큰 특징 중의 하나로 연대성을 들 수 있다. 미국 연방제는 개별국가간의 경쟁을 이념적인 기초로 하고 있다. 주정부간과 지방자치단체간의 경쟁을 통하여 국민들로 하여금 보다 좋은 여건을 제공하려는 것이다. 이른바 "발로하는 투표(Abstimmung mit den Füssen)"를 통하여 국민들은 보다 유리한 생활조건을 찾아 이전을 유발하게 된다.

이러한 경쟁적 연방주의에 대하여 스위스 연방제도의 전통은 칸톤간, 연방과 칸톤간의 연대를 특징으로 한다. 연방주의는 강한 지역과 약한 지역, 부유한 지역과 가난한 지역간의 조정을 포함한다. 스위스 연방제도는 국민들로 하여금 각자의 고향에서 실질적인 생존가능성을 보장하는 조건을 만들려고 한다. 스위스 연방제도의 복지목표는 이동성 대신에 상이한 생활조건의 조정에 있다(Linder, 142). 이를 위해서 방대한 재정조정제도를 갖추고 있으며 연방 예산의 상당한 부분이 뒷받침하고 있다. 하지만 독일처럼 전국적인 생활의 동질성을 목표로 하는 것도 아니라는 점에서 독일식의 협력적 연방주의와는 그 성격을 달리한다.

4. 협력적 연방제

스위스 연방제도는 광범위한 연방행정기구를 전국적으로 설치하는 대신에 연방법률을 칸톤정부로 하여금 집행하도록 설계하였다. 연방사무에 대한 입법은 연방정부가, 연방법률의 집행은 칸톤정부가 수행하도록 기능적인 분리를 하고 있다. 이는 연방행정기구와 연방법원을 주와 지방자치단체에 두고 있는 미국행정체제와 대조를 이루고 있다. 이점에서 스위스 연방제도는 독일 연방제도와 유사하다.

연방사무와 주사무를 명확하게 구분하려는 의도는 20세기의 급부국가 내지 간섭국가의 도래로 실현되기 어렵게 되었다. 업무와 수입, 지출간의 중복이 증가되게 되었다. 이를 협력적 연방제도라고 한다. 스위스에서는 이러한 정치적, 재정적인 중첩구조를 해소하기 위한 시도가 여러 차례 있었으나 큰 효과를 거두지는 못하였다. 예컨대 1977년에 연방과 칸톤의 주책임(Hauptverantwortlichkeiten)을 제안하는 전문가 헌법전면개정안은 성공하지 못하였다.

2004년 국민투표를 거쳐 확정된 연방과 칸톤간의 새로운 재정 조정과 사무배분(NFA)에 의하여 그 동안 공동사무로 처리되었던 사무의 50%가 해소되어 부분적인 성과를 거두었다. 스위스의 연방제도는 미국식의 경쟁적 연방제도와 독일식의 협력적 연방제도의 중간쯤에 위치한다.

III. 스위스에서 분권화의 유지배경

스위스는 다른 국가에 비하여 분권의 정도가 강한 편이며 1848년 이후 다른 나라에 비하여 집권화 경향이 약한 편이다. 스위스가 중앙집권적 경향을 방어하면서 분권적인 질서를 유지해온 배경에 대한 설명이 필요하다(Linder, 2012, 171; Linder, 2013 참조).

1. 직접민주제

직접민주주의는 국가권력의 사용에 대해서 전반적으로 억제하는 영향을 미친다(Frey, 1997, 188). 스위스 내의 칸톤간 비교에서도 직접민주제가 잘 구비된 칸톤은 그렇지 못한 칸톤에 비해서 덜 집권화되어 있다. 이들 지역에서는 조세부담이 낮고 정부의 세수와 지출도 낮다. 이는 정부의 지출에 대해서 주민들이 의회보다는 엄격하기 때문이다. 주민들은 자신들을 위해 직접 사용되고 자신들이 직접 통제할 수 있는 지방세를 중앙정부의 세금보다는 선호한다.

더구나 연방의 권한을 새롭게 추가하기 위해서는 국민투표를 요하는 헌법개정이 필요하다. 이러한 헌법개정을 위한 국민투표는 국민다수의 과반수뿐만 아니라 칸톤다수의 찬성을 받아야 한다. 도시와 농촌의 칸톤간에는 이해관계가 서로 다른 경우가 많으므로 헌법개정을 통한 연방권한의 확대는 쉽지 않다. 이는 칸톤의 권한을 유지하는 쪽으로 작용한다.

2. 묵시적 권한의 불인정

연방과 구성국가간의 권한변경은 헌법개정을 요한다. 스위스에서 헌법개정을 위해 국민투표에서 단순 다수결이면 족하다. 미국의 경우에는 억제장치가 더욱 강력하다. 하원에서 2/3이상의 찬성을 요하고, 상원에서 3/4이상의 찬성을 요한다. 이에 따라 스위스에서는 헌법개정이 자주 있지만 미국에서는 헌법개정이 매우 드물다. 그럼에도 불구하고 미국에서 중앙집권화의 경향은 스위스경우보다 강하다. 미국에서는 비공식적인 헌법의 변천을 통하여 헌법개정 없이 연방의 권한을 확대해 왔기 때문이다. 연방대법원은 연방의 묵시적인 권한(implied power)이나 주간통상조항(interstate commerce clause), 필요적절조항(necessary and proper clause)을 통하여 경제개입분야에서 연방의 권한을 늘려왔다. 미국에서 연방권한의 확대는 거의 대부분 공식적인 헌법개정 없이 법원의 해석을 통해서 이루어져 왔다.

하지만 스위스의 연방재판소는 이러한 암묵적인 연방의 권한을 거의 인정하지 않는다. 연방헌법은 사소한 연방권한의 확대에도 공식적인 헌법개정을 요구한다. 미국과는 달리 스위스에서는 연방권한의 확대는 법원의 손에 있지 않고 정치기관인 의회의 몫이고 궁극적으로는 국민과 칸톤의 동의로 결정된다. 칸톤과 국민들 사이의 다양한 이해관계의 차이는 중앙집권적 헌법개정에 대한 억제장치가 되고 있다. 법원보다는 국민과 칸톤에 의한 억제장치가 집권적인 경향을 억제하는데 보다 잘 작용하고 있다.

실제로 스위스에서는 매년 6건 이상의 헌법개정안이 국민투표에 회부되는데 그중 절반은 정부와 의회에 의해서 발의되고, 나머지 절반은 국민에 의해서 발의된다. 헌법개정안의 대부분은 연방의 새로운 권한을 도입하기 위한 것이다(Linder, 2012, 172).

3. 칸톤대표로서 상원과 정부대표로서 상원

독일은 상원이 주정부대표로 구성되는데 비하여 스위스 상원은 칸톤주민에 의해 직접 선출됨으로써 칸톤대표가 된다. 독일에서는 주정부가 상원을 통하여 자신의 이익을 반영하는 경우에 반드시 분권적인 성향을 갖지 않는다. 주정부는 중앙정부의 보조금을 늘리려고 하고, 정치적으로 불편한 사무는 중앙정부에 넘기려는 경우가 나타난다. 이는 곧 연방정부의 권한의 확대를 의미한다. 이에 대해서 스위스에서는 상원이 주정부의 이익을 대변하기 보다는 칸톤의 주민전체에 직접 책임을 진다. 따라서 상원의 집권화 경향은 주정부의 이익을 대변하는 독일에 비하여 약한 편이다.

IV. 연방제의 기능

1. 다양성과 지역적합성의 보장

연방제는 지역공동체와 언어집단인 소수자를 보호한다. 소수자는 그 지역의 생활공간을 스스로 만들고 고유성을 살려간다. 이를 통해서 각 지역공동체는 정체성을 유지할 수 있다. 이는 스위스의 사회적, 정치적인 안정성을 높이는데 기여한다.

개개인마다 자신의 특별한 수요가 있듯이 지역공동체도 각각 다른 특수성과 우선순위가 있다. 중앙정부의 획일성은 스위스 각 지역의 다양성과 부합하지 않는다. 예컨대 공간계획에 있어서 도시지역을 기준으로 한 연방의 상세한 재건축규정은 산간지역과 같은 분산거주지역에 대해서는 전혀 맞지 않게 된다. 연방법률은 드물지 않게 군소 칸톤의 역량을 고려하지 않아 과도한 행정부담을 가져오는 경우도 있다.

2. 권력통제기능과 자유의 신장

연방제는 수직적인 권력분립이다. 스위스의 국가권력은 연방과 26개 칸톤과 2400개의 게마인데로 분산함으로써 중앙정부의 권력을 억제한다. 연방제는 항상 무제한적으로 작용하는 중앙정부에 대한 불신을 포함하고 있다. 연방제는 강력한 중앙권력에 대한 시민의 불신을 제도화한 것이다. 연방제는 권력의 의식적인 분점을 의미한다(Defaco, 2008, 43). 다른 한편으로 연방제는 지방정부의 권력도 어느 정도 중앙정부의 통제하에 둠으로써 억제한다. 지방행정청에 문제가 있으면 시민들은 칸톤정부나 연방법원에 도움을 받을 수 있다. 연방정부와 칸톤, 게마인데간에는 견제와 균형을 취할 수 있게 된다. 이에 연방제는 분절적 국가간의 권력억제를 통하여 법치국가와 법적안정성을 확립하는데 기여한다.

수직적 권력분립에 의한 국가권력의 제한은 개인의 자유신장에 기여한다. 연방제는 자유사상을 바탕으로 하고 있다. 자유는 원래 사적인 문제해결을 요구한다. 국가에 의한 개입이 불가피한 경우에도 그것을 필요로 하는 최소한의 사람들에게만 개입하도록 하고, 그것도 관계된 자들인 지역주민들이 결정하도록 함으로써 가능한 자유영역을 많이 확보하는데 기여한다(Caroni, 2012, 75).

3. 시민근접성의 보장

연방제를 통한 권력의 지역적 분산은 권력을 시민에게 근접하도록 한다. 지방정부는 중앙정부보다도 시민들의 요구를 보다 잘 배려할 수 있다. 시민들은 자신들의 결정으로 생활환경을 만든다. 예컨대, 마을에 공영수영장을 만들 것인지 여부를 시민들이 스스로 결정한다. 이는 정치적으로 보면 사소한 것일 수 있다. 하지만 시민들의 실생활에 있어서는 삶의 질을 결정하는데 매우 중요한 요소가 된다.

스위스의 게마인데나 칸톤은 규모가 매우 작은 편이다. 스위스 전체에서 보면 한 개인은 500만 유권자속에서 한 표를 행사하지만 주민이 1,500명인 게마인데에서 한 개인은 그 비중이 매우 커진다. 직접민주제는 지방에서 주민들이 직접 지역문제를 결정하게 한다. 예컨대, 베른에서 국민발안을 하기 위해서는 5,000명이 서명을 하면 가능하다. 한 사람 한 사람의 영향력은 그만큼 커지는 것이다.

시민에 가까운 정치가 언제나 타당한 결과를 가져오는 것은 아니다. 그럼에도 불구하고 경우에 따라서는 국민이 스스로 책임을 지는 나쁜 정치가 국민이 아무런 영향을 미칠 수 없는 좋은 정치보다 더 낳을 수 있다. 왜냐하면 국민들은 그 대가를 치루고 현명해 질 수 있기 때문이다(Widmer-Schlumpf, 2008). 관계자들이 결정에 근접할수록, 외부에 의해서 결정되어지는 느낌이 줄어든다.

스위스에서는 게마인데 정부를 구성함에 있어서 직업정치인이나 직업관료에게만 위임하지 않고 스스로 참여하여 해결하는 시민복무제도(Milizsystem)를 중시하고 있다. 이것도 지방정부가 주민근접성을 가지고 있기 때문에 가능한 것이다.

4. 경쟁과 혁신

칸톤과 칸톤, 게마인데와 게마인데간에는 경쟁관계에 있다. 경쟁을 통하여 보다 새롭고 창조적인 해법을 찾게 된다. 칸톤과 게마인데의 다양성은 자연적으로 이들을 정책 실험실로 만든다. 한 칸톤의 정책실험을 거쳐 성과가 있는 정책은 다른 칸톤으로 확산되고, 연방정책으로 확대함으로써 아래에서 위로 혁신이 이루어지도록 연방제가 기여한다.

스위스가 다른 나라에 비하여 낮은 세율을 유지하는 것도 지역간 경쟁의 산물이다. 단순히 세율만 낮은 것이 아니라 조세입법에 대한 예측가능성을 부여하여 정치적인 안정에 기여한다. 이는 투자자들에게 매우 매력적이다. 스위스에 본사를 둔 세계적인 기업이 많은 것은 이러한 이유에 기인한다. 2008년에 국민투표에서 통과된 기업세개정안(Unternehmenssteuerreform II)은 기업의 이중과세를 폐지함으로써 중소기업의 과세부담을 획기적으로 경감하는 내용이었다. 사실 이중과세금지제도는 이미 2001년에 칸톤 니더발덴에서 도입했는데 그 성과가 매우 좋았다. 이어서 16개 칸톤에서 이를 도입하였다. 2008년에 연방차원에서 도입됨으로써 스위스의 조세경쟁력을 획기적으로 높이는데 기여하였다(Widmer-Schlumpf, 2008).

5. 효율성의 신장

연방제를 통한 지역간의 경쟁은 다양성과 혁신을 유발한다. 지방정부가 제공하는 서비스에 만족하지 못하는 주민은 지방정치인을 교체하거나 다른 지역으로 이사를 하게 된다. 정치인과 관료들은 국가독점 구조속에서 빈둥거리는 대신에 주민의 만족을 위해 노력해야하는 동기가 발생한다. 경쟁은 국가영역에 있어서 탈권력화 수단으로 작용하고 효율을 높이는데 기여하게 된다. 예컨대, 지방서비스의 품질을 향상시키면서도 공급가격(세금)을 낮추어서 지역경쟁력을 강화하는 조세연방제도(Steuerföderalismus)가 작동하게 된다.

하지만 연방제도가 어느 정도로 혁신을 유발하고 효율성을 높이는지에 대해서는 어떤 연방제도를 채택하는지에 따라 상당한 차이를 보인다. 예컨대 세율을 수혜자인 주민이 결정하는 재정등가성의 원칙이 잘 반영되어 무임승차가 방지되고 자기책임성이 보장된 스위스에서는 연방제도가 효율성을 높이는데 크게 기여하는 반면에 재정자율성이 제약된 독일에서는 효율성이 상대적으로 떨어지는 편이다(Eichenberger, 2011).

연방제도가 효율성을 높이기 위해서는 다섯 가지 요건이 충족되어야 한다고 한다(Villiger, 2009, 146 이하 참조). 첫째로 앞에서 얘기한 재정적 등가성의 원칙이 지켜져야 한다. 결정자와 향유자, 비용부담자가 일치해야 한다. 둘째로, 연방과 칸톤, 칸톤과 게마인데간의 사무배분에 있어서 보충성의 원칙이 지켜져야 한다. 셋째로, 틴베르헨의 법칙(Tinbergen-Rregel)이 지켜져야 한다. 경제적인 수단은 한가지의 정해진 목적에 이바지 하도록 해야 한다. 여러 가지 상반된 목적을 위한 수단은 실패하기 쉽다. 넷째로, 지역간 복지격차를 어느 정도 인정하여야 한다. 재정조정은 수혜지역이 자신의 힘으로 지역여건을 개선하려는 동기를 유발하고, 부담지역이 급부를 거부할 정도로 소진시키지 않도록 해야 한다. 다섯째, 칸톤이 연방사무를 위임받아 처리하는 경우에 연방은 중요한 전략적인 방향에 대해서만 결정하고, 세부적인 것은 칸톤이 결정하도록 해야 한다. 그렇지 않으면 연방과 칸톤의 이중적인 관료주의로 인하여 책임성과 투명성이 덜어지고 결과적으로 효율성도 저하된다.

V. 연방제와 민주주의의 관계

연방제도나 민주주의는 모두 제도와 절차를 통하여 국가권력을 통제하는 도구라는 점에서는 공통점을 가진다. 하지만 연방주의와 민주주의는 서로 다른 가치와 정치적인 원리에 기초를 두고 있다. 연방주의는 다양성에 기초를 두고 있고, 민주주의는 평등한 참여에 기초를 두고 있다. 연방주의는 지역을 기초로 하는 집합적인 집단자유(kollektive Gruppenfreiheit)를 강조한다. 연방주의는 지역적인 다양성을 정당화하는 것을 전제로 한다(Fleiner/Fleiner, 2004, 580). 연방주의는 정당화된 다양성을 유지하고 촉진한다. 이에 대해서 민주주의는 개인의 정치적 자유와 정치적인 평등에 기초를 두고 있다. 집단적인 자유와 불평등을 전제로 하는 연방주의는 개인적인 자유와 개인의 절대적인 평등에 기초를 둔 민주주의는 서로 모순된다. 민주주의 원칙은 1인 1표주의의 결정방식에 의존한다. 이에 따르면 칸톤의 참여권은 칸톤의 규모에 따라서 차등화 되어야 한다. 이에 대해서 연방주의는 모든 칸톤에게 동등한 지위를 인정한다. 즉, 모든 칸톤에게 동등한 투표권을 부여한다. 칸톤의 규모에 따라 개인적인 정치적인 권리의 불평등을 전제로 한다. 연방주의원칙은 작은 칸톤의 유권자에게 큰 칸톤의 유권자보다 높은 투표가치를 인정하게 된다(Linder, 2012, 200). 연방주의에 대해서는 민주적인 통제를, 민주주의에 대해서는 연방적인 통제를 말할 수 있다(Fleiner/Fleiner, 581). 연방주의 원칙과 민주주의 원칙은 국가기관의 구성과 국민투표 등에서 반영되고 있다.

o 양원제에 있어서 민주주의 원칙과 연방주의 원칙

먼저 연방의회를 구성함에 있어서 하원의 구성은 칸톤의 인구 비례에 따라 의석을 차등화함으로써 민주주의 원칙을 반영하고 있다. 이에 대해서 상원의 구성에 있어서는 모든 칸톤에게 2석의 의석을 평등하게 배정함으로써 연방주의 원칙을 반영하고 있다. 상원과 하원의 의견이 동일한 경우에는 민주주의원칙과 연방주의

원칙이 조화를 이룬다고 볼 수 있다. 이에 대해서 상원과 하원의 의사가 합치되지 아니하는 경우에는 민주주의 원칙과 연방주의원칙이 대립하게 된다. 스위스 헌법은 상원과 하원에게 동등한 지위를 인정함으로써 민주주의 원칙과 연방주의 원칙을 대등하게 반영하고 있다. 양원의 이견을 조정하기 위한 절차를 두고 있지만 이를 통해서도 의견의 합치에 이르지 못하는 경우에는 결국 안건은 폐기된다. 소수자인 작은 칸톤을 통합하기 위하여 인구비례에 의한 다수결에 대한 예외를 인정하고 있다. 연방제도는 소수자보호를 위한 민주주의에 대한 예외를 인정한 것이라 볼 수 있다. 스위스의 상원에서 작은 칸톤의 대표성이 규모가 큰 칸톤에 비하여 매우 높다. 전체 국민의 10%를 차지하는 작은 칸톤이 상원에서 38.4%의 의석을 가진다9)(Lijphart, 2012, 195). 이는 작은 칸톤의 과잉대표를 의미한다.

o 이중다수결(Doppelmehr)에 있어서 민주주의 원칙과 연방주의
  원칙

1874년부터 헌법개정을 위해서는 부분개정이든 전면개정이든 국민의 다수와 칸톤의 다수의 찬성을 얻어야 한다. 이는 인구가 많고 자유주의적인 칸톤들이 1847년 분리동맹전쟁에서 패배한 인구가 적은 보수카톨릭 칸톤들에게 불리한 헌법개정을 다수결로 밀어붙이지 못하도록 높은 장벽을 설치한 것이었다. 국민다수와 칸톤다수에 의한 이중장벽은 작은 카톨릭 농촌칸톤을 보호하여

---

9) Lijphart의 조사결과에 의하면 전체 국민의 10%를 차지하는 작은 칸톤이 상원에서 차지하는 의석은 미국이 39.7%, 캐나다 33.4%, 독일이 24%, 네덜란드가 10%에 이른다.

통합기능을 하도록 한 것이었다. 이중다수결의 요구는 건국후 100여년간 큰 문제가 없었다. 20세기 후반이 되면서 점점 의미가 달라졌다. 국민다수의 찬성을 받은 헌법개정안이 칸톤다수의 찬성을 얻는데 실패하는 사례가 늘어났기 때문이다.

주된 원인은 지난 150년간 칸톤간 인구구성에 불균형적인 변화가 있었기 때문이다. 칸톤 바젤 쉬타트와 겐프, 취리히 등에서는 그간 인구가 5배 내지 7배로 증가한 반면에 칸톤 아펜젤 인너로덴이나 아펜젤 아우서로덴은 1848년 이래 인구변화가 거의 없다. 이는 산업화에 따른 대도시 인구집중의 결과이다. 헌법개정 국민투표에서 아펜젤 인너로덴의 유권자 1명은 취리히 유권자 44명의 표와 마찬가지 비중을 갖는다. 헌법개정안을 거부하기 위한 반대표의 숫자가 지속적으로 감소하고 있다. 이론적으로는 가장 작은 칸톤이 연대해서 반대를 하면 약9%의 유권자가 헌법개정안을 좌절시킬 수 있다. 이는 국민투표에서 9%의 소수자가 91%의 다수 의사를 무력화할 수 있음을 의미한다(안성호, 2005,166). 실질적으로 1994년 귀화조항의 국민투표에서 18%의 유권자가 칸톤투표에서 한법개정안을 저지하였다. 국민다수와 칸톤다수가 충돌하는 경우에 대체로 승자는 작은 칸톤들이 되고 패자는 인구가 많은 칸톤이 된다.

1848년부터 2013년 사이에 국민다수와 칸톤다수가 충돌한 사례는 다음 표와 같다.

표 14 : 찬성하는 국민다수와 반대하는 칸톤다수의 충돌(1848-2013)
(출처:Sager/ Vatter, 2013)

날짜	안건	유형	국민 찬성(%)	칸톤 찬성(票)	칸톤 반대(票)
1866.1.4	도량형	필요적국민투표	50.4	9.5	12.5
1955.3.13	세입자,소비 자보호	국민발안	50.2	7	15
1970.11.15	재정법	필요적국민투표	55.4	9	13
1974.3.4	교육제도	필요적국민투표	52.8	10.5	11.5
1975.3.2	경기조항	필요적국민투표	52.8	11	11
1983.2.27	에너지조항	필요적국민투표	50.9	11	12
1994.6.12	문화촉진	필요적국민투표	51	11	12
1994.6.12	귀화	필요적국민투표	52.8	10	13
2013.3.3	가족조항	필요적국민투표	54.3	10	13

인구비례에 의한 결정을 요하는 민주적 다수결의 원칙과 칸톤 간의 동등한 참여를 요구하는 연방적 다수결의 원칙은 다수의 횡포로부터 소수자를 보호하는 역할을 하지만 오늘날 보수적인 농촌 칸톤이 연대하여 반대하는 경우에 소수자에 의한 개혁의 거부권으로 작용할 수도 있어 이를 헌법개정에 반영해야 한다는 비판적인 의견도 나오고 있다.

제3절 연방과 칸톤, 게마인데의 지위

스위스 연방은 연방과 칸톤, 게마인데로 구성된다. 스위스의 연방국가구조 내지 스위스 국가경영체제를 이해하기 위해서는 이들의 법적인 지위를 명확히 이해하는 것이 필요하다.

I. 연방의 법적 지위

o 국가로서 연방

연방은 전통적으로 국가가 갖추어야 할 모든 요소를 갖추고 있다. 먼저 연방은 국민을 갖고 있다. 연방헌법 제1조는 스위스 국민(Schweizervolk)이 스위스 연방을 이룬다고 규정하고 있다. 또한 연방 연방헌법 제1조에 따라 모든 칸톤의 영토를 포함하는 영토를 가지고 있다. 또한 연방은 헌법에 의해서 부여받은 주권을 가지고 있다.

o 연방의 이중적 역할

연방은 한편으로는 칸톤과 구별되는 중앙국가로서 업무를 수행하고, 중앙국가(Zentralstaat)의 이익을 보장하는 역할을 한다. 연방은 헌법에 의해서 그에게 부여된 과제를 수행한다. 다른 한편으로 연방은 국민전체의 복리와 지속적인 발전, 내부적인 통합, 문화적인 다양성을 실현하기 위해 전체국가(Gesamtstaat)의 이익을 보장하는 역할을 한다. 중앙국가로서 연방은 그 구성국가인 칸톤과 대등한 지위를 가진다. 이에 대해서 전체국가로서 연방은 연방국가에서 통합적인 기능을 수행한다(Tschannen, 2007, 239).

II. 칸톤의 법적 지위

1. 칸톤은 국가인가?

칸톤이 국가로서 지위를 갖는 지에 대해서는 상당한 견해의 차이가 있었다. 한편에서는 칸톤의 국가성을 부인하고 칸톤을 "국가내의 통치단체"라거나 "연방의 자치단체"라는 주장이 있다 (Giacometti/Fleiner, 44f.). 또 다른 한편으로는 칸톤은 고유한 국가로서 연방결성이후에도 여전히 국가로서 요소를 갖추고 있다는 견해가 있다(Saladin, Art.3 Rz 43).

오늘날 지배적인 견해는 칸톤을 정치적인 자율성을 가진 지역사단으로서 제한된 국가성을 가진 것으로 보고 있다. 칸톤이 칸톤 영토와 칸톤국민을 가지고 있다는 것은 연방헌법 제1조에 의해 명백하다. 문제는 칸톤이 주권을 갖는지 여부이다. 연방헌법 제3조는 칸톤이 주권을 가지고 있다고 규정하고 있지만 연방헌법에 의하여 제한되는 주권을 가진다. 또한 칸톤은 아주 제한된 범위에서만 국제법상의 주체가 될 수 있다(연방헌법 제56조). 주권은 분할 될 수 없다는 견해에 의하면 칸톤을 국가로 보는 데에 무리가 있지만, 주권의 분할성을 인정하는 견해에 의하면 연방도 분할된 주권을 가진 국가이고 칸톤도 분할된 고유한 주권을 가진 국가이다(Fleiner/Fleiner, 564). 칸톤을 일반지방자치단체보다는 정치적인 자율성이 훨씬 강한 지역공동체로 보는 데는 이설이 없다.

2. 칸톤의 자율성

연방은 칸톤의 자율성을 보장해야 한다. 연방은 칸톤에게 충분한 사무가 남아 있도록 해야 하고, 칸톤의 조직자율권을 존중해야 한다. 연방은 칸톤에게 그 사무를 집행하는데 필요한 충분한 재정을 보장해야 한다 (연방헌법 제47조). 이에 칸톤은 다음과 같은 자율성을 연방헌법에 의하여 보장을 받고 있다.

o 조직자율성(Organisationsautonomie)

칸톤의 조직자율성은 다음과 같은 것을 포함하고 있다.

- 칸톤의 영토 내 정치구조에 대한 자율성 (예컨대, 게마인데나 관구(Bezirk) 등으로 구분)
- 정치체제에 대한 자율권 (예컨대, 국회, 정부, 법원의 구성과 관할에 대한 규율)
- 국가조직의 절차에 대한 자율권 (예컨대, 헌법절차, 입법절차, 행정절차, 사법절차 등)
- 칸톤사무에 대한 주민의 정치적 권리에 대한 자율권
- 국가와 교회의 관계에 관한 자율적 형성권

o 사무자율성(Aufgabenautonomie)

칸톤은 헌법에 의하여 연방의 권한으로 명시되지 아니한 모든 사무에 대한 권한을 가진다. 칸톤은 그에게 속한 사무 중에서 어떤 사무를 어떻게 수행할 것인지를 스스로 결정할 수 있다(연방 헌법 제43조). 칸톤은 그의 사무를 수행하기 위하여 다른 칸톤이나 외국과 협약이나 조약을 체결할 수 있다.

o 재정자율권(Finanzautonomie)

재정자율권은 칸톤이 수입원을 결정하고 수입을 어떻게 사용할 것인지를 결정할 수 있는 자유를 의미한다. 칸톤은 어떤 세금을 거둘지, 세율을 얼마로 할 것인지, 징수세율을 어떻게 할 것인지를 스스로 결정할 수 있다. 칸톤은 칸톤세에 관한 독자적인 세법을 제정할 수 있다. 이에 따라 스위스의 칸톤세와 게마인데세는 세목이나 세율에 있어서 칸톤마다, 게마인데마다 상당한 차이가 있다.

o 자치협약권(Vertragsautonomie)

스위스의 칸톤은 다른 칸톤이나 외국과 사소한 외교관계에 대한 협약을 연방의 승인없이 체결할 수 있다. 다만 연방과 다른 칸톤의 이익을 보호하기 위해서 사전 또는 사후에 보고할 의무가 있다.

o 연방법률의 집행자율권

칸톤은 연방법률을 헌법과 법률이 정하는 바에 따라 집행한다(연방헌법 제46조 제1항). 칸톤이 연방법률을 집행하는 것은 칸톤의 연방에 대한 관여권을 의미한다. 칸톤이 연방법률을 집행하도록 하는 경우에 연방은 헌법이 정하는 지침을 따라야 한다. 먼저 연방은 칸톤에게 가능한 많은 형성의 자유(Gestaltungsfreiheit)를 부여하고 칸톤의 특수성을 반영하도록 해야 한다(연방헌법 제46조 제3항). 또한 연방은 칸톤의 조직자율성을 존중하여야 한다(연방헌법 제47조 제2항). 즉, 칸톤의 어떤 행정청이 어떤 절차로 연방법률을 집행하는지는 원칙적으로 칸톤이 자율적으로 결정하도록 한다.

또한 연방은 칸톤이 연방법률을 집행하는데 필요한 재정적인 부담을 고려하여야 한다. 연방은 칸톤에게 충분한 재원을 배분하여야 하고, 적절한 재정조정과 부담조정을 하여야 한다(연방헌법 제47조 제2항, 제135조 제1항). 이는 칸톤의 재정자율성을 보호하기 위한 것이다.

3. 칸톤간의 평등

o 칸톤간 평등의 원칙

칸톤은 인구나 면적 등 사실상의 차이에 불구하고 권리나 의무가 동등하다. 칸톤간의 평등에 대해서는 연방헌법상 명시적으로 규정되어 있지는 않지만 스위스연방 결성의 기본원칙이었다. 또한 연방헌법 제1조는 연방을 구성하는 26개의 칸톤을 모두 열거함으로써 이를 전제로 하고 있다. 다만, 제1조에 규정된 칸톤의 배열순위는 1815년 동맹협약상의 주요도시인 취리히, 베른, 루체른을 먼저 규정하고 나머지는 연방에 가입한 순서에 의하여 규정하고 있다. 칸톤간의 평등은 연방보장, 칸톤의 연방관여권, 칸톤의 자율권 등에 모두 적용된다.

o 평등권의 제한

칸톤간의 평등은 반칸톤(Halbkanton)의 경우에 일부 제한을 받는다. 구 스위스연방헌법에는 23개 칸톤이 열거되었다. 그 중에서 3개의 칸톤이 각각 2개로 분리하면서 6개의 반칸톤으로 되었다. 이에 속하는 분리된 3개 칸톤은 운터발덴(옵발덴과 니더발덴으로 분리), 바젤(바젤 쉬타트와 바젤 란트샤프트로 분리), 아펜젤(아펜젤 인너로덴, 아펜젤 아우서로덴으로 분리)이다.

이들 반칸톤은 두 가지 측면에서 다른 칸톤과 다르게 취급을 받는다. 먼저 연방상원(Ständerat)을 구성함에 있어서 일반 칸톤이 2명의 상원의원을 선출하는데 비하여 반칸톤은 1명씩을 선출한다. 또한 칸톤다수결을 결정함에 있어서 일반 칸톤이 1표를 갖는데 비하여 반칸톤은 1/2표를 가진다(연방헌법 제150조 제2항, 142조 제4항).

칸톤간의 평등원칙은 칸톤을 연방의 구성원으로 취급하는 범위 내에서만 적용된다. 이에 대해서 칸톤을 칸톤국민의 대표로 보거나 칸톤에 연방수입을 배분하는 경우에는 적용되지 않는다. 칸톤의 크기에 따른 차등이 인정된다. 예컨대 하원의석의 칸톤별 배분은 인구비례를 따른다(연방헌법 제149조 제4항).

o 연방과 칸톤에 의한 재정조정

칸톤과 칸톤간에는 경제적으로, 지리적으로, 사회적으로 상당한 구조적인 차이가 있다. 이러한 차이는 칸톤마다 처리해야 할 사무나 조세수입에 있어서 상당한 차이가 있다. 이는 곧 칸톤에 따라 주민부담이나 주민이 누리는 복지의 수준에 있어서 상당한 차이를 의미한다. 재정력이 강한 지방과 재정력이 약한 지방에 있어서 연방법률을 집행하는데 소요되는 부담에 상당한 차이가 있다. 재정력이 약한 지역에서는 재정력이 강한 지역에 비하여 연방법률을 집행하는데 드는 부담이 크게 된다. 어느 정도의 차이는 연방적 국가구조상 불가피한 측면이 있지만 너무 심한 격차가 발생하는 경우에 칸톤간의 연방적 등가치성이 무너질 수 있다. 이에 연방헌법 제135조는 연방이 적절한 재정조정과 부담조정을 하도록 의무를 부과하고 있다.

- 재원조정(Ressoucenausgleich):
재원조정은 칸톤간의 재정력격차를 줄이고 칸톤에게 최소한의 재정을 보장하기 위한 제도이다(연방헌법 제135조 제2항 a,b호). 재원조정을 위한 자금은 재정력이 강한 칸톤과 연방이 분담한다. 연방의회는 매4년마다 국민투표를 요하는 연방결정을 통하여 각각의 분담금을 결정한다. 연방정부는 목적에 대한 제한을 붙이지 않고 재원을 재정력이 약한 칸톤에 배분한다. 재정조정이 있은 후에 재정력이 약한 칸톤의 주민1인당 재원은 최소한 스위스 평균의 85%에 달해야 한다.

- 부담조정(Lastenausgleich):

지리적—지형적인 조건이나 사회인구적인 특수성으로 인하여 과도한 재정부담이 발생하는 칸톤에 대해서 조정해주는 제도이다(연방헌법 제135조 제2항 c호). 이는 일차적으로 산악칸톤을 의미하지만 고밀도 인프라 부담이 있는 과밀지역 칸톤을 포함한다.

III. 게마인데의 법적 지위

1. 연방헌법상 게마인데 자치의 보장

스위스에서 게마인데(Gemeinde)[10]는 연방과 칸톤에 이어 제3의 국가계층을 이루는 지방자치단체이다. 1874년의 스위스 연방헌법에는 게마인데의 지방자치에 관한 규정이 없었다. 연방

---

10) 게마인데(Gemeinde)는 그 규모가 우리의 읍·면보다 작은 편이고, 그 법적인 지위는 기초 지방자치단체이다. 이를 우리의 지방자치단체인 시나 군으로 번역하면 규모가 맞지 않고, 그렇다고 규모에 맞추어 읍·면으로 번역하면 지방자치단체가 아닌 것이 된다. 더구나 게마인데에는 정치적 게마인데, 교회 게마인데, 학교 게마인데, 시민 게마인데, 산림 게마인데 등 여러 가지 종류가 있다. 게마인데라는 용어는 이미 우리에게 상당히 익숙하므로 그냥 그대로 쓰기로 한다.

헌법상 국가는 연방과 칸톤의 2단계로 구성으로 되어 있었다. 게마인데의 존립과 위상과 자치권의 문제는 각 칸톤의 조직권 (Organisationshoheit)하에 있었다. 그럼에도 불구하고 게마인데는 스위스 연방이 출범할 당시인 1848년부터 이미 국가의 제3단계 를 이루었다. 연방헌법재판소도 게마인데의 자치권을 칸톤 헌법 에 따른 권리로 인정하고 연방공통의 자치권으로 보아 왔다.

1999년 4월 18일 헌법개정으로 인하여 게마인데는 연방헌법에 규정되었다. 게마인데는 연방헌법과 칸톤헌법이 정하는 바에 따 라서 칸톤법이 정하는 자치권을 보장받는다(연방헌법 제50조). 즉, 게마인데는 칸톤안에서 자치권이 보장된 자치단체로 인정된 다. 게마인데는 칸톤법상의 공법상 사단으로서 성격을 갖는 공법 상의 법인이다. 게마인데는 지역적인 공공사무를 처리하기 위해 많은 자치권을 보장받고 있다. 게마인데는 연방헌법 제50조 이외 에도 시민권과 관련하여 언급되고 있고(연방헌법 제37조 제1항[11]), 재정질서나 연방법원관할과 관련된 헌법규정에서도 게마인데를 언급하고 있다(연방헌법 제128조 제2항, 제129조 제1항, 제134조, 제189조 제1항 등).

연방헌법 제50조 제1항은 게마인데의 자치권을 칸톤의 법에 따 라 보장하고 있다. 따라서 게마인데의 자치권의 범위를 정하는 것 은 칸톤의 입법관할에 속한다. 즉 칸톤이 그 영토를 어떻게 게마 인데로 분할할 것인지 여부, 게마인데에게 어떤 권한을 부여할 것 인지 여부에 대해서는 칸톤이 자율적으로 결정할 수 있다. 게마인

---

11) 칸톤과 게마인데의 시민권을 가진 자는 스위스 시민이 된다.

데의 자치권이 칸톤헌법에 보장되어 있는 한 연방법원은 이를 헌법적 권리로 인정하며, 그 침해에 대해서는 공법상의 소송으로 구제할 수 있다.

연방은 그 활동을 함에 있어서 게마인데에 미칠 수 있는 영향을 유의해야 한다(연방헌법 제50조 제2항). 이러한 연방의 게마인데에 대한 고려의무는 정치활동이나 입법활동에 미친다. 영향에는 법적인 것은 물론 사실상의 것도 포함된다.

연방과 게마인데의 관계는 원칙적으로 칸톤을 통해서 간접적으로 이루어진다. 하지만 법률로 특별히 규정하는 경우에는 연방이 게마인데간에 직접적인 관계도 가질 수 있다.

연방헌법 제50조 제3항은 도시, 밀집지역, 산악지역에 대해서는 특별한 고려가 필요하다고 규정하고 있다. 도시와 밀집지역은 경제적, 문화적 생활의 중심으로서 큰 의미를 가진다. 산악지역은 드물지 않게 칸톤의 경계를 넘는 경우도 있고, 변두리 지역으로서 문제가 있을 수 있다. 이러한 문제는 해당 게마인데와 칸톤이 해결해야할 문제이지만 연방도 이를 고려해야한다.

2. 칸톤헌법상의 자치권 보장

o 칸톤헌법상의 지방자치규정

게마인데 자치권은 연방헌법 제50조에 따라 칸톤헌법에 의해서 보장된다. 대다수의 칸톤헌법에서는 게마인데의 자치권을 보장하고 있다. 예컨대 취리히 헌법 제83조 내지 제94조에서 지방자치에 대한 규정을 하고 있다. 그중에서 자치권과 관련된 규정을 살펴보면 다음과 같다. 취리히 칸톤헌법 제83조 제1항은 "정치적 게마인데는 연방이나 칸톤의 권한에 속하지 않는 모든 공공사무를 수행한다."고 규정하여 게마인데의 권한을 개괄적으로 보장하고 있다. 즉, 지방자치단체의 사무에 대한 전권한성의 원칙을 규정하고 있다. 제85조 제1항은 "게마인데는 그의 사무를 독자적으로 규율한다. 칸톤법은 게마인데에게 가능한 넓은 활동의 자유를 보장해야 한다."고 규정하여 자치입법권과 사무수행의 자율성을 보장하고 있다. 또한 제89조 제1항은 "게마인데는 그 기관의 조직과 관할을 게마인데 헌장(Gemeindeordnung)에 규정할 수 있다"고 규정하여 조치조직권을 보장하고 있다.

o 지방자치권에 관한 연방법원의 입장

게마인데의 자치권과 관련하여 연방대법원의 결정은 다음과 같다.

"판례에 의하면 게마인데는 칸톤법이 완결적으로 규율하지 않고 전부나 일부를 게마인데로 하여금 규율하도록 남겨둔 영역에서 자치적이며, 상당히 중요한 결정의 자유가 주어진다. 보장된 자치영역에는 자치규정의 제정이나 집행은 물론 칸톤이나 연방의 법률을 적용함에 있어서 재량에도 관련된다. 개별적인 자치권의 범위는 해당영역에 적용되는 칸톤의 헌법과 법률의 규정에 의한다" (BGE 136 1 265 E.2.1)

게마인데 자치권의 주요기준은 특정업무영역에 있어서 "상당히 중요한 결정의 자유(relativ erhebliche Entscheidungsfreiheit)"이다. 게마인데가 자치권의 침해를 주장하기 위해서는 우선 문제삼는 분야에 대해서 "상당히 중요한 결정의 자유"가 주어져 있어야 한다.

o 자치권의 내용

1999년 연방헌법에 게마인데 자치권이 보장되기 이전에는 150 여년간 불문의 관습법에 의하여 다음과 같은 자치권이 보장되는 것으로 보았다. 연방헌법에 게마인데자치를 보장함으로써 이를 헌법적으로 보장하고 있는 것으로 볼 수 있다.

- 게마인데의 존립권

게마인데는 헌법에 따른 존립권을 가진다. 이에는 다른 게마인데와 통합하거나 독립적으로 존속할 수 있는 자유를 포함한다. 스위스에서는 칸톤이나 연방정부에 의한 위로부터의 게마인데 통합은 생각하기 어렵다. 2000년대에 들어서 게마인데 통합이 상당이 이루어 졌으나 대부분 주민수가 작은 지방자치단체들이 일부 통합을 추진하였으나 대부분은 지역의 정체성과 자율성에 높은 비중을 두고, 통합을 원하지 않고 존립하고 있다. 지방자치단체의 규모로 인하여 추진하기 어려운 사업은 지방자치단체조합의 결성 등 지역간의 협력을 통하여 해결하고 있다.

- 자치조직권

게마인데는 칸톤법의 범위안에서 정치구조와 게마인데 조직에 대한 자율권을 가지고 있다. 게마인데의 자율성의 정도는 칸톤에 따라 상당한 차이를 보이고 있다. 게마인데의 크기나 숫자, 정치문화의 전통은 칸톤마다 다양하다. 독일어를 사용하는 스위스에서는 직접민주제를 많이 도입하고 있는 반면에 불어권 스위스와 칸톤 테신에서는 주민의 직접결정권이 적은 편이고 간접민주적

제도를 많이 도입하고 있다. 또한 게마인데의 규모에 따라 지방정
치조직에 상당한 차이가 있다. 작은 게마인데에서는 게마인데 집
행기관이 소수의 선출된 명예직으로 집행기관을 구성하고, 지방
의회가 없고 주민총회가 지방의회의 역할을 한다. 이에 대해서 대
도시 게마인데에서는 지방의회가 있고 전문적 집행기관이 행정을
수행한다.

- 자주과세권

게마인데는 칸톤법의 범위내에서 자신의 이름으로 자신의 고유
한 세금을 부과하고 징수할 수 있다. 게마인데는 주민투표를 통해
서 세율도 결정할 수 있다. 스위스의 게마인데는 독일이나 미국에
비하여 상당히 넓은 조세자율권을 갖고 있다. 게마인데간에도 조
세경쟁이 일어난다.

- 자치입법권

게마인데는 칸톤이나 연방의 입법자가 게마인데의 사무영역에
대해 전혀 규율하지 않거나 완결적으로 규율하지 않고 게마인데
에게 전부 혹은 부분적으로 규율하도록 남겨둔 경우에 입법자율
성을 가진다.

- 자치행정권

게마인데는 연방이나 칸톤에 속하지 않은 사무를 수행할 권리
를 가진다. 이는 칸톤이나 연방과 게마인데가 충돌하는 경우에 게
마인데의 자율성을 보호하는 기능을 한다. 예컨대 공장부지를 물

색하고 있는 기업의 공장은 그 게마인데의 건축규정에 적합해야 한다. 그렇지 않으면 그 기업은 연방이나 칸톤의 도움을 받더라도 게마인데의 처분에 반해서는 공장을 세울 수가 없다.

제4절 연방과 칸톤의 관계

I. 칸톤의 자율성 보장

1. 칸톤의 존립의 보장

연방입법자는 칸톤을 해체하거나 통합할 수 없다. 칸톤영역의 변경은 언제나 국민다수와 칸톤다수의 동의를 요하는 국민투표를 거쳐야 한다.

2. 칸톤의 자율조직권과 기관구성권

스위스 연방제의 특징의 하나로 내부조직의 자율성을 들 수 있다. 칸톤은 스스로 칸톤헌법을 제정할 수 있고, 조직과 주민의 정치적 권리, 게마인데의 조직 등을 정할 수 있다. 연방은 칸톤정부 각료나 칸톤의원을 선임하거나 해임할 수 없다. 칸톤에서 독자적으로 이를 선출한다.

3. 칸톤의 개괄적 권한

연방에 이양되지 않은 모든 권한이 칸톤에 속한다(연방헌법 제3조는). 보충성의 원칙은 연방과 칸톤간의 권한배분에 있어서 연방사무라고 주장하는 자에게 그 사무가 칸톤에 있지 않다는 것을 입증해야하는 입증책임을 부담시킨다. 칸톤은 칸톤의 법률집행권은 물론이고, 연방법률에 대해서도 대부분의 경우에 집행권을 갖는다.

4. 칸톤의 재정자율성

칸톤은 자신의 세금을 부과할 수 있는 권한을 가진다. 헌법에 의해여 연방의 배타적인 과세권이 인정되지 않는 한 모든 종류의 세금을 칸톤이 부과할 수 있다(칸톤세법은 칸톤이 입법권을 가진다). 세율도 칸톤이 자율적으로 결정할 수 있다. 이에 칸톤은 장소마켓팅을 위하여 다른 칸톤보다 유리한 입장에 서기 위해 세율을 적절하게 조절할 수 있다. 이를 통하여 칸톤간의 조세경쟁(Steuerwettbewerb)이 이루어진다.

II. 연방과 칸톤의 수직적 관계

1. 연방의사결정과정에 대한 칸톤의 참여

칸톤은 다른 칸톤과 대등한 지위에서 연방의 의사결정과정에 직접 참여할 수 있고, 어떠한 칸톤에 대해서도 특권을 인정하지 않는다. 특히 칸톤은 연방의 입법절차에 참여하여 영향을 미친다. 연방이 칸톤의 이익에 관련된 결정을 하고자 하는 경우에는 미리 이를 알려야 하며 그 의견을 들어야 한다. 칸톤의 이익을 대표하는 상원을 통하여 칸톤은 연방의 의사결정이나 입법절차에 영향을 미친다.

o 상원(Ständerat)

스위스는 앞에서 설명한 것처럼 입법부가 국민의회인 하원 (Nationalrat)과 칸톤의회인 상원(Ständerat)으로 구성된 양원제국 가이다. 상원과 하원의 권한은 동일하다. 상원은 46명의 상원의원 으로 구성된다. 상원은 칸톤이 연방의 의사결정과정에 영향을 미 치는 핵심적인 통로가 된다. 각 칸톤은 2명의 상원의원을 선출한 다. 다만 반칸톤(Halbkanton)은 1명씩 상원의원을 선출한다. 상원 의원의 선출절차와 세비에 대해서는 각 칸톤에서 정한다. 1970년 대까지는 상원의원을 칸톤의회에서 선출하였으나 오늘날은 칸톤 주민들이 직접 선출하고 있다. 상원의원 선거는 약간의 예외를 제 외하고는 대체로 하원의원선거와 동시에 실시한다. 상원의원의 임기는 4년이다.

스위스 상원은 미국과 마찬가지로 칸톤정부로부터 어떤 지침도 받지 않고 자유롭게 국민을 대표하는 상원의원으로 구성된다. 이 점에서 주정부의 대리인으로서 구속적인 위임을 받는 주정부대표 로 구성되는 독일의 연방참사원(Bundesrat)과는 다르다.

실증적인 조사에 의하면 스위스 상원의 의사결정은 대체로 하 원의 의결결과와 일치하며 양자가 서로 상이한 경우는 많지 않다 고 한다. 의견차이를 조정하기 위한 양원합동회의에서는 대부분 단 한번의 심의로 합의를 했다고 한다. 다만, 상원에서는 작은 칸 톤의 대표성이 상대적으로 높은 편이고 도시지역과 큰 칸톤의 대 표성이 상대적으로 약한 편이다. 이에 상원에서 작은 칸톤들의 이 익이 상대적으로 많이 반영되는 경향이 있다. 상원을 통한 일방적 인 소수자보호가 문제점으로 지적되기도 한다. 그럼에도 불구하고 양자의 의결이 대체로 일치하는 것은 상원과 하원에 대체로 동일한 정당들이 영향을 미치고, 하원에서 영향을 미치는 이익집단들이 상원에서도 활동을 하기 때문이다(Vatter, 2006, 84-85). 상원의 또 다른 기능으로 화합정치의 강화와 이중심의를 통한 정치적 결정의 안정화를 들 수 있다.

o 칸톤다수결(Ständemehr)

헌법개정을 비롯한 일정한 경우에 국민투표는 국민다수결 뿐만 아니라 칸톤다수결을 추가적으로 필요로 한다. 이를 이중다수결(Doppelmehr)이라고 한다. 이중다수결을 요하는 사항은 헌법개정, 국제기구가입, 헌법에 기초하지 않은 긴급법률 등이 이에 속한다(연방헌법 제140조 제1항). 임의적인 국민투표는 국민다수결만을 요구한다.

칸톤다수결은 스위스서약동맹시대의 칸톤자치권에서 유래한다. 1798년 프랑스 침공이 있기 전에 유일한 동맹기구는 동맹회의(Tagsatzung)였다. 동맹회의에서 의결은 주민수에 관계없이 각 칸톤은 1표의 의결권을 가졌다. 1848년 헌법을 제정하면서 국민대표기관(하원)뿐만 아니라 칸톤대표기구(상원)를 도입하여 양원제도를 채택하여 중앙집권체제에 대한 안전장치를 만들었다. 이러한 취지를 헌법개정을 위한 국민투표에도 반영하여 국민다수결에 추가하여 칸톤다수결을 요구한다.

칸톤다수결은 20개의 완전칸톤(Vollkanton)은 각각 1표의 의결권을 갖는다. 이에 대해 6개의 반칸톤(Halbkanton)은 역사적인 이유에서 1/2표를 갖는다. 총 23개의 칸톤표결권이 있다. 안건이 통과되기 위해서는 과반수의 칸톤이 찬성해야 하며 11.5:11.5로 가부동수가 되면 부결된 것으로 본다. 1848년 연방이 성립된 이후 초기에는 각 칸톤이 칸톤의 입장을 스스로 결정했다. 예컨대, 테신에서는 칸톤의회에서 다수결로 결정했다. 그러나 오늘날은 칸톤별 국민표결의 결과를 칸톤의 표결로 본다(연방헌법 제142조 제3항). 주민다수가 찬성한 칸톤은 찬성한 것으로 보고, 그렇지 못한 칸톤에서는 반대하는 것으로 본다.

1848년 이래 2013년까지 실시된 국민투표에서 대부분의 경우 국민다수결과 칸톤다수결은 일치하였으나 다음과 같이 불일치하여 부결된 사례가 있다. 국민투표에서 국민다수결을 얻었으나 칸톤다수결에 실패하여 부결된 사례는 9번 있었다[12]. 예컨대, 2013년 가족조항에 대한 국민투표에서 국민의 54.3%가 찬성하였으나 칸톤다수결에서 10:13으로 부결되었다. 또한 칸톤다수결을 획득했으나 국민다수결에 실패하여 부결된 사례는 3번 있었다. 예컨대, 2002년 국민발안에 의한 국민투표에서 칸톤다수결에서 12,5:10,5로 과반수의 찬성을 얻었지만, 국민다수결에서 49,9 %의 찬성을 얻는데 거쳐 안건이 부결되었다.

칸톤다수결에 대해서는 농촌지역의 군소칸톤의 입장이 과잉대표되고, 대도시의 인구밀집지역인 큰 칸톤의 입장이 과소대표되어 소수의 의견이 국민투표의 성패를 좌우하게 된다는 비판이 제기되고 여러 가지 개선방안이 논의되고 있으나 아직 실현되지는 못하고 있다.

---

12) 자세한 것은 제3장 제2절 V 참조.

o 칸톤의 의안제출권(Standesinitiative)

각 칸톤은 헌법개정, 법률의 제·개정, 연방의회 의결 등에 관해 연방의회에 의안을 제출할 수 있다(연방헌법 제160조 제1항). 칸톤의 의안제출에 대해서 연방의회의 각원에서는 그 수용여부를 결정하게 된다. 연방의회가 양원에서 모두 수용하는 경우에 의회 발의안건과 동일하게 다루어진다. 1970년대 이전에 칸톤의 의안 제출은 많지 않았으나 그 이후 급증하고 있는 추세이다. 1978년과 2001년 사이에 189건의 칸톤의 의안제출이 있었다. 칸톤의 의안제출은 건강문제, 노동문제, 사회보험, 교통과 에너지 문제 등을 내용으로 하는 경우가 많다. 칸톤의 의안제출로 직접 성과를 거두는 경우는 많지 않으며, 1/3정도의 칸톤의 의안제출이 어느 정도 성과를 거두고 있다. 칸톤의 의안제출의 기능으로는 불만족 스러운 법률에 대한 항의기능, 칸톤의 관심사에 대한 광고효과, 연방입법절차에 대한 참여기능 등을 들 수 있다(Vatter, 90).

o 칸톤의 국민투표요구권(Kantonsreferendum)

50,000이상의 유권자뿐만 아니라 8개 이상의 칸톤은 연방법률, 긴급법률, 헌법이나 법률이 규정한 연방결정, 일정한 국가간의 조약 등에 대한 국민투표를 요구할 수 있다(연방헌법 제141조). 이 조항은 얼마전까지 거의 사문화된 규정이었다. 왜냐하면 대부분의 경우 국민 50,000이상의 요구로 국민투표를 요구할 수 있기 때문에 칸톤의 국민투표요구보다는 국민들이 직접 요구하였다. 2003년에 와서 이 조항에 근거한 칸톤의 국민투표요구가 처음으로 있었다. 11개의 칸톤이 조세수입의 감소를 가져올 수 있는 조

세개혁에 반대하여 국민투표를 요구하였다. 이 칸톤의 국민투표 요구에 의한 국민투표는 2004년에 실시되었는데 칸톤의 승리를 가져왔다.

o 의회전 사전의견청취에 참여

칸톤은 연방헌법이 정하는 바에 따라서 연방의 의사결정과정, 특히 입법과정에 참여한다(연방헌법 제45조 제1항). 연방은 그들의 계획에 대해서 칸톤에게 충분한 시간을 두고 광범위한 정보를 제공해야 한다. 칸톤의 이익이 관련되는 경우에 연방은 칸톤의 의견을 들어야 한다(동조 제2항)

이에 연방의회법은 칸톤이 의회전 사전의견청취절차(Vorparlamen-tarisches Venehmlassungsverfahren)에 참여할 수 있도록 하고 있다. 이 경우에 칸톤은 이익단체와 마찬가지로 연방의 법률안이나 그 밖의 결정계획에 대해서 입장을 표명할 수 있다. 스위스 연방의 구성국가이자 대부분의 연방법률을 집행하는 칸톤이 의회전 사전 의견청취절차에서 의견표명을 하는 것은 연방결정의 적정성, 집행가능성을 보장하는데 중요한 의미를 가진다.

실무상 칸톤의 입장에서는 의견표명을 해야 하는 경우가 너무 많고, 경제적 이익집단의 의견제출에 비하여 수용되는 경우가 상대적으로 떨어진다는 비판이 제기되기도 한다. 이는 연방계획이 칸톤에 어떤 영향을 미치는지를 분석하고 이에 대응하여 칸톤의 대응입장을 표현할 수 있는 전문능력을 전제로 한다. 이익집단이나 규모가 큰 칸톤은 전문인력이 비교적 풍부하고 조직화된 의견청취절차에서 조직적으로 대응할 수 있으나 작은 칸톤의 경우에는 전문가들이 적어서 이를 표현하는데 애로가 있다. 이에 작은 칸톤은 이해관계를 같이하는 다른 이익단체이나 압력단체와 연대해서 입장을 표명하기도 한다(의견청취카르텔). 의견청취절차에 참여하여 칸톤이 의견을 표명하는 것은 칸톤의 연방의사결정과정에 대한 참여수단으로서 중요한 의미를 가진다. 칸톤의 의사가 왜곡돼지 않고 직접적으로 연방에 전달될 수 있도록 하기 때문이다.

o 칸톤에 의한 연방정책집행(Vollzugsföderalismus)

칸톤은 헌법이 정하는 바에 따라서 연방법률을 집행한다(연방헌법 제46조). 연방법률을 연방이 직접 집행하지 않고 칸톤에 위임하여 집행하도록 하는 것은 연방정부의 입장에서는 각 칸톤에 자신의 행정기관을 설치하여 인력을 배치하는데 드는 비용을 절감할 수 있다는 측면을 고려한 것이다. 또한 칸톤의 입장에서는 연방법률을 칸톤이 집행함에 있어서 상당한 범위에서 정책결정을 할 수 있는 자율성이 있고, 지역여건에 적합한 집행을 할 수 있다. 연방법률을 칸톤이 집행하는 경우에 칸톤에게 가능한 넓은 형성의 자유(Gestaltungsfreiheit)를 보장해서 칸톤의 특수성을 고려할 수 있도록 해야 한다(연방헌법 제46조 제4항).

칸톤은 연방법률을 집행하면서 연방의 감독(Bundesaufsicht)을 받는다. 하지만 연방은 칸톤과의 장기적인 협력관계를 고려하여 실무상 법률상 보장된 강제적인 개입권을 거의 행사하지 않는다. 대신에 연방과 칸톤이 충돌하는 경우에 협력적인 전략을 채택한다.

연방법률은 연방의 정책결정과 칸톤의 집행으로 이루어진다(집행연방주의(Vollzugsföderalismus). 하지만 칸톤은 연방법률을 집행함에 있어서 집행입법을 정할 수도 있고 집행과정에 정책적인 고려를 할 수 있기 때문에 단순한 집행기관에 그치는 것이 아니라 상당한 정도의 정책결정기관으로서 지위도 갖는다고 볼 수 있다 (Vatter, 2014, 451).

2. 연방감독과 연방집행

o 연방감독(Bundesaufsicht)

연방은 칸톤의 정치과정에 개입을 하지 않는다. 연방은 다만 칸톤이 연방헌법의 기본원칙과 헌법을 준수하도록 법적감독기능을 갖고 있다.

- 칸톤에 대한 존립보장으로 인해 칸톤의 영역변경에는 연방의 승인을 요한다. 칸톤간의 분쟁이나 칸톤 내부의 안전이나 질서의 위험이 발생한 경우에 연방의 도움을 요청할 수 있다.

- 칸톤은 헌법제정권과 조직자율성을 갖고 있지만 전혀 제한이 없는 것은 아니다. 연방은 조직구성에 있어서 최소한의 원칙을 요구한다. 민주국가의 원칙, 공화국의 원칙, 지방자치의 보장, 권력분립 등 법치국가적 조직 원칙 등이 이에 속한다.

- 칸톤은 주민들에게 연방헌법이 보장하는 모든 권리를 보장해야 한다. 자유권과 평등권과 그 밖의 기본권을 보장해야 한다.

- 칸톤은 연방법률을 존중하고 이를 집행할 의무를 진다. 연방정부가 완전한 입법권을 갖는 경우에 연방은 칸톤과 게마인데에 대해서 상대적으로 강력한 법적통제를 한다.

- 칸톤은 연방법률을 집행하는데 필요한 조직과 시설을 갖추어

야 한다.

연방은 칸톤이 연방법률을 준수하도록 감독을 한다(연방헌법 제49조 제2항). 이는 칸톤이 연방으로부터 위임받은 사무를 올바르게 수행하도록 하고 연방의 권한을 침해하지 않도록 하는데 기여한다. 연방감독은 칸톤의 입법과 행정에 모두 적용된다. 다만 칸톤의 사법에 대한 연방감독은 인정되지 아니한다. 칸톤의 고유사무에 대해서는 법적감독에 한정되지만 위임사무에 대해서는 재량통제(합목적성 통제)도 허용된다. 연방감독은 원칙적으로 연방정부(Bundesrat)에 속하지만 이를 연방기관이나 연방부처에 위임할 수 있다. 감독수단으로는 구체적인 시정요구, 일반적 지시, 보고, 조사, 승인의무부과, 철회와 취소, 연방법원에 제소 등을 들 수 있다.

o 연방집행(Bundesexekution)

연방의회는 연방법률의 집행을 위한 조치를 취할 수 있다(연방헌법 제173조 제1항 e호). 연방정부도 연방법률을 집행하기 위하여 필요한 조치를 취할 수 있다(연방헌법 제182조 제2항, 제186조 제4항). 연방집행권을 행사하기 위해서는 칸톤이 연방의무를 위반하고 있고 연방에게 강제이행명령이 있어야 한다. 연방집행의 수단으로는 대집행(Ersatzvornahme)나 보조금의 중단 등이 있고, 최후적인 수단으로는 군사개입이 있다.

3. 규범의 충돌과 권한의 충돌

o 정부간 규범과 권한의 충돌(분쟁)

스위스의 법질서는 연방법, 칸톤법, 게만인데법으로 구성된다. 연방헌법상의 권한배분은 이론상으로는 빈틈이 없도록 배분되어 있지만 실무상으로는 연방과 칸톤간의 사무가 중첩되어 있는 경우가 나타난다. 이 경우 연방과 칸톤이 각각 상이한 목표를 추구하는 경우에 연방법과 칸톤법간의 충돌은 피하기 어렵다.

- 규범의 충돌(Normkonflikt)

연방법과 칸톤법이 동일한 분야에 대한 규정을 하면서 내용적으로 양립되기 어려운 모순되는 규정을 하게 되는 경우에 규범의 충돌이 발생한다. 연방법과 칸톤법의 내용적 불일치가 있게 된다.

(사례)
연방정부는 1974년에 버보아(Verbois)에 원자력발전소 건설을 승인했다. 당시 원자력법 제4조는 칸톤의 경찰권을 유보했다. 이에는 칸톤이 공간계획을 세우고 건축허가를 할 수 있는 권한이 포함되어 있었다. 이러한 규율로 인하여 여러 가지 문제가 제기될 수 있었다. 만약 연방의 승인받은 발전소의 위치가 건축금지지역에 있는 경우에 칸톤은 연방의 원자력발전소 승인에도 불구하고 칸톤의 계획법과 건축법에 근거하여 원자력발전소의 건축허가를 거부할 수 있는지가 문제되었다. 2003년에 제정된 원자력법 제49조는 원자력발전소의 건설에 대해선 연방이 단독으로 결정하고, 칸톤의 허가나 계획은 더 이상 필요하지 않도록 했다.

- 권한의 충돌(Kompetenzkonflikt)

연방이 연방헌법상 사무배분에 있어서 칸톤의 권한으로 배정한 권한을 행사하여 연방의 권한을 넘어 권한을 행사하는 경우나, 역으로 칸톤이 헌법에 의하여 연방의 권한으로 배정한 사무에 대해서 칸톤의 권한을 넘어 권한을 행사한 경우가 이에 속한다. 권한의 충돌은 연방과 칸톤이 상대방의 권한을 침해하는 경우도 있지만(적극적 권한충돌), 연방과 칸톤이 서로 자기사무가 아니라고 주장하는 경우(소극적인 권한충돌)가 있다.

> **(사례)**
> 앞의 버보아(Verbois) 사례에서 연방은 연방법률에 의해 승인이 된 경우에는 칸톤이 필요한 허가를 더 이상 거부하지 못한다는 입장을 취했다. 이에 대해서 연방법원은 칸톤은 원자력법상의 절차와 상관없이 공간계획이나 건축법상의 권한을 갖는다는 것을 명확히 했다 (BGE 103 Ia 329, S.350). 원자력발전소는 세워지지 않았다.

o 규범충돌의 해결기준과 효과
- 연방법과 칸톤법이 충돌하는 경우 해결기준

연방법과 칸톤법이 충돌하는 경우에 "연방법은 상반되는 칸톤법에 우선한다" (연합헌법 제49조 제1항). 연방법의 칸톤법에 대한 우위가 인정된다. 여기서 연방법에는 모든 수준의 연방법을 의미하며 연방헌법과 법률, 명령을 모두 포함한다. 칸톤법에는 칸톤헌법과 법률, 명령 등을 모두 포함한다. 예컨대 연방명령과 칸톤헌법이 서로 상반되는 경우에도 연방명령이 우선하는 효력을 가진다. 다만 연방법이 우선하는 것은 연방법이 헌법상의 권한을 준수한 연방법인 경우에 한한다. 연방법이 관할을 위반한 것인 경우에는 그 자체로서 헌법에 위반된다.

- 연방법에 위반되는 칸톤법의 효력

연방법에 위반되는 칸톤법은 무효가 된다. 칸톤법이 이미 존재하는 경우에 연방이 칸톤법과 모순되는 규정을 하게 되면 칸톤법은 그때부터 효력을 상실하게 된다. 만약 헌법 개정으로 배타적인 연방권한이 설정되면 그 분야에 제정되었던 칸톤법은 효력을 상실한다. 연방법에 위반되는 새로운 칸톤법을 제정한 경우에 칸톤법은 무효가 되며 처음부터 효력을 발생하지 아니한다.

4. 연방보장(Bundesgarantie)

o 연방보장의 의의

연방보장은 연방국가적인 구조와 연방을 이루는 칸톤의 법적지위가 침해받지 않도록 연방이 보장해야 한다는 것을 의미한다. 1798년 이전의 서약동맹과 1803년 이후의 국가연합에서는 이러한 보장의무가 칸톤에만 있었다. 칸톤은 이 목적을 위해 위기와 긴급시에 상호적인 지원을 해야 했다. 1848년 연방국가의 건설로 최고권력이 연방국가로 이전함에 따라서 종전에 칸톤이 지고 있었던 상호보장의무를 대신하여 연방의 보장약속이 도입되었다.

연방보장은 칸톤헌법의 보장(연방헌법 제51조), 칸톤의 헌법합치적 질서의 보장(연방헌법제52조), 칸톤의 존립과 영토의 보장(연방헌법 제53조)을 포함한다.

o 칸톤헌법의 보장

연방헌법 제51조 제1항에 따라 칸톤은 성문의 민주적인 헌법을 가져야 한다. 연방헌법 제51조 제2항은 "칸톤헌법은 연방의 보장을 필요로 한다. 칸톤헌법이 연방법에 반하지 않는 한 연방은 이를 보장한다"고 규정하고 있다. 연방헌법은 칸톤헌법을 직접 보장한 것이 아니라 보장의 조건을 규정하고 있다. 즉, 연방의 보장을 받기 위해 칸톤헌법에 요구되는 요건을 정하고 있다. 칸톤헌법은 연방법과 동질성(Homogenität)을 유지할 것을 요구하고 있다. 칸톤의 헌법은 연방의 승인을 받아야 한다. 연방의 승인을 받기 위해서는 칸톤헌법이 연방법에 어긋나지 않아야 한다.

연방제 국가의 속성상 칸톤은 조직자율권(Organisationsautonomie)을 갖고 있다. 칸톤마다 정치적 구조와 체제는 다를 수 있고, 그 다양성은 보장된다. 하지만 일정한 한계내에서 보장된다. 이로써 연방과 칸톤, 칸톤과 칸톤간의 최소한의 동질성을 보장하려고 한다. 이에 칸톤은 민주주의를 정립하여야 하고 필요적 헌법국민투표와 헌법발안을 보장해야 한다.

헌법 제51조 제1항이 요구하는 민주적 헌법에는 권력분립의 원칙과 국회의원의 직접 선출 등이 포함된다. 또한 헌법 제51조 제2항의 민주주의에는 최소한의 직접민주제 요구가 포함되어 있다. 즉, 칸톤헌법은 칸톤국민투표를 요한다. 헌법의 전면개정이나 부분개정도 필요적 국민투표사항이다. 이 국민투표는 투표자 과반수의 찬성을 요한다. 또한 유권자의 다수가 요구하는 경우에는 헌법을 개정할 수 있다. 헌법개정발의의 대상이나 시기에는 제한이 없다. 연방헌법이 요구하는 직접민주주의에 대한 요구는 칸톤헌법에 대한 국민투표에 관한 것이다. 그 외의 직접 민주적 요소에 대해서는 칸톤이 자유롭게 결정할 수 있다. 오늘날 칸톤헌법은 정도의 차이는 있으나 광범위하게 직접민주적인 요소를 도입하고 있다.

또한 칸톤헌법은 연방법에 위반해서는 안된다. 먼저 칸톤헌법은 연방헌법에 위반해서는 안된다. 법치국가의 원칙, 기본권, 시민권, 사회복지목적, 연방과 칸톤의 협력과 연방국가적 충실의무(Treuepflicht), 연방관할 등에 위반해서는 안된다. 또한 칸톤헌법은 연방법률이나 연방명령, 국제법에 위반해서는 안된다.

칸톤헌법의 전면개정은 물론 부분개정도 연방의회의 승인을 받아야 한다. 이를 위해 칸톤은 헌법 개정안을 연방정부에 제출하여 연방의회의 의결을 받아야 한다. 연방정부는 통상 일정한 기간동안에 제출된 칸톤헌법 개정안들을 모아서 연방의회에 한꺼번에 상정하여 심의·의결하도록 한다.

o 칸톤의 헌법합치적 질서의 보장

연방헌법 제52조에 따라 연방은 칸톤의 헌법합치적 질서를 보장한다. 칸톤의 질서가 문란해지거나 위협받고 있을 때 당해 칸톤이 스스로 또는 다른 칸톤의 도움으로 질서를 유지하기 어려울 때에는 연방이 개입한다. 칸톤의 평화질서가 손상을 받거나 칸톤의 헌법기관의 기능이 심각하게 위협받는 경우에 이를 제거하기 위해 연방이 개입하게 된다.

칸톤의 헌법합치적 질서의 유지는 일차적으로 칸톤의 일이다. 필요한 경우에 칸톤은 경찰력을 투입할 수 있고, 자치경찰력으로

부족한 경우에 다른 칸톤의 협조를 요청할 수 있다. 그래도 질서
유지가 어려운 경우에 칸톤은 연방군대의 투입을 요청할 수 있다.

o 칸톤의 존립과 영토의 보장

연방헌법 제53조는 칸톤의 존립과 영토의 보장을 규정하고 있
다. 이는 연방의 평화적 질서를 유지하기 위한 불가결한 요건이
된다. 칸톤의 존립이나 영토는 변경할 수 있지만 헌법이 정하는
절차에 의해서만 가능하다. 칸톤의 존립변경은 해당 주민과 해당
칸톤, 국민과 칸톤들의 동의를 요한다. 칸톤간의 영토변경은 해당
주민과 해당칸톤의 동의와 연방결정 형식의 연방의회 승인을 요
한다. 칸톤간의 경계조정은 칸톤간의 협약을 통하여 할 수 있다.

III. 칸톤과 칸톤간의 수평적 관계

종래 스위스에서 연방제도는 연방과 칸톤간의 수직적인 관계를
중심으로 논의되어 왔으나 최근에 들어서 칸톤과 칸톤간의 수평
적인 관계가 점차 부각되고 있다. 칸톤과 칸톤간의 수평적인 관계
는 연방의 개입없이 칸톤간의 업무조정과 협력, 둘째, 칸톤간의
정보 및 경험의 교류, 셋째, 연방에 대한 칸톤의 공동이익의 대변
등의 기능을 수행한다.

1. 칸톤간의 협의회(interkantonale Konferenzen)

칸톤간의 수평적인 조정과 협력을 위해서 다양한 수준과 다양

한 영역에서 협력조직이 결성되었다. 칸톤정부회의, 지역별 칸톤
정부회의, 분야별 칸톤각료회의, 분야별 칸톤실무자회의 등으로
구분할 수 있다.

o 칸톤정부회의(Konferenz der Kantonsregierung: KdK)

1993년 칸톤간의 합의서에 의해 결성된 칸톤정부회의는 26개
칸톤을 회원으로 하며 총회와 운영위원회, 분야별 활동팀, 사무국
을 두고 있다. 사무국에는 사무총장을 비롯하여 28명의 상근직원
이 근무한다. 칸톤정부회의에서는 모든 칸톤이 각각 1표의 의결권
을 가지며 의결을 위해서는 18개의 칸톤정부가 찬성을 해야 한다.
칸톤정부회의는 칸톤간 정보교환과 조정적인 의사형성에 중요한
기여를 한다. 연방행정청과 협의를 통해서 칸톤정부회의는 연방정
부에 중요한 영향을 미치고 있다. 칸톤정부회의는 연방정부의 중
요한 대화 상대이고, 칸톤을 위한 로비를 통해 상당한 설과를 거
두고 있다(Linder, 148). 특히 연방과 칸톤간의 사무배분과 의회전
결정절차와 칸톤에 의한 연방정책의 집행에서 칸톤의 의견조정 등
에 관한 문제를 다룬다. 칸톤간의 갈등이나 분쟁을 해결하는데도
중요한 기능을 하며, 신임정치인을 위한 교육기능도 한다.

칸톤정부회의가 결성되기 이전에 이미 4개의 지역칸톤정부회
의가 결성되어 활동해 왔다. 서스위스, 북서위스, 동스위스, 중앙
스위스 지역칸톤정부회의가 이에 속한다. 지역칸톤정부회의도 칸
톤간 정보교환과 연방정부에 대한 조정과 협력의 강화에 초점을
두고 있다.

o 칸톤각료회의(Direktorenkonferenz: DK)

칸톤각료회의는 칸톤의 전문분야별 부서장인 각료로 구성된다. 칸톤각료회의는 전국적으로, 지역별로 조직되어 있다. 칸톤의 전문부서별 부서장인 각료가 참여해서 협의를 한다. 이들의 초청에 의해서 상응하는 연방정부 부서의 장(장관)이 참여한다. 총 16개의 칸톤각료회의가 활동하고 있다. 칸톤각료회의는 앞에서 설명한 칸톤정부회의와는 별개의 조직이지만 협력관계에 있다. 칸톤각료회의는 칸톤간 경험과 정보의 상호교환, 분야별 칸톤간 문제나 전국적인 문제에 대한 의견조율과 연방의 관련부서와 협의 등을 주로 한다. 중요한 역할을 하는 칸톤각료회의로 1897년 설립된 교육각료회의를 들 수 있다. 교육각료회의는 협약에 근거해서 설립되었지만 예산규모가 크고, 상설 사무국을 가지고 있다. 교육각료회의의 의장은 국제회의에서 스위스의 "교육부장관"으로 대표된다.

각료회의는 수평적 연방기구로서 입법권은 없지만 협약이나 모범법률안, 지침 등을 통해서 중요한 역할을 한다(Vatter. 2014, 454)

o 실무자회의

실무자회의는 다양한 행정계층에서 결성되어 특히 연방이나 칸톤의 규정을 제정하는 전단계에서 정보교환과 조정을 한다. 공식적인 의결권은 없지만 입장표명과 청원을 통해서 큰 영향력을 행사한다. 다양한 행정분야에서 500여개의 실무자회의가 구성되어 칸톤행정기관간에 긴밀한 네트워크를 이루고 있다.

2. 칸톤간 협약(Konkordat)

칸톤간 협력은 칸톤간의 협약을 통해서 이루어진다. 연방헌법 제48조는 칸톤간 협약에 대한 규정을 두고 있다. 칸톤은 지역이익을 공동으로 수행하기 위해 칸톤간의 협약을 체결하고 공동의 기구를 설치할 수 있다. 연방은 권한의 범위내에서 참여할 수 있다. 협약은 연방의 이익이나 다른 칸톤의 권리를 침해해서는 안된다. 국가간 조약과 마찬가지로 칸톤간 협약은 만장일치를 요하므로 그 체결절차가 복잡하고 시간이 오래 걸린다. 현재 스위스에는 800여개의 칸톤간 협약이 있으며, 그중 과반수는 체결된 지 40년 미만이다.

칸톤간 협약은 칸톤간의 상호협력을 위한 수단이다. 1848년 이해 체결된 협약의 거의 3/4이 2개 칸톤간의 협약이다. 모든 칸톤이 참여한 협약은 12개에 불과하다. 칸톤간 협약은 주로 재정과 조세분야, 교육과 연구, 문화분야에 체결된 것이 많지만 모든 분야에서 가능하다.

제5절 연방과 칸톤간의 사무(권한)배분

I. 사무배분의 원리

연방과 칸톤, 게마인데간의 사무배분은 스위스 연방제의 핵심을 이룬다. 사무배분을 어떻게 하는지에 따라 연방제도가 성공적인 결과를 가져올 수도 있고 혼동을 초래할 수도 있다.

스위스 사무배분의 기본체계에 대해서 스위스 헌법 제3조는 다음과 같이 규정하고 있다.

"칸톤은 연방헌법에 의해서 주권이 제한되지 않는 한 주권을 가지고 있다. 칸톤은 연방정부에 위임되지 아니한 모든 권한을 행사한다."

이에 따라 칸톤은 연방헌법에 의하여 연방의 사무로 규정되지 않은 모든 사무에 대해 권한을 갖는다. 이는 칸톤의 보충적 일반 권한(subsidäre Generalkompetenz)을 규정하고 있다. 연방헌법 제42조는 "연방은 연방헌법에 의하여 배분된 사무를 수행한다." 고 규정하여 이를 재확인하고 있다. 이 규정은 권한의 권한 (Kompetenz-kompetenz) 즉, 권한을 정할 수 있는 권한은 연방에 있게 된다. 또한 연방의 권한에 대해서는 연방헌법에 개별적으로 규정된 것에 한한다는 의미에서 제한된 개별수권 (Einzelermächtigung)의 원칙을 채택한 것이라고 볼 수 있다. 이로써 스위스 헌법상의 사무배분은 빈틈이 없고 완결적이다. 또한 연방헌법 제5a조는 권한배분의 원칙으로 보충성의 원칙을 규정하고 있다.

1. 개별수권의 원칙

연방은 연방헌법에 의하여 구체적으로 개별수권을 받은 사무만을 담당할 수 있다(연방헌법 제3조, 제42조). 새로운 사무를 연방에게 부여하기 위해서는 헌법개정을 통하여 연방헌법상의 사무규범을 보완해야 한다. 이에 따라 헌법상의 일반조항이나 연방법률, 연방결정에 의한 연방사무의 배정, 흠의 보완이나 관습법에 의해 연방권한을 이끌어 내는 것, 연방과 주간의 협약에 의해 권한을 변경하는 것 등은 허용되지 않는다. 연방은 헌법에 의해서 배정된 사무에 대해서만 관할권을 가진다. 즉, 연방의 권한은 헌법에 열거된 것에 한정된다. 이를 연방사무의 헌법유보(Verfassungsvorbehalt)라고 한다. 이러한 개별수권의 원칙은 연방권한의 창설에 국민다수와 칸톤다수의 찬성을 요함으로써 칸톤의 권한상실을 억제하는 연방주의적인 기능을 한다(Tschannen, 2007, 281).

2. 연방의 권한결정권

연방의 권한은 연방헌법에 의해서 결정된다. 따라서 연방은 연방의 권한을 결정할 권한을 갖는다. 연방은 어떠한 권한을 자신의 권한으로 하고, 어떤 권한을 칸톤의 권한으로 남겨둘 것인지를 결정할 수 있는 권한결정권 즉, 권한의 권한(Kompetenz-Kompetenz)을 가진다. 칸톤은 이러한 권한에 대한 권한을 갖지 않는다. 다만 권한을 규정하는 연방헌법의 개정에 필요한 칸톤다수결을 통해서 권한의 변경에 참여하는 통로를 갖고 있다.

3. 칸톤의 보충적 일반권한

헌법에 명시적으로 규정되지 않은 권한을 누구의 권한으로 할 것인지는 나라에 따라 다르다. 캐나다는 이 경우에 잔여권한을 연방의 권한으로 규정하는데 대해서 스위스는 독일과 마찬가지로 칸톤의 권한으로 본다. 헌법에 명시적으로 연방의 권한으로 규정되지 않은 국가사무는 연방헌법 제3조에 따라 칸톤의 사무가 된다. 헌법에 열거되지 않은 새로운 국가사무가 발생하면 이는 헌법의 빈틈이 아니라 그것은 자동적으로 칸톤의 사무가 된다. 이를 칸톤의 보충적 일반권한 또는 칸톤의 잔여권한이라고 한다. 연방이 새로운 국가사무에 대한 권한을 갖기 위해서는 헌법개정에 의한 권한의 변경을 요한다.

연방이 권한의 권한을 가지고 있다고 하더라도 칸톤이 갖는 권한은 연방의 권한으로부터 이전받은 것이 아니라 칸톤의 고유한 권한이 된다. 헌법에 칸톤의 권한으로 규정된 것은 예시적일 뿐이다. 칸톤의 사무중에서 어떤 사무를 수행할 것인지에 대해서는 칸톤이 결정한다(연방헌법 제43조).

4. 빈틈없는 사무배분

전체 국가사무 중에서 연방헌법에 의해서 연방사무로 규정되지 않은 사무는 칸톤의 사무가 되므로 연방헌법상의 사무배분에는 빈틈이 없다. 연방의 사무는 헌법에 열거된 것에 한정되어 확정적(abschließend)이지만 칸톤의 사무는 연방사무를 제외한 나머지 사무가 된다.

5. 보충성의 원칙(Subsidiaritätsprinzip)

보충성의 원칙은 개인이나 공동체의 크고 작은 업무나 활동, 문제해결을 누가 하여야 하는지에 관한 사회적, 경제적, 정치적 원칙이다. 가능한 개인이나 작은 단체 혹은 하위수준에서 자결적으로 자기책임하에 해결하여야 한다는 원리를 의미한다. 이에는 수평적인 측면과 수직적인 측면에서 논의된다(Grabenwarter, 2010).

먼저 수평적인 보충성(horizotale Subsidiarität)은 국가와 개인 혹은 국가와 시민사회의 관계에 관한 것이다. 개인이 자기주도하에 해결할 수 있는 문제를 공공업무 즉 국가업무로 수행해서는 안 된다는 원리이다. 공공영역 내지 국가영역은 개인이나 시민사회, 사기업, 시장이 해결할 수 없는 문제를 보충적으로 수행하여야 한다는 것이다.

수직적인 보충성(vertikale Subsidiarität)은 공공영역 내지 국가영역 내에서 상하공동체간의 업무배분의 원리이다. 중앙정부와 지방정부(칸톤정부), 칸톤정부와 게마인데간의 역할배분에 관련된 원리이다. 국제적인 차원으로 확산하면 국제기구와 개별국가간의 역할배분에도 적용되는 원리이다. 공공업무는 가능한 한 하위정부에서 수행하여야 하며 상위정부는 하위정부가 수행할 수 없는 업무에 대해서만 보충적으로 개입해야 한다는 원리이다.

보충성의 원칙에 관한 스위스 연방헌법규정

제5a조 국가의 업무를 배분하고 수행함에 있어서 보충성의 원칙을 존중하여야 한다.
제43a조 ①연방은 칸톤에 의한 사무 수행이 불가능하거나 연방에 의한 통일적인 규율이 필요한 사무만을 수행한다.
제47조 ② 칸톤에게는 충분한 사무가 남겨져야 한다(연방헌법 제2항)

6. 재정적 등가성의 원칙

재정적인 등가성은 공공급부의 수혜자와 비용부담자, 결정자가 일치하도록 하여야 한다는 원칙을 의미한다. 비용을 부담해야 하는 수혜자가 결정을 하게 된다면 수입을 고려하여 결정을 하도록

보장하고 경제적인 효율성을 보장한다는 것이다. 결정자는 필요
한 비용과 효용을 고려하게 된다. 이를 위해서는 공공급부를 제3
자의 부담으로 결정할 수 없게 하여야 한다. 이러한 제도적 균형
은 분권국가에서 효율적인 동기유발 메카니즘 내지 결정메카니즘
을 확립하기 위한 것이다.

넓은 의미에서 재정적 등가성의 원칙은 아래의 원칙을 포함하
는 의미로 사용된다.

- 합치의 원칙(Kongruenzprinzip): 지방정부는 그 수혜의 범위가
그 행정구역에 한정되는 사무를 자기책임하에 수행하여야 한다는
원칙으로 결정자와 수혜자의 공간적 일치성에 관한 것이다.

- 재정적 등가성(fiskalische Äquivalenz)의 원칙: 지역적 급부의
수혜자가 그에 수반하는 비용도 부담하여야 한다는 원칙이다. 즉
지방정부의 사무는 지방정부가 그 비용을 부담하여야 한다는 원
칙으로 수혜자와 비용부담자의 공간적 일치성에 관한 것이다.

- 연계성의 원칙(Konnexitäsprinzip): 결정자가 그 결정에 수반되
는 비용도 부담하여야 한다는 원칙으로 결정자와 부담자의 공간
적 일치성에 관한 것이다.

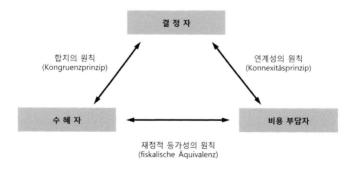

그림 7 : 재정적 등가성의 원칙 (출처: Bertelsmann Stiftung)

이러한 원칙을 준수하는 재정체계는 지방정부의 급부와 주민의 재정부담의 관계를 명확히 한다. 이는 지방정치인으로 하여금 가능한 주민들이 선호하는 사무를 경제적이고 효율적으로 수행하도록 압력을 가한다. 동시에 주민의 지방정부에 대한 관심을 증대시키고, 지방정부의 주민에 대한 책임을 증대시킨다.

만약 지방자치단체가 다목적건물을 설립함에 있어서 공사비의 50%를 국가보조금으로 받는다면 지역의 이해관계자들의 압력으로 공사비가 증가되거나 이를 방지하기 위해 국가가 상세한 규정을 하게 되는 경우에 지방의 자율성은 제한받게 된다. 이러한 보조금제도는 오랫동안 자원낭비나 불필요한 규제를 불러왔다. 만약 지방정부가 다목적건물을 짓는데 필요한 비용을 전액 부담해야 한다면 과연 다목적 강당이 필요한 것인지 근본적으로 검토를 할 것이고, 짓는 경우에도 가능한 적은 비용으로 주민들의 선호를 최대한 반영하여 짓게 될 것이다. 재정이 취약한 지방을 지원해 주는 경우에도 도로나 주차장의 설치 등의 용도를 지정해서 지원해주는 경우보다는 아무런 제약을 두지 않고 자유로운 처분을 할 수 있는 재원을 지원하는 경우에 훨씬 더 효율적으로 사용하게 될 것이다.

재정적 등가성에 관한 스위스 연방헌법의 규정

제43a조 (국가 사무의 배분과 수행에 관한 원칙)
② 국가적 급부의 수혜를 받는 공동체가 대한 그 비용을 부담한다.
③ 국가적 급부의 비용을 부담하는 공동체가 그 급부에 대한 결정을 한다.

제43a조 제2항과 제3항은 재정적 등가성의 원칙을 규정하고 있다. 제2항이 좁은 의미의 재정적 등가성의 원칙을 규정하고, 제3항이 연계성의 원칙을 규정하고 있다.

II. 사무배분의 개요

현재 스위스 헌법상 연방과 칸톤간의 사무배분을 개관하면 다음 표와 같다.

표 15 : 연방과 칸톤간의 사무배분 개요 (Linder, 2012, 160)

사무	연방만	칸톤만	연방, 칸톤 공통	입법은 연방, 집행은 칸톤
국제관계	o			
국방	o			
관세와 통화	o			
우편,전신,대중매체	o			
철도, 항공	o			
원자력	o			
수력발전	o			
도로교통				o
무역, 산업, 노동				o
농업			o	
민사법, 형사법			o	
경찰		o		
교회		o		
초등학교, 교육			o	
조세			o	
사회보험				o
환경보호				o

연방의 사무는 헌법에 규정된 것에 한정된다(연방헌법 제42조 제1항). 제한적이다. 다른 사무는 모두 칸톤의 사무가 된다. 연방 사무를 새로 규정하기 위해서는 국민다수와 칸톤다수의 찬성을 얻어 헌법개정을 해야 한다.

스위스에서는 1848년 건국 이래 3단계에 걸쳐서 사무배분에 큰 변화가 있었다(Blochliger/Frey, 1992). 첫째 단계는 대외정책, 안보정책, 공동시장분야에서 연방사무의 배분이 있었다. 특히 국내시장문제는 긴 시간을 요하였으며 1993년에 와서야 국내시장법을 통해서 분명히 하였고 2006년에 이를 개정하였다. 둘째 단계는 연방차원에서 사회보험을 도입함으로써 연방은 사회정책권한을 갖게 되었다. 20세기에 들어 전쟁시기에 정착되었다. 1978년 여름에 연방과 손잡은 가난한 칸톤들이 부유한 칸톤의 반대를 무릅쓰고 권한변경을 상세히 규정하였다. 이 시기에 연방은 농업정책과 같은 분야에서 경제문제에 개입할 수 있는 권한도 갖게 되었다. 셋째 단계는 1960년대와 70년대에 국도의 건설, 환경정책, 국토종합정책, 에너지 정책 등 새로운 사무가 연방권한으로 되었다. (Feld, 2009, 12).

칸톤은 연방과 수많은 정치적 얽힘에도 불구하고 서로 의존하면서 비교적 자치적으로 많은 분야의 업무를 수행한다. 특히 교육, 건강, 경찰, 법무, 문화, 교통, 상하수도, 폐기물, 사회정책 등을 수행한다. 이들 분야중에서 많은 부분을 게마인데가 참여하여 수행한다. 많은 칸톤에서 초등학교 교육을 게마인데가 높은 수준의 자치권을 가지고 수행하도록 맡기고 있다.

학교입학연령이나 교육의무, 교육수준별 기간이나 목표, 졸업의 인정 등에 칸톤 사이에 협의가 이루어 지지 않는 경우에 연방은 최소기준을 설정하는 등의 방법으로 칸톤의 정책에 다양한 영향을 미친다. 고등학교와 중학교, 직업학교는 대부분 칸톤의 업무이지만 연방은 조정을 위하여 칸톤의 권한행사에 여러 가지 개입을 통하여 조정을 하고 있다.

보건분야도 비슷하다. 연방은 법적인 외곽조건을 정한다. 예컨대 칸톤의 보건정책에 영향을 미칠 수 있는 건강보험(대부분 사보험)에 관한 법률을 제정하고, 칸톤과 게마인데는 병원서비스를 제공한다. 사회부조업무는 칸톤과 게마인데의 업무에 속하지만 칸톤마다 양자간의 업무배분이 매우 상이하다. 다른 한편으로 노령유족연금이나 연금기금, 실업보험은 연방의 권한에 속한다. 칸톤은 보완적인 급부를 제공하는데 그친다. 이에 사회보험분야의 입법권은 본질적으로 연방의 권한에 속한다. 칸톤은 집행권을 가진다. 칸톤은 사회국가적 분야보다는 공공서비스와 투자재 마련에 업무의 중점을 두고 있다. 소득재분배분야에 있어서는 칸톤이나 게마인데보다는 연방이 대규모사회사업이나 지역정책, 농업정책 등으로 역점을 두고 있다. 전통적인 공공재인 국방이나 국도, 우편, 철도, 내국시장에 관한 입법은 연방권한에 속한다. 칸톤이나 게마인데는 상하수도, 폐기물, 교육, 경찰, 사법, 보건, 문화 등 나머지 분야의 생존배려사무를 수행한다.

게마인데 권한을 따로 예시해보면 학교(유치원과 초등학교)의 설치와 운영, 폐기물 관리, 게마인데 도로 건설 및 관리, 지역교통, 지역인프라, 게마인데 경찰, 공간계획, 시민권, 게마인데세, 가스공급, 전기공급, 상수도 등이다.

III. 연방의 사무

1. 연방사무의 유형

1) 법률효과에 따른 연방사무의 유형

스위스 연방헌법은 법률효과에 따라 연방권한을 4가지로 구분하고 있다. 배타적 권한, 경합적 권한, 병렬적 권한, 보완적 권한의 4종류이다. 이 구분은 연방권한과 칸톤간의 권한과 관계에 따른 구분이다(Tschannen, 294이하 참조).

o 경합적 연방권한 (konkurrirende Bundeskompetenz)

경합적 연방권한은 연방과 칸톤이 모두 입법권을 갖는다. 연방이 연방입법권을 완벽하게 행사하는 경우에 칸톤의 입법권은 소멸된다. 연방이 입법권을 행사하지 않는 경우에 그 범위안에서만 칸톤이 입법권을 행사할 수 있다. 연방이 연방집행법률을 제정한 경우에 칸톤의 법률은 효력을 상실한다. 연방의 권한은 통상적으로 경합적 입법권이다. 연방이 경합적 권한을 가진 경우에 통상 다음과 같이 규정한다. " 연방은 … 규율한다". "연방은 … 규정을 제정한다", 또는 "연방은 … 규정을 제정할 수 있다"라는 표현이 이에 속한다.

o 배타적 연방권한(ausschließliche Bundeskompetenz)

배타적 연방권한은 연방만 권한을 행사할 수 있고 칸톤의 권한을 배제한다. 이는 연방이 권한을 행사하는지 여부와 상관없이 칸톤은 권한을 행사할 수 없다. 배타적인 연방권한이 설정되면 칸톤의 권한은 처음부터 소멸한다. 연방권한을 배타적으로 설정하는 경우에 연방이 입법권을 행사하지 않는 경우에 입법공백(Regelungsvakuum)의 위험이 있다. 배타적인 연방권한을 인정하는 것은 연방에게 입법의 근거를 제공할 뿐만 아니라 기존 칸톤법의 효력을 박탈하는 효력을 가진다. 배타적인 연방의 입법권은 예외적이고 그 예는 많지 않다.

배타적인 연방권한의 예로는 외교(연방헌법 제54조), 군대(연방헌법 제58조 이하), 우편과 전신(연방헌법 제92조), 화폐와 통화(연방헌법제99조), 주류(연방헌법 제105조), 관세(연방헌법 제133조) 등이다.

배타적인 연방 권한은 " ··· 은 연방의 책무이다"라고 표현하고 있다. 다만, 이러한 표현을 사용하더라도 경합적 입법권으로 해석되는 경우가 있다. 예컨대, 원자력(연방헌법 제90조), 에너지 수송(연방헌법 제91조), 방송(연방헌법 제93조), 외국인법(연방헌법 제121조) 그 밖에 민법, 형법, 도량형 등이다. 다만 이들 경합적 연방권한은 연방이 완결적으로 행사하여 칸톤이 입법을 할 여지는 남아 있지 않다.

o 병렬적 연방권한(parallele Bundeskopetenz)

병렬적 연방권한은 연방이 권한을 행사하는지 여부와 관계없이 칸톤은 이에 영향을 받지 않고 독자적으로 입법권을 행사할 수 있다. 즉, 연방의 권한은 칸톤의 권한에 영향을 미치지 않고, 칸톤권한은 연방권한과 독립적으로 병존한다. 연방헌법상 병렬적 입법권은 많지 않다. 예컨대, 수용(연방헌법 제26조 제2항), 대학(연방헌법 제63a조), 종교(연방헌법 제72조 제2항), 직접세(연방헌법 제128조), 그밖에 연방의 조성적 권한(Föderungskompetenz) 등이 이에 속한다.

o 보완적 연방권한(Kompensatorische Bundeskompetenz)

보완적 연방권한은 새로 도입된 종류의 권한으로서 교육분야에 인정된다. 이에는 교육의 특정한 분야에서 이해관계를 가진 칸톤들의 요구에 의해서 칸톤간의 협약을 구속력이 있는 것으로 선언하거나 칸톤간 협약에 참여의무를 부여하는 것(연방헌법 제48a조), 칸톤간의 조정을 통해서 합치된 결과에 이르지 못하는 경우(연방헌법 제62조 제4항)에 연방이 보충적으로 행사하는 연방권한이 인정된다.

2) 규율강도에 다른 구분

연방의 사무는 또한 그 규율의 강도에 따라 포괄적 권한(umfassende Kompetenz) , 원칙입법권(Grundsatzgesetzgebungskompetenz), 단편적 권한(fragmentierende Kompetenz) 으로 구분할 수 있다.

o 포괄적인 규율

포괄적인 권한은 연방이 해당분야에서 나타날 수 있는 모든 법적인 문제에 대해서 세부적인 사항까지 완결적으로 규율할 수 있도록 한다. 배타적인 연방권한은 항상 포괄적인 권한이고, 경합적인 권한도 대부분 포괄적 권한에 속한다. 연방의 권한은 포괄적인 권한이 일반적이다.

o 원칙입법권

원칙입법권은 종종 대강입법권이라고 불리기도 한다. 이는 연방에게 한 분야를 제한된 방법으로만 규율하도록 한다. 연방정부는 해당분야에 대해서 전국적인 조화를 이루기 위한 규율을 할 수 있지만 이 경우에 칸톤이 고유한 규율을 할 수 있도록 여지를 남겨놓아야 한다.

이에 해당하는 연방권한으로는 정규적인 귀화(연방헌법 제38조), 공간계획(연방헌법), 산림(연방헌법제77조), 어로와 수렵(연방헌법 제79조) 등이다.

원칙입법권을 헌법에서는 다음과 같은 표현으로 규정하고 있다. "연방은 ⋯ 원칙을 정한다" 혹은 "연방은 ⋯ 최소한의 규정을 한다"라는 표현을 사용한다.

o 단편적인 권한

단편적 연방권한은 연방에게 특정한 분야에 대해서 일부분에 대해서만 규율할 수 있도록 한다. 예컨대 학교, 문화, 무기, 건강 등은 원래 칸톤의 권한에 속한다. 연방은 이들 분야에서 개별적인 사무에 대해서만 관할을 가진다. 초등학교 수업에 대한 일정한 요구를 하거나, 문화적 활동에 대한 지원, 무기남용방지, 식품안전과 위생(연방헌법 제 62, 69, 107조 제1항, 제118조) 등이 이에 속한다.

3. 연방의 권한 찾기

연방권한은 헌법에 명시적으로 규정된 것에 한하므로(개별위임의 원칙) 연방권한을 알기 위해서는 헌법을 찾아보아야 한다. 헌법의 어디에서 연방권한을 찾을 수 있는지가 쉽지 않다. 스위스에서 연방권한은 대부분 제3편(연방,칸톤, 게마인데)에 규정되어 있다(연방헌법 제42조 이하). 그중에서 분야별관할(Sachzuständigkeiten)은 제3편 제2장(관할)에 규정되어 있다(제54조 내지 125조). 재정관할에 대해서는 제3편 제3장(재정질서)에 규정되어 있다(제126조 내지 135조).

그밖에도 개별적으로 다른 조문에도 연방의 권한이 포함되어 있다. 예컨대, 시민권과 정치권, 재외스위스인에 대해서는 연방헌법 제38조 내지 제40조에, 연방국가배상에 대해서는 제146조 등에 규정되어 있으며 경과규정에도 사무규정이 포함되어 있다.

1) 명시적인 연방권한과 예외

연방의 권한은 통상적으로 헌법에 명시되어 있다. 널리 사용하는 표현으로는 예컨대 다음과 같은 것을 들 수 있다. "연방은 ㅇㅇ에 관한 규정을 제정한다"라든가 "연방은 ㅇㅇ에 관한 조치를 취한다", "ㅇㅇㅇ에 관한 입법은 연방의 책무이다" 등이 이에 속한다.

다만 예외적으로 연방은 헌법적 근거없이 긴급연방법률을 제정할 수 있다. 연방헌법 제165조 제3항에 따라 헌법적 근거없이 제정된 긴급연방법률은 1년 이내에 국민다수와 칸톤다수에 의해 승인되지 않으면 효력을 상실한다. 이러한 긴급법률을 통해서 연방은 국민투표 없이 1년 이내의 기간내에서 연방권한의 결여를 보충할 수 있다. 긴급연방법률의 내용에는 제한이 없다.

2) 묵시적인 연방권한(stillschweigende Bundeskompetenz)

명시적인 연방권한 외에도 묵시적인 연방권한도 인정되고 있으
나 그 범위는 매우 제한적이다. 이는 헌법의 명문규정과 관련성
속에서 인정되는 연방권한이다. 헌법에 명시적으로 연방권한으로
인정된 권한을 수행하기 위해서 전제가 되는 사무, 즉, 명시적인
연방권한과 사물적인 연관성에 의해서 인정되는 연방권한을 의미
한다. 이에 대해서 성문헌법에서 도출할 수 없는 권한 즉, 관습법
상의 연방권한은 인정되지 않는다.

4. 연방사무 내용

1) 외교

외교는 배타적인 연방권한이다(연방헌법 제54조). 조약체결, 선
전포고 및 정전선언, 국가승인, 국제조직에서 스위스 대표, 외교적
인 교류 등이 이에 속한다. 연방의 조약체결권은 헌법상 칸톤과 연
방간의 사무배분에 의하여 제한을 받지 않는다. 다만 칸톤의 권한
에 대한 조약은 그 시행법령과 집행기능은 칸톤의 권한에 속한다.

칸톤은 외교에 대해서 일정한 권한을 가진다.
- 연방의 외교적 결정에 대한 관여권(연방헌법 제55조)
- 칸톤의 권한에 대해 외국과 조약체결(연방헌법 제56조 제1
  항). 다만 연방이 이미 조약을 체결한 경우에는 칸톤 권한 배제
- 칸톤은 외국의 하위행정청과 직접 교류가능

2) 입법권

연방의 입법권에 대해서는 연방헌법에서 개별적이고 구체적으로 규정하고 있다. 중요한 연방입법권을 살펴보면 다음과 같다.

- 시민권, 외국인 인권, 연방행정청 조직
- 민법, 민사소송, 파산
- 형법, 형사절차, 행형
- 대학, 학문장려와 연구장려
- 군사적, 경제적 방위와 시민보호
- 재정예산, 조세, 공과금, 연방독점
- 공간계획, 수용, 에너지(수력, 전기, 원자력), 교통(도로교통, 철도, 해운,항 공), 우편, 통신
- 환경보호, 보건(유전자기술, 식품경찰, 전염병), 복지(노동자보호, 사회보험, 노인−유족−장애인 보험, 의료보험, 재난보험, 실업보험)
- 농업, 임업, 산업 및 영업, 통화, 소비자보호, 은행과 보험회사 감독 등

3) 행정

연방의 입법권한은 원칙적으로 연방법의 집행권을 포함하고 있다. 연방법률의 집행은 연방헌법과 연방법률이 정하는 바에 따라 칸톤이 할 수 있다(연방헌법 제46조 제1항).

o 헌법상 명시적인 연방행정권한
- 외교(연방헌법 제54조)

- 우편과 통신, 화폐와 통화, 주류, 관세 등 연방독점분야(연방
  헌법 제92,99,105,133조)
- 국도(연방헌법 83조 제2항)
- 칸톤의 헌법질서보장을 위한 연방개입(연방헌법 제52조 제2항)
- 연방공공시설의 설치(연방헌법 제81조)

o 헌법상 명시적인 칸톤행정권한
- 연방공과금의 산정과 징수(연방헌법 제59조 제3항, 연방헌법
  제128조제4항)
o 연방법률에 의한 행정권한의 배분
- 연밥법률로 특정사무의 집행을 완전히 연방에게 부여하는 경
  우(예컨대, 철도, 항공, 원자력발전 등)가 있다. 이 경우에는
  연방이 집행에 필요한 연방행정기구를 설치해야 한다.
- 통상적으로는 연방법률은 연방법률의 집행을 전부 또는 일부
  를 칸톤에 위임한다.

4) 사법
  연방법원은 연방법률, 국제법, 칸톤간 권리, 칸톤헌법상의 권리,
게마인데 자치권와 그밖의 공법상 사단에 대한 칸톤의 보장, 정치
적 권리에 관한 연방과 칸톤의 규정에 대한 침해에 대해서 재판
을 한다(연방헌법 제189조). 그밖에 연방법률이 정하는 사항을 재
판하기 위해 각급연방법원을 설치할 수 있다(연방헌법 제191a조).

5) 재정

ㅇ 조세

스위스에서는 연방이 부과할 수 있는 조세를 헌법이 규정하고 있다. 연방은 연방헌법에 명시적으로 규정하고 있는 세금만 징수할 수 있다. 칸톤은 연방헌법에 의하여 관할이 배제된 과세대상(부가가치세, 특별소비세, 인지세, 정산세, 그 밖에 면세를 선언한 것)에 대해서는 칸톤세나 게마인데세를 부과할 수 없다(연방헌법 제134조). 이를 제외하고는 칸톤은 연방세와 상관없이 독자적으로 세금을 부과할 수 있다.

직접세: 연방은 다음과 같은 직접세를 부과할 수 있다.
- 개인소득세와 법인세(연방헌법 제128조 제1항)
- 재산소득에 대한 정산세(연방헌법 제132조제2항)

간접세: 연방은 다음과 같은 간접세를 부과할 수 있다.
- 부가가치세(연방헌법 제130조)
- 담배, 증류주, 맥주, 자동차, 석유 등에 대한 특별소비세(연방헌법 제131조)
- 인지세(연방헌법 제132조 제1항)
- 연료에 대한 소비세(연방헌법 제86조 제1항)

관세
- 연방을 국경을 넘는 상품이동에 대해 관세와 그 밖의 공과금을 부과한다(연방헌법 제133조)

기타 공과금

- 연방헌법 제85조는 연방이 대형차량통행료(Schwerverkehrsabgabe) 와 국도이용료를 부과할 수 있는 근거를 두고 있다(연방헌법 제85조, 제86조 제2항). 이 규정은 모든 공공도로에 사용료를 부과할 수 없도록 규정한 연방헌법 제82조 제3항에 대한 예외가 된다.

그밖에 분야별 권한으로부터 분담금(Kausalabgabe)이나 정책세 (Lenkungssteuer)를 부과할 수 있다.

o 조세조화와 재정조정

연방은 연방과 칸톤, 게마인데간의 조세조화(조세통일)를 위한 기본원칙을 정할 수 있다. 이는 원칙입법권을 규정한 것이다. 이 경우 조세조화는 조세의무, 과세대상, 시간적 조세산정, 절차, 조세형벌 등에 관한 것이고 조세의 실질적인 내용인 세율과 징세세율은 포함되지 않는다(연방헌법 제129조). 또한 연방은 연방과 칸톤, 칸톤상호간의 재정조정과 부담조정을 위한 규정을 제정할 수 있다(연방헌법 제135조).

IV. 칸톤의 사무

1. 연방헌법상의 칸톤사무

칸톤은 연방헌법에 의하여 배제되지 않은 모든 사무를 처리할 수 있다. 이에 연방헌법에서 연방의 배타적 권한으로 규정하지 않은 모든 사무에 대해서 칸톤은 자신의 사무로 규정할 수 있다(연방헌법 제43조). 그럼에도 불구하고 연방헌법은 칸톤의 사무를 명시적으로 규정하는 경우가 있다. 이러한 연방헌법의 칸톤사무는 제한적인 열거가 아니라 예시라고 볼 수 있다. 연방헌법이 칸톤의 권한을 규정하고 있는 것은 칸톤의 권한을 명확하게 강조하는 의미도 있고, 칸톤이 그의 사무를 수행함에 있어서 일정한 제한을 두기 위한 경우도 있다.

o 칸톤사무의 명확화

사무배분상 칸톤의 사무에 속하는 것을 명확히 하기 위해 연방헌법은 이를 예시하고 있다. 예컨대 학교사무(연방헌법 제62조 제1항), 문화분야(연방헌법 제69조 제1항), 공식언어의 결정(연방헌법 제70조 제2항) 등이 이에 속한다. 또한 연방사무의 범위를 특정한 방향으로 제한하기 위해 규정하는 경우도 있다. 이를 위해 연방사무의 특정한 부분이나 연방법의 집행을 처음부터 칸톤사무로 규정하는 것이다. 예컨대, 외교는 연방사무이지만(연방헌법 제54조 제1항), 칸톤은 그의 권한범위내에서 외국과 조약을 체결할 수 있도록 규정하고 있다(연방헌법 제 56조 제1항). 마찬가지로 연방세인 병역대체세와 연방직접세의 산정과 부과는 칸톤의 사무로 규정하고 있다.(연방헌법 제59조 제3항, 제128조 제3항)

o 칸톤사무의 제한

연방헌법이 칸톤의 권한을 명시적으로 배제하고 있는 규정이 있다. 예컨대, 경쟁제한적인 경제정책 조치의 원칙적 금지(연방헌법 제94조 제4항), 칸톤간의 이중과세금지(연방헌법 제127조 제3

항), 특정한 칸톤세나 게마인데세의 배제(연방헌법 제134조) 등이 이에 해당한다.

o 칸톤에게 책무를 부여하는 경우

칸톤의 협력을 필요로 하는 사무의 경우 연방헌법은 칸톤에게 책무를 부여하고 있다. 예컨대, 연방과 칸톤의 대내안전사무(연방헌법 제57조 제1항), 칸톤과 연방의 언어지역간 이해증진사무(연방헌법 제70조 제3항), 연방의 원칙입법 범위내에서 칸톤의 공간계획사무(연방헌법 제75조 제1항) 등에 대한 규정이 이에 속한다.

2. 칸톤법상의 칸톤사무

칸톤은 연방헌법에 의해서 명시적으로 칸톤의 권한으로 명시되지 않은 사무에 대해서도 보충적인 일반권한을 가지므로 칸톤은 그 권한에 속한 사무중에서 어떤 사무를 수행할 것인지 여부를 자율적으로 결정할 수 있다. 칸톤이 수행사무를 결정하는 방법은 칸톤헌법에 직접 규정하는 방법과 칸톤의 일반법률로 규정하는 방식이 있다.

칸톤헌법과 칸톤법률은 칸톤의 자율적인 사항이므로 칸톤의 사무는 각 칸톤마다 달라질 수 있다. 예컨대, 베른 헌법 제3장은 공공사무라는 표제하에 다음과 같은 사무를 칸톤의 사무로 규정하고 있다.

- 환경보호(베른헌법 제31조)
- 경관 및 향토보전(베른헌법 제32조)
- 공간 및 건축질서(베른헌법 제33조)

- 교통 및 도로(베른헌법 제34조)

- 상수도와 에너지 공급(베른헌법 제35조)

- 하수도와 쓰레기 처리(베른헌법 제36조)

- 공공질서와 안전(베른헌법 제37조)

- 사회부조(베른헌법 제38조)

- 노동(베른헌법 제39조)

- 주택(베른헌법 제40조)

- 교육과 대학, 연구(베른헌법 제42조 내지 45조)

- 대중매체(베른헌법 제46조)

- 공휴일, 문화, 여가, 스포츠(베른헌법 제47조 내지 49조)

- 경제(농업, 임업, 칸톤독점권, 칸톤은행)(베른헌법 제50조 내
  지 53조)

- 국제협력과 원조(베른헌법 제54조)

3. 연방으로부터 위임받은 칸톤사무

넓은 의미의 칸톤사무에는 연방으로부터 위임받은 사무를 포함
한다. 연방사무의 칸톤위임은 법률이나 명령에 의하여 연방이 헌
법상의 연방사무의 일부를 칸톤에게 위임하는 것을 의미한다. 이
를 연방제적 위임(föderative Delegation)이라고 한다. 연방제적 위
임은 칸톤으로 하여금 연방법률의 범위안에서 지역적인 여건이나
특수성에 적합하게 연방법률을 집행할 수 있도록 함으로써 수직
적인 분권에 기여한다. 연방으로부터 위임받은 사무에 대한 궁극
적인 책임은 연방에 있으므로 칸톤은 연방감독(Bundesaufsicht)하
에 사무를 수행한다.

칸톤사무를 헌법에 의하지 않고 연방에 위임할 수는 없다. 이에 대해서 연방사무를 칸톤에 위임하는 것은 이를 금지하는 규정이 없고, 연방제도의 취지에 부합하므로 허용되는 것으로 보고 있다. 다만 포괄적인 위임은 헌법의 관할규범을 변경하는 것이므로 허용되지 않는다. 또한 배타적인 연방권한이나 원칙입법권의 위임은 허용되지 않는다.(Tschannen, 308)

연방권한의 칸톤위임의 대상으로는 입법권과 행정권, 사법권이 포함될 수 있다. 권한의 위임은 연방법률이나 명령에 의한다.

1) 입법권의 위임

연방은 위임을 통하여 연방 입법권의 일부를 칸톤에게 이전할 수 있다. 주의할 것은 이 입법권의 위임은 연방과 칸톤간에 서로 다른 정부수준간의 수직적인 권한이전이라는 점에서 동일한 국가내에서 입법부가 행정부에게 입법권을 위임하는 위임입법(Gesetzesdelegation)과는 구별된다. 후자는 국가기관간의 수평적인 권한이전을 의미한다. 수평적인 위임입법은 권력분립의 원칙상 법치국가적 요청이나 민주국가적인 요청을 만족시키는 엄격한 요건하에서 허용되지만 연방제적인 수직적인 권한 이전은 이러한 요건에 구속을 받지 않는다.

입법권의 수직적 위임에는 여러 가지 내용적 유형이 있다. 칸톤법을 보완적 규정을 하도록 위임하는 것도 있지만, 칸톤법으로 연방법과 다른 규정을 하도록 위임하는 경우도 있다. 또한 연방법의 적용을 선언하는 칸톤법을 제정할 수 있도록 위임하는 경우도 있다.

칸톤이 위임받은 입법권을 어떤 기관에서 행사할 것인지는 통상적으로 칸톤법이 정하는 입법기관에서 한다. 다만, 연방이 직접 칸톤정부에게 필요한 규정을 정하도록 위임하는 경우도 있다.

2) 행정권의 위임

행정권한의 칸톤위임은 연방법률의 집행권을 칸톤에 이전하는 것을 의미한다. 연방입법자는 특정 행정사무의 전부 또는 일부를 칸톤에게 위임할 수 있다. 전부위임의 예로는 공간계획을 들 수 있다. 부분위임의 예로는 환경보호를 들 수 있다. 환경보호의 집행사무는 대부분 칸톤에게 위임되어 있지만 특정한 집행사무는 연방에 남아있다.

3) 사법권의 위임

연방법에 규율된 사무에 대한 사법권은 연방헌법에 의하여 상당한 부분이 칸톤에 배정되어 있다. 예컨대 민사재판과 형사재판이 이에 속한다(연방헌법 제122조 제2항, 제123조 제2항). 또한 칸톤에게 연방행정법의 집행이 맡겨져 있는 경우에 이 분야의 행정재판은 칸톤에 속한다. 칸톤은 칸톤의 최종심 법원으로 고등법원을 설치하여야 한다. 이 법원의 결정에 대해서는 연방법원에 직접 상고를 할 수 있다.

제6절 연방국가의 재정

I. 스위스 조세체계

1. 연방세

스위스에서는 연방과 칸톤, 게마인데가 모두 조세권을 갖는다. 조세권의 구분은 헌법에 의하여 정해진다. 연방헌법 제3조는 다음과 같이 규정하고 있다.

"칸톤은 연방헌법에 의해서 주권이 제한되지 않는 한 주권을 가지고 있으며, 연방정부에 위임되지 아니한 모든 권한을 행사한다."

이에 따라 연방은 연방헌법에 명시적으로 규정된 세금만 부과할 수 있다. 연방의 조세권은 연방헌법에 규정된 것에 한정된다. 이 점에서 연방세에 대해서는 법률유보뿐만 아니라(연방헌법 제127조 제1항) 헌법유보(Verfassungsvorbehalt)가 적용된다. 따라서 새로운 연방세를 도입하거나 변경하는 경우에는 국민다수와 칸톤다수의 찬성을 요하는 헌법개정을 필요로 한다. 이에 대해서 칸톤세나 게마인데세는 칸톤헌법에 따라 칸톤법률로 규정할 수 있다. 물론 칸톤세나 게마인데세가 헌법에 규정된 경우에는 칸톤헌법의 개정절차를 거쳐야 한다. 칸톤헌법에 규정되지 않은 칸톤세는 칸톤법률로 규정할 수 있다.

연방세금에 대해서는 연방헌법에 제126조 이하에 규정된 것이 많지만, 그 외의 조항에 규정된 경우도 있다. 연방세금에 해당하는 것으로는 다음과 같은 것이 규정되어 있다.

- 대형차량세(제85조)

- 연료소비세(제86조제1항)

- 연방도로세(제86조제2항)

- 카지노세(제106조 제3항)

- 자연인과 법인의 수입에 대한 연방직접세(제128조)

- 부가가치세(제130조)

- 특별소비세(담배, 증류주, 맥주, 자동차와 자동차연료)(131조)

- 인지세(제132조 제1항)

- 정산세(유동자산액과 복권권당첨액) 등(제132조)

- 관세(제133조)

2. 칸톤세

1) 칸톤의 조세권

칸톤은 연방헌법에 의하여 제한되지 아니하는 한 모든 세금을 부과할 수 있다(연방헌법 제3조). 칸톤이 갖는 이와같은 조세권은 칸톤의 주권으로부터 나온다. 칸톤은 세금에 대한 고유한 입법권을 가진다.

2) 연방의 배타적 조세권에 의한 제한

연방법률이 부가가치세, 특별소비세, 인지세, 정산세의 대상으로 규정하거나 면세를 선언한 것에 대해서는 칸톤과 게마인데는 동종의 세금을 부과할수 없다(연방헌법 제134조). 이들 세금에 대해서는 칸톤의 입법권이 제한된다(연방의 배타적 조세권). 그 밖의 조세에 대해서는 칸톤이 칸톤헌법과 칸톤법률에 의하여 재량으로 부과할 수 있다. 게마인데는 칸톤의 헌법과 법률에 의하여 어떠한 세금을 부과할 수 있는지가 정해진다.

따라서 연방의 배타적인 세원인 경우를 제외하고는 동일한 세원에 대해서 연방과 칸톤, 칸톤과 게마인데가 중복적으로 세금을 부과할 수 있다. 이런 의미에서 연방과 칸톤, 게마인데는 세원을 공유한다고 볼 수 있으며, 수직적인 중복과세(이중과세)가 허용된다.

3) 칸톤세와 게마인데세의 종류와 세율

칸톤이 칸톤세와 게마인데세에 대한 입법권을 가지고 있으므로 칸톤은 폭넓은 입법재량권을 갖는다. 어떤 세금을 규정할 것인지, 세율을 어떻게 할 것인지에 대해서 칸톤마다 달라질 수 있다. 칸톤의 조세자율성은 매우 높다. 대개 칸톤헌법에서 칸톤의 세금에 대한 규정을 하고 있다. 또한 칸톤마다 고유한 세법을 가지고 있다.

예컨대, 베른 헌법 제103조는 칸톤의 세금을 규정하고 있다. 칸톤세의 종류로 자연인의 소득세, 법인의 소득세와 자본세, 재산소득세를 규정하고 있다. 그 외 칸톤법이 정하는 바에 따라 상속세, 증여세, 자동차세, 그 밖의 소비세나 유통세 등을 제정할 수 있다.

4) 칸톤과 게마인데의 세액산정

대부분의 칸톤에서 조세척도(Steuermass)는 법률에 규정된 세율(Steuersatz)이다. 이 세율은 법률을 개정하기 전에는 고정되어 있다. 세율은 통상 백분율 또는 천분율로 규정되어 있다. 세율변경을 위해서는 법률개정을 요하며, 대부분의 경우 법률개정은 임의적 국민투표사항이다. 세액을 산정함에 있어서 연방직접세는 과세표준에 세율을 곱해서 산출한다. 이를 단순세액이라고 한다.

하지만 대부분의 칸톤과 게마인데에서는 대부분의 세금, 즉 개인소득세나 재산세, 법인이윤세나 자본세 등에 대해서 매년 징수세율(Steuerfuss)을 정해서 이를 세율에 곱해서 세액을 산정한다(칸톤 Tessin, Wallis는 단순세율 적용). 징수세율은 법정세율의 적용비율로 백분율로 정하기도 하고, 세율에 대한 배율로 정하는 칸톤도 있다. 이 경우 조세척도는 두 부분으로 구성된다. 세율과 징수세율이다(SSK, 2012, 6).

과세가능 수입과 재산

X   세율
_____
단순 세액

X   징수 세율
_____
실제 납부할 세금액

그림 8 : 세액산정방식

징수세율은 단기적인 재정수입과 재정수요에 적응할 수 있도록 하기 위해 인정된다. 법정세율을 그대로 적용해서 재정충당이 가능하면 징수세율은 100%가 된다. 이에 비해 재정수요가 감소하는 경우에 그 정도에 따라 징수세율은 80%, 60% 등으로 정해질수 있다. 이에 비해 재정수요가 늘어나서 재원부족이 예상되는 경우에는 110%, 150% 등으로 될 수 있다.

징수세율은 칸톤세의 경우 많은 칸톤에서 칸톤의회가 결정하고, 임의적 국민투표에 회부할 수 있도록 하고 있으며, 게마인데 세의 경우는 게마인데의회나 게마인데총회에서 결정한다. 하지만 칸톤마다 다른 방식을 채택하여 매우 다양하다.

표 16 : 개인세금에 대한 징수세율(2011):예시 (출처: SSK, 2012)

도시	칸톤세	게마인데세	교회세 개신교 로마카톨릭
취리히	100%	119%	10% 11%
베른	3.06	1.54	0.184 0.207
루체른	1.50	1.75	0.25 0.25
알트도르프	100%	99%	120% 99%
쉬비츠	120%	195%	28% 28%
자르넨	2.95	4.04	0.54 0.54

게마인데는 개인의 소득세와 재산세에 있어서 통상 칸톤과 동일한 산정근거와 동일한 세율을 적용한다. 게마인데는 칸톤세의 세율에 대한 배율로 과세를 하는 것이 통상적이다. 법인의 이윤세와 자본세에 대해서도 약간의 예외가 있지만 이러한 시스템이 적용된다.

3. 연방과 칸톤, 게마인데간의 세원배분

연방과 칸톤, 게마인데간의 세원배분을 정리해 보면 다음과 같다. 다만 연방의 세원은 연방헌법에 규정된 것으로 한정적인 열거이다. 칸톤세나 게마인데세는 어디까지나 예시이고 칸톤에 따라서는 예시된 세원을 채택하지 않은 경우도 있으며, 예시되지 않은 다른 세금을 채택할 수도 있다.

표 17 : 연방과 칸톤, 게마인데간의 세원배분 (출처: Schweiz Steuerkonferenz, 2014)

	직접세	간접세
연방	소득세 이윤세 정산세 연방카지노세 병역대체세	부가가치세 인지세 담배세 맥주세 주세 유류세 자동차세 관세(수입－수출 관세)
칸톤	소득세, 재산세 인두세 또는 가족세 이윤세, 자본세 증여세, 상속세 복권이윤세 부동산양도소득세 토지세 양도세 칸톤 카지노세	오토바이세 견세 유흥세 칸톤인지세 복권세 물세 기타
게마인데	소득세, 재산세 인두세 또는 가구세 이윤세, 자본세 상속세, 증여세 복권당첨세 부동산양도소득세 토지세 양도세 영업세	견세 유흥세 기타

이러한 세원배분에 따라 연방과 칸톤, 게마인데간의 세입을 비교해보면 다음과 같다. 국가전체의 조세수입중에서 52%가 칸톤과 게마인데의 수입이 되며 연방의 세수는 전체세수의 48%에 불과하다.

표 18 : 스위스 조세수입구조(2011년) (단위:10억프랑)
(출처: Schweiz Steuerkonferenz, 2014)

	조세수입총액	비율
연방	60,177	48
칸톤	40,520	32
게마인데	24,978	20
계	125,675	100.0

4. 조세 국민(주민)투표

스위스 조세체계의 가장 큰 특징 중의 하나로 시민들이 그에게 어떤 세금을 부과할 것인지를 직접 결정한다는 것을 들 수 있다.

국민에게 부과되는 의무는 헌법과 법률에 규정된 경우에만 가능하다. 연방과 칸톤의 헌법개정은 반드시 국민투표로서만 가능하도록 되어 있다(필요적 국민투표). 일부의 칸톤에서는 법률개정도 필요적 국민투표로 하고 있다. 다른 칸톤에서는 법률개정은 임의적인 국민투표사항으로 규정하고 있다. 몇몇 칸톤에서는 법률의 종류에 따라 필요적 혹은 임의적인 국민투표사항으로 하고 있다.

세율과 단위세액, 징수세율 등을 정함에 있어서도 주민의 참여가 보장된다. 연방직접세의 최고세율은 헌법에 규정되어 있다. 예컨대 연방은 개인의 소득에 대해서 최고 11.5%의 직접세를 부과할 수 있다(연방헌법 제128조 제1항 a호). 연방은 법인의 순수익에 대해서는 최고 8.5%의 직접세를 부과할 수 있다(동조 동항 b호). 이를 변경하는 것은 연방헌법의 개정을 요하므로 국민 과반수의 찬성을 요한다. 그 범위안에서 단위세율(액)을 변경하는 것은 연방 법률의 개정을 요한다.

이에 대해서 칸톤이나 게마인데의 단위세율(액)의 변경은 세법의 개정을 요한다. 칸톤이나 게마인데의 징수세율의 변경은 칸톤이나 게마인데의회(다만, 이 경우 임의적인 국민(주민)투표사항에 속한다) 또는 주민총회의 다수결로 결정한다.

5. 징세기관

스위스의 징세기관은 세금의 종류에 따라 다르다. 연방직접세는 대체로 칸톤의 조세행정기관에서 징수한다. 이에 대해서 칸톤세와 게마인데세의 징수기관은 칸톤마다 다르다. 칸톤세와 게마인데세를 칸톤에서 징수하는 칸톤, 양자를 모두 게마인데에서 징수하는 칸톤, 칸톤세는 칸톤에서, 게마인데세는 게마인데에서 각각 징수하는 칸톤 등 다양하다.

> **연방직접세 징수기관과 징수교부금**
>
> 조세산정과 징수는 칸톤이 연방을 위하여 연방의 감독하에 한다. 2008년 1월 1일부터 칸톤은 징수한 관련세수 총액의 83%를 연방에 인도한다. 칸톤의 몫은 17%에 달한다. 2008년 칸톤과 게마인데의 직접세 조화에 관한 연방법률이 발효되기 이전인 2007년 말까지는 칸톤은 연방에 징수세액의 70%를 인도하였다. 칸톤의 몫은 30%였다. 그중에서 17%는 징수한 칸톤에 남게 되고 13%는 칸톤간 재정조정을 위한 재원이 되었다. 2008년부터는 후자(13%)는 결국 연방계정으로 유입된다.

II. 조세경쟁

1. 개관

스위스에서 재정정책은 칸톤의 자율에 맡겨져 있다. 특히 세목과 세율을 칸톤의 세법으로 결정하기 때문에 매우 다양하고 칸톤에 따라 차이가 크다. 또한 지방자치단체인 게마인데도 재정자율성이 보장되기 때문에 동일한 칸톤내에서도 게마인데마다 세금에 차이를 보이고 있다.

칸톤과 게마인데는 자신의 지역을 주거입지나 기업입지로 매력적이 되도록 하기 위하여 세금을 적극적으로 활용하고 있다. 이에 칸톤간에는 물론 게마인데간에도 조세경쟁이 발생한다. 스위스에서는 조세경쟁을 긍정적으로 보고 각 칸톤과 게마인데의 재정자율성 유지하려는 움직임과 이를 반대하고 통일적인 조세체제를 도입하려는 주장과 움직임이 있다.

후자를 위하여 연방차원에서 칸톤간의 다양성과 차이를 줄이려는 노력을 하여 조세조화법(Steuerharmonisierungsgesetz)를 제정하였다. 이는 어디까지나 조세의 형식적인 측면에서 통일성을 의미하며, 세율을 비롯한 세법의 실질적인 내용에 대해서는 칸톤의 독자성을 존중하여 통일적인 규율을 포기하였다. 이에 칸톤마다, 게마인데마다 동일한 과세대상에 따라서 세율과 세액에 있어서 상당한 차이를 보이고 있다.

2. 조세경쟁의 대표적 사례

스위스에서 조세경쟁의 역사는 오래되었다. 취리히에서는 1883년에 칸톤과 게마인데의 소득세와 재산세를 인상하려는 토론이 있었다. 이 당시 취리히의 재산세와 소득세의 세율은 이미 인근 도시인 바젤에 비하여 6배나 높았다. 세금인상에 반대하는 측에서는 더 이상 세금을 인상하면 자본가들의 도피가 우려된다고 했다. 칸톤간의 조세경쟁은 이미 19세기에 입법자들을 제약하여 다른 칸톤의 입지여건을 고려하지 않을 수 없도록 하였다. 칸톤의 세금정책상의 재량권은 상당한 제약을 받았고, 반복적으로 시험대에 올랐다.

조세경쟁 때문에 영향을 받은 대표적인 사례로 칸톤 바젤-란트샤프트의 부유세(Reichtumsteuer)의 도입을 들 수 있다. 부유세는 1972년 6월 29일에 바젤-란트샤프트의 사민당(SP)에 의해 발의되어 1972년 12월 3일에 칸톤 국민투표에 붙여졌다. 유권자의 55.6%가 참여하여 55.4%가 부유세의 도입법안에 찬성을 하였다. 부유세는 1973년 1월 1일부터 효력을 발생하였다. 소득세에 대해서 누진율을 강화하여 연소득 50,000프랑 이상인 개인에게 통상 세액의 140%를 적용했다. 이로 인하여 주민들이 세금이 싼 곳으로 이사를 하는 이주물결이 이어졌다. 1973년 초에 이미 750만 프랑의 세금이 감소했다. 인구유입은 멈추고 납세자들은 세금을 절감하기 위한 여러 가지 편법을 찾았다. 예컨대, 인적회사는 주식회사로 전환하고, 상속은 증여로, 가족소득은 그 구성원별로 분할하고 재산을 이전하는 등 세금을 최소화하려는 노력을 했다. 몇몇 칸톤에서 부유세를 모방하여 도입하기는 했지만 결국 부유세는 1975년 1월 1일부터 폐지되었다. 부유세는 세금정책적으로 시험대에 올랐고 조세경쟁의 영향으로 유지하기 어려웠다. 이러한 경험은 오늘날도 칸톤의 세금정책에 경고를 보내고 있다(Frey, 1996, 110; Feld, 2009, 9).

조세경쟁의 또 다른 대표적 사례로 거론되는 것으로 칸톤 옵발덴(Obwalden)이 2005년에 도입한 역누진세(부자감세)를 들 수 있다. 2005년 12월 11일 옵라덴의 주민들은 세법개정안에 대한 주민투표를 실시하였다. 유권자의 86%가 세법 개정안에 찬성을 하였다. 세법개정안의 중요한 내용은 첫째, 개인과 기업에 대한 세금감경, 둘째, 연간소득 300,000프랑 이상이 자에 대한 역누진세율의 적용이었다. 소득이 높을수록 세율이 높아지는 종전의 누진세율을 개정하여 반대로 세율을 낮추어주는 역누진세를 규정하였다[13]. 지금까지 조세천국으로 불리던 칸톤 추크나 쉬비츠, 니더발덴을 능가하는 세율인하로 조세천국(Steuerparadies)이 되려는 것이었다. 기업과 부자들을 유치하기 위한 방안으로 채택한 것이었다.

부자감세로 볼 수 있는 역누진세의 도입은 옵발덴이 처음은 아니었다. 칸톤 샤프하우젠이 옵발덴에 앞서서 도입하였다. 역누진세의 도입에 대한 언론과 학계의 반응은 극단적으로 대립했다. 부정적인 견해로 사민당소속의 당시 취리히 시장인 레더게르버(Elmar Ledergerber)는 "역누진세는 국가의 공공급부를 위험하게 한다. 세금을 바닥으로 이끌 것이다. 조세경쟁은 스위스를 파멸시킬 것이다."라고 했다. 노동당(PdA)소속의 하원의원이었던 찌스디아디스(Josef Zisdyadis)는 "역누진세가 헌법에 위반된다"고 했다. 그는 원래 로잔느에 살고 있었으나 연방법원에 세법개정안에 대한 소송을 제기하기 위하여 옵발덴으로 이사를 왔다.

긍정적인 견해로 프이부르크대학의 아이헨베르가(Reiner Eichenberger) 교수는 "다른 칸톤들이 다 낮은 세금으로 부자들을 유치하는데 옵발덴이 하면 왜 안되는가?"라는 의문을 제기하였다. 당시 연방재무부장관이었던 메르츠(Hans-Rudolf Merz)는 "조세경쟁은 우리

---

13) 2007.6.1. 스위스 연방법원은 이를 위헌으로 결정하였다.

나라의 성공처방중의 하나이다. 조세경쟁은 시민들을 정부의 과
도한 조세탐욕으로부터 보호해 준다"라고 확신에 찬 발언을 했다
(Frey, 2006, 2).

결국 이에 대한 소송이 제기되어 연방법원은 2007년 6월 1일
판결을 통해서 역누진세는 연방헌법이 규정하는 담세능력의 원칙
(연방헌법 제127조 제2항)과 평등의 원칙(연방헌법 제8조 제1항)
에 위반된다는 이유로 위헌을 선언했다(BGE 133 I 206). 이에 칸
톤 옵발덴은 역누진세를 포기하는 대신 단순세율을 도입하여 여
전히 저세율정책을 유지하고 있다.

옵발덴의 저세율정책으로 인하여 주민과 기업의 유치에는 상당
한 실적을 거두었으나 이로 인하여 세수가 얼마나 증대하였는지에
대해서는 아래 그림과 같이 아직 긍정적으로 평가하기는 어렵다.

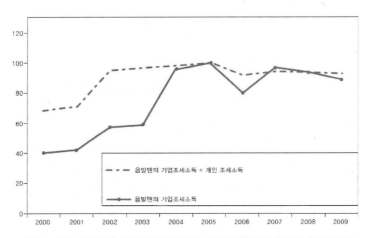

그림 9 : 칸톤 옵발덴의 조세수입변화(2000-2009) 출처:BATS.CH 2012.2.22
        (2005년의 수세수입을 100으로 하여 연도별로 비교함)

이와 같이 입지경쟁력을 높이기 위한 조세경쟁의 대표적인 몇

가지 사례를 정리하면 다음과 같다.

표 19 : 조세경쟁의 대표적 사례

2004.1.01.	칸톤 Schaffhausen에서 역누진세 도입실시
2006.1.01.	칸톤 Obwalden에서 역누진세 도입실시
2006.5.20.	칸톤 Appenzell Ausserrhoden에서 역누진세 주민투표통과
2007.6.01.	연방대법원이 역누진세에 대한 위헌결정
2008.1.01.	칸톤 Obwalden 단일세율(Flat Rate Tax) 도입
2009.1.01.	칸톤 Uri와 칸톤 Schaffhausen 단일세율 도입
2009.9.29.	칸톤 Thurgau 단일세율(부결)

3. 칸톤간 조세부담률

칸톤과 게마인데는 직접세분야에서 조세자율성을 대폭적으로 행사하여 칸톤과 칸톤, 게마인데와 게마인데 사이에 조세부담에 있어서 큰 차이가 발생한다. 예컨대, 2007년 취리히에서 2명의 자녀를 가진 결혼한 납세자는 연소득 100만 프랑인 경우에 23.3%를 세금으로 냈다. 이웃 칸톤인 쉬비츠의 경우에는 같은 경우에 7.7%의 세금을 냈다. 이 경우 취리히는 30분 거리에 있는 쉬비츠보다 3배나 비싼 세금을 낸 것이 된다.

아래 그림은 2011년도 칸톤별 조세부담율을 비교한 것이다.

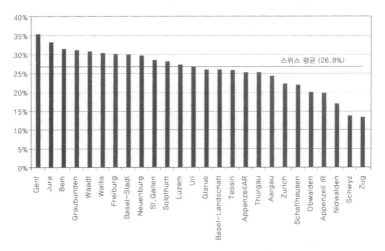

스위스 평균 (26.8%)

그림 10 : 칸톤별 조세부담율 (2011)
(출처: Eidgenöossisches Finanzdepartement EFD)

2011년 스위스 칸톤별 평균 조세부담율은 26.8%이다. 중앙스위스지역의 칸톤인 추크, 쉬비츠 등에서 조세부담율이 현저히 낮은 편이다. 전체평균의 절반수준이다. 이에 비하여 젠프와 유라 등 서부스위스 지역에 있는 일부 칸톤의 조세부담율이 가장 높은 편이다. 인구가 가장 많은 칸톤 취리히의 조세부담율은 평균보다 낮은 편이다.

4. 조세경쟁에 대한 찬반 논쟁

스위스에서는 조세경쟁을 찬성하는 측과 반대하는 측간의 의견 대립이 있다. 조세경쟁의 찬반논리를 정리해보면 다음과 같다 (Frey, 2006 참조).

1) 찬성논거

- 칸톤이나 지방자치단체가 조세부담을 스스로 결정하고, 조세경쟁이 지배하게 되면 주민이나 기업은 지방정부에 대한 만족과 불만족을 전입과 전출을 통하여 표현하게 된다. 비싼 세금에 공공서비스의 수준은 낮다면 주민이나 기업은 보다 나은 지역을 찾아나서게 된다. 반대로 저렴한 양질의 공공서비스를 제공하는 곳에서는 기업과 주민을 끌어들이게 된다 (Voting by feet= Abstimmung mit den Füssen: 발로하는 투표, Abstimmung mit den Möbelwagen: 이삿짐 차로 하는 투표).

- 이로 말미암아 지방정부들은 양질의 공공서비스를 저렴하게 제공하기 위한 혁신과 효율화 압력을 받게 된다.

- 칸톤과 게마인데의 조세자율성은 주민근접행정을 유도한다. 행정의 주민근접성과 주민참여를 통해서 관료주의를 보다 잘 통제할 수 있게 된다.

- 칸톤의 공공서비스는 관련 공동체의 납세자에 의해 비용을 충당하게 되고 전체국민에게 전가되지 않음으로써 조세경쟁의 장점은 강화된다(지역적 등가성: 이익향유자= 비용부담자).

- 한 지역으로부터 다른 지역으로 이주가능성은 지방정부에 의한 착취로부터 주민과 기업을 보호하고, 시민들의 자유를 보장하는 기능을 한다[14]. 조세경쟁은 세금인상을 억제하여 지역의 입지

---

14) 재무장관들은 통상적으로 이러한 회피가능성을 좋아하지 않는다. 국가재정을 어렵게 할 수 있기 때문이다. 이에 지구상의 대부분의 국가에서는 획일적인 세율을, 그것도 높은 세금을 도입하고 있다. 이러한 경향을 가리켜 노벨 경제학상 수상자인 뷰캐넌(James Buchanan)은 "재무장관들의 카르텔(Kartell der Finanzminister)"이라고 했다. 이에 대해 스위스 재무장관인 메르쯔(Hans-Rudolf Merz)는 다음과 같은 말을 했다. "조세경쟁은 국가의 과도한 조세탐욕으로부터 시민을 보호한다."(Frey, 2006, 6)

경쟁력(Stanortwettbewerbsfähigkeit))을 향상시키는데 기여한다.

2) 반대논거

- 조세경쟁체제하에서는 재정적 단일국가보다 소득의 재분배가
어렵게 된다. 부유한 사람들은 보다 세금이 싼 지역으로 이주함으
로써 높은 세금을 회피하게 된다. 대신에 특정한 서비스를 필요로
하지만 세금을 납부할 능력이 안 되는 계층만 남게 되면 재분배
정책은 불가능하게 된다.

- 조세경쟁은 단기간이든 장기간이든 결국 바닥으로 질주
(Spirale nach Unten) 또는 바닥을 향한 경주(Race to the Bottom)
을 초래하여 국가재정을 어렵게 할 것이라는 우려가 정치인이나
경제학자들에 의해 제기되고 있다.

- 모든 국민이 정부에 대해서 전입이나 전출로써 만족과 불만
족을 표현할 수 있는 것은 아니다. 세금을 내지 못하거나 낮은 세
금을 내는 사람들에게 조세경쟁은 무의미하다.

- 조세망명자(Steuerflüchtlinge)가 다른 인근지역으로 이주를 하
여 세금을 다른 지방정부에 내더라도 종전의 지방정부에서 제공
하는 공공급부를 향유하는 경우에 종전의 지방정부의 공공급부에
무임승차하게 된다. 예컨대, 세금이 비싼 루체른(Luzern)에서 세금
을 적게 내기 위해서 이웃 칸톤인 니더발덴으로 이사를 가지만
여전히 루체른에 머물면서 활동하거나 별장을 소유하는 사람들이
있다. 스위스가 면적이 좁은 나라이기 때문에 대가를 지불하지 않
고 공공서비스를 이용할 가능성은 높다. 정부서비스는 주소지에
서 뿐만 아니라 근무지에서도 향유하기 때문이다[15].

3) 평가

조세경쟁에 찬성하는 입장이나 반대하는 입장은 대체로 논자의 정치적 지향과 연관이 있다. 좌파성향을 가진 사람들은 대체로 조세경쟁에 반대하거나 제한적으로 인정하는데 비하여 우파성향의 사람은 대체로 조세경쟁을 긍정적으로 본다. 이러한 정치적 성향이나 가치관을 떠나서 객관적인 관점에서 검증이 필요하다. 그것이 경제발전이나 효율성, 혁신에 어떤 영향을 미치는지를 살펴보는 것이 필요하다. 실증적인 연구결과물들은 조세경쟁이 국가활동의 효율성을 높이는데 긍정적인 역할을 하고, 국가의 비중을 줄이는데 기여한다. 조세경쟁은 국가간의 경쟁에 있어서도 유리하게 작용한다(실증적인 연구결과에 대해서는 Feld, 2009, 43-47 참조).

바닥으로 질주로 인한 위험이 아직 스위스에서 발생하지 않는 것에 대해서는 다음과 같은 설명이 가능하다(Frey, 2006). 첫째, 개인의 주거지 선택이나 기업의 입지선택에 있어서 세금뿐만 아니라 세금에 대한 반대급부로서 공공인프라와 같은 공공서비스와 위치와 접근성, 시장근접성 등도 중요한 역할을 한다. 둘째로, 세금이 낮다고 하더라도 토지가격이나 집값이나 임차료가 비싼 경우가 적지 않아 조세경쟁의 효과가 줄어들 수 있다. 셋째로, 스위스에선 주민들이 스스로 세율을 결정하므로 처음에는 낮은 세율을 선호하게 되지만, 공공서비스의 질이 떨어지고 거주여건이 열악하게 되면 더 이상 세금인하를 원하기 보다는 세금을 더 내더라도 이들을 개선해 줄 것을 요구하게 된다.

---

15) 이러한 근무지와 거주지의 차이로 야기되는 문제를 해결하기 위해서 근무지에도 세금을 납부하게 하고 투표권도 부여하자는 방안도 제안되고 있다(Eichenberger, 2013, 304).

5. 조세경쟁 억제를 위한 "조세정의" 국민투표의 실패

사회민주당(SP)에 의해서 설립된 단체인 SP 조세연대는 "공정한 세금을 위하여 조세경쟁의 남용을 멈추라"고 주장하면서 2008년 5월 6일 서명을 수집해서 국민발안을 했다. 모든 칸톤에서 실질적인 조세통일을 내용으로 하고 있다. 국민발안의 주요내용은 헌법개정을 통해서 고소득자와 고재산에 대한 최소세율의 도입, 역누진세의 금지 등이다. 연소득 25만 프랑 이상인 사람에 대해서는 최소한 22%이상을 과세하고, 부동산 가액이 2백만 프랑 이상인 경우에 최소한 5‰ 이상을 징수할 것을 내용으로 하고 있다. 이로써 칸톤간의 조세경쟁을 엄격하게 제한하자는 것이다. 2010년 11월 28일 실시된 국민투표는 이를 부결하였다. 찬성은 41.5%, 반대는 58.5%였다[16]. 찬반 논리는 다음과 같다. 찬성논리는 국민발안을 주도한 사민당(SP)에서 주로 주장하였고 반대논리는 주로 연방재무부와 스위스경제인 협회에서 주장하였다.

표 20 : "조세정의" 국민투표에서 찬반논리

찬성 논리	반대논리
- 조세경쟁의 남용방지 　(세금선물로 백만장자 사냥하기) - 칸톤의 조세자율권은 유지 　(최저세율만 제한) - 역진세 금지 - 부자혜택 방지 - 가난한 칸톤의 세수증대 - 조세정의의 증대	- 성과가 높은 연방제 모델을 훼손하고 칸톤과 게마인데의 자치권을 침해 - 시민들의 조세결정권 박탈 - 전반적인 조세인상을 초래, 중산층의 이익 침해 - 조세인상으로 인한 스위스의 입지경쟁력 훼손 - 선량한 납세자들에 대한 징벌 - 복지수준과 일자리에 대한 위협

---

16) http://www.admin.ch/ch/d/pore/va/20101128/det553.html

III. 형식적 조세조화

1. 개관

스위스는 칸톤마다 각각 상이한 26개의 다양한 세법이 존재한다. 여기에 연방의 세법이 별개로 존재하므로 스위스에는 27개의 세법이 존재한다. 조세조화(Steuerharmonisierung)는 스위스에서 조세법을 통일하려는 노력을 의미한다. 이러한 노력은 현재까지 조세의 형식적인 측면에서 조화에 국한하여 추진되어 왔다. 즉 절차적인 측면에서 조화에 관한 것이고, 실질적이고 내용적인 측면의 조화(실질적 조화)는 포함되지 않는다(이하 이기우, 2013 참조). 물론 내용적인 측면에서 조화가 필요하다는 주장도 사회민주당을 중심으로 제기되고 있으나 연방헌법 제129조에서는 이를 금지하고 있다. 연방정부도 칸톤의 과세자주권을 침해하고, 경제발전에 부정적인 영향을 미친다는 이유에서 실질적 조화를 반대하는 입장을 가지고 있다. 또한 2010년 11월 30일 실시된 국민투표에서도 고액수입자와 고액재산에 대해서 모든 칸톤에서 최소 한계세율을 도입하도록 하자는 사회민주당의 헌법개정안이 부결되었다.

연방헌법 제129조에 따라 연방은 직접세분야에 있어서 과세원칙을 제정할 권한과 의무가 있다[17]. 연방은 이 규정에 근거하여 1990년 12월 14일에 조세조화법을 제정하였다. 이 법은 1993년 1월 1

---

17) 연방헌법 제129조는 다음과 같다.
  ① 연방은 연방과 칸톤, 게마인데의 직접세의 조화를 위한 기본원칙을 제정한다. 연방은 칸톤의 조세조화를 위한 노력을 고려하여야 한다.
  ② 조화는 조세의무, 과세대상, 조세의 시간적 산정, 과세절차, 조세형벌에 미친다. 특히 세액과 세율, 면세액은 조화에 포함되지 않는다.
  ③ 연방은 부당한 조세특혜에 대응하기 위한 규정을 제정할 수 있다.

일부터 효력을 발생하였다. 이 법률은 헌법의 위임규정에 맞추어 칸톤과 게마인데에 대해서 구속력을 가지는 조세의무, 과세대상, 조세의 시간적 산정, 과세절차, 조세형벌을 규정하고 있다. 칸톤들은 각 칸톤의 세법을 2000년 말까지 칸톤이 이 법률에 적합하도록 각 칸톤의 관련 세법을 개정하도록 하였다. 조세조화법은 많은 문제에 대해서 확정적으로 규정하는 대신에 칸톤들이 조세에 관한 규정을 함에 있어서 다양한 규정을 할 수 있는 일종의 대강법률(Rahmengesetz)로 규정하였다. 2001.1.11부터는 칸톤법이 조세조화법에 일치하지 않는 경우에 조세조화법을 직접 적용하고 있다.

2. 조세조화법의 제정과정

조세조화에 대한 구상은 새로운 것은 아니다. 이미 1920년대에 세법교수인 블루멘쉬타인(Blumenstein)이 스위스 조세의 근간을 차지하는 소득세와 재산세에 대한 원칙을 통일적으로 연방법으로 제정할 것을 주장했다. 하지만 당시에는 별로 주목을 받지 못했다.

칸톤 취리히는 1945년 조세조화를 논의해줄 것을 발의했으나 성과는 없었다. 연방정부는 직접세를 통일하는 것은 칸톤의 주권을 너무 많이 침해한다고 보았다. 그 후 조세조화 문제에 관한 광범한 논의가 있었다.

1968년엔 칸톤재무각료회의(Konferenz der kantonalen Finanz- direktoren: FDK)는 학자들과 실무가들로 구성된 위원회에 칸톤의 모범법률(Mustergesetz)을 만들 것을 위탁했다. 위원회는 1972년 작업을 완료하였다. 1973년에 칸톤재무각료회의는 앞으로 칸톤의 조세조화 작업과 칸톤세법의 개정과 앞으로의 연방직접세법 제정을 위한 기초로서 모범법안을 제안하였다.

1970년 조세조화 조정위원회를 구성했다. 연방재무부와 앞의 칸톤재무각료회의는 조정위원회에 연방직접세법 초안과 칸톤과 게마인데의 조세조화법을 맞추도록 했다. 조정위원회는 1973년 그 결과를 제출했다. 이 초안에 대해서 칸톤정부들과 정당들, 이익단체들은 광범위한 토론을 전개했다. 조정위원회는 1977년 5월 4일 이러한 토론결과를 반영한 보고서를 제출하였다.

1977년 6월 12일 실시된 국민투표에서 연방의 조세조화에 관한 권한을 인정하고 두 가지 법률(연방직접세법과 조세조화법)제정을 연방에 위임하는 안이 통과되었다. 조정위원회는 다시 두 가지 법률안에 대한 검토와 수정작업을 하였다. 연방정부는 1983년 5월 25일에 두 가지 법률안에 대한 보고서를 채택하였다.

국회에서 심의는 어려움이 많았고 장기간 소요되었다. 1983년 8월말에 심의를 시작하여 28차례에 걸친 회의를 했다. 1986년 3월에 본회의 처음 상정되었다. 난항 끝에 1990년 12월 14일에 양원에서 두 가지 법률안이 통과되었다. 연방직접세법(연방직접세에 관한 연방법률)안에 대해서는 하원에서 122대 18, 상원에서 39대 2로 통과되었다. 조세조화법(칸톤과 게마인데의 직접세조화에 관한 연방법률)은 하원에서 121대 4, 상원에서 35대 2로 통과되었다.

3. 조세조화법의 내용개관

연방의회는 조세조화법을 대강법률(Rahmengesetz)로 제정되었다. 이 법률은 칸톤과 게마인데의 입법자들이 세법을 정함에 있어서 따라야할 원칙들을 규정하고 있다. 이 원칙들은 과세의무, 과세대상, 과세산정기간, 과세절차, 과세형벌에 관한 것이다. 이 법률에는 세율이나 세액, 면세액 등에 관한 규정은 없다. 즉 실질적인 조세조화는 채택되지 않았다. 조세조화법은 다음 세금에 대한 것이다.

- 개인소득세
- 개인재산세
- 개인(법인은 선택적)의 부동산양도세
- 법인의 이윤세
- 법인의 자본세
- 개인과 법인의 원천세

조세조화법의 마지막 장은 이 법률의 집행에 관한 규정과 경과규정을 하고 있다. 이에 따라 조세조화법은 1993년 1월 1일부터 효력을 발생하였다. 칸톤의 입법부는 2000년 말까지 이 대강입법에 칸톤의 법률을 개정할 수 있는 시간을 갖게 되었다.

4. 조세조화의 실현

조세조화법은 원칙법률이고 대강법률이므로 이를 구체화하여 칸톤의 법률에 반영하는 것은 칸톤의 입법자들의 과제이다. 조세조화법의 내용 중에서 어떤 것이 구속적이며 어떤 것이 칸톤의 입법재량에 맡겨져 있는지에 대해서는 처음부터 문제가 제기되었다. 이는 조세조화법에 대한 객관적인 해석을 통해서 정해지겠지만 궁극적으로는 연방법원의 몫이다(조세조화법 제73조).

칸톤세의 내용 특히 세목과 세율에 대한 전국적인 통일 즉, 실질적 조세조화는 헌법에 의해서 금지되어 있다. 조세의 절차나 방법 등 형식적 요건에 관한 통일이 조세조화법을 통하여 실현되었다. 즉 스위스에서 조세조화는 형식적 조세조화에 관한 것이다. 한국이나 독일과 같이 과세권이 중앙집권화된 경우에는 조세조화의 문제는 처음부터 문제되지 않는다. 스위스와 같이 조세자율권이 분권화된 경우에 비로소 문제가 된다.

형식적 조세조화에 대한 찬반논쟁이나 그 효과와 부작용에 관한 심도있는 분석은 입법과정에서 없었다. 최근에 형식적 조세조화의 영향에 대한 재평가를 해야 한다는 주장이 제기되고 있다. 한편에서는 형식적 조세조화가 조세행정의 투명성과 비교가능성을 통해 효율성을 높이고 무과세나 이중과세를 없애고, 징세비용을 감소시킨다는 주장(Yardstick Competition)이 있다. 이에 대해서 칸톤에 의한 분권적인 조세혁신을 억제한다는 비판이 제기된다(발견절차로서 조세경쟁: Stuerwettbewerb als Entdeckungsverfahren). 칸톤의 조세자율성이 스위스 세법의 발전을 위한 실험실로서 더 적합했다는 것이다.

제도를 어떻게 형성하는지에 따라 긍정적인 효과가 크게 나타날 수도 있도 부정적인 효과가 크게 나타날 수도 있다. 결국은 칸톤의 분권적 지대추구(Rent-Seeking)와 연방의 조세조화에 있어서 집권적 지대추구의 비용을 어떻게 줄이는가에 달렸다.(Baur/ Daepp/ Jeitziner, 2010).

IV. 재정조정제도

1. 재정조정의 의의

재정조정(Finanzausgleich)이란 지방정부마다 다른 재정적인 능력을 조정하기 위한 조치를 의미한다. 재정조정에는 수직적인 재정조정과 수평적인 재정조정이 있다. 수직적인 재정조정(vertikaler Finanzausgleich)은 연방이 칸톤을 지원하거나 칸톤이 게마인데를 재정적으로 지원하는 것과 같이 상위정부가 하위정부를 재정적으로 지원하는 것을 의미한다. 이에 대해서 수평적인 재정조정 (horizontaler Finanausgleich)은 칸톤과 칸톤간 또는 동일 칸톤안에서 게마인데와 게마인데간에 재정적인 조정을 의미한다.

2. 재정조정의 역사

스위스 재정조정제도는 매우 오랜 역사를 가지고 있다. 이는 2008년 효력을 발생한 신재정조정제도를 기점으로 이전의 구재정조정제도와 이후의 신재정조정제도로 구분된다(이하 이기우, 2013 참조).

1848년 스위스 연방헌법에 따르면 직접세는 칸톤의 권한이었다. 연방은 관세와 우편수입으로 그 비용을 충당하였다. 1874년까지는 칸톤의 수입감소를 연방이 보상하였다. 연방헌법에는 칸톤에 대한 보조에 대해서 한 조항만 있었다. 연방이 국가의 이익을 위한 공공시설(예컨대 도로건설, 숲, 치수시설)에 대해 지원한다는 규정이다. 칸톤 Uri, Graubünden, Tessin, Wallis가 중요한 고갯길을 정비하는데 드는 비용을 충당하기 위한 재정지원을 받았다. 이어서 1884년에는 직업교육을 위한 지원이 이루어 졌다.

1893년에는 농업, 1897년에는 보건, 1902년에는 초등학교에 대한 지원이 추가되었다. 1915년부터는 연방이 다양한 이름의 직접세를 재산과 수입으로부터 징수하였는데 그 수입 중에서 일부를 칸톤으로 이전하였다. 예컨대, 1917년에는 인지세, 1941년에는 상품판매세, 1942년에는 사치세를 도입하였다. 1925년부터 연방은 유류관세의 일부를 일반 도로정비비용으로 칸톤에게 지불하였다.

1946년의 노령 및 유족연금에 관한 연방법률에 의해서 각 칸톤의 분담액을 처음으로 재정능력에 따라 산정했고, 칸톤의 재정능력이 연방보조금의 액수를 결정하는 계기가 되었다. 칸톤을 재정능력이 강한 칸톤, 중간 칸톤, 약한 칸톤으로 구분하고 보조금의 지원비율을 3:4:5로 했다.

1958년에 재정조정이 헌법에 규정되었다(구헌법 제41조, 제42조, 1999년 헌법 135조). 1959년에 와서야 처음으로 스위스에서 재정조정법이 제정되어 본격적인 재정조정의 기초를 갖게 되었다. 이 재정조정법은 2008년 신재정조정법이 시행되기 이전까지 스위스 재정조정의 법적 근거가 되었다. 이는 새롭게 만들어 낸 것이 아니라 연방창설이후 점진적으로 발전해온 재정조정제도를 수용한 것이었다. 이 재정조정은 연방과 칸톤의 재정조정(수직적 재정조정)와 재정적으로 강한 칸톤과 약한 칸톤간의 재정조정(수평적 재정조정)을 포함하고 있었다.

이때의 재정조정은 두 가지 요소를 기본으로 했다. 하나는 재원을 연방직접세와 연료세 그리고 연방은행의 이윤에 대한 칸톤의 몫으로 했다. 또 다른 하나는 재정조정대상을 칸톤의 사업관련 재정지원과 비용보전으로 했다. 이는 100여개의 개별처분으로 구성되어 있어서 체계가 없고 투명성이 떨어졌다. 연방의 재정이전은 크게 늘어났고, 2000년에는 연방총지출액의 1/4에 달했다. 그럼에도 불구하고 칸톤간의 재정격차는 줄어들지 않았다. 연방헌법에 보장된 칸톤의 자율성 때문에 연방이 직접 업무를 수행하는 것은 매우 제한되어 있었다. 이에 연방은 칸톤에 대해 지원을 하면서 조건과 지침들을 증가시켰다. 이로 인하여 결정권과 재정권은 점점 연방에 집중되고 칸톤은 집행기능에 치우치게 되었다.

2008년에 발효된 신재정조정제도는 내용적으로나 시간적으로나 방대한 국가적 사업이었다. 1991년 연방재무부가 재정조정의 결과를 결산하면서 재정조정의 체계상 흠결이 명백해졌다. 1993년 칸톤재무각료회의는 연방재정조정을 보완하는 기본방향을 의결했다. 1994년에는 근본적인 개혁을 위한 전문가들의 조사보고가 있었다. 1996년에는 재정조정과 업무의 개정(NFA)에 관한 보고서가 발표되었다. 1999년에는 이를 구체화한 초안이 공시되었다. 새로운 재정조정은 재정적으로 강한 칸톤과 약한 칸톤간의 격차를 줄이고, 연방과 칸톤간의 협력을 위한 효과적이고 비용절약적인 구조를 만드는데 목적이 있었다. 새로운 재정조정제도는 2004년 11월 28일 국민투표에 부쳐졌다. 64.4%의 찬성으로 재정조정개정안은 통과되었다. 2008년 1월 1일부터 효력을 발생하였다. 이를 연도별로 중요한 내용을 정리하면 다음과 같다.

표 21 : 재정조정제도의 주요변천

연 도	주 요 내 용
1958	연방헌법에 재정조정조항 도입
1959	칸톤에 대한 재정조정에 관한 연방법률제정
1990	재정지원과 보장에 관한보조금에 관한 법률
1994	연방과 칸톤간 재정조정에 관한 전문가조사 보고서
2001	연방정부의 신재정조정제도초안 의결
2003	신재정조정제도에 대한 연방의회의결
2004	신재정조정제도 헌법개정에 관한 국민투표
2008	신재정조정제도 효력발생
2010	신재정조적제도의 효과에 관한 제1차 평가

3. 구재정조정제도의 내용과 문제점

스위스의 구재정조정제도는 건국이후 그때그때의 필요에 따라 개별적인 조치들이 축적된 것이었다. 1959년의 재정조정법도 체계적인 구상에서 나온 것이 아니라 그 이전의 제도를 거의 그대로 반영한 것에 불과했다. 이렇게 탄생한 재정조정제도는 2008년 1월 1일 신재정조정제도가 효력을 발생할 때까지 존속했다. 구재정조정제도의 가장 큰 특징은 업무수행에 있어서 중앙집권화가 강화되어 있어 집행연방주의(Vollzugsföderalismus)로 지칭되었다.

칸톤의 자율성 때문에 연방의 직접 업무집행은 법적으로는 매우 제한적이었다. 연방은 칸톤에 대한 보조금을 지급하면서 칸톤의 업무의 집행과 관련하여 부관이나 지침을 통해서 간섭을 강화했다. 이에 결정권과 재정지원은 연방에 집중된 반면 칸톤은 단순한 집행기관으로 전락하는 경향이 나타났다.

1958년 헌법에 도입된 재정조정조항과 이에 근거한 재정조정법은 칸톤의 재정력에 기초를 둔 재정조정제도를 채택하였다. 결과적으로 칸톤에 대한 거의 모든 재정지원은 어떤 형태로든 칸톤의 재정력에 따라 결정되었다. 정부의 재정지원에 칸톤의 재정력이 결부되었다. 재정력이 약한 칸톤은 자체부담금을 지불함으로써 재정력이 강한 칸톤에 비하여 더 많은 보조금을 누릴 수 있도록 했다. 이는 재정력이 약한 칸톤에 더 많은 혜택을 부여하기 위한 좋은 의도였으나 실제결과는 다르게 나타났다. 재정력이 약한 칸톤에게 잘못된 동기유발을 해서 비효율적인 재정투자를 유발했다. 거의 절반의 재정조정이 연방업무의 집행과 결부되고, 보조금이 칸톤의 자체자금조달과 결부된 경우가 많았다. 칸톤이 더 많은 조정액을 받기 위해서는 칸톤의 예산을 증대시켜야 했다. 이로 인해 재정력이 약한 칸톤은 국가비중의 확대와 자체자금을 조달하기 위한 세금인상을 초래했다. 이는 재정력이 약한 칸톤의 조세부담을 높여 입지경쟁력을 약화시켰다(송상훈 외 2011, 292 참조).

또한 연방재정조정액은 칸톤의 재정력지수에 의해 산정을 했기 때문에 칸톤은 재정력지수를 높여야 할 동기를 갖지 못했다. 이를 위한 개선노력이 부족하게 되어 칸톤은 가난의 악순환으로부터 벗어나려 하지 않았다. 이에 당시 재정조정을 위해 많은 재원을 투입했음에도 불구하고 칸톤간의 재정격차는 줄어들지 않았다.

1994년 조사보고서에서도 기존 재정조정제도의 문제점으로 다음과 같은 것을 지적했다(Frey et. al).

- 배분목적(Allokationsziel)과 재분배목적(Umverteilungsziel)의 혼동
- 칸톤상호간의 수평적인 부담조정이 없이 너무 중앙집권적인 규율
- 재원이전의 비효율성(목적이 불분명하고 세세한 규정)
- 목적이 구속된 재원이전비중이 과중함
- 칸톤간의 격차는 거의 줄어들지 않음

4. 신재정조정제도의 개혁목표

1990년대 초반까지는 재정조정제도에 관한 종합적인 효과분석이 없었다. 1991년에 들어와서 연방재정행정부서는 재정조정결산서를 제작했다. 이에 기초하여 칸톤장관들은 1992년에 "2000년을 향한 기본지침"이란 소견서를 통해서 엄청난 재정조정재원에도 불구하고 칸톤간의 격차는 커졌다고 주장했다. 당시의 재정조정제도가 비체계적이고, 복잡하며, 서로 앞뒤가 맞지 않고, 연방과

칸톤 게마인데간의 재정흐름을 정치적으로 조정할 수 없도록 얽혀져 있는데 원인이 있다고 했다. 연방과 칸톤은 1992년에 근본적인 개혁을 하기로 합의하고 5명의 재정학자에게 위탁하여 기존 재정조정제도의 문제점을 밝히고 해결방향을 모색하여 달라고 했다. 이에 신재정조정제도는 다음과 같은 목표를 실현하기 위해 설계되었다(Frey/Frey, 2013, 14).

- 칸톤간의 재정적 격차의 감소
- 칸톤간 조세경쟁을 위한 공정한 조건의 마련
- 연방국가에서 업무수행의 효율성 제고
- 칸톤의 자율성제고
- 대내적으로나 대외적 관계에서 조세경쟁력의 유지

그러나, 독일과는 달리 동일하거나 등가치적인 생활관계를 만들어 내는 것을 목표로 한 것은 아니다(Frey, 2010).

신재정조정제도와 관련해서 지도노선이 된 것은 재정적 등가성의 원칙과 보충성의 원칙이었다. 이는 중앙집권의 강화대신에 연방제를 재활성화하자는 것이다. 등가성의 원칙 (Äquivalenzprinzip)은 비용부담에 관한 원칙이다. 이익을 향유하는 자가 비용도 부담하도록 함으로써 외부효과를 막자는 것이다. 이에 대해 보충성의 원칙(Subsidiaritätsprinzip)은 사무배분의 원칙이다. 가능하면 하위 공동체가 업무를 처리해야 하며 그것이 어려운 경우에만 상급공동체가 관여할 수 있도록 하자는 것이다.

5. 신재정조정제도의 내용

1) 개요

연방재정조정은 넓은 의미의 재정조정과 좁은 의미의 재정조정으로 이루어진다. 넓은 의미의 재정조정으로 업무의 중복해소(Entflechtung der Aufgaben), 연방과 칸톤간의 새로운 협력형태, 칸톤간의 협력과 부담조정을 수단으로 한다. 좁은 의미의 재정조정은 재정분야에 대한 것으로 재원조정(Ressourcenausgleich)과 부담조정(Lastenausgleich)를 수단으로 한다.

o 넓은 의미의 재정조정(업무재조정)

- 중복업무의 해소

한 업무가 연방이나 칸톤중 어느 한 정부가 수행하는 것이 가능하고 합리적인 업무는 어느 한 정부(연방 또는 칸톤)의 업무로 한다. 이를 통해서 업무뿐만 아니라 재정도 중복이 해소된다. 업무의 중복해소로 책임을 명확히 하고 업무의 효율성을 높이려는 것이다.

- 연방과 칸톤간 공동사무에 대한 협력

공동업무(Verbundaufgaben)라고 불리는 업무 즉, 연방과 칸톤이 공동으로 수행해야 하는 업무는 동반자적 기초에 근거한 협력으로 새로 규율되었다. 재정지원은 종래의 개별적 지원 대신에 새로운 원칙으로 총액 또는 포괄적 보조로 변경되었다.

- 칸톤상호간 협력

새로운 재정조정제도로 칸톤간의 협력이 강화되고 이를 위한 주요요건들이 만들어졌다. 칸톤은 협력의무가 부담할 수 있다.

o 좁은 의미의 재정조정
- 재원조정(Ressourcenausgleich)

재원조정은 부유한 칸톤과 가난한 칸톤간의 실질적인 조정을 가져온다. 각 칸톤은 최소한도의 고유재원을 가진다. 여기에 재정이 취약한 칸톤은 연방과 재정력이 강한 지역으로부터 재정수단을 지원받는다. 이런 재원조정은 정치적으로 조정가능하다.

- 부담조정(Lastenausgleich)

산악지역칸톤과 중심칸톤은 특별한 부담을 지고 있다. 정치적으로 영향을 미칠 수 없는 이러한 과도하고 광범한 재정부담은 부담조정으로 고려한다. 이는 지형적인 요인(예: 산악지역)이나 사회적요인(가난한 사람, 노령자)으로 인한 과도한 부담을 지는 칸톤의 부담을 들어주기 위한 조치이다.

- 애로조정(Härteausgleich)

2036년까지 기한이 정해진 애로부담조정은 신재정조정체제와 구재정조정체제 간의 변화에 따른 경과조치이다.

칸톤 조세정책이나 조세경쟁과 관련해서 가장 의미가 큰 것은 재정력조정(Finanzkraftausgleich)을 새로 마련하는데 있었다. 기존의 재정력은 이른바 자원지수(Ressourcenindex)로 대치되었다.

기존의 재정력지수는 4가지 개별지표로 구성되었다. 개인별 수입, 개인별 세수, 세부담, 칸톤면적에서 산악비율이 이에 해당한다. 칸톤은 높은 세금정책으로 재정조정액에 유리한 영향을 미칠수 있었다. 이러한 조작가능성을 피하기 위하여 신재정조정은 담세능력지수(Steuerkraftindex)를 설정했다. 이는 개인의 과세가능한 수입과 재산과 주민당 법인의 이윤으로 구성된다. 이를 통해서 재정력이 약한 칸톤이 가능한 높은 세금을 부과해야하는 압력으로부터 풀어주려고 했다. 이것이 칸톤 옵발덴이 저세율 조세정책으로 급전환한 주된 이유이다. 높은 세금이 더 이상 유리하지 않게된 것이었다. 낮은 세금으로 사람과 기업을 유치하여 과세가능한 수입이 증가할 수 있으면 칸톤은 여전히 연방으로부터 재정조정액을 적게 받지만 일정한 기간이 지난 후에는 세수입이 늘어날 수 있다고 본 것이다.

2) 법적 근거

재정조정의 근거는 연방헌법에 규정되어 있다. 연방헌법 제135조는 다음과 같이 규정하고 있다.

제135조(재정조정과 부담조정)
① 연방은 연방과 칸톤 및 칸톤간의 적정한 재정조정과 부담조정에 관한 규정을 제정한다.
② 재정조정과 부담조정은 다음 각 호를 한다.
a. 칸톤간 재정능력의 격차를 줄인다.
b. 칸톤에게 최소한의 재정자원을 보장한다.
c. 지형적이거나 사회인구통계적인 조건으로 인한 칸톤의 과도한 부담을 조정한다.
d. 칸톤간의 협력과 부담조정은 촉진 한다.
e. 국내적－국제적 관계에서 칸톤의 조세경쟁력은 유지 한다.
③ 자원조정을 위한 재원은 재원이 많은 칸톤들과 연방에 의하여 마련한다. 재원이 많은 칸톤들의 급부는 연방급부의 최소 2/3, 최대 80%에 .달해야 한다.

연방과 칸톤의 업무에 대해서는 연방헌법 제42조 내제 43a조에 규정되어 있다. 칸톤과 연방, 칸톤간의 협력에 대해서는 헌법 제44조 내지 제49조에 규정되어 있다.

좁은 의미에서 재정조정의 법적 근거로는 2003년 10월 3일에 제정된 재정조정과 부담조정에 관한 연방법률과 2007년 11월 7일에 규정된 동법 시행령이 있다.

3) 업무의 재조정(넓은 의미의 재정조정)

o 업무배분의 원칙

연방의 업무는 헌법에 규정되어 있다. 연방과 칸톤간의 업무를 배분함에 있어서 보충성의 원칙(Subsidiaritätsprinzip)과 등가성의 원칙(Äquivalenzprinzip)이 중요하다. 두 가지 원칙은 모두 헌법에 규정되어 있다(연방헌법 제43조a). 보충성의 원칙은 업무배분은 원칙적으로 하위공동체의 업무로 하고, 상위공동체는 하위공동체가 수행하기 어렵거나 통일적인 규율이 필요한 경우에 한하여만 업무를 수행한다는 것이다. 재정적인 등가성의 원칙은 향유자와 비용부담자, 결정권자가 일치해야 한다는 원칙을 의미한다 이 두 가지 원칙은 연방과 칸톤간의 업무를 재배분함에 있어서 중요한 기준이 되었다.

o 중복업무의 해소

칸톤과 연방간의 공동업무(Verbundaufgaben)는 헌법개정을 통하여 현저하게 줄었다. 종래의 공동업무중 7개는 완전히 연방업무로 이전되었다. 10개 업무는 칸톤으로 이양되었다. 나머지 17가지 공동업무에 대해서는 새로운 도구로서 협력제도가 도입되었다. 완전한 연방업무로 된 것으로 노인 및 장애연금 개인급여, 장애연금 개인급여, 노령자 및 장애인 조직, 국도, 국방, 농업자문센터, 축산 등이다. 완전한 칸톤사무로 된 것으로는 중학교까지 장학금, 장애인 보호시설, 비행장, 산악지역주거개선 등 10가지이다.

o 연방과 칸톤간 공동사무에 대한 협력

연방과 칸톤간의 중복업무 해소노력에도 불구하고 17가지 업무는 여전히 공동사무로 남아있다. 예컨대, 지역교통, 간선도로, 소음방지, 홍수방지, 문화재보호, 자연보호, 홍수방지, 수질보전, 농업구조개선, 사냥, 숲, 어업 등이 이에 속한다.

공동사무의 수행에 있어서 협력방식을 개선하였다. 연방은 무엇을 공공서비스로 제공할 것인가를 정하고, 칸톤은 이 업무를 어

떻게 집행할 것인지에 대해서 결정하도록 했다. 프로그램의 합의
범위 내에서 연방은 전략적인 목표와 지침을 정하고, 그 집행에
대해서는 칸톤에게 재량을 허용해서 주민근접성을 보장한다. 이
전과는 달리 더 이상 소요비용에 따른 지원을 하지 않고 프로그
램(업무영역)에 따른 포괄적인 지원으로 전환하였다. 연방은 목표
달성에 대한 평가를 한다. 이러한 새로운 형태의 연방-칸톤간의
수직적 협력형태는 효율적인 자원사용을 보장하고 칸톤은 연방자
원을 투입함에 있어서 합의된 테두리 안에서 자율적으로 최적화
할 수 있을 것이라고 기대되고 있다(Frey/Frey, 2013).

o 칸톤간의 협력
재정조정의 개혁 이전에도 칸톤의 경계를 넘는 업무수행에 있
어서 칸톤간 협력이 있었다. 하지만 어디까지나 자유로운 협력에
의존하였다. 한 칸톤이 다른 칸톤의 인프라시설을 사용함에도 불
구하고 시설을 설치·운영하는 칸톤은 이를 사용하는 칸톤에게
강제적으로 그 비용지불 의무를 부과할 수 없었다. 무임승차가 발
생한다. 외부효과가 발생하면 급부의 제공자는 제3자를 배려하는
데 관심이 없었고, 수혜자는 급부공급자에게 특수한 요청을 할 수
도 없었다. 특히 도시밀집지역에서는 결정자와 비용부담자, 이익
향유자가 일치하지 않는 경우가 자주 발생했다. 즉, 재정적인 등
가성이 침해를 받았다.
이러한 결함을 보완하기 위하여 새로운 재정조정제도는 외부효
과를 보상하도록 규정하고 있다. 새로운 재정조정제도는 일정한
업무에 대해서는 연방이 칸톤에게 협력의무(계약의무)를 연방결

정으로 부과할 수 있도록 하고 있다. 급부를 받는 칸톤은 급부에 상응하는 보상을 하되 급부에 대한 발언권과 참여권이 있다. 재정적인 등가성을 확보하여 외부효과를 차단하기 위한 조치이다. 구체적인 내용은 칸톤상호간의 원칙협정(Rahmenvertrag)과 개별적인 협약으로 정해진다.

새로운 재정조정제도에 의하여 한 칸톤은 다른 칸톤의 요청이 있는 경우에 연방의회의 결정에 의해서 협력의무를 질 수 있도록 하였다. 협력의무가 강제될 수 있는 업무로는 형벌과 처분의 집행, 학교분야, 칸톤대학, 광역문화시설, 쓰레기관리, 하수관리, 밀집지역교통, 특수병원, 장애인시설 등이다(연방헌법 제48a조 제1항 각호). 이러한 협력제도는 칸톤간의 협력에 적용되며, 칸톤내부의 게마인데간의 협력과 외부효과의 차단을 위한 재정조정과 업무배분은 칸톤의 법률로 별도로 규정되어야 한다.

4) 재정조정(좁은 의미의 재정조정)

새로운 재정조정제도는 조정효과를 개선하고 기존의 재정조정제도가 갖는 부작용을 해소하려고 했다. 무엇보다도 목적이 구속되는 재정력추가분(Finanzkraftzuschläge)을 목적이 자유로운 재원조정과 부담조정의 기여분으로 대치하는데 있었다. 칸톤은 재원을 학교건설이나 조세감면, 또는 업무수행을 위한 지출 중 어디에 사용할 것인지를 스스로 결정할 수 있게 된다. 이를 통해 칸톤의 독립성과 자기책임성이 강화되고 지역의 필요에 보다 잘 적응할 수 있게 된다.

종전의 재정조정제도에 의하면 조세부담율이 높고 재원이 취약한 칸톤이 조세부담율이 낮은 칸톤보다 점차적으로 보다 높은 조정액을 수령하였다. 이를 시정하기 위하여 새로운 재정조정제도에서는 조세부담율지표를 재정조정의 기준에서 삭제하였다. 이에 따라 새로운 조정제도는 칸톤의 실질적 조세부담율은 고려하지 않고 오로지 재정적 재원잠재력만을 기준으로 산정한다.

좁은 의미의 재정조정에는 재원조정, 부담조정, 애로조정이 있다. 좁은 의미의 재정조정의 재원은 연방이 부담하는 재원과 칸톤이 부담하는 재원이 있다.

재원조정에 있어서는 약60%를 연방이 부담한다. 부담조정은 100%, 애로조정에서는 2/3를 연방이 부담한다. 나머지 재원은 칸톤이 부담한다. 2013년의 재정조정의 총액은 46억 7600백만 프랑에 이른다. 그 중에서 약 2/3에 이르는 31억 100만 프랑에 대해서는 연방이 부담하고(수직적 재정조정), 나머지 1/3에 달하는 15억 7500만 프랑은 재정력이 높은 칸톤이 부담한다(수평적 재정조정). 연방헌법에는 자원조정을 위한 재원은 재원이 많은 칸톤들과 연방에 의하여 마련하되 재원이 많은 칸톤들의 급부는 연방급부의 최소 2/3, 최대 80%에 달해야 한다고 규정하고 있다 (연방헌법 제135조 제3항). 2013년 현재 재정력이 강한 칸톤은 9개이고, 재정력이 약한 칸톤은 17개이다.

o 재원조정(Ressourcenausgleich)

재원조정을 통해서 재정력이 약한 칸톤은 연방과 재정력이 강한 칸톤으로부터 재정수단을 갖게 된다. 재정조정을 통해서 칸톤 간의 재정능력을 유사하게 하려는 것이다.

재원조정을 위해서는, 우선 각 칸톤의 재정능력을 조사해야 한다. 이는 각 칸톤의 재정잠재력(Ressourcenpotenzial)에 의하여 산정한다. 재정잠재력은 과세가능한 개인소득과 개인재산, 법인의 재산을 합산한 것이다. 이에 기초하여 재원지표(Ressorcenindex)를 조사한다. 주민1인당 재원잠재력을 스위스 전체의 것과 비교한다. 스위스 전체의 재원잠재력지표는 100으로 한다. 재원지표가 100보다 높은 칸톤은 재정력이 강하고, 100보다 낮은 경우에는 재정력이 약하다. 조정지급액은 재정력이 약한 칸톤이 비례적으로 혜택을 보도록 결정한다. 모든 칸톤의 재원지수가 최소한 85이상이 되도록 노력한다. 2012년 재원지수는 다음 그림과 같다.

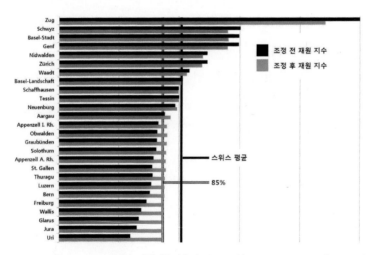

그림 11 : 2012년의 재원지수 (출처 : http://www.efv.admin.ch)

o 부담조정(Lastenausgleich)

산악지역이나 중심적 위치에 있는 칸톤은 공공서비스를 제공함에 있어서 높은 비용을 수반한다. 이들 칸톤은 비용절감을 위한 노력으로 해결할 수 없다. 이들 칸톤의 비용부담을 경감하기 위해서 새로운 재정조정제도는 지리적 부담경감제도와 사회인구적 부담경감제도를 두고 있다.

- 지리적─지형적 부담조정제도

산악지역(고도 800미터 이상 거주지역)이나 면적당 인구가 적은 지역 칸톤에 대해서 추가부담을 지원해주는 제도이다. 예컨대 고산지역의 동계업무비용, 인프라유지비용, 숲관리비용, 상수도비용, 눈사태방지비용 등과 인구희소지역의 인프라(도로, 전기 등)나 교육, 보건, 교통 등 증가된 비용 등이 포함된다.

- 사회인구적 부담조정

중심지역에는 노령자나 가난한 사람, 외국인들이 평균이상으로 거주하는 경우가 많다. 이들은 건강이나 복지, 통합 비용 등으로 인하여 추가적인 비용을 수반한다. 또한 중심도시는 주변지역의 경제적, 문화적, 사회적 활동의 중심으로서 역할을 하면서 치안이라든지 밀집지역에 수반되는 높은 비용을 감당해야 한다. 이들 추가적인 비용의 보전을 새로운 재정조정제도에 포함시켰다.

o 애로조정(Härteausgleich): 경과기간 동안의 한시적 지원금

애로조정은 한시적인 조정제도로서 새로운 재정조정제도를 도

입함으로써 재정이 취약한 칸톤이 입게 될 불이익을 보전하기 위한 조정을 의미한다. 애로조정의 총액은 3억6600만 프랑에 달한다. 그 중 2/3는 연방이, 나머지는 칸톤이 인구비례로 부담한다. 2015년까지는 그대로 유지되고 이후는 매년 5%씩 줄여서 2036년에 마감한다.

6. 첫 기간(2008~2011) 재정조정의 효과

연방정부는 매4년마다 연방의회(Bundesversammlung)에 새로운 재정조정제도의 집행과 그 효과를 보고하여야 한다. 이 보고는 지난 기간(4년간)의 목표달성을 분석하고 차기 기간(4년간)의 가능한 조치를 제안한다. 첫 기간(2008-2011)의 재정조정 효과에 대해서 연방재무부는 다음과 같이 보고를 하고 있다.

1). 칸톤의 재정자율성 증가

새로운 재정조정의 결과로 연방과 칸톤 사이에 목적이 구속된 재원이전이 현저하게 감소하였고, 목적구속이 없는 재원이양은 크게 늘었다. 이로 인하여 칸톤들이 자유롭게 사용할 수 있는 재원이 2008년 이전에 비해서 현저하게 증가하였다. 칸톤의 재정자율성은 증가했다고 볼 수 있다.

2) 칸톤간 재정능력의 격차감소

재원조정을 통하여 재정력이 강한 칸톤과 약한 칸톤간의 격차가 이전보다 줄었다.

3) 조세경쟁력의 유지

기업세나 소득세에 있어서 스위스와 칸톤의 조세경쟁력은 여전히 높다. 재원이 많은 칸톤은 새로운 재정조정을 통한 부담이 증가했음에도 불구하고 조세부담을 낮추거나 최소한 그대로 유지하고 있다. 국내적으로나 국제적으로 경쟁력이 높은 세율을 유지하려는 목적은 달성되었다.

4) 재원의 최소보장

2008년에 새로운 재정조정이 도입된 이래 1인당 자체재원율을 스위스 평균의 최소한 85%에 이르도록 하려는 목표는 지속적으로 달성될 것으로 보인다.

5) 지리적, 사회인구적인 과도한 부담의 조정

연방의 부담조정을 통하여 조사된 특별부담의 12%가 보상되었다. 보상율에 있어서는 지리적 부담조정이 사회인구적 부담조정보다 높은 편이다.

6) 칸톤상호간의 적정한 부담조정

아직 구체적인 통계가 없어 평가하기는 이르다. 하지만 질적인 평가를 보면 칸톤간의 협력과 재정조정을 강화하려는 노력은 증가하고 있다.

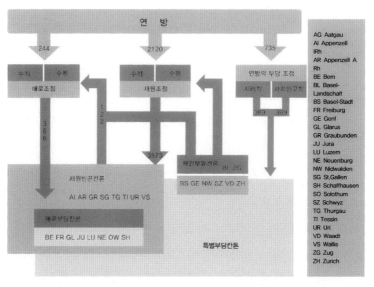

AG Aatgau
AI Appenzell IRh
AR Appenzell A Rh
BE Bern
BL Basel-Landschaft
BS Basel-Stadt
FR Freiburg
GE Genf
GL Glarus
GR Graubunden
JU Jura
LU Luzern
NE Neuenburg
NW Nidwalden
SG St.Gallen
SH Schaffhausen
SO Solothurn
SZ Schwyz
TG Thurgau
TI Tessin
UR Uri
VD Waadt
VS Wallis
ZG Zug
ZH Zurich

그림 12 : 2012년의 재정조정 실적 (출처: http://efv.admin.ch)

7. 스위스 신재정조정제도의 시사점

스위스 신재정조정제도에서 가장 중요한 것은 재원조정과 부담 조정의 명확한 구분이다. 만약 두 가지 관심사가 혼합되는 경우에 불필요한 세금낭비가 발생하고 재정조정제도에 대한 운영관리는 유지하기 어렵게 될 것이다. 재정조정제도운영의 투명성도 상실 될 것이다. 재원조정은 오로지 해당칸톤의 재원지수만을 기준으로 한다. 이에 대해서 부담조정은 재정수요에 의한 재정조정이다.

칸톤간의 재분배는 재정조정제도를 통해서만 수행한다. 다른 정책분야에서는 칸톤간 재분배문제는 고려하지 않는다. 그래야만 재분배문제를 통제가능하고 일목요연하게 파악할 수 있게 된다.

제4장

야당이 없는 정치:
화합정치

제1절 화합정치와 대결정치

영국을 비롯한 대부분의 국가에서 채택하고 있는 다수민주주의는 선거에서 다수를 차지한 정당이나 정당연립이 정부를 지배를 한다. 선거에서 다수를 차지하지 못한 소수자는 정부로부터 배제되고, 다음 선거에서 다수를 차지할 때까지 야당의 위치에 있게 된다. 야당은 다음 선거에서 여당이 되기 위해서 여당을 약화시키는데 골몰하게 된다. 여당은 계속 여당으로 머물기 위하여 야당과 경쟁하게 된다. 즉, 여야는 다음 선거를 목표로 서로 이기기 위한 대결을 하게 된다. 이점에서 다수민주주의는 여당은 정권의 재창출을 위하여, 야당은 정권의 교체를 달성하기 위해 모든 것을 거는 대결민주주의라고 할 수 있다.

스위스에서는 그렇지 않다. 스위스에서는 정부의 구성과 정치적 결정과정에 가능한 많은 정치주체를 관여시킨다. 주요정당은 물론 칸톤정부, 경제단체 그 밖의 중요 사회단체를 참여시킨다. 참여자들은 각각 다른 의견을 가지고 있다. 다수가 찬성할 수 있는 해법을 대화를 통해서 만들어야 한다. 대부분 타협을 통해서 도출된 해법에 대해서는 누구도 완전히 만족하지는 못하지만 폭넓은 지지를 받는다. 스위스는 합의민주주의 내지 화합민주주의의 가장 전형적인 국가이다(Widmer, 2008, 184).

화합민주주의(Konkordanzdemokratie)[18]는 연방제도나 직접민주주의와 더불어 스위스 정치체제를 특징짓는 가장 중요한 요소의 하나이다. 이는 정치적인 의사결정과정에 문화적인 다양성이 반영될 수 있고, 모든 유력한 정당들과 사회세력이 참여할 수 있도록 하는 제도이다. 이는 정치권력을 소수에게 집중시키는 대신에 다수의 행위주체에게 분점시키는 제도이다. 권력은 분산되지만 다수의 행위자가 가진 지식과 경험과 지혜는 모아진다.

화합민주주의는 유력정당을 모두 정부구성에 모두 참여시켜 다당정부를 구성하고 의회와 정치적인 결정과정에서 협상과 타협을 통해서 협력한다. 화합민주주의는 문화적 다양성과 연방제도, 선거제도와 직접민주제에 의해 영향을 받아 형성된 제도이다.

협의체정부인 연방정부는 여러 정당을 대표하는 7명의 각료로 구성되어 상시적 다당정부가 된다. 중요 정당들이 모두 정당지지율에 비례하여 연립정부를 구성하는데 참여한다. 다당정부를 통하여 정당간에 권력을 분점한다. 합의민주주의의 또 다른 측면은 의회에서 정당간의 협력을 가져온다는 점이다. 화합민주주의는 중요한 정치세력을 의사결정과정에 참여시킴으로써 통합을 추구

---

18) 독일어인 "Konkordanz" 또는 "Konkordanzdemkratie"를 한국어로 번역하는 것이 쉽지 않다. 협의민주주의, 합의민주주의 등으로 번역하는 경우도 있으나 정치주체의 형성에 여러 주체가 참여하도록 하고 의사결정과정에서도 여러 주체가 참여할 뿐만 아니라 협상을 통한 타협안의 도출이라는 것을 포괄하는 의미에서 화합정치 또는 화합민주주의라고 잠정적으로 번역하기로 한다. 이에 대립되는 영국식의 "Mehrheitsdemokratie(다수민주주의)" 또는 "Konkurrenzdemokratie(경쟁민주주의)"는 여야간의 대결로 정권교체를 하고 견제를 한다는 의미에서 "대결민주주의"라고 표현할 수 있을 것으로 본다.

한다. 화합민주주의는 정치적 의사결정과정에서 협상과 타협을 특징으로 한다는 점에서 여당과 야당으로 나뉘어서 대립하면서 다수결을 중시하는 다수민주주의(Mehrheitsdemokratie) 내지 경쟁 민주주의, 대결민주주의와는 본질적으로 차이가 있다.

　다수민주주의는 다수결에 의한 "승자독식(winner takes all)"의 논리에 따른 모델이다. 이에 대해 화합민주주의는 "누구나 무엇인 가를 얻을 수 있는(everyone wins something)"논리에 따른 모델이 다. 다수민주주의는 앵글로-색슨의 지배적인 모델로 단순한 다 수가 모든 권력을 가지며 다수의 결정이 소수자를 지배한다. 이에 대해 화합민주주의는 정치적 경쟁이 제한되고 모든 유력한 정치 집단이 참여하도록 하고, 소수자도 권력에 참여할 기회가 보장된 다. 이러한 화합민주주의는 스위스외에도 벨기에, 네덜란드, 인도, 남아프리카 등에서 찾아볼 수 있다(Linder, 2010, 128).

화합민주주의(Konkordanzdemokratie)

스위스의 일상생활에서는 화합정치 내지 화합민주주의가 대부분 산 술적 화합(arithmetischen Konkordanz)의 의미로 사용되고 있다. 즉, 연방정부를 구성함에 있어서 선거에서 정당의 득표율에 비례하여 연 방정부의 각료를 배분하는 것으로 이해하는 경향이 있다. 하지만 스 위스 정치체제에서 화합정치 내지 화합민주주의는 단순히 연방정부 를 구성하는 특정한 방식을 넘어 정치적 의사결정과정 전반을 포함 하는 개념으로 이해된다.
화합민주주의는 Lijphart가 유형화한 합의민주주의(Konsensdemokratie) 의 근간을 이루는 요소이다. 화합민주주의는 다수민주주의와 대조를 이룬다. 문제의 해결을 위하여 변하기 쉬운 근소한 다수결에 의하지 않고, 전부는 아니라 하더라도 가능한 대부분의 동의를 얻어 해결에 이르기까지 협상을 하는 것을 말한다(Klöti, 2006, 155). 화합민주주

의는 가능한 많은 행위자가 의사결정과정에 참여하여야 하고, 참여 자들 사이에 협상을 통하여 타협할 것을 요구한다. 화합민주주의는 단순한 정치스타일을 의미하는 것이 아니고 스위스 의사결정체제에 정립된 확고한 기본구조와 작동방식을 의미한다(Linder, 2012, 327).

스위스의 현대정치사는 한결같이 권력의 분점을 추구했다. 이러한 권력분점은 몇 개의 제도적 장치를 통해 반영되었다.

첫째, 1848년 다문화적 연방국가를 설립하면서 어떤 특정한 문화나 민족의 우월성을 포기하고 모든 칸톤의 국민에게 동등한 권리를 인정했다.

둘째, 1848년의 연방헌법의 연방적 타협은 신교와 구교, 근본자유주의자와 보수주의자, 집권주의자와 칸톤연방주의자간의 조정을 실현했다.

셋째, 1918년 도입된 연방하원의원선거법과 연방정부, 연방법원, 전문가위원회, 행정에 있어서 비례대표는 다양한 구조적 소수자들이 정치권력에 참여할 수 있도록 했다.

넷째로, 모든 국민투표능력이 있는 집단을 모두 정치적 과정에 참여시키는 화합정치를 통해서 대결정치를 협상과 타협의 정치로 교체했다.

이러한 광범한 권력의 분점은 문화적으로 이질적인 스위스에서 대립을 정치제도와 정치과정을 통해서 해소하여 통합하고 스위스 사회의 정체성을 정립하는데 기여했다(Linder, 2012, 396).

제2절 화합정치로 모델전환

I. 정치모델전환의 요인

스위스의 민주주의를 가리켜 Lijphart는 합의민주주의의 순수한 형태에 가장 완벽하게 합치된다고 했다(Lijphart, 1999, 33). 하지만 스위스도 처음부터 화합민주주의를 채택했던 것은 아니다. 1848년의 스위스 연방헌법은 명백하게 다수민주제의 경향을 갖고 있었다. 다수대표제도를 통한 선거는 오랫동안 연방의회와 연방정부에서 자유주의세력의 지배를 유지시켜 주었다. 연방국가를 설립한 이래로 수십년간 연방정부는 오로지 자유주의세력의 대표들만으로 구성되었다.

스위스민주주의는 20세기에 들어서면서 완전히 다른 종류의 체제로 전환되었다. 스위스가 권력분립과 정치적 타협체제로 전환한 것은 3가지 요소가 중요한 영향을 미쳤다(Linder, 2012, 328).

가장 중요한 요소로 1874년에 도입된 국민투표제도를 들 수 있다. 국민투표는 화합정치를 형성하는데 있어서 중심적인 구조형성적 기능을 했다(Neidhart, 1970). 국민투표제도의 도입은 다수파세력으로 하여금 국민투표에서 패배하지 않기 위해서는 국민투표 발의능력이 있는 집단들과 타협하고 조정하지 않을 수 없도록 사실상의 강제를 했고, 이는 결국 전당정부(Allparteiregierung)를 구성하도록 했다. 둘째 요소로 연방상원을 강화하여 하원과 대등한 지위를 부여한 스위스 연방제도를 들 수 있다. 모든 칸톤이 동수로 대표되는 상원에서 카톨릭보수세력은 강한 거부권을 갖게 되었다. 여당인 자유주의세력은 처음부터 타협을 하지 않을 수 없도록 했다. 셋째 요소로 1918년 국민발안에 의해서 도입된 비례대표제를 들 수 있다. 비례대표선거를 통한 정당별 지지율은 모든 공직과 정치적 자리의 정당별 몫을 정하기 위한 지침이 되었다.

　o 연방국가를 통한 수직적 권력분립

　1848년 건설된 스위스 연방국가는 처음부터 권력분점적인 요소를 갖고 있었다. 연방헌법은 연방국가를 이루는 구성국가인 칸톤에게 고유한 언어와 문화와 종교를 그대로 인정하고 과세권과 같은 높은 수준의 자치권을 보장했다. 상원을 칸톤의 대표기관으로 설치하고 칸톤간에 대등한 대표성을 부여했다. 칸톤은 상원을 통하여 연방의 의사결정에 참여하며, 연방의 권력행사를 억제하는 거부권을 행사할 수 있는 지위를 가졌다. 1848년 연방결성이래 대부분 작은 카톨릭 칸톤들이 연방의 의사결정과정에서 거부권자의 지위에 있었다. 이로 인하여 여당인 자유세력으로 하여금 정치적 타협을 하도록 했다. 연방제도는 처음부터 수직적인 권력분립을 제도화했다(Hermann, 2011, 20). 연방헌법은 또한 수평적으로도 권력을 가능한 많은 행위자와 기관에게 분할해야한다는 가치를 포함하고 있다. 연방정부와 연방의회간의 수평적인 권력분립은 물론 국회의 권력도 상원과 하원으로 분립시키고, 연방정부의 권력도 한 사람에게 집중시키지 않고 7명의 각료들에게 분산시키고 협의체로 운영하도록 하였다.

o 국민투표제도의 도입

연방수준에서 1874년에 임의적인 국민투표제도를 도입한 것은 1860년대에 칸톤차원에서 전개된 민주화운동의 결과이다. 이러한 민주화요구는 전통적인 칸톤총회의 영향을 받기 보다는 프랑스혁명의 영향으로 전개되었다. 이러한 운동은 법률안에 대한 국민투표와 국민발안을 요구하였고 많은 칸톤에서 이를 받아들였다. 연방차원에서 직접민주제를 도입함으로써 소수자인 카톨릭세력은 연방정부를 단독으로 구성하고 있는 자유주의세력에 대해 거부권자의 지위를 갖게 되었다. 카톨릭－보수주의자들은 많은 연방법률을 국민투표를 통하여 좌절시켰다. 이에 단독정부를 구성하고 있는 자유주의 세력은 정치적 영향력이 강해진 카톨릭 세력에게 연방정부각료 한 석을 배분하지 않을 수 없었다(Linder, 42).

o 비례대표제의 도입

1872년에 헌법개정을 논의함에 있어서 처음으로 비례대표제의 도입이 논의되기 시작했다. 그 당시 의회에서 절대다수를 차지했던 자유주의정당은 이를 단호하게 반대했다. 1890년에서 1892년 사이에 칸톤 테신, 노이엔부르크, 겐프 등의 칸톤의회 선거에서 처음으로 비례대표제도를 도입하였다. 1918년에 국민발안으로 비례대표제도가 연방차원에서 도입되었다.

1918년에 다수대표제를 비례대표제로 전환함으로써 스위스 정당체제와 정당간 의석배분에 매우 큰 변화를 가져왔다. 자유세력은 1848년 이후 줄곧 유지해온 연방하원에서 절대적 다수의 지위를 상실하게 된다. 1918년 비례대표제로 전환한 후 1919년에 실시된 선거에서 자유세력은 종전의 103석에서 60석으로 의석이 줄었다(전체의석은 189석). 이로써 어떠한 정당도 1/3이상을 차지하지 못하였다. 이에 정치적 의안을 통과시키기 위해서는 최소한 2개 이상의 정당이 연합하지 않을 수 없게 되었다.

뒤베르제의 법칙(Duvergers Gesetz)

화합정치는 어느 정당도 다수를 확보하기 어려운 다당제의 정당체제하에서 성립될 수 있다. 양당제의 정당체제는 정당간의 극단적인 대립을 불러와 협상과 타협을 기대하기 어렵기 때문이다. 양당제도와 다당제도의 정당체제는 선거제도와 밀접한 관계가 있다. 즉, 어떤 선거제도를 채택하는지에 따라 정당체제의 편성이 달라질 수 있다.

프랑스의 법률가이고 정치학자인 뒤베르제(Maurice Duverger)는 선거제도와 정당체제의 관계에 관하여 다수대표제도는 양당제를, 비례대표제도와 결선투표제도는 다당체를 가져온다고 했다. 그가 발전시킨 3가지 공식은 다음과 같다.

첫째로, 비례대표제도는 확고하고 독립적이며 안정된 정당의 다당체제를 가져온다.

둘째로, 결선투표가 있는 다수대표제도(절대다수대표제도)는 탄력적이고 의존적이며 상대적으로 안정된 정당의 다당제도를 가져온다.

셋째로, 단순다수대표제도(상대적 다수대표제도)는 교체될 수 있는 크고 독립적인 정당의 양당제도를 가져온다(Duverger, 1959, 219: Tiemann, 2006, 47).

연방제도, 국민투표, 비례대표제는 스위스에서 권력분점을 촉진시키고 사실상 강제를 하는 제도가 되었다. 이러한 권력분점적인 메커니즘은 다수정당으로 하여금 정치적인 성과를 내기 위해서는 국민투표능력이 있는 세력과 협력하고 타협하지 않을 수 없도록 했다(Linder, 2012, 327).

II. 경제적 화합정치

화합정치를 실현함에서 중요한 것은 국민투표능력이 있는 경제
단체를 어떻게 포함시키는지 여부에 달렸다. 이에 대한 해법을 스
위스에서는 경제단체를 헌법에서 수용하는 데에서 찾았다. 1947
년 개정된 헌법에서 한편으로는 경제단체에게 입법과정에서 청문
을 보장하고, 다른 한편으로 집행과정에 참여를 보장하였다(당시
연방헌법 제32a조). 또한 의회전절차를 확대하였다. 헌법적으로
이익단체를 인정하였지만 단순한 청문에 그치도록 함으로써 사실
상의 영향력에 머물도록 했다. 이는 조합국가(Verbandstaat)에 대
한 정치적인 민주주의의 공식적인 우월성을 인정한 것이라 볼 수
있다(Linder, 1983, 286).

이익단체를 정치과정에 포함함으로써 경제정책적인 화합정치
(wirtschaftliche Konkordanz)를 도입한 것은 1959년 정부구성에 있
어서 정당을 정부에 참여시킨 것보다 앞선다. 의회전절차를 도입
함으로써 사용자와 노동자가 협력하도록 계기를 만들었다. 이는
제2차 세계대전 이후에 강력한 정치적 영향을 미쳤다. 노사협력
은 유리한 경제분위기의 형성뿐만 아니라 사회적동반자관계를 발
전시키는데 기여했다. 정당정치적인 화합정치는 논리적으로 1947
년 이후에 도입된 경제적 화합정치로부터 발전된 결과라고 할 수
있다(Linder, 2012, 329). 의회전절차는 국민투표능력이 있는 정치
적·사회적 세력을 포함시켜 협상과 타협을 통해 정치적인 갈등
을 해소하는 것을 보장하기 때문이다.

제3절 정부구성에 있어서 화합정치

스위스연방의 집행기관인 연방정부(Bundesrat)는 의회가 선출하는 7명의 각료로 구성되는 협의체기관(Kollegialbehörde)이다. 7명의 각료가 대등한 지위에서 중요사항에 대한 의사를 결정한다. 연방각료는 양원합동회의에서 선출된다. 임기는 4년이며 불신임투표는 인정되지 않는다. 이점에서 연방정부는 의회로부터 독립적이다. 의회도 또한 정부로부터 독립적이다. 의회는 정부가 상정한 안건을 부결할 수도 있다. 연방각료는 통상 재선되어 2기의 임기를 재직한다. 유력정당들은 선거에서 지지도의 비율로 연방정부의 의석을 차지한다. 이 비례적인 대표성은 정당대표뿐만이 아니라 적정한 지역대표성과 성별 대표성의 반영도 포함한다. 연방각료는 연방의 각부서의 장관이 된다.

I. 연방정부와 화합민주주의

o 협의체원칙과 화합정치

화합정치는 협의체원칙(Kollegialprinzip)과 밀접한 관계가 있다. 스위스에서 정부의 정상에는 개인이 아니라 협의체가 있다. 이 협의체가 모든 중요한 사항을 공동으로 결정한다. 연방정부(Bundesrat)를 협의체로 구성하는 것은 하나의 예외적 현상이다. 대부분의 나라에서는 수상이나 대통령에게 권력이 집중된다. 스위스에서는 권력이 한사람에게 집중되는 것을 허용하지 않는다.

협의체원칙은 서약동맹의 전통과 대체로 일치한다. 서약동맹

(Eidgenossenschaft)은 한 번도 한사람이 단독으로 결정하는 지배자를 두지 않았다. 칸톤과 게마인데에서도 마찬가지로 위원회나 협의체에게 지배권이 맡겨졌다. 협의체에서 공동으로 지배권을 행사하게 했다. 한사람의 강력한 권력자 대신에 동료집단으로서 협의체를 택했다. 화합정치와 협의체는 서로 보완적이다. 연방과 칸톤에서 개인의 과도한 영향력을 막고 한계를 설정하며 여러 사람들에게 공간을 열어주는 협의체기관에 대한 애착은 스위스에 특유한 것이다(Fleiner,190; Widmer,2008, 188).

o 일당단독정부에서 다당정부로

1848년 스위스 연방국가가 설립된 이래 40년간은 자유세력이 일당정부를 구성했다. 1891년 카톨릭-보수세력이 연방정부구성에 참여한 이래 점차 여러 당이 참여하게 되었다. 1959년에 중요한 4개의 정당이 그 지지비율에 따라 자유당, 기민당, 사민당, 국민당이 2:2:2:1로 연방정부의 구성에 참여하는 이른바 마법의 공식이 성립되어 2003년까지 유지되었다. 2011년에는 선거에서 정당관계의 변화로 자민당, 사민당, 기민당, 국민당, 시민민주당이 2:2:1:1:1로 연방정부의 구성에 참여하였다.

스위스 연방국가의 역사는 다수정당이 참여하는 연방정부를 구성하게 되면서 달라졌다. 화합적인 정부구성으로 연방정부는 통상 연방의회의 80%이상의 지지를 받게 되었다.

화합정부와 연립정부

스위스의 화합정치(Konkordanz)는 독일이나 오스트리아 등에서 시행되고 있는 연립정부(Koalition)과 유사하게 보이지만 다르다. 연립정부는 의회제하에서 한 정당이 다수를 확보하지 못하는 경우에 다른 정당과 연정협약(Koalitionsvertrag)을 체결하여 정책공조를 약속하고 그에 기반을 두고 연립정부를 구성하는 것을 의미한다. 연립정부에는 최소한의 다수를 확보하기 위한 최소승리연립정부(minimale Gewinnkoalition)와 거대정당들이 연립정부를 구성하는 대연정(übergroße Koalition)으로 구분할 수 있다(안병영, 2011. 92). 대연정은 스위스의 화합정치에 근접하지만 연정에 참여한 정당들이 연정협약에 따라 정책적인 공조에 구속을 받지만 화합정치는 연정협약을 체결하여 참여정당을 구속하는 대신에 각정당들이 자유롭게 자신의 정책을 추구하면서 협의체 정부에서 사안마다 합의를 위해 노력한다는 점에서 차이가 있다. 화합정치의 소속정당에 의해서 대표되는 국민의 범위가 대연정의 경우보다 넓다. 예컨대, 스위스의 화합정치에 소속정당은 75%이상의 국민을 대표하지만 오스트리아와 독일의 대연정에 의해 대표되는 국민은 60-70%정도이다(Riklin, 2000).

화합정부에 참여하는 세력들간에 공동의 확신에 기반을 둔 확고한 기반이 있어야 한다는 주장이 있다. 하지만 이는 화합정치와 연립정부를 혼동한 것에서 비롯된다. 물론 화합정치에도 민주주의의 근본가치에 대한 합의는 필요하지만 그 이상은 아니다. 민주적 근본합의는 화합정치의 전제조건이 된다. 이에 속하는 것으로 직접민주주의, 연방제도, 자유주의적 법치국가, 사회적 시장경제, 건전재정, 무장중립 등이 거론된다(Koller, 2007).

이웃나라인 독일이나 오스트리아의 연립정부는 정치의 내용에 대한 공동의 양해에 근거를 두고 있지만 화합정치는 절차규정과 행위규칙에 대한 합의에 기반을 두고 있다(Villiger, 2009, 204).

화합정치는 두 가지 이유에서 공통의 정치적 확신을 요구하지 않는다. 첫째로 정당은 다른 정당과 차별화되는 다양한 정치적인 확신을 가지고 있기 때문에 정당인 것이다. 만약 정당에게 화합정치를 위해 공동의 정치적 내용을 마련하라고 요구하는 것은 그 정당의 정체성을 적어도 부분적으로 부정하는 것이나 마찬가지이다. 만약 정당이 그렇게 한다면 지지자들이 멀어질 것이다. 둘째로, 의회의원은 헌법상 특정한 견해에 구속을 받지 않는다. 이점에서 연정협약과 같은 것은 실제로 실현되기 어렵다. 이에 화합정부를 이루는 정당에게 공동의 정부프로그램을 요구하는 것은 현실적이지도 않고 체계정합성도 없다. 화합정부의 구성원으로서 정당은 그의 고유한 특성을 지킬 수 있어야 한다. 화합정치가 정당의 정체성을 박탈하는 것이어서는 안된다. 화합정치에 반드시 요구되는 것은 화합절차에 관한 묵시적인 규칙에 관한 합의이다. 비록 정치적인 긴장관계가 깊어져도 경시되어서는 안 된다(Villiger, 205).

o 지역과 성별 등의 대표성 반영

연방정부를 구성함에 있어서 정당의 대표성만을 반영하는 것이 아니라 지역적인 대표성과 성별 대표성도 배려하는 노력을 하고 있다. 스위스 연방헌법 제175조 제4항은 "연방정부의 각료를 선출함에 있어서는 지역과 언어권이 적정하게 대표되도록 하여야 한다."라고 규정하고 있다. 스위스연방이 설립된 1848년 이래 독일어권, 프랑스어권, 이탈리아어권, 로만어권은 그 인구비례로 연방정부의 구성에 반영되었다. 또한 가장 큰 칸톤인 취리히와 베른, 바트는 연방각료의 선출에 반영되었다. 1971년 여성투표권이 부여된 이래 1984년에 와서야 최초의 여성각료가 선출되었다. 2014년 현재 3명의 여성각료가 있다.

o 연방정부의 의사결정방식

연방정부는 전체회의에서 결정하는 협의체원칙을 채택하고 있다(연방헌법 제177조 제1항). 협의체로서 연방각료회의는 각료들이 대등한 지위에서 참여하고, 다수결로 결정하지만 각료들은 합의를 위하여 노력하게 된다. 왜냐하면 협의체원칙에 의하면 각료들이 구속력있는 결정을 공식적으로 견지해야 하기 때문이다.

화합정치를 가능하도록 하는 규칙으로 다음과 같은 4가지 규칙을 들 수 있다(Villiger, 255 이하).

첫째, 화합정치의 의미는 오로지 국민들의 다수로부터 지지를 받는 해결책을 마련하고 실현하는데 있고, 이러한 다수지지는 타협을 통해서 실현될 수 있기 때문에 정부를 구성하는 정당들은 타협능력(Kompromissfähigkeit)이 있어야 한다. 이는 극단을 고집하지 않고 타협안을 지지할 수 있어야 한다는 것을 의미한다. 근본주의자들은 그 개념상 타협을 허용하지 않는다.

둘째로, 지도기능을 원만하게 수행하기 위해서 연방정부는 통일적으로 행동해야 한다. 정부의 구성원은 의견결정과정에서는 다양한 정치적인 신념을 주장할 수 있지만 일단 결정되면 그 후에는 결정에 충실하게 따라야 한다. 연방정부를 동료협의체제도로 한 것은 각료들이 그 소속 정당으로부터 어느 정도 거리를 두고 특별한 역할을 할 것을 요구하고 있다. 이를 통해서 정부는 "국민정부(Volksregierung)"가 된다. 이러한 역할을 거부하고 정부각료인 동시에 야당지도자가 되려고 한다면 정부에 속한다고 보기 어렵다.

셋째로, 정당은 그를 대표하는 각료의 이러한 역할을 수용해야 한다. 정당이 각료에게 특정사안에 대한 특별한 입장을 요구해서는 안 된다.

넷째로, 정당은 국회에게 누구를 연방각료로 선출하도록 지시해서는 안 된다. 하지만 국회가 정당에 기반을 가지지 않고 정당의 입장을 믿을 만하게 대표할 수 없는 자를 선출하는 것은 화합정치의 정신에 모순된다. 또한 각료후보자로부터 어떤 사안에 대해 특정한 입장을 요구하는 것도 잘못된 것이다.

o 화합정치와 타협

국민들의 의사는 매우 다양하다. 다원적인 사회에서 국민다수의 지지를 받는 해결책을 찾아내기 위해서는 대부분의 경우에 타협이 필요하다. 타협은 모두가 공감하는 합의와 같은 것은 아니다. 타협은 다수의 지지를 확보하기 위한 것일 뿐이다. 처음에는 불가능한 것처럼 보이는 것도 정치는 타협을 통해서 많은 것을 할 수 있다. 타협은 갈등을 회피하는 것은 아니다. 타협을 통해서 갈등이 해소되는 것이다. 화합정치는 갈등없는 정부형태가 아니다. 화합정치는 다원적 사회의 갈등을 다루는 현대적이고 유용한 방법이다. 타협은 취약함을 드러내는 것이 아니라 최고의 정치기술이다. 정치적인 타협은 정부기능을 유지하기 위한 최소한의 요건이 된다. 의회민주주의나 대통령제하에서도 화합정치에 유사한 타협을 하게 되는 것을 볼 수 있다. 예컨대, 미국에서 대통령이 소속한 정당이 의회에서 소수파가 되는 경우가 이에 속한다.

II. 칸톤정부와 게마인데정부의 화합정치

칸톤정부와 게마인데 정부도 연방정부와 마찬가지로 협의체기관으로 설치되며, 정당의 의석비율에 따라 정부구성원의 의석을 배분하고 있다. 지역이나 소수자, 성별 대표성을 정부구성에 반영하는 경우가 많다. 이점에서 화합민주제의 원칙은 칸톤이나 게마인데의 구성에 있어서도 반영되고 있다고 볼 수 있다.

제4절 정치과정에서 화합정치

I. 정치과정에 참여하는 정치주체

의회민주주의는 정치권력을 의회다수당과 집행기관에 집중시키는데 대해서 스위스의 화합 민주주의는 정치권력을 여러 정치주체에게 분점시키고 이들을 정치과정에 참여시키고 있다. 중요한 정치주체로는 연방정부와 이익단체, 의회, 국민, 연방행정을 들 수 있다. 협상과 타협에 의한 의사결정은 단순한 다수결보다 시간이 많이 들고, 혁신적인 결정을 하기가 힘든 경우도 적지 않다. 하지만 정치적, 사회적 소수를 수용함으로써 정치적인 안정과 수용성과 통합성을 강화하는데 기여한다(Schweiz, 2011, 46이하 참조).

o 연방정부

연방정부는 의사결정과정에서 내용의 우선순위와 시간계획을 정함으로써 많은 영향을 미치며 정치의 방향을 잡는 역할을 한다. 연방정부는 행정부의 전문적인 인력을 활용하여 자신의 정책구상을 준비할 수 있다. 연방정부에 의한 정치주도는 두 가지 측면에서 제한을 받는다. 한편으로는 다당정부 내부의 의사결정에 의하여 제한을 받는다. 둘째로, 의회에 의하여 제한을 받는다. 정부는 의회를 해산할 수 없기 때문에 의회는 정부의 제안을 거부할 수 있다. 다만 외교분야에서는 의회의 역할이 제한을 받는다. 모든 외교적 협상과 타협에 대해서는 정부가 책임을 지고 주도하기 때문이다. 의회는 국제적인 협정을 전면적으로 수용하든지 거부하든지 할 뿐 구체적인 내용 대해서는 영향을 미치지 못한다.

o 이익단체

칸톤이나 경제단체, 직업단체나 사회단체 등 이익단체가 영향력을 미치는 가장 중요한 단계는 의회전절차(vorparlamentarisches Verfahren)이다. 의회전절차는 제2차 세계대전이후에 확대되었다. 이익집단들은 그들의 이익에 반하는 법률에 대하여 국민투표를 이용해 취소시킬 수도 있으므로 이익집단들의 의견을 미리 듣는 것은 법률제정과정에서 매우 중요하다. 스위스에서 이익집단은 국민투표를 협상담보물로 사용하여 다른 나라의 이익단체의 로비활동보다는 강력한 영향력을 행사할 수 있다. 정부와 의회는 의회전절차에서 이익집단들의 의견을 반영함으로써 국민투표의 위험을 줄이려고 한다.

의회전절차는 두 단계로 이루어 진다. 첫번째 단계는 전문가위원회(Expertenkommission)의 소집이다. 연방정부는 새로운 법률안을 제안하고자 하는 경우에 전문가위원회를 소집해서 최초의 법률안 초안을 제안하도록 한다. 두번째 단계는 의견청취절차(Vernehmlassungsverfahren)이다. 칸톤과 관련 모든 이익단체들이 의견을 제출할 수 있도록 개방되어 있다. 경제정책이나 사회정책을 입안하고 집행하는 과정에서 노-사간, 공-사간 사회적동반자관계(Sozialpartnerschaft)는 중요한 역할을 하고 있다. 이들 의회 전절차는 의회의 결정절차 이전에 미리 국민투표의 위험을 줄이는데 기여한다.

o 의회

의회는 입법기관으로 법률안을 제안하거나 심의하고 결정하며, 예산안을 심의확정하고, 정부와 행정부를 통제함으로써 영향력을 행사한다. 의회활동의 자유는 국민에 의한 직접민주주의와 이익단체의 의회전절차 개입, 연방정부와 행정의 외교정책 등에 의해 제한을 받는다.

o 국민

국민은 국민투표와 국민발안을 통해서 정치과정에 참여한다. 국민투표는 최종결정이다. 국민들이 국민투표에서 부의된 안건을 거부하는 경우에 정치적 엘리트들의 결정은 번복된다. 국민들이 수용하는 경우에 그 결정의 민주적인 정당성은 강화된다. 국민발안은 의회나 정부가 발의를 하지 아니하여 정치과정에서 다루어지지 못하는 새로운 의제를 국민이 스스로 정치적 논의과정에 상정하는 의미를 가진다. 국민투표가 소극적으로 정치적 엘리트들의 결정에 대한 거부가능성을 국민에게 부여하는 것이라면, 국민발안은 국민의 대표인 정치엘리트들이 소홀히 하는 의제를 국민들이 스스로 논의하는 적극적인 의미를 가진다.

o 행정

경제국가와 복지국가로 국가의 역할이 증대함에 따라 행정의 확장을 가져왔다. 정치과정에서 행정의 영향력도 커지고 있다. 행정은 자체의 전문가들이 의회전절차에서 많은 영향력을 행사한다. 또한 행정은 정책의 집행을 통해서 기존정책의 성과와 실패에 대한 경험을 가지고 있다. 이는 개혁의 동기를 부여하는 경우가 많다. 행정은 문제해결의 방안을 제시하거나 행정고유의 이익을 지키는 데 중요한 역할을 한다.

II. 정치주체들의 정치과정 참여

입법을 위한 정치과정은 순환과정이다. 공동체의 문제를 해결하기 위해서 정부나 의회에 의하여 법률안이 제안되고 발의된다. 발의된 법률안을 국회에서 심의되기 전에 칸톤과 법률안과 이해관계를 가진 기관이나 단체의 폭넓은 참여가 이루어진다. 칸톤과 이해집단의 참여는 최종의사결정이 될 수 있는 국민투표에 의해서 의미가 커진다.

다음으로 국회에서 법률안은 의회인 하원과 상원에서 각각 독립적으로 논의를 거쳐 표결을 거치게 된다. 이 과정에서 법률안이 수정되기도 하고 부결되기도 한다. 의회에서 결정된 법률안은 국민투표에 의해서 국민에 의해 직접적으로 최종적인 결정을 거칠 가능성이 부여되어 있다. 법률안은 국민투표에서 거부될 수도 있고 받아들여질 수도 있다. 국민들은 국민투표를 통하여 의회나 정부에 대한 견제역할을 하게 된다. 법률이 확정되면 행정을 통하여 집행된다. 집행단계에서 연방행정은 칸톤이나 이익단체들과 함께 하게 된다. 연방행정이나 칸톤행정은 집행하면서 기존법률의 장점은 물론 문제점도 파악하게 된다. 장점을 강화하고 문제점을 개선하기 위한 제안을 하게 된다. 연방정부나 의회에 의하여 이러한 제안이 발의되면서 정치과정의 순환은 되풀이 된다(이하 Schweiz, 2011 참조).

o 의회전절차 단계

정치적인 순환과정은 법률안이나 헌법개정안이 발의되면서 시작된다. 국민발안에 의해서 제안되는 경우도 있으며, 의회의 동의에 의한 경우도 있다. 법률안은 드물지 않게 개혁지향적인 이익단체들과 교류를 하는 연방정부나 연방행정부에 의해서 시작되기도 한다.

연방정부가 법률안을 제안하는 경우에는 전문성이 있는 행정부처나 전문가위원회에 맡겨 그 최초 초안을 작성하게 한다. 전문가위원회의 위원으로는 학자나 그 밖의 전문가도 참여하지만 관련단체나 칸톤의 대표자들이 주로 참여한다. 특히 국민투표를 주도할 능력이 있는 단체들은 국민투표를 협상의 담보로 내세워 적극적인 요구를 하게 된다. 이렇게 해서 작성된 초안에 대해서 의견을 제출하도록 칸톤이나 이익단체, 정당 등을 초청한다. 의견청취 결과를 평가한 후에 행정부는 충분한 지지를 받은 개선안만을 유지한다. 연방정부는 의견청취절차를 기초로 해서 법률안을 계속 추진할 것인지 여부를 결정한다. 연방정부는 이렇게 해서 마련한 법률안을 제안설명서와 함께 연방의회에 제출한다.

o 의회심의단계

의회에 발의된 법률안은 상원과 하원의 양원에서 심의절차를 거치게 된다. 법률안은 상하양원에서 각각 다수결로 결정한다. 만약 하원과 상원의 의결내용이 서로 다른 경우에는 이를 조정하기 위해 의견이 일치할 때까지 3번까지 각원에서 재심의를 하는 이견조정절차(Differenzbereinigungsverfahren)를 진행한다. 이러한 협의절차나 양원에서 선임한 13인의 위원으로 구성되는 합의회의 (Einigungskonferenz)에서도 타협에 성공하지 못하는 경우에 법률안은 폐기된다.

o 국민투표의 단계

의회에서 의결된 법률안의 약 7%에 대해서 국민투표가 행하여진다. 국민투표가 실시되는 경위는 여러 가지이다. 첫째로, 국민투표는 연립정부를 구성하는 정당중의 하나에 의해서도 추진될 수 있다. 왜냐하면 연립정부를 이루는 4개의 정당이 항상 입장을 같이 하는 것은 아니기 때문이다. 연립정부를 구성하는 어느 한 정당이 법률안에 의해서 유권자들의 이익이 침해된다고 생각하는 사안에 따라서는 반대를 하게 된다. 사민당(SP)이나 국민당(SVP)이 중도정당인 자민당(FDP)이나 기민당(CVP)보다 국민투표를 더 많이 이용한다. 둘째로, 군소정당이나 시민단체들이 국민투표를 주도해서 가끔씩 성과를 거두는 경우도 있다. 셋째로, 정부를 구성하는 정당간에 법안에 관한 타협이 취약한 경우에 외부세력과 연계해서 연쇄반응을 일으켜 심지어는 정부를 구성하는 정당도 가세해서 정당간 타협을 깨고 국민투표로 이어지는 경우도 있다.

법률안에 대한 국민투표가 실시될 것인지에 대해서 예측하기는 어렵다. 정치적 엘리트들은 정부나 국회의 법안에 대한 국민투표로 법안이 취소될 수 있다는 것을 감수한다. 국민의 결정은 구속적이며 즉시 효력을 발생한다.

o 집행단계

집행단계는 정치순환단계에서 중요한 비중을 차지한다. 앞의 정책은 궁극적으로 집행을 통한 실현을 목적으로 하고 있으며 집행을 통하여 정책의 타당성이 검증되고 개선방안을 모색하게 된다. 대부분의 법률이 칸톤과 협력해서 집행된다는 점에서 칸톤행정과의 협상이 필요하게 된다. 스위스 연방제에서 연방행정청은 강제수단을 많이 갖고 있지 않으며 주로 칸톤정부의 권한에 속한다. 이에 연방행정청은 집행과정에서 칸톤의 자율성과 자원과 선호를 중요시한다. 칸톤에서 저항하는 경우에 연방법률의 집행은 어렵게 된다. 반대로 칸톤과 합의는 협력을 강화하고 연방정책을 실현을 용이하게 한다.

제5절 화합정치의 조건

화합정치를 실현하기 위해서는 여러 가지 요건이 갖추어져야 한다. 제도적 기초도 중요하지만 경제적인 여건도 중요하다. 또한 다루게 되는 정책의제도 그 운영의 성패에 영향을 준다. 무엇보다도 중요한 것은 어떠한 조건하에서도 타협을 통해 공통의 정책을 찾아내고 실현하는 정치 엘리트의 능력이 중요하다(이하 Schweiz, 2011 참조).

I. 화합정치의 제도적 기초

화합민주주의는 정치적 협상을 통해 정치적 타협에 이르는 것을 목표로 한다. 다수의 정책을 소수에게 강요하는 대신에 상호간의 양해를 추구한다. 승자가 모든 것을 독차지하는 대신에 모두가 다소간 얻도록 한다. 이것은 흔히들 스위스의 문화라고 하지만 제도적 영향이 크다. 국민투표와 칸톤의 영향력이 강한 연방제도, 다당제도는 정치적 행위자들이 협력하고 타협하도록 만든다. 예컨대 영국의 다수민주주의체제와 스위스의 화합민주주의체제의 제도적 기초는 다음과 같은 차이를 보인다.

표 22 : 영국정치체제와 스위스정치체제의 제도적 기초 비교
(출처: http://www.swissworld.org)

	영국: 대의적 다수민주주의	스위스: 준직접적 화합민주주의
정당간 경쟁	정당간 치열한 경쟁 ⇒ 승자독식	정당간 미온적인 경쟁 ⇒ 비례적 대표
권력교체	치열한 선거로 주기적 권력 교체	미온적 선거, 정당간 권력분점으로 권력교 체가 없음
정부프로그 램의 범위	광범한 정부프로그램이 다수 정당의 지지를 받음 ⇒ 대대적 혁신가능	정부와 의회의 광범위한 임기내 프로그램 에 대한 합의부재. 소수자통합과 참여정당 의 교체를 통한 다양한 문제에 관한 집단 이익의 대립 조정. ⇒ 점진적 혁신
민주적 정당성의 근거와 배경사상	권력교체 또는 정권재창출을 통한 민주적 정당성 강화 배경사상: 국민을 위한 정치	다양한 형태의 참여를 통한 민주적 정당성. 가장 중요한 문제에 대해서는 국민이 최종 결정권. 중대한 사안에 대해서는 국회가, 통상적인 문제에 대해서는 정부가 결정. 배경사상: 국민과 더불어 하는 정치
유권자의 영향력 행사	선거를 통해 일반적이고 프 로그램화된 영향력 행사. 유 권자는 하나의 정부와 그 정 부의 전체 임기에 걸친 정치 적 프로그램을 결정	직접민주제를 통한 개별사안에 대한 결정. 선거의 의미가 약함. 정부의 특정프로그램 에 대한 영향력 약함

II. 협력강제장치로서 직접민주제

　의회의 결정이 국민투표에서 무효화될 수 있는 위험을 피하기
위하여 정당간의 협력이 촉진된다. 정부를 구성하는 유력정당들
의 교섭단체는 의회에서 모든 결정을 함에 있어서 타협하려고 한
다. 의사결정을 하는데 시간이 많이 걸리게 되고, 새로운 것을 결
정하기 어렵게 되어 점진적인 방안을 채택하게 될 가능성이 높다.
모든 경우에 타협이 용이한 것은 아닐 수 있다. 사안에 따라서는
개별정당이 국민투표에서 실패할 수도 있음을 염두에 두고 이를

방지하기 위해 노력하게 된다. 교섭단체간에 타협을 통하여 결정을 하게 되면 큰 힘을 발휘한다. 이렇게 해서 제출된 헌법개정안은 국민들이 거의 대부분 수용하게 되고, 법률안에 대해서 임의적인 국민투표가 실시되는 경우는 많지 않다. 국회에서 다당정부를 이루는 정당간의 협력은 정당상호간의 신뢰와 존경을 증진시킨다.

연방의회에서 의결된 법안 중에서 약 7%정도가 임의적인 국민투표에 회부된다. 의회는 이러한 국민투표를 피하기 위하여 반대되는 이익을 반영하려고 노력을 하게 된다. 법률안을 의회에 상정하여 심의하기 이전단계에서 적정한 절차를 통해 학습과정을 거치도록 하고 있다. 칸톤과 관련 이익단체가 법률안에 대해 의견을 말할 수 있는 기회를 부여하는 사전심의절차를 마련하고 있다. 연방정부는 이를 참조한다. 연방의회에 제출된 법안에 대해서 의원들은 이미 어떤 논점이 다투어지고, 어떤 이익단체들과 연방정부가 어떤 입장을 가지고 있는지를 알 수 있게 된다. 연방의회의 전체결정과정에서 초안이 어떻게 변경되었는지가 지속적으로 기록된다. 연방의회와 교섭단체는 이를 통하여 법률안의 성립과정과 타협으로 성립된 법률안의 취약점과 강점을 알 수 있게 된다. 이러한 과정들이 법률안에 대한 타협을 촉진하고, 성립한 법안에 대한 지지정당을 확대하고, 국민투표를 피할 수 있게 한다.

모든 정치적 결정이 의회와 정부에 의해서 이루어진다는 점에서 스위스는 다른 나라와 마찬가지로 대의제를 가지고 있다. 하지만 다른 나라와 차이가 나는 것은 중요한 결정에 국민들이 최종적인 결정권을 가진다는 점이다. 즉 가장 중요한 정치적 결정인 헌법안에 대해서는 반드시 국민과 칸톤의 찬성을 얻어야 한다. 헌법보다는 중요성이 약하지만 여전히 중요한 법률안에 대해서는 국민들이 선택적으로 최종적인 결정권을 가질 수 있도록 하고 있다. 보다 덜 중요한 모든 결정에 대해서는 의회나 정부가 최종적인 결정권을 가진다. 스위스 정치체제는 대의제적인 요소와 직접 민주적인 요소를 동시에 가지고 있다는 점에서 준직접민주제 (halbdirekte Demokratie)라고 표현한다.

스위스 의회정치의 위기와 극복

의회에서 언제나 타협이 이루어지는 것은 아니다. 1930년대 스위스는 국내외적으로 이중적 압력을 받고 있었다. 대외적으로는 세계경제적인 위기와 독일과 이탈리아의 전체주의의 위협이 있었다. 대내적으로는 전선주의자운동(Frontistenbewegung)에 직면했다. 당시 부르조아 연립정부는 좌파 야당세력과 우파보수세력으로부터 압박을 받고 있었다. 독일과 이탈리아의 나찌나 파시즘적 급진세력들의 선동이 스위스에서도 만연했다. 이들은 1934년에 반의회제도와 권위주의적 국가를 지향하는 이른바 "전선주의자국민발안(Frontisteninitiative)"을 통해 전면적인 헌법개정을 요구하였다. 1935년에 실시된 국민투표에서 압도적으로 부결되어 헌법적 위기는 극복했다. 하지만 경제위기를 극복하기 위한 입법과정은 전면적으로 봉쇄되었다.

지난 수십년간 국민투표권을 통해서 강화된 개개의 경제단체들은 극단적인 분야별보호를 요구하는 법률안을 정부에 요구하였고, 서로 상반된 국민투표로 저지되었다. 경제단체들이 연방정부의 법률안들을 저지했다. 부르조아 여당은 분야별보호주의와 자유주의로 분열되어 위기극복을 위한 법률안에 합의를 할 수 없었다. 좌파정당은 다시 케인즈식 경제정책을 주장했지만 과반수를 얻지 못했다. 정치적 결정과정은 마비되었다. 정치세력이 분열된 가운데 연방정부와 의회는 긴급권(Dringlichkeitsrecht)를 통하여 국민투표를 배제하여 위기를 극복하였다. 1930년에서 1939년 사이에 91개의 법률과 연방결정이 국민투표로부터 제외되었다. 여기에 연방정부의 많은 긴급명령이 추가되었다.

III. 경제적 여건

화합민주주의가 승자독식 대신에 모두가 무엇인가를 얻도록 하는지는 경제적인 여건에 따라 한결같지 않다. 1960년대와 1970년대의 고도성장 속에서 전체의 부가 늘어나고 모두에 대한 분배도 증가하던 시절에는 국민투표는 드물었고, 필요적 국민투표는 성공하는 경우가 많았다. 석유파동으로 경제가 어려워진 1975년 이후에는 합의하기가 어려웠다. 경제성장이 낮아 분배할 것도 적었다. 한쪽 분야를 늘리면 다른 분야는 줄여야 하는 제로섬게임이 되었다. 생태적 지속가능성이 새로운 정치의제가 되고, 새로운 정치갈등의 원인이 되었다. 1980년대 말에는 중요한 법률안들이 실패하고 입법은 불안전했다. 지난 20년간은 세계화와 유럽화의 압력을 외부로부터 강하게 받았다. 이로 인해 합의는 촉진되었고, 정치적 혁신도 빨라졌다. 하지만 세계화의 승자와 세계화의 패자

---

19) 개정된 구연방헌법 제32조는 다음과 같다. "시행법률을 제정하기 전에 관할 경제조직의 의견을 들어야 하고, 시행규정의 집행에 있어서 경제조직을 관여하게 할 수 있다."(구 연방헌법 제32조(1947))

간의 격차는 커졌고, 도농간, 노사간의 갈등은 심화되었다(Schweiz, 2011, 51)

IV. 정치적 의제

결정해야할 정치적 의제의 성격에 따라 합의의 난이도는 달라진다. 재정문제와 같이 분할이 가능한 공공재에 대해서는 타협이 비교적 용이하다. 세금을 올리려는 세력과 이를 반대한 세력간의 갈등은 인상금액의 조정을 통해서 비교적 합의가 용이하다. 이에 대해서 가분성이 없는 공공재에 대한 결정은 합의가 어렵다. 예컨대, 1977년에 써머타임(Sommerzeit)을 도입하려고 했으나 농민들이 반대했다. 우유생산에 지장을 초래한다는 것이다. 이 경우에는 절충이 어렵다. 이에 농민들은 여름시간의 도입을 전면 거부했다. 생활이 불편하게 되자 2년 후에 여름시간이 다시 도입되었다. 또한 종교적인 문제도 타협이 쉽지 않다. 낙태문제가 좋은 사례가 된다. 임신중절에 대해서 십여년간 논쟁이 있었고 국민투표도 여러 번 실시되었다.

V. 정치적 엘리트

권력분점은 정치엘리트들간의 접촉을 강화해서 정치적 카르텔을 형성한다는 비판이 제기된다. 또한 화합민주제하에서 선거는 정부와 야당간의 역할전환을 가져오지 않기 때문에 민주적 통제 역할이 약화된다는 주장도 있다. 이에 대해 직접민주적인 공민권은 정치엘리트에 대한 영구적이고 효과적인 통제가 된다고 반박한다. 모든 정당은 그 결정에 대해서 국민투표에 직면할 수 있다. 국민투표는 정치엘리트주의에 한계를 설정한다.

또한 제도가 가져다주지 않는 부분을 정치인들이 보충해야 하는 부분이 있다. 상호간의 양보를 통해서 창조적인 타협을 하는 정치인의 능력과 의지가 요구된다. 자신의 이해관계를 넘어서는 정치에 대한 이해도 필요하다.

제6절 화합정치의 문제점과 전망

화합민주제에 대한 비판은 도입당시부터 있었다. 권력분점체계와 타협을 통한 전면적인 조정은 불만의 균등한 배분을 초래할 것이라는 비판도 있다. 화합민주주의에 대한 비판은 투입과 산출 양면에서 분석할 필요가 있다. 먼저 투입의 측면에서는 화합민주주의체제로 다양한 사회적 이익이 평등하게, 왜곡되지 않은 참여가 이루어지는지에 대한 것이다. 산출의 측면에서는 화합민주주의체제로 인한 결정이 좋은 결과를 가져오는지 여부에 대한 것이다(Linder, 2012, 347 이하 참조).

o 이익집단의 과도한 영향
화합민주주의가 모든 국민의 동등한 정치참여를 보장하는 것은 아니다. 이익집단의 영향력 행사는 1인 1표 원칙에 의한 민주적인 투표보다는 국가나 사회가 의존하고 있는 급부를 거부할 수 있는 힘에 기반을 두고 있다. 경제적 이익단체나 직업단체들이 정치에 영향을 미치는 것은 다른 나라에서도 마찬가지이다. 스위스에서 특유한 것은 이익집단들이 그들의 요구를 들어주지 않으면 그들이 선호하지 않는 법률안에 대한 국민투표를 하겠다는 위협을 한다는 점이다. 이러한 위협은 실제투표로 가는 경우보다 많다. 직접민주주의는 부분적으로는 공민권이 아니라 이익집단의 권리로 변질된다. 이익집단국가(Verbandsstaat)라는 비판은 스위스의 국회가 약해서 이익집단의 의회전절차에서의 타협을 무비판적으로 수용하던 시절에는 타당성이 높았다. 하지만 오늘날 의회가 강화되어 입법절차를 주도하고, 행정이 이익집단의 영향에 대해서 대응을 하고 있는 상황에서는 이익집단이 의회를 지배한다는 비판은 현실과 부합하지 않는다. 또한 오늘날 세계화의 확대로 과거 국내적으로 영향력이 컸던 농민단체나 직업단체들의 정치적 영향력은 떨어졌다. 전통적인 경제단체나 노사협의체들도 드물지 않고 분열되어 중립화되기도 한다. 제약회사나 은행과 같이 세계화된 산업의 경우에는 오늘날에도 정치적 영향력을 유지한다. 이익집단들의 영향력은 전반적이라기보다는 부분적이며 그 영향력은 세계화의 진전에 따라 변하고 있다.

의회전 절차의 참여에 있어서도 모든 집단이 참여하는 것이 아니라 관련단체만 참여한다. 이는 제3자의 배제를 의미한다. 제한된 범위의 단체들이 참여하여 제3자의 이익과 일반의 이익을 희생하고 타협을 하게 된다는 문제점도 제기된다(Linder, 2012, 350).

o 단기적 부분이익의 편중

협상테이블에서 단기적 특수이익을 추구하는 집단이 장기적인 보편적 이익을 추구하는 집단보다도 과도하게 대표될 수 있다. 예컨대, 보편적이고 장기적인 공익을 추구하는 환경단체는 그 회원이 유력정당의 당원보다 많고, 인기도 높은 편이다. 그럼에도 불구하고 자동차 교통량을 줄이기 위해 세금을 높이려고 한다면 상황은 달라진다. 영업을 위협받는 경제단체뿐만 아니라 비싼 비용을 지불해야 하는 소비자들의 저항도 만만치 않게 된다. 소비자들은 일반적이고 보편적인 공익보다는 당장의 불편함과 부담을 감수하려고 하지 않는다. 보편적이고 장기적인 이익보다는 단기적이고 특수한 이익을 우선시하고 높은 비중을 차지하는 것은 스위스 화합민주주의에서만 문제되는 것은 아니고 모든 다원적인 민주체제가 봉착하는 문제라고 볼 수 있다.

> **장애인 연금 개혁 사례**
>
> 스위스 장애인연금(Invalidenversicherung)제도는 지난 수년간 재정문제가 있었다. 장애인 연금제도는 수차례 개혁을 거듭해 왔다. 의회에서 논의는 찬반의견이 대립했다. 국민당을 비롯한 우파정치인과 경제단체들은 연금삭감을 통한 절약을 요구했고, 이에 대하여 좌파정당과 노동조합은 연금삭감을 반대했다. 의회에서는 개혁의 목적과 재정능력을 감안하여 소폭의 개혁에 합의를 했다. 이에 대해서 두 차례의 국민투표가 있었다. 1999년 국민들은 절약조치에 반대하는 결정을 했다. 좌파정당의 지원을 받은 장애인단체가 제기한 것이었다. 2007년에 또다시 연감감축 개정에 반대하는 국민투표가 실시되었다. 장애인 단체가 다시 연금감축을 반대하였으나 좌파정당의 지지를 받지 못하였다. 이에 연금감축 개정안은 국민투표에서 결정되었다(Schweiz, 2011, 84).

o 혁신부족

스위스정치는 화합민주주의를 통하여 정치적 안정성과 신뢰성
이 매우 높다. 협상과 타협을 통하여 이데올로기적인 과격함은 냉
각되고, 실용적인 해결책을 찾게 된다. 정부와 의회가 협력하는
위원회에서의 논의는 상호간의 학습과정이 되고, 모든 참여자들
이 함께하는 결론에 도달한다. 스위스에서 선거는 영국과 같은 다
른 민주주의 국가와는 달리 주기적으로 여당과 야당을 교체하는
것은 아니다. 스위스에서는 선거를 통한 정권교체가 이루어지는
의회민주주의 국가와는 달리 대규모 혁신이 이루기는 어렵다는
비판이 있으나 반드시 언제나 그런 것은 아니라고 본다[20]. 스위
스에서는 급진적 개혁보다는 점진적인 혁신이 일반적이다. 1990
년대부터 세계화와 유럽화로 스위스는 혁신의 속도와 범위를 증
대하도록 외부로부터 압력을 받고 있다.

---

[20] 화합민주주의가 일반적으로 개혁을 어렵게 만든다고 한다. 하지만 다른 연구에 의하면 이
웃나라인 독일, 프랑스, 오스트리아 등과 비교해보면 반드시 개혁에 비우호적이라고 할 수
없다고 한다(Kirchgästner, 2012, 236; Krumm. 2013, 85). 예컨대 스위스의 신재정조정제도
는 방대한 개혁작업이었다. 1993년에 개혁에 착수하여 2004년에 국민투표에 의하여 결정
하고 2008년에 시행하기까지 거의 15년에 걸친 대대적인 개혁이었다. 스위스에서 이와 같
은 개혁이 진행될 수 있었던 것은 다른 나라와 달리 정권교체로 인한 전면적인 정책전환
으로 초래되는 정치적 불안정 대신에 정책의 지속성을 유지하는 정치적인 안정이 있었기
때문에 가능했다.

제7절 화합정치의 이론적 기초

I. 화합민주주의 이론의 발전

1960년대 말까지만 해도 정치학에서는 영국식의 "다수결에 의한 승자독식(majoritaian winner-take-all"을 가져오는 웨스터민스턴(Westminster-Modell) 모델이 가장 발전된 민주주의 형태로 간주되었다(Powell, 1982; Vatter, 2014, 54).

1960년대말 이후에 Lehmbruch(1967, 1975)와 Lijphart(1968, 1977)는 유럽대륙의 이질적인 사회를 가진 작은 국가의 민주주의를 경험적으로 분석을 통해서 화합민주주의(Konkordanzdemokratie)의 내지 합의민주주의(Konsensdemokratie)모형을 발전시켰다[21]. 이들은 정치적인 쟁점문제를 다수결이 아니라 갈등집단간의 타협을 통해 해결책을 찾는 민주주의 국가가 있다고 했다(Lijphart 1968; Lehmbruch 1967).

Lijphart는 지난 45년간의 연구를 통해서 개념정의에 많은 노력을 기울였다(Kranepohl, 2012, 13이하 참조). 60년대부터 그의 다양한 개념정의 노력을 비교해 보면 화합민주주의(consociational democracy)를 핵심모델[22]로 보고 있다.

---

21) Lehmbruch가 역사적으로 발전되어온 화합민주주의의 갈등조정의 의미를 강조한데 비하여 Lijphart는 협력적 엘리트들의 자발적 성격에 역점을 두었다(Kranenpohl, 2012, 16:Vatter, 2014,54). Lehmbruch는 초기에 비례민주주의(Proporzdemokratie)라는 개념을 사용했으나 나중에 화합민주주의(Konkordanzdemokratie)라는 개념으로 바꾸었다.

22) Lijphart는 협의민주주의(consociational democracy)나 권력분점민주주의(power-sharing)를 강한 형태의 합의민주주의(konsensdemokracy)라고 했다(Lijphart,1994, 3; Vatter, 2014, 54).

그 외에도 Neidhart는 협상이 분쟁을 재판단하고, 우선순위
에 양해를 구하고, 새로운 해결에 이르기 위한 행위자들의 집
단학습과정을 유발할 수 있다는 생각을 반영하여 협상민주주의
(Verhandlungsdemokratie)라고 불렀다(Neidhart, 1970). Steiner는
정치엘리트들의 협상친화성을 강조하여 "우호적인 합의(amicable
agreement)"라고 불렀다(Steiner,1974).

II. Lijphart의 다수민주주의와 화합민주주의의 비교

Lijphart의 민주주의는 링컨의 게티스버그 연설에서 말한 국민
의, 국민에 의한, 국민을 위한 정부에서 출발한다. Lijphart는 '국
민에 의한(by the people), 국민을 위한(for the people)'에 대해서
의문을 제기한다. 국민들이 의견일치를 보지 못하는 경우에 누구
의 의견에 따라 정부가 결정해야 하는지, 국민들의 선호가 다른
경우에 정부가 누구의 이익을 위하여야 하는가라는 딜레마에 빠
지게 된다. 이를 결정하는 방식을 그는 다수제와 합의제로 대립시

컸다. 즉, 그는 링컨의 민주주의에 대한 정의는 다수제와 합의제의 대립을 내포하고 있다고 보았다(Lijphart,1999, 2). 그는 각국의 정치를 비교한 결과 이 문제에 대한 답으로 다수민주주의와 화합민주주의의 대립을 논의하였다(같은 책).

Lijphart는 여러 국가들의 민주주의를 분석하여 다수민주주의 국가와 화합민주주의 국가를 구성하는 서로 대립적인 10가지 요소를 도출하였다. 이에는 수평적인 권력분립차원과 수직적인 권력분립차원으로 구분했다(Lijphart, 1999, 3). 수평적인 권력분립차원은 정부-정당간의 관계에 관한 것이다. 이에 대해서 수적인 권력배분차원은 연방제와 단일제에 관련된 것이다.

o 수평적인 권력분립(집행기관-정당)
- 집행권의 분산정도
- 집행기관과 의회의 권력관계
- 정당제도의 파편화정도
- 선거득표비율과 국회의석비율의 불일치정도
- 이익단체의 다원주의정도 혹은 조합주의정도
o 수직적인 권력분립차원(연방제와 단일제)
- 국가구조의 권력분산정도
- 입법권의 분산정도
- 헌법개정의 난이도
- 입법권에 대한 최종결정권
- 중앙은행의 자율성

다수민주주의와 화합민주주의에 있어서 핵심적인 문제는 서로 대립되는 정치적 권력분립에 관한 것이다. 웨스트민스터 민주주의(Westminster democracy)라고 불리는 다수민주주의는 정부에 권력집중을 중심으로 하고 있다. 이에 대해서 화합민주주의는 권력의 분점을 통해 다수의 권력을 제한하는 것을 목적으로 한다.

1. 수평적인 권립분립차원
o 집행기관의 권력분립정도

다수민주주의와 화합민주주의를 구분하는 첫 번째 지표는 정부의 구성에 관한 것이다. 무제한적인 다수지배로 안정된 정부의 구성과 잦은 권력교체를 다수민주주의의 중요한 특징으로 보았다. 합의민주주에서는 집행권이 하나의 다수당의 손에 집중되지 않고 광범한 지지기반을 가진 정부에 참여하는 유력정당들에게 분점된다(Lijphart, 1999, 33).

o 의회와 집행부간의 권력관계

두 번째 지표인 의회와 집행부간의 권력관계에는 대통령제와 의회제로 구별했다. Lijphart는 스위스는 대통령제도 아니고 의회제도 아니라고 했다. 의원들은 각자 고정된 4년 임기로 선출되고 정부와 관계에서 불신임이나 의회해산이 없기 때문에 의회제에 비하여 집행부와 의회는 좀 더 독립적이고 더 균형적인 관계에 있다. 이에 대해 뉴질랜드나 영국은 집행기관이 현저한 우위에 있다. (앞의 책, 35).

o 정당체제

다수민주제가 양당제를 특징으로 하는데 비하여 화합민주주의 하에서는 정당의 분열이 강하여 어느 정당도 다수에 이르지 못하는 다당제도를 특징으로 한다(앞의 책, 36).

o 선거제도

다수민주주의와 화합민주주의는 선거제도에 차이를 보인다. 다수민주주의는 다수대표제를 적용하는데 비하여 화합민주주의는 비례대표제를 특징으로 한다(앞의 책, 36). 이 지표는 앞에서 설명한 정당지표와 밀접한 관계를 가진다. 비례대표제도는 작은 정당에 유리하게 작용하며 이는 다당제도와 결합된다. 이에 비하여 다수대표제는 대정당에 유리한 결과를 가져오며 인기영합적인 양당제도에 연결된다.

o 이익단체의 대표방법

다수민주주의와 화합민주주의는 정부와 이익집단의 대표방법과 정도에 있어서 차이를 보인다. 다수민주주의에서 이익집단은 다원적이고 경쟁적으로 이익집단체제를 가지고 있다. 즉 다수민주주의하에서 이익집단은 정부에 대해 개별적으로 대표하며, 전국적인 단위를 조직하여 연합적으로 영향력을 행사하는 경우가 드물다. 이에 대해서 화합민주제하에서는 전국적으로 조직화되고 집중된 조합주의적인 이익집단체제를 가지고 있다(앞의 책 37, Vatter, 2008, 16).

2. 수직적인 권력분립차원

o 국가구조상 권력분산정도

다수민주주의와 화합민주주의는 연방국가와 그 구성국가간의 관계에 있어서 차이를 보인다. 다수민주주의하에서 수직적인 국가구조는 단일제로 권력이 중앙에 집중되는 반면에 화합민주주의 하에서는 중앙연방과 그 하부단위간의 권력을 분점하는 연방제도를 취한다(앞의 책, 37).

o 입법권의 분산정도

다수민주주의와 화합민주주의는 입법부내의 권력배분에 있어서 차이를 보인다. 다수민주주의는 단원제를 채택하여 입법권을 집중시키는 반면에 화합민주주의는 의회를 구성함에 있어서 양원제를 채택하고 양원을 각각 다른 원리에 의하여 구성한다. 양원은 대등한 권한을 가진다(같은 책, 38).

o 헌법개정의 난이도

다수민주주의와 화합민주주의는 헌법개정의 난이도에 있어서 차이를 보인다. 다수민주주의는 성문헌법을 가지지 않으며, 이를 개정함에 있어서도 단순한 다수결로 족하다. 이에 대해서 화합민주주의는 공동체의 기본질서가 성문헌법에 명시적으로 규정되고, 헌법개정에는 가중된 다수를 요한다(같은 책, 39).

o 입법권에 대한 헌법재판권

다수민주주의와 화합민주주의는 입법권에 대한 헌법재판권에 있어서 차이를 보인다. 다수민주주의는 법률에 대한 헌법재판권이 약한 편이지만, 화합민주주의는 헌법재판권이 법관으로 구성된 사법기관에 속하고, 사법절차에서 입법권에 대한 최종적인 결정을 한다. 다수민주주의는 그러한 의미의 헌법재판권을 갖고 있지 않다. 스위스에서는 화합민주주의 요소중에서 유일하게 헌법재판권이 결여되어 있다. 1939년 이를 도입하려는 국민발안이 있었으나 국민표결에서 거부되었다. 2000년에 의회에서도 같은 시도가 있었으나 개혁프로그램에서 제외되었다. (같은 책, 39).

o 중앙은행의 자율성

다수민주주의와 자유민주주의를 구별하는 마지막 요소로서 중앙은행의 독립성을 들 수 있다. 화합민주주의하에서 중앙은행은 집행기관인 정부로부터 강한 독립성을 누리고 있지만, 다수민주주의 하에서 중앙은행은 집행기관인 정부의 영향을 많이 받는 편이다(같은 책 40).

이상의 설명을 요약하면 다음과 같다.

표 23 : 다수민주주의와 화합민주주의의 구별 (출처: Lijphart, 1999)

	다수민주주의	화합민주주의
o 집행기관-정당의 측면		
1.집행권	일당내각에 권력집중	다당내각에 정당간권력분점
2.입법기관-집행기관관계	집행권우위	의회-집행기관의 균형
3.정당제도	양당제도	다당제도
4.선거제도	다수대표제	비례대표제
5.이익집단/제도	다원적 대표	조합적 대표
o 연방제-단일제측면		
1.국가구조	단원적- 집권적	연방적- 분권적
2.입법기관	단원제	양원제
3.헌법	연성헌법, 단순다수로 개정	경성헌법, 개정에 가중다수 필요
4.헌법재판	없음	있음. 헌법재판소의 규범통제
5.중앙은행독립성	약함	강함

다수민주주의와 화합민주주의를 구별하는 중심적인 지표는 한 마디로 정치적인 권력분립이라고 할 수 있다. 다수민주주의는 정치권력이 특정세력에게 집중되어 있으며 정치세력간에 배타적이고, 경쟁적이고 투쟁적인 경향을 가진다. 이에 대해서 화합민주주의는 다양한 정치적, 사회적 세력간의 협상과 타협, 통합을 위한 노력을 하고 있으며 소수자의 이익을 배려하려는 노력을 한다 (Vatter, 2008, 5).

Lijphart는 그의 민주주의 연구에서 수평적인 권력배분과 수직적인 권력배분의 측면을 연계시켰지만 국민과 정치적 엘리트간의 권력분점에 대해서는 고려를 하지 않았다. 즉 사안결정에 관한 대의민주적인 지배형태와 직접민주적인 지배형태간의 근본적인 차이에 대해서 Lijphart는 분석을 하지 않고 있다. 스위스의 경우에 "화합민주주의는 직접민주주의의 산물이다"라고 할 정도로 직접민주주의가 스위스의 화합정치를 사실상 강제하는 결정적인 요인이 되고 있다는 점에서 Lijphart의 모형을 스위스에 그대로 적용하는 데는 한계를 보인다(Vatter, 2014, 57).

III. 국제적인 비교

1. 영국과 스위스의 비교

민주주의를 다수민주주의와 화합민주주의로 구분한 Lijphart의 모형은 그 구성요소들이 최대화되었을 때의 이상적인 유형이다. 다수민주주의에 가장 근접한 국가로 영국을, 화합민주주의에 가장 근접한 국가로 스위스를 들 수 있다.

영국의 정치제도는 다수정치를 모든 차원에서 거의 방해를 받지 않고 실현하고 있다. 좌우노선을 따르는 유력한 양당의 선거경쟁은 의회의 다수당을 명백히 하고, 다수당은 단독으로 정부를 구성한다. 비슷한 규모의 두 개 정당이 있는 경우에 승자독식의 다수결원칙은 유권자의 조그만 선호의 변화에도 민감한 정부체제를 만든다. 이는 정당간의 경쟁과 정권교체를 자극한다(Linder, 2012, 397). 의회에서 다수당은 그들의 정책을 실현시킬 수 있는 모든 수단을 가지고 있다. 다수당의 정책은 제도적인 권력억제나 연방제 혹은 헌법상의 소수자보호 등에 의해 방해를 받지 않는다(앞의 책).

스위스 정치제도는 영국과는 정반대의 입장을 취하고 있다. 권력의 집중과 다수결 대신에 가능한 많은 정치세력에게 권력을 분산하고 협상을 통해서 타협과 합의를 하도록 한다. 영국과 스위스의 정치제도는 양극단을 이루는 특별한 경우이다. 대다수의 민주국가는 양극단 사이에 위치한다. 영국과 스위스의 정치제도는 다음 표와 같이 차이가 있다.

표 24 : 영국과 스위스의 정치제도비교 (출처: Linder, 337, Krumm, 91)

	영 국	스위스
정부형태	의회주의적 다수민주주의	준직접민주적 화합민주주의
의회와 선거의 기능	의회다수정당에 의한 정부선출, 다수정당의 정책프로그램에 대한 민주적 정당성, 주기적 권력교체 자극	의회선거는 정부선거에 직접 영향 없음. 정치적 프로그램에 대한 위임 없음. 여당과 야당사이의 권력교체 없음
국민투표의 기능	드물고 예외적인 신임투표, 구속력 없음	의회의 중요한 결정에 대한 통상적이고 구속적인 사후통제
정당간의 경쟁	정부권력을 얻기 위한 정당간의 경쟁이 강함	경쟁이 낮음. 의회와 정부에 대표성이 제한됨
선거제도나 정치권력의 배분	승자독식. 대수대표제는 여당과 야당간의 주기적 권력교체 자극	권력분점, 의석과 공직을 비례적으로 배분. 권력교체 대신에 사안에 따라 정치파트너에 대한 반대
의사결정권의 집중	정부와 의회에 의사결정권의 집중	의사결정절차에서 이익집단, 의회, 국민 의사결정권의 분점
제도로부터 기대되는 성과	정치적 변화와 혁신: 오로지 유권자의 뜻과 권력교체가능성에 기반을 두고 경우에 소수자의 희생에도 지속적인 정부프로그램의 실현	정치적인 통합과 소수자에 대한 배려: 비례적인 권력배분, 협상과 타협에 의한 문제해결

영국의 의회주의적 다수제도는 유권자들의 영향을 선거행위에 집중시킨다. 선거는 정부를 구성하고 그 프로그램을 결정하는 중요한 의미를 가진다. 선거에서는 한 승리자만 있기 때문에 정당간의 경쟁은 매우 치열하다. 다수대표 선거제도는 명백한 의회다수를 형성하도록 하고 다수당이 정부를 구성한다. 다수당은 그들의 정책프로그램을 방해받지 않고 야당의 희생하에 실현할 수 있다. 성과를 거두면 재선될 수 있다. 정부가 충분한 신뢰를 받으면 장

기적인 프로그램도 실현할 수 있지만 그렇지 못하면 불신임투표나 다음 선거에서 권력을 상실하고 야당이 된다. 이 제도는 사회적 통합보다는 혁신의 기회가 보다 잘 보장된다(Linder, 338).

스위스는 영국과는 많은 점에서 정반대의 정치제도를 가지고 있다. 선거는 권력교체를 가져오는 것은 아니다. 의회에서 의석비율을 바꾸는 것에 불과하다. 이에 따라 정당간의 경쟁도 제한적이다. 선거도 과열되지 않는다. 선거에서 선거공약도 요란하지 않다. 유권자는 의회의 중요한 정책결정에 대해서 직접 참여할 기회를 갖기 때문이다. 권력의 중심은 존재하지 않는다. 어떤 정치행위자도 정치과정 전체를 자신의 뜻에 따라 움직일 수는 없다. 오히려 이익집단이나 정부, 의회, 국민이 각각 이전단계의 정치행위자와 다른 결정을 내릴 수 있다. 정부프로그램이나 장기계획보다는 모든 사회집단과 정당을 고려하여 사안에 따라 실용적으로 작고 개별적인 결정이 이루어진다. 이러한 스위스의 정치제도는 혁신보다는 통합에 더 많은 성과가 있다(a.a.O).

또한 정치에 참여하는 방법에 있어서도 영국과 스위스는 매우 큰 대조를 보인다. 의회주의적 다수민주주의의 전형적인 국가인 영국에서는 누가 정부를 맡고 임기기간동안 어떤 정책을 실현하는지를 투표용지로 결정한다. 선거는 가장 단순한 참여도구이다. 다양한 계층이 상대적으로 평등하게 참여할 수 있도록 해준다. 하지만 일단 선거가 끝나면 국민들은 다음 선거일까지는 침묵한다. 그러기에 유권자는 투표일만 자유롭다는 말이 성립된다.

스위스는 이와 대조된다. 선거로 정권이 교체되는 것도 아니고, 정치적인 큰 변동이 있는 것도 아니다. 따라서 영국에 비해서 선

거의 의미는 축소된다. 유권자는 영국처럼 정부의 구성에 직접 영
향을 미치는 대신에 국민투표를 통하여 국회의 중요한 결정에 대
해서 중대한 영향을 미친다. 정치인들은 유권자를 지속적으로 존
중하게 된다. 스위스인들은 선거보다는 국민투표에 더 많은 비중
을 둔다(Linder, 339).

2. 권력분점의 정도에 따른 각국의 비교

다수민주주주의와 화합민주주의는 영국과 스위스에서 그 이상
적인 모델에 가장 근접한다. 다른 영국과 스위스 사이에 수평적,
수직적인 권력분점의 정도를 달리하는 여러 나라가 존재한다. 이
를 Lijphart의 실증적인 연구결과에 따라 표시해보면 다음 그림과
같다.

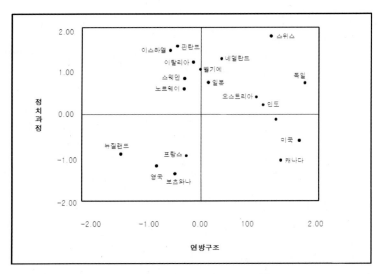

그림 13 : 각국의 다수민주주의와 화합민주주의 정도 비교 (출처:Linder, 2012, 397)

그림에서 가로축은 Lijphart의 수직적인 분권정도를 표시하고, 세로축은 수평적인 분권정도를 나타낸다. 그림에서 스위스와 영국은 각각 화합민주주의와 다수민주주의에 가장 근접하는 국가로 정반대의 경향을 나타내고 있다.

네덜란드의 정치제도는 스위스와 마찬가지로 화합민주주의에 속한다. 하지만 네덜란드는 연방적으로 국가가 구성된 것이 아니라 단일적이다. 네덜란드에는 스위스와는 달리 합의나 화합을 추구하도록 압력을 가하는 직접민주제가 없다. 네덜란드의 정치적 화합은 오히려 정치엘리트들의 자발적인 협력에 근거를 두고 있다(Krumm, 90).

미국과 스위스를 비교하면 수직적인 권력분점에 속하는 연방제-단일제의 측면에서 보면 분점의 정도가 높은 편이며 상당히 근접한다. 수평적인 측면인 정부-정당의 측면에서 보면 스위스는 높은 분점상태를 보이는데 비하여 미국은 상당히 집중되어 있어 스위스와는 큰 차이를 보이고 있다. 이런 점에서 미국은 수직적 권력분점의 측면에서는 화합민주주의에 근접하는 한편 수평적인 권력분점에 있어서는 다수민주주의에 근접하는 혼합적 형태로 볼 수 있다(Krumm, 93).

제5장

Q&A

정치주체들의
위상과 역할

제1절 연방의회

I. 개관

스위스의 입법기관은 연방의회(Bundesversammlung)이다. 연방의회는 연방하원(Nationalrat)과 연방상원(Ständerat)으로 구성된 양원제이다.

연방하원은 200명의 의원으로 구성되며 칸톤을 선거구로 하는 비례선거에 의해서 선출된다. 의원의 임기는 4년이다. 이에 대해서 연방상원은 46명의 의원으로 구성되며 칸톤을 선거구로 다수대표제에 의해서 선출한다. 상원과 하원은 대등한 지위를 가진다. 양원은 각각 별도로 심의하고 의결한다. 양원이 일치하는 경우에 연방의회의 결정이 성립된다. 양원은 선거, 연방최고기관간의 관할분쟁 결정, 사면을 심의하는 경우에는 공동으로 한다(연방헌법 제157조).

표 25 : 연방의회의 구성

연방의회(Bundesversammlung)	
하원(Nationalrat)	상원(Ständerat)
200명 하원의원	46명 상원의원
칸톤별 비례대표	칸톤별 다수대표

하원과 상원은 매년 4차례 각각 3주 동안의 정기회를 베른에 있는 의회건물에서 개최한다. 정기회가 안건을 처리하기에 충분하지 않은 경우에 각원은 특별회기(Sondersession)를 결정할 수 있다. 특별회기는 1년에 1번이며 그 기간은 1주일 이내이다. 각원은 매년 12월에 임기 1년의 의장을 각각 선출한다.

의안의 준비는 통상 위원회에서 한다. 위원회에는 상임위원회와 비상임위원회가 있다. 각원에는 12개의 상임위원회가 있고, 각 상임위원회는 하원에서는 25명, 상원에서는 13명의 위원으로 구성된다. 국회의원들은 최소한 5명 이상이 원내교섭단체(Fraktion)를 구성할 수 있다. 교섭단체는 그 수에 비례하여 위원회에서 대표한다.

II. 연방의회의 위상

1. 연방의회의 위상과 변천

1848년 연방헌법은 연방의회를 연방의 최고권력으로 규정하였다. 연방의회는 매우 광범위한 권한을 가지고 있었으며, 스위스 국민의 대표기관으로서 연방각료와 연방법관, 장군을 선출하고 그 활동을 통제하며, 사면의사를 개진하며 특히 법률의 제정권과 개정권을 갖고 있으며 세부적인 지침으로 행정활동에 개입을 하였다. 연방정부는 명백히 연방의회 아래에 있었으며, 행정입법권을 부분적으로만 행사하였다. 헌법이 의도한 의회주권은 19세기 후반에 절정에 달하였다. 연방헌법이 제정된 초기에는 청원위원회와 같은 예외적인 경우를 제외하고는 상임위원회는 설치되지 않았으며, 교섭단체도 구성되지 않았다. 모든 결정은 총회를 중심으로 이루어졌다. 그 후 행정부의 강화에 대응하기 위하여 상임위원회를 설치하기 시작하였고, 이를 통해 의회활동의 효율화를 기하려고 하였다. 의회주권사상은 또한 연방의회의 결정에 대한 합헌성여부를 연방법원이 판단할 수 없도록 했다. 이러한 연방의회의 정치적 우위는 19세기말에서 제1차 세계대전 사이에 상당히 약화되었다. 의회의 약화요인으로는 다음과 같은 요인을 들 수 있다(Linder, 2012, 214 이하 참조).

o 임의적 법률국민투표의 도입

1874년 임의적인 국민투표가 도입된 이후 직접민주적인 통제메카니즘의 확대는 사실상 의회의 권력약화를 가져왔다. 임의적인 국민투표제도는 보수적인 반대파가 자유주의적 다수정책을 거부하기 위한 수단으로 이용되었고, 의사결정절차에서 소수의 단결을 가능하게 하고 이들이 정부에 참여할 수 있도록 해주었다. 임의적인 국민투표와 1891년 도입된 헌법국민발안제도는 주권자로 하여금 의사결정과정에 직접 개입하는 것이 가능하게 하였다. 이로써 연방의회의 입법적인 독점은 깨어졌다. 모든 중요한 결정에 대한 국민투표적인 사후통제는 의회의 활동의 자유를 제한하게 되었고 정당이나 이익단체들의 반대도구(Oppositionsinsturment)가 되기도 했다.

o 의회전절차(das vorparlamentarische Verfahren)

1930년대에 나타나서 제2차 세계대전 이후에 일반화된 의회전절차에 의해서 국회의 비중은 다시 축소되었다. 의회전절차는 국민투표에 영향을 미칠 수 있는 모든 이익집단을 입법과정에서 사전협의절차에 참여시킴으로써 국민투표의 위험을 최소화해보려는 대응방안이었다. 물론 의회는 사전협의절차의 결과에 법적인 구속은 받지 않지만 정치적 위험을 최소화하기 위해서는 의회전절차에서 거론된 문제와 제안들을 사실상 고려하지 않을 수 없는 정치적인 구속을 받게 되었다.

o 정치적 행정의 출현

20세기에 들어 급부국가 내지 간섭국가(Interventionsstaat)의 등장으로 입법부에서 집행부에로 권력이동이 일어나게 된다(Linder, 214). 집행부는 분화되고 전문화되어 입법과정에서 전문지식과 함께 집행부의 이해관계도 반영하게 되었다. 중요한 결정이 입법부에서 행정부에로 이동하게 되는 현상이 나타난다. 즉, 행정이 정치화되었다. 이러한 현상은 특히 제2차 세계대전에 대응하기 위해 1939년에 연방의회에 의하여 부여되어 1952년에 폐지된 연방정부의 비상대권체제(Vollmachtenregime)에 의해서 가속화 되었다.

o 외교정책에 있어서 연방정부의 우월성

외교정책에 있어서 연방정부의 우월성은 새로운 것이 아니다. 국익을 지키기 위한 정부의 외교적 재량은 19세기에도 광범하게 보장되었다. 새로 문제되는 것은 외교정책과 내부정책의 중첩현상이다. 내부정책과 관련된 외교정책에 있어서 국회의 활동영역은 제약을 받게 되지만 역으로 외교정책과 관련된 내부정책에 대해서는 국회가 정부의 권한을 제약할 수는 없다. 이로써 국회와 정부간의 관계에 있어서 비대칭성을 가져온다.

또한 국제조약은 정부의 정치적 지휘하에 외교관이 협상을 하게 된다. 국회는 국제조약에 대해서 내용적으로 변경할 수는 없으며 전체로서 승인하든지 거부하든지를 선택할 수 있을 뿐이다. 세계화와 더불어 이러한 국제법적 영역이 연방법에서 차지하는 비중이 급증하고 있다.

헌법상 보장된 의회의 최고기관성은 이러한 이유들로 인해서 오늘날 상당한 제약을 받고 있다. 형식적인 권력분립의 측면에서 보면 정부와 의회는 대등한 권력균형을 이루고 있지만 실제에 있어서는 정부의 영향력이 더 큰 것으로 평가되고 있다(Linder, 215). 정치적 과정을 전체적으로 보면 의회는 입법과정에서 가장 중요한 정치행위자임에는 틀림이 없지만 권력이 의회에 집중된 것은 아니다. 의회는 사전의회절차에 의해서 사전적인 영향을 받으며, 사후적으로 임의적인 국민투표에 의하여 통제를 받고 있다.

국회는 이에 대응하여 1990년대에 대대적인 의회개혁을 통하여 위상을 제고하려는 노력을 하고 있다. 상임위원회를 확대하고 의회기록부서를 만들었다. 의회의원에 대한 세비인상과 보좌관의 확대조치는 1992년 국민투표에 의해서 좌절되기도 했다.

2. 의회와 행정부의 관계

의회와 행정부의 관계에 대해서는 의회체제와 대통령체제로 구분하는 것이 일반적이다. 이점에서 스위스의 정부체제는 의회체제도 아니고 대통령체제에도 속하지 않는다고 볼 수 있다. 이는 다른 한편으로는 의회체제의 요소와 대통령체제의 요소를 모두 가진 혼합형이라고 볼 수도 있다.

스위스 연방의회는 행정부와 독립적이다. 의회민주주의와는 다르게 입법부와 행정부간에 인적인 권력분립이 이루어져 있고, 입법부는 행정부를 불신임할 수 없다. 또한 의회의 다수에 의해서 정부의 구성이 좌우되는 것도 아니다. 의회가 정부의 제안을 거부할 수도 있다. 이점에서 스위스 정치체제는 대통령체제로서 특징을 가진다고 볼 수 있다. 다른 한편으로 대통령과 연방각료는 국민에 의해서 선출되는 것이 아니라 의회에 의해서 선출되며, 정부는 의회의 결정에 대한 거부권을 갖지 않는다. 이점에서 스위스 정치체제는 의회체제의 특징을 갖는다고 볼 수 있다.

3. 양원제체제

스위스의회는 양원제국가로 하원(Nationalrat)과 상원(Ständeart)을 합하여 연방의회(Bundesversammlung)라고 한다. 스위스양원제 의회체제는 1848년 연방헌법을 제정하면서 미국의 의회체제에 영향을 받았다. 하원은 국민전체의 대표기관이며 상원은 대등한 지위를 가진 칸톤의 대표기관이라고 볼 수 있다. 하원과 상원은 대등한 지위를 가지며 권한도 동일하다. 미국에서는 예컨대 외교정책에 대해서 상원(Senat) 우선권을 인정하고 있으나 스위스에서는 그러한 우선권은 인정되지 않는다. 양원의 의견이 합치된 경우에만 의회의 결정이 있게 된다.

양원의 의견이 다른 경우에는 이른바 이견조정절차(Differenz-bereinigungsverfahren)를 거치게 된다. 이 절차에서 실패하는 경우에는 다시 합의회의(Einigungskonferenz)를 하게 된다. 1996년에서 2005년 사이에 양원에서 다루어진 모든 안건의 2/3는 이견조정절차 없이 일치된 심의결과로 결정되었다.

양원은 그 구성방법에 있어서 커다란 차이가 있다. 상원은 46명의 상원의원으로 구성되며, 모든 완전 칸톤(20개)은 그 규모나 주민수에 상관없이 각각 2명의 상원의원을 선출한다. 6개의 반칸톤(Halbkanton)은 1명씩 선출한다. 칸톤의 대표는 작은 칸톤에 의하여 과잉대표된다. 상원에서는 군소칸톤이 이론상 최소의 의결저지선인 23표를 가질 수 있으며, 이는 국민의 18%의 대표에 지나지 않는다. 농촌지역의 작은 칸톤들이 대도시지역의 칸톤의 희생하에 대표상의 이익을 보고 있는 셈이다. 이는 연방제적 특성을 반영한 것이라고 볼 수 있다.

이에 대해서 하원은 200명의 하원의원으로 구성되며 주민수에 비례하여 하원의원을 선출한다. 모든 칸톤은 최소 1명이상의 하원의원을 선출한다.

양원제의 기능

양원제를 어떻게 구체화하는지에 따라 그 기능이 달라질 수 있으나 일반적으로 다음과 같은 기능을 들 수 있다(Tschannen, 413 이하 참조).
- 연방국가적 기능: 국민전체의 대표기관으로서 하원과 연방국가의 구성국가(Gliedstaat)의 대표기관으로서 상원을 설치함으로써 연방국가적 통합과 이해관계를 조정하는 기능을 한다. 이러한 연방국가적인 기능은 스위스 의회체제에서도 강조되고 있다.
- 담론적 기능: 동일한 안건을 두 개의 의회에서 각각 독립하여 심의하도록 함으로써 서로 다른 관점과 관련 이해관계를 충분히 반영하여 의회결정의 품질을 높이는데 기여할 수 있다. 또한 의회의 졸속한 결정을 미연에 방지하고 신중하고 심도있는 논의를 가능하게 한다. 이러한 담론적 기능은 양원이 동질적인 경우보다는 구성과 활동이 독립적이고 이질적인 대표성을 가지는 경우에 보다 잘 나타날 수 있다. 스위스에서는 국민대표성과 칸톤대표성의 이질적인 양원체제를 통해서 이러한 담론적인 기능을 발휘하도록 하고 있다.
- 권력분점적 기능: 국회의 권력을 상원과 하원이 분점하도록 함으로써 의회의 권력을 분립하여 정부와의 관계에서 의회의 권력을 감소시키는 기능을 할 수 있다.

4. 의원의 신분

o 명예직 혹은 반직업정치인

스위스에서 의회는 직업의회(Berufsparlament)가 아니라 시민복무의회(Milizparlament)로서 의원은 오랫동안 명예직으로 생각되었다. 양원의 의원들은 본업을 가지고 부업적으로 의원의 직무를 수행하는 것으로 예정되었다. 의원은 급여를 받지 않으며 다만 비용(Unkosten)의 보상을 받았다. 이러한 의회의 시민복무체제는 의원의 독립성과 국민근접성을 보장하고 정치계급의 출현을 막으려고 하는 의도를 갖고 있었다. 국민들은 오늘날도 이러한 생각을 하고 있는 것이 일반적이다. 이에 1992년 의회개혁을 하면서 의원들에게 적정보수를 지불하고 전문인력을 강화하려는 법안에 대한 국민투표에서 27%의 유권자만이 찬성표를 던졌다.

오늘날 국회의원을 명예직이라고 생각하는 국회의원의 비중은 감소하고 있다. 이미 1991년에 국회의원을 상대로 한 설문조사에서 의원의 1/3만이 명예직이라고 응답하였고, 의원의 거의 절반은 반직업정치인이라고 생각하였고, 1/10은 직업정치인으로 생각하였다. 10년후의 조사에 의하면 직업정치인이라고 생각하는 의원의 비중은 21%로 늘어났다(Linder, 220). 2001년의 조사에 의하면 의회활동을 위해 의원들이 바치는 시간이 활동시간의 52%로 조사되었다. 9%의 시간도 기타 정치활동에 바치는 것으로 나타났다(Linder, 221). 국회의원직은 한나절 직업(Halbtagsjob)이 되고 있고, 세비도 이에 맞추어 지급되고 있다. 2011년 물품과 인건비보상으로 하원의원은 56,000스위스 프랑을 받고 일비와 후생비를 합하여 77,000스위스 프랑에 이른다.

o 지시금지

연방의회의원은 그 직무를 수행함에 있어서 누구의 지시도 받지 않는다. 의원은 선거구의 유권자나 소속정당으로부터 어떠한 법적인 지시도 받지 않고 오로지 헌법과 법률의 범위안에서 자유롭게 그 직책을 수행한다(자유위임: Freies Mandat). 이는 의회에서의 발언과 선거, 표결에 모두 적용된다. 그러나, 이는 어디까지나 법적인 구속을 받지 않는다는 의미이지 사실상의 정치적 구속으로부터 자유를 의미하는 것은 아니다.

o 면책특권

연방의원과 연방각료, 연방수상은 연방의회와 그 기관에서 행한 발언으로 인한 법적인 책임을 지지 않는다. 법률로 다른 종류의 특권을 인정할 수 있으며, 면책특권의 범위를 확대할 수 있다. 이에 따라 연방국회법은 절대적 특권과 상대적 특권, 회기중 출석보장 등을 규정하고 있다. 의원의 의회와 위원회 출석을 보장하기 위해 병역의무는 면제된다.

III. 의원의 선거

의회를 구성함에 있어서 하원은 국민대표기관으로 민주주의원칙을 보장하고, 상원은 칸톤의 대표기관으로서 연방주의원칙을 보장한다. 이에 따라 하원은 칸톤의 주민 수에 비례하여 구성되고 선거에 대해서는 연방법률에 의해 규율된다. 상원은 모든 칸톤이 원칙적으로 동일한 의석을 가지며 선임에 대한 것은 칸톤법률로 규정한다.

1. 하원선거

o 국민대표기관으로서 하원

하원은 국민의 대표인 하원의원으로 구성된다. 하원은 특정단체나 특정계층을 대표하는 것이 아니라 국가전체의 국민을 대표한다. 이에 하원은 국민의회(Volkskammer)로 표기되기도 한다. 하원이 국민의 대표기관이긴 하지만 하원의석은 인구비율에 따라 칸톤별로 배정된다. 또한 하원의원이 다양한 국민의 구성비율에 상응한 대표성을 갖는 것은 아니다[23]. 특히 여성의원은 전체 의원정수의 1/4에 불과하다[24].

o 하원의 구성

하원은 200명의 하원의원으로 구성된다. 1848년에서 1962년 사이는 하원의원 정수가 고정된 것이 아니라 의원 1명당 국민수가 고정되어 있었다. 1848년 헌법에는 국민 20, 000명당 1명의 하원의원을 선출하도록 했다(1848년 헌법 제61조). 연방의회의사당의 좌석은 처음부터 200개로 고정되어 있었기 때문에 인구가 늘자 의원 1인당 주민수도 점점 높여 조정하였다. 1931년에는 22,000명당 1명이었으나 1950년에는 24,000명당 1명으로 되었다. 1962년부터는 국회의원 정수를 200명으로 확정했다.

하원선거는 각 칸톤을 하나의 선거구로 한다(연방헌법 제149조 제3항). 칸톤별 의석수는 칸톤의 주민수에 비례하여 칸톤별로 배정한다. 모든 칸톤에는 최소한 1명 이상의 하원의원을 배정한다. 칸톤별 주민수를 계산함에 있어서는 스위스에 거주하는 칸톤

---

23) 하원의원의 출신에 관한 1987년의 조사결과는 오늘날까지 크게 달라지지 않고 있다 (Tschannen, 420).
　- 고등교육졸업자 65%(그중에서 25.5%가 법률가)
　- 기업과 경제계대표22%
　- 변호사, 의사, 전문직 17%
　- 복지직이나 교사 출신 12.5%
　- 지방공무원 출신 11%
　- 농부 12.5%
　- 노조출신: 5%
　- 일반노동자나 종업원 4.5%

24) 연방의회에서 여성의원의 비중을 1/2로 하려는 1995년의 연방기관에서 여성비율확대를 위한 국민발안은 2000년 실시된 국민투표에서 부결되었다.

별 주민수를 기준으로 한다. 이에는 스위스에 거주하는 스위스 국민과 외국인을 포함한다. 하지만 외국에 거주하는 스위스국민은 포함되지 않는다. 하원의원수는 칸톤의 주민수에 따라 상당한 편차를 보이고 있다. 주민이 많은 중부지역 칸톤은 의원수가 많은 반면에 10개 칸톤은 의석이 5석 미만이다. 예컨대 칸톤 취리히는 34석, 베른은 26석을 갖지만 칸톤 우리, 니더발덴, 글라루스, 아펜젤 아우서로덴과 아펜젤 인너로덴에는 1석만 배정된다.

o 하원의 선출방식

하원의원은 원칙적으로 비례선거(Proporzwahl)에 의해 구성된다(연방헌법 제149조 제2항). 비례선거에서는 주어진 의석을 득표에 비례해서 여러 정당에 배분한다. 이를 통해 경쟁하는 여러 정당이 대표를 낼 수 있게 된다. 비례선거는 한 선거구에서 2인 이상을 선출하는 경우에만 적용이 가능하다. 한 선거구에서 1명만 선출하는 칸톤 우리, 니더발덴, 글라루스, 아펜젤 아우서로덴과 아펜젤 인너로덴에서는 기술상 비례선거를 실시할 수 없다. 가장 많은 표를 얻은 자가 당선되는 다수대표제를 채택할 수밖에 없다.

20세기 이전에는 스위스의 하원선거는 다수대표(Mehrheitswahl)에 의해 선출되었다. 비례대표를 도입하려는 의회의 시도와 국민발안이 있었으나 여러 차례 실패하였다. 1918년에 와서야 국민과 칸톤의 찬성을 얻어 비례선거 국민발안으로 비례선거제도가 도입되었다. 비례선거의 도입이 어려웠던 것은 자유주의 다수당이 지금까지의 우월적 권력을 상실할 것을 우려하였기 때문이다. 실제로 1917년의 마지막 다수대표선거에서 자유주의정당은 54%의

의석을 획득했으나 비례선거가 채택된 1919년 선거에서는 32%를 차지하는데 그쳤다. 이에 대해서 사회민주당의 의석은 12%에서 22%로 증가되었다.

o 투표

투표시 유권자는 정당명부가 인쇄된 투표용지나 정당명부가 없는 투표용지를 선택할 수 있다. 정당명부가 인쇄된 용지를 사용하는 경우에 투표자는 후보자를 선호에 따라 선을 그어 삭제하고 다른 정당명단의 후보자를 기입할 수 있다(분할투표). 또는 후보자를 이중으로 기입할 수도 있다(누적투표). 정당명부가 미리 인쇄되지 않은 투표용지를 사용하는 경우에 투표자는 선호하는 후보자의 이름을 투표용지에 기입한다.

o 임기와 선거일

하원의원의 임기는 4년이다. 즉 4년마다 총선이 실시되며, 하원은 새롭게 구성된다. 이는 개별의원에게는 4년 임기로 선출된다는 것을 의미하며, 하원으로서는 4년간의 확정된 회기(Legislaturperiode) 동안 활동하게 된다는 것을 의미한다.

4년 임기의 유일한 예외는 국민들이 전면적인 헌법개정을 동의하는 경우로 연방의회는 새로 구성된다(연방헌법 제193조 제3항). 이 경우는 4년 임기 중이라도 도중에 임기가 만료되게 된다.

2. 상원선거

o 칸톤대표기관으로서 상원

상원(Ständerat)은 연방주의적 요소를 의회에 반영하고 있다. 연방헌법은 상원의원을 "칸톤의 의원"이라고 규정하고 있다(연방헌법 제150조 제1항). 상원의원이 모든 칸톤에서 주민직선에 의해서 선출되긴 하지만 이를 하원과 병립하는 제2의 국민대표기관인 국민의회(Volkskammer)로 보는 것은 옳지 않다. 상원을 칸톤의 대표기관으로 보아야 주민 수에 관계없이 칸톤마다 동일한 의석을 배정하는 의미를 이해할 수 있게 된다.

모든 칸톤은 연방의 구성단위로서 크건 작건 관계없이 원칙적으로 연방상원에 2석의 의석을 가진다. 이러한 평준화는 인구가 작은 칸톤의 연방내 영향력을 증대시킨다. 원래 1개의 칸톤이 2개의 칸톤으로 분할된 반칸톤(Halbkanton)은 1석의 의석을 가진다.

상원이 칸톤의 대표기관이긴 하지만 칸톤의 의회나 행정부가 상원의원의 투표나 표결에 대해서 지시를 할 수 있는 것은 아니다(연방헌법 제161조 제1항). 또한 상원은 칸톤과 관련하여 특별한 의미가 있는 안건만 심의하는 것이 아니라 하원과 동일한 안건을 대등하게 심의한다(연방헌법 제148조 제2항).

o 상원의 구성

상원은 46명의 상원의원으로 구성된다. 칸톤별로 2석이 배정된다. 다만 반칸톤인 칸톤 옵발덴, 니더발덴, 바젤-쉬타트, 바젤-란트샤프트, 아펜젤 아우서로덴, 아펜젤 인너로덴은 1석을 가진다.

o 상원의원의 선거

상원은 연방기관이긴 하지만 상원의 선거제도나 선거절차를 연방법률로 규정하지 않고 각 칸톤이 독자적으로 결정하도록 하고 있다(연방헌법 제150조 제3항). 이에 따라 선거권과 피선거권은 물론 선거방법이나 선거절차도 칸톤법으로 규정한다. 칸톤에 따라서는 상원의원을 칸톤의회에서 선출하도록 규정할 수도 있다. 실제로 1970년대까지만 해도 칸톤 베른, 프라이부르크, 노이엔부르크에서는 칸톤의회에서 상원의원을 선출했다. 오늘날은 모든 칸톤에서 주민직선으로 상원의원을 선출한다. 선출방식도 거의 대부분 다수대표제도에 의한다. 오직 칸톤 유라에서만 비례선거로 상원의원을 선출한다. 다수대표는 통상 절대다수를 획득한 자가 당선된다. 절대다수를 인정하는 방법에 대한 연방적인 차원의 규율은 없다. 통상 절대다수의 표를 획득한 자가 의원정수에 미달하는 경우에는 제2차투표를 실시한다. 제2차 투표에서는 상대적 다수로 족하다.

o 임기

상원의원의 선거는 칸톤의 권한이기 때문에 선거일이나 상원의원의 임기도 칸톤이 규정한다. 통상적으로 매4년마다 상원의원선거를 실시하지만 칸톤법으로 달리 정할 수도 있다.

IV. 연방의회의 권한

연방헌법에 규정된 연방의회의 권한목록(제163조 내지 제173

조)은 한정적인 열거가 아니다. 연방법률로 연방의회의 기능과 권한을 추가적으로 규정할 수 있다. 이 경우에 추가할 수 있는 기능과 권한은 이미 연방의 권한에 속하는 것이어야 한다. 또한 연방의회는 헌법이나 법률에 명시적으로 규정된 기능에 한정되지 않고 연방의 권한에 속하는 것 중에서 다른 연방기관에 속하지 아니하는 권한에 대해서 심의할 수 있다(연방헌법 제173조 제2항). 즉, 일반적 총괄권한을 가진다.

1. 입법기능

입법기능은 의회의 가장 중요하고 요구가 많은 업무라고 할 수 있다. 연방의회는 다양한 법단계의 법규를 제정한다. 먼저 국회는 헌법개정에 관여한다. 헌법개정은 법률제정절차에 의한다(연방헌법 제192조 제2항). 법률제정절차는 연방의회에 속한다(연방헌법 제163조 제1항). 연방의회는 또한 연방법률 형태의 입법작용을 한다(연방헌법 제163조 제1항). 또한 연방의회는 명령(Verordnung)형태의 입법기능도 한다.

연방의회가 직접 법률안의 초안을 직접 작성하는 경우는 흔하지 않다. 통상 연방정부가 초안을 작성해서 의회에 제출한다. 그럼에도 불구하고 입법절차에 있어서 의회의 역할은 결정적이다. 무엇보다도 의회는 처음부터 제안권(Motionsrecht)을 행사해서 연방정부로 하여금 법률안 초안을 작성하여 제출하도록 위임할 수 있다. 이 경우에 연방정부는 국회가 제안한 법률안을 작성해서 의회에 제출할 의무를 부담한다. 또한 의회는 법률안의 심의과정에서 연방정부가 제안한 법률안에 대한 심의를 하면서 제한없이 수정을 할 수 있다.

1990년대의 의회개혁이 있기 전까지는 의회가 직접 발의하는 법률안은 5%에 미치지 못하였으나 오늘날 국회에 의한 직접발의는 20-30%에 이르고 있다(Vatter, 284). 또한 1970년대만 해도 연방정부가 제안한 법률안을 수정해서 의결하는 경우가 35%에 불과했으나 2000년대에 들어와서는 그 비중이 44%로 증가했다(Linder, 226). 입법절차에 있어서 의회의 능동적인 역할이 커지고 있음을 반영한 것이라 볼 수 있다.

2. 선거기능

스위스 연방의회의 선거기능은 다른 나라에 비해서 상당히 광범위한 편이다. 양원합동회의는 연방각료, 연방대통령과 부통령, 연방수상, 연방법원의 판사, 장군을 선출한다(연방헌법 제168조 제1항, 제176조 제2항). 그 외에도 연방법률이 정하는 바에 따라 다른 선거를 연방의회에서 할 수 있도록 하고 있다(연방헌법 제168조 제2항). 연방법률은 헌법에 규정한 선거기능 외에도 의회의 선거기능을 확대하고 있다. 예컨대, 연방법원판사나 연방하급심판사, 검찰감독관 등도 국회에서 선출하고 있다.

3. 통제기능

연방의회는 행정과 법원에 대한 통제기능을 수행한다. 연방의회는 연방정부와 연방행정, 연방법원과 그 밖에 연방사무를 수행하는 기관에 대한 감독을 한다(연방헌법 제169조). 또한 연방의회는 연방의 지출을 결정하고, 예산을 확정하고, 연방회계를 승인한다(연방헌법 제167조). 의회의 통제권은 통제자와 피통제자의 규모나 자원, 전문성에 있어서 격차로 인하여 원천적으로 제한을 받는다. 1990년대 의회개혁에 의하여 연방의회는 연방의회의 통제권을 확대하기 위한 노력을 하였다. 조직을 확대한 것도 그 일환이다. 우선 하원과 상원은 각각 하나의 업무검사위원회(Geschäftsprüfungskommission)를 설치하고 양원 공동의 업무검사위원회를 설치하여 운영하고 있다. 공동조사위원회에는 의회행정통제국(parlamentarische Verwaltungskontrollstelle)을 두고 있다. 의회행정통제국은 조사가능뿐만 아니라 평가기능까지를 수행하도록 위임을 받고 있다.

재정통제에 대해서도 양원은 각각 하나의 재정위원회와 공동의 재정위원회를 두고 있다. 원래 회계전문감사기관으로는 연방재정검사원(Eidgenössische Finanzkontrolle: EFK)이 있다. 연방재정검사원은 독립행정기관으로 연방정부와 연방의회 및 그 위원회에 보고를 한다. 업무검사조사위원회와 재정위원회는 정보권을 가지고 있으며, 제3자의 의견서나 보고서를 받을 수 있다. 그밖에 특별한 경우에는 의회의 조사위원회(Untersuchungskommission)를 설치해서 철저한 조사를 할 수 있다. 업무검사위원회와 재정위원회가 통상적인 표본검사를 하는 것이라면 조사위원회는 준사법적인 조사를 할 수 있다.

4. 외교적 권한

외교정책은 연방정부와 연방의회의 공동영역에 속한다. 연방헌법은 외교에 관한 정부와 의회의 권한에 엄격한 구분을 하지 않고 병렬적이고 중첩적인 권한을 부여하여 정부와 국회가 협력을 하도록 하고 있다. 그럼에도 불구하고 외교관계의 일상적인 운영은 연방정부에 속한다. 조약의 체결과 비준은 연방정부가 한다(연방헌법 제184조). 이에 대해서 연방의회는 전략적인 차원의 개입과 감독을 한다. 하지만 외교에 관한 구체적인 전략과 주도권은 연방정부에 있고 의회는 단순한 관여가능성을 갖는데 그치는 경우가 많다.

o 외교관계에 대한 관여와 감독

연방의회는 외교관계를 다루기 위해 외교위원회를 둔다. 연방정부는 의회의장과 외교위원회에 중요한 외교적 사항에 관하여 미리 충분한 정보를 제공해야 한다. 연방의회는 외교관계에 관한 근본적인 문제에 대한 의사형성과 결정을 한다. 연방정부는 외교적인 권한을 행사하기 전에 미리 연방 의회의 외교위원회와 협의하여야 한다. 연방의회는 외교에 관한 기본원칙과 계획을 결정할수 있다. 연방의회는 통상적인 업무검사의 일환으로 외교관계에 대한 감독을 한다.

o 조약의 비준

연방의회는 연방정부가 체결한 외국과 조약에 대한 승인을 한다. 승인의 대상이 되는 조약은 연방정부의 권한에 속하는 조약이다. 칸톤이 외국과 체결하는 조약에 대해서는 연방정부나 칸톤이 이의를 제기하는 경우에 연방의회가 승인을 한다(연방헌법 제172조 제3항).

o 대외적 안전의 보전

연방의회는 대외적 안전, 스위스의 독립과 중립성을 보전하기 위한 조치를 할 수 있다. 또한 연방의회는 현역복무와 군대동원을 명할 수 있다(연방헌법 제173조 제1항 a,c,d호).

5. 연방보장과 연방감독

연방의회는 칸톤의 지위를 보호하여 연방제를 보장하고 연방국가를 유지하기 위한 연방감독권을 갖는다.

- 칸톤의 영토변경에 대한 승인(연방헌법 제53조 제3항)
- 연방정부와 칸톤이 이의를 제기하는 칸톤의 외국과 조약에 대한 승인(연방헌법 제172조 제3항)
- 국내치안을 위한 조치와 경찰상의 긴급명령(Notverordnung)과 긴급처분(연방헌법 제173조 제1항 b,c호)
- 연방법률을 집행하기 위한 조치(연방헌법 제173조 제1항 e호)

6. 국가활동의 계획

연방의회는 중요한 국가활동의 계획에 관여한다(연방헌법 제173조 제1항 g호). 이는 연방의회가 정치과정의 조기단계에서 영향력을 행사하기 위한 것이다. 전통적인 입법기능만으로는 정치적 과정에 참여가 충분하지 않아 규정을 두게 된 것이다. 정치계획은 최고지도기관인 연방정부의 고유한 기능이다. 연방정부는 정부정책의 목적과 수단을 결정한다. 연방정부는 국가활동을 계획하고 조정한다(연방헌법 제180조 제1항).

연방의회는 연방정부가 정치계획을 발의하고 정치를 계획하는 과정에 실질적인 영향을 미칠 수 있는 가능성이 보장된다. 연방의회는 연방정부의 정치계획을 심의하고, 정치계획에 위임을 할 수 있으며, 원칙이나 계획을 결정할 수 있다.

7. 사법적 기능

연방의회는 예외적으로 사법적인 기능을 수행한다. 양원합동회의는 연방최고기관의 권한분쟁에 대해서 결정한다. 즉 연방정부와 연방법원간의 권한분쟁이나 연방의회와 연방정부, 연방의회와 연방법원간의 권한쟁의에 대해서 연방의회가 결정을 한다.

V. 연방의회의 조직

연방의회에는 다음과 같은 기구가 있다. 의장단, 위원회, 교섭단체, 기타 의회사무국 등이 있다. 의회기구는 하원과 상원, 양원합동회의가 각각 자신의 기관을 갖고 있다. 또한 상원과 하원의 공동기관도 있다. 교섭단체는 양원에 걸쳐있다.

1. 의장단

각원은 그 의원가운데서 의장단을 구성한다. 의장단은 의장과 제1부의장, 제2부의장으로 이루어진다. 임기는 1년이다. 다음 해에 재선은 허용되지 않는다. 양원합동회의는 하원의장이 주재를 한다.

의장의 임무는 다음과 같다.
- 의회 활동의 지도
- 결선투표나 추첨결정

- 회의규칙의 준수
- 외부에 대한 의회대표
- 다른 원이나 연방정부와 교섭
- 휴회기간 동안의 통상적인 업무처리
- 의회사무국의 장

2. 사무국과 조정회의 등

o 사무국

각원에는 업무처리를 위한 사무국을 둔다. 사무국은 각원의 의장단과 사무국 직원으로 구성된다. 사무국은 다음과 같은 역할을 한다.
- 의회의 소집
- 표결과 선거결과의 집계
- 위원회의 선임
- 겸직금지사유의 심사
- 외부에 대한 의회의 대표

o 조정회의(Koordinationskonferenz)

하원사무국과 상원사무국은 공동으로 조정회의를 둔다. 조정회의는 다음과 같은 기능을 수행한다.
- 양원합동회의의 소집
- 회기계획과 조정
- 하원과 상원간, 의회와 정부간의 업무연락

- 연방의회의 사무총장 선거
- 교섭단체 신설 승인
- 연방의회와 외국 의회 및 국제조직과 관계

o 행정대표단(Verwaltungsdelegation)

행정대표단은 양원의회사무국 소속원 중에서 각각 3인의 위원으로 구성한다. 위원은 조정회의에서 선임한다. 행정위원회는 의회직원에 대한 감독을 한다.

3. 위원회(Parlamentarische Kommission)

의회의 위원회는 국회의 분야별 업무를 효율적으로 심의하기 위해서 의회의원으로 구성되는 의회기관이다. 위원회는 본회의에서 다룰 의안을 사전 심의함으로써 본회의의 부담을 경감한다. 소수의 인원으로 구성된 위원회에서 심도있는 논의를 통해 의회의 문제해결능력을 제고하고, 위원회에서 신중한 심의를 통해 전문성을 향상시키고 행정부에 대한 의회위상을 제고하는데 기여한다.

1992년 이전에는 지속적인 업무는 상임위원회에 배정하고 개별법안과 의안의 준비는 비상임위원회에 배정하는 혼합체제를 채택하였으나 1992년 의회개혁이후에는 모든 의안을 상임위원회에서 논의하도록 배정하였다. 즉, 상임위원회의 지위와 역할을 강화하였다. 이러한 비상설적인 임시위원회 중심에서 상설위원회 중심으로 의회체제전환은 의회의 활동역량과 결정능력을 상당히 강화하는데 기여한 것으로 평가받고 있다(Linder, 224).

위원회는 각 교섭단체의 추천을 받아 의회사무국에서 4년 임기로 선임한다. 상임위원회의 의석배분은 교섭단체의 규모에 따라 배정한다. 하원의 위원회는 25인으로 구성되며, 상원의 위원회는 13인으로 구성된다. 상원과 하원에는 각각 11개의 상임위원회가 있으며 이는 각각 2개의 감독위원회(Aufsichtskommission)와 9개의 입법위원회(legislativkommission)가 있다[25]. 위원회는 통상 회기마다 3-4일씩 회의를 개최한다. 또한 양원합동위원회에도 그 업무에 따른 위원회를 두고 있다. 예컨대, 사면위원회와 권한분쟁위원회, 법원위원회 등이다.

예외적으로 특별한 사유가 있는 경우에 특별위원회(비상임위원회)를 둘 수 있다. 특별위원회는 어느 위원회에도 속하지 아니하는 개별적인 업무를 처리하기 위해 임시적으로 설치된다.

4. 교섭단체(Fraktion)

교섭단체는 원내에서 동일한 정당소속이나 유사한 노선의 정당소속 의원들로 구성되며 최소 5인 이상의 의원을 요건으로 한다. 무소속 의원도 다른 정당과 함께 혹은 독자적으로 교섭단체를 형성할 수 있다. 여러 정당소속의원과 무소속의원이 하나의 교섭단체를 만들 수 있지만 동일 정당소속 의원은 하나의 교섭단체에

---

25) 상임위원회는 다음과 같다.
  - 외교위원회
  - 학문, 교육, 문화 위원회
  - 사회안전, 보건위원회
  - 환경, 공간계획, 에너지 위원회
  - 안전정책위원회
  - 교통, 원격통신위원회
  - 경제, 공과금 위원회
  - 국가정책위원회
  - 법사위원회
  감독위원회에는 재정위원회, 업무검사위원회가 있다.

속해야 한다. 교섭단체는 조정회의의 승인을 얻어 성립된다. 위원회의 위원배정은 교섭단체에 속할 것을 요구하기 때문에 군소정당이나 무소속의원이 공동으로 교섭단체를 구성하기도 한다. 교섭단체를 통하여 안건을 사전심의하고, 발의와 제안 선출직 추천이 이루어진다. 교섭단체 보좌진에 대한 운영비용이 지급된다. 또한 교섭단체를 통하여 연방정부와 행정, 정당과 교섭이 이루어진다. 스위스에서는 교섭단체의 규율에 위반한다고 해서 법적인 제재가 가해지지는 않지만 의원들은 교섭단체의 방침을 존중한다.

V. 의회의 절차

1. 연방의회의 소재

연방의회는 베른에서 회의를 하지만 예외적으로 의회의 결정으로 다른 장소에서 회의를 할 수 있다. 예컨대 1993년 가을 정기회를 제네바에서, 2001년 연초정기회를 루가노에서, 2006년 가을 정기회를 플림스(Flims)에서 개최한 적이 있다.

2. 회기

의회의 회기는 양원이 각각 정기회와 임시회가 있다. 정기회(Ordentliche Session)는 1년에 4번 개최한다. 연초(3월), 여름(6월), 가을(9월), 겨울(12월) 정기회가 있다. 헌법은 의회가 정기적으로 (regelmäßig) 회합한다고 함으로써 상설의회가 아니라는 점을 명백히 하고 있다(연방헌법 제151조 제1항). 이는 국회가 직업국회(Berufsparlament)가 아니라는 헌법 제정권자의 의사를 확인한 것이라고 볼 수 있다. 정기회는 3주간 개최되며 양원이 같은 날 회의를 한다.

정기회가 안건을 처리하기에 충분하지 않은 경우에 각원은 특별회기(Sondersession)를 결정할 수 있다. 특별회기는 1년에 1번이며 그 기간은 1주일 이내이다. 특별회기는 정기회기의 일종이라고 할 수 있다.

의원 1/4이상이나 연방정부는 임시회(Ausserordentliche Session)의 개최를 요구할 수 있다. 임시회에서는 통상적인 안건을 처리하지 못하며 특별한 사건에 대한 대응을 논의한다.

3. 분리심리의 원칙

하원과 상원은 각각 분리해서 독립적으로 안건을 심의하고 의결한다. 다만 양원합동회의는 그러하지 아니한다. 또한 양원은 동시에 회의를 하는 것을 원칙으로 한다.

4. 의안의 발의와 심의, 의결

o 의안의 발의

의회에서 심의하는 안건은 개별의원이나 교섭단체, 의회의 위원회가 발의할 수 있다. 이 경우 직접 발의하는 방법도 있고, 연방정부에 대해 제안이나 요구를 통해서 간접적으로 발의하는 방법도 있다(연방헌법 제161조, 제171조). 연방정부도 일반제안권을 통해서 발의할 수 있다(연방헌법 제181조). 칸톤도 칸톤발안(Standesinititive)을 통해서 안건을 발의할 수 있다.

o 제1원(Erstrat)에서 심의

의안은 하원이나 상원에서 첫 번째 심의를 한다. 양원중에서 어디에서 우선적으로 심의할 것인지에 대해서는 의장단끼리 협의한다. 제1원이 고정적으로 정해져 있는 것은 아니고 우선적으로 심의하는 원이 제1원이 된다. 나중에 심의하는 원이 제2원(Zweitrat)이 된다.

- 위원회의 사전심의

안건은 우선 제1원의 위원회의 사전심의에 부쳐진다. 사전심의 기관인 위원회는 결정권이 없다. 즉, 의회는 위원회의 결정에 구속을 받지는 않지만 사실상 존중한다. 본회의에서 심의는 연방정부의 초안이 아니라 위원회의 초안이 기초가 되기 때문이다(국회법 제44조).

- 본회의 보고

위원회의 보고자가 본회의에 안건을 보고한다. 보고자는 통상의원이며 위원회의 위원이다. 의장으로부터 발언권을 얻지 않고는 누구도 발언해서는 안된다(하원규칙제41조, 상원규칙 제35조).

- 개시토론

의회는 제안된 초안의 세부적인 내용에 대해 심의를 할 것인지 여부에 관한 토론을 하고 결정을 한다. 만약 이 문제가 부결되면 안건은 제2원으로 이송된다. 다만 국민발안, 예산안, 업무보고와 회계, 칸톤헌법의 보장과 칸톤간 계약이나 외국과 조약의 경우에는 심의의 개시가 의무적이다(연방의회법 제74조).

- 세부토론

안건에 대한 심의가 개시되면 본회의는 안건에 대해서 조문별로 심의를 한다. 의회는 연방정부나 위원회에게 안건초안의 검토나 변경을 요청할 수 있다.

- 표결

세부토론이 끝나면 안건을 통과시킬 것인지 여부에 대한 표결을 한다. 제1원에서 결정된 초안은 제2원으로 이송된다.

o 제2원(Zweitrat)에서 심의

제2원에서는 제1원에서 절차와 같은 심의와 의결을 한다. 심의 대상은 제1원에서 제출한 초안이다. 제1원에서 개시가 거부된 안건에 대해서 제2원은 개시여부에 대한 결정을 한다. 제2원이 개시를 결정해서 세부심의를 하게 되면 제1원의 우선권은 상실된다.

o 이견조정(Differenzbereinigung)

양원에서 각각 세부심의가 이루어지고 표결에서 각각 찬성이 있었으나 양원의 자구내용이 서로 다른 경우에 이견조정이 이루어진다. 양원에서 3번에 걸친 세부논의에도 불구하고 그래도 불일치가 있는 경우에는 양원의 의원중에서 구성하는 합의회의 (Einigungskonferenz)에서 협의하여 해결한다.

o 최종표결

세부심의를 마치고 완결된 안건은 각 정기회의 마지막 날에 양원에서 최종표결을 한다. 최종투표에 의해서 의안은 비로소 효력을 발생할 수 있다. 의안이 어느 한 원에서, 또는 양원에서 거부되면 의안은 효력을 발생하지 않는다.

VI. 의원의 활동수단

1. 의회의 발안(Parlamentarische Initiative)

모든 의회의원과 모든 교섭단체, 모든 위원회, 모든 칸톤은 의회에 발안을 할 수 있다(연방헌법 제160조 제1항). 발안은 완성된 초안의 형태로 할 수도 있고, 기본적인 내용을 묘사한 것으로 할 수도 있다. 의회는 발안을 통해 연방정부의 중간개입 없이 직접 입법권을 행사할 수 있다. 일반적으로는 연방정부가 법안의 형성과정에 큰 영향을 미치고 있지만 의회발안을 통해서 정부의 매개 없이 의회가 입법권을 주도할 수 있게 된다. 다만, 이미 초안이 의회의 심의 중에 있거나 안건에 대한 동의(Antrag)가 있는 경우에는 의회의 발안이 허용되지 않는다. 즉, 의회발안은 동의가 없는 경우에 이루어진다. 이점에서 의회발안은 동의에 보충적이라고 할 수 있다.

2. 동의(Antrag)

의회의원과 연방정부는 심의중인 사안에 대한 동의(動議)를 할 수 있다(연방헌법 제160조 제2항). 연방의회의원은 심의중인 안건을 부결하거나 가결하거나 변경하기 위한 동의를 할 수 있다. 동의는 심의중인 안건을 어떻게 처리하고 특정한 내용으로 결정할 것을 요구하는 것이다. 안건의 내용에 대한 동의도 가능하고, 절차에 대한 동의도 가능하다.

3. 연방정부에 대한 위임(의회의 촉구)

연방의회는 연방정부에게 위임을 할 수 있다(연방헌법 제171조 제1항). 위임은 여러 종류의 촉구를 의미한다. 세부적인 사항은 법률로 정한다(연방헌법 제171조).

o 제안(Motion)

제안은 연방정부에게 연방의회의 법안을 제출하도록 하거나 조치를 취하도록 위임하는 것을 의미한다(국회법 제120조 제1항). 즉, 제안은 연방정부가 가지고 있는 발안권(연방헌법 제181조)을 행사하도록 촉구하는 것을 의미한다. 제안은 또한 연방정부의 관할의 범위안에서 조치를 할 것을 촉구할 수도 있다. 그러나 제안을 통해서 행정절차나 이의절차에 관여해서는 안된다(국회법 제120조 제3항). 제안에 대해서 연방정부는 통상 다음 회기까지 수용 또는 제안거부의 동의에 대한 입장을 표명한다. 이에 대해서 양원에서 동의하면 제안은 성립된 것으로 선언한다. 이로써 연방정부에 대한 위임이 이루어진다.

o 요청(Postulat)

요청은 연방정부에게 연방의회에 법안을 제출하거나 조치를 할 것인지를 검토하고 보고하도록 위임하는 것을 의미한다. 또한 그 사안에 대한 보고를 요구할 수도 있다(국회법 제123조). 제안과 다른 점은 성립선언을 위해서 요청자가 속한 의회의 동의만으로 족하다는 점이다. 연방정부는 연방의회에 보고를 함으로써 위임된 요청을 수행한다.

o 질의와 질문

의회는 질의와 질문을 통해서 연방정부에게 연방사무에 대한 설명을 요청한다.(국회법 제125조) 제안과 요청이 연방정부에게 일정한 활동의무를 부과하는데 비하여 질의와 질문은 연방정부의 대답을 요구하는데 그친다. 질의(Interpellation)에 대해서는 토론을 결정할 수 있다. 이에 대해서 연방정부는 다음 회기까지 답변을 하면 된다. 하지만 연방의회는 질의와 질문에 대해서 긴급을 선언할 수 있다. 이 경우 긴급이 선언된 질의에 대해서는 같은 회기에 답변과 처리가 이루어 져야 한다. 이에 대해 긴급이 선언된 질문(Anfrage)에 대해서는 토론이 허용되지 않기 때문에 3주 이내에 서면으로 답변해야 한다.

표 26 : 연방의회의 활동수단

수단	내용	절차
제안	연방정부에게 법안을 연방의회에 제출하거나 조치를 취할 것을 위임	하원과 상원의 다수결로 채택
요청	사안을 검토하고 보고서와 동의를 제출할 것을 연방정부에 위임	요청한 의회의 다수결로 채택, 연방정부의 보고
의회 발안	법안을 의회 스스로 발안	양원의 해당위원회의 동의. 제1원의 위원회에서 초안작성
질의	연방정부의 사무에 대해 연방정부에게 답변요청	답변은 의회에서 처리
질문	연방정부의 사무에 대해 연방정부에게 답변요청	서면으로 답변

VII. 양원체제(보론)

스위스는 양원제를 특징으로 한다. 이는 우리에게 생소한 제도이므로 좀 더 상세하게 살펴보기로 한다(Vatter, 311 이하 참조).

스위스는 1848년에 연방헌법을 제정하면서 의회를 양원제로 구성할 것인지에 대한 의견이 일치하지 않았다. 연방주의적 보수파와 자유주의적 다수파사이에는 양원제채택을 두고 절충점을 찾기가 어려웠다. 이에 양원제 도입은 상당한 저항을 받으면서 도입되었다. 스위스의 양원제는 연방의 구성단위인 칸톤에 대한 동등한 대우를 하는 연방주의적 정당성과 개개의 국민에게 평등한 참여를 인정하는 민주적 다수결의 정당성 간의 타협을 반영하고 있다.

1. 양원제의 역사

1848년 헌법을 제정하면서 양원제의 도입을 두고 연방주의자와 중앙집권주의자, 보수주의자와 급진주의자, 작은 칸톤과 큰 칸톤간의 대립이 있었다. 한편에선 양원제는 비용이 많이 들고, 입법절차를 지연시키고, 양원의 의견이 다를 경우에 입법기능의 마비를 초래할 수도 있다는 비판이 있었다.

심층적인 논의를 통해서 칸톤의 주민수에 비례하여 국민회의(Nationalversammlung)를 찬성하는 입장과 전통적인 동맹회의(Tagessatzung)처럼 모든 칸톤이 대등한 대표를 가지도록 하려는 자들 간의 유일한 타협안으로 양원제 의회를 채택하였다. 극단적인 연방주의자와 기존의 모든 것을 부정하는 일원주의(Unitarimus)를 배척하고 상호양보를 통하여 절충적인 양원제로 되었다(Marti, 1990, 20).

기속적 위임을 받은 칸톤의 대표기관으로서 동맹회의는 대등한 권한을 가진 두 개의 원(院)으로 대체되었다. 하나는 직접선거에 의해서 비례적으로 구성된 하원(Nationalrat)이고, 다른 하나는 변형된 동맹회의(Tagessatzung)로서 상원(Ständerat)이다. 양원의원은 모두 칸톤으로부터 지시를 받지 않는 대표자로 역할을 하게 되었다. 양원의 권한은 동일하게 하였으며, 양원은 심의독립의 원칙을 채택하였다. 상원의 의원 수는 동맹회의에서 1832년부터 채택한 칸톤당 2명의 대표로 정해졌다. 양원을 구성함에 있어서도 민주주의 원칙과 연방제원칙이 서로 보완적으로 절충되었다. 상원의원의 선출은 각 칸톤의 자유로운 재량에 맡겨졌다. 초기에는 상원의원을 주민직선이 아니라 칸톤의회나 칸톤총회(Landsgemeinde)에서 선출하였다. 나중에 상원의원도 국민직선으로 변경되었다. 이에 대해서 하원은 처음부터 국민에 의해 비례대표로 선출되었다.

2. 상원과 하원의 관계

1) 양원의 관계변천

하원과 상원의 관계는 처음부터 대등한 것으로 규정되어 있었으나 스위스 헌법이 제정된 초기에는 하원이 실질적으로 우세한 입장에 있었다. 대부분의 안건에서는 먼저 하원이 심사하고 상원은 대개 제2원의 입장에 있었다. 초기에 하원의 우세는 몇 가지 요인에 기인한다. 먼저 하원은 당시 지배적인 정치세력인 자유주의자들에 의해 주도되었다. 하원이 국민대표사상을 구체화한 기관인데 비하여 상원은 스위스 내전의 패자인 특별동맹에게 용인된 것이라는 점, 하원의원이 국민에 의해 직접 선출되어 민주적인 정당성이 강한 반면에 상원의원의원은 초기에 칸톤의회에서 선출되어 민주적인 정당성이 약하였고 그 임기도 1년 혹은 한 회기에 한정되기도 했고, 칸톤의사에 반하는 경우에 소환되는 경우도 있어 의원의 신분의 보장이 약하였기 때문이다.

19세기말에서 20세기 초에 각 칸톤은 상원의원선거에 대해서도 직선제를 도입하게 되고, 상원의원의 임기도 연장되어 칸톤정부로부터 독립성도 강화되어 상원과 하원의 관계는 균형을 찾게 되었다. 오늘날은 하원의원을 몇 차례 한 사람들이 상원의원에 입후보하여 당선되는 경우가 늘어남에 따라 상원의원에 대한 존경심이 큰 편이다. 오늘날 상원의원의 2/3는 하원의원경력을 가지거나 칸톤각료출신이다(Vatter, 314).

칸톤 유라(Jura)가 창설되어 1979년에 상원의 의원정원은 44명에서 46명으로 늘어났다. 칸톤 유라와 노이엔부르크를 제외한 모든 칸톤에서는 상원의원을 다수대표로 선출한다. 상원의원의 임기는 통상 4년이며 선거절차와 방법, 상원의원에 대한 재정적인 보상 등은 칸톤법에 의해 정해진다.

2) 양원의 관계와 실태

스위스의 양원제는 하원과 상원이 정치적 의사결정과정에서 대등하게 참여하고, 양원에서 각각 독립적으로 심의함을 기본원칙으로 한다. 안건을 어느 원에서 먼저 다룰 것인지에 대해서는 의장단이 결정한다. 모든 연방법률과 연방결정은 양원에서 최종적으로 동일한 형식으로 의결한다. 각원에서 의결한 의안이 서로 다른 경우에는 이견조정절차(Differenzbereinigungsverfahren)를 거치게 된다. 한 원에서 상이하게 의결한 안건은 다른 원으로 이송되어 양원의 결정이 일치할 때까지 재심의를 하게 된다(이른바 순환제도: Navettesystem). 3번의 재심의에도 불구하고 의견의 불일치가 있는 경우에는 양원의 위원회에서 각각 13인의 위원으로 합의회의(Einigungskoferenz)를 구성하여 공동의 해결안을 찾게 된다[26]. 여기서 해결안에 합의되지 않거나 양원에서 동의를 하지 않으면 안건은 부결된 것으로 본다.

1902년에서 2000년 사이에 수천 건의 법안이 심의되었지만 합의회의가 소집된 것은 22차에 불과하다. 심의 안건의 1%에 불과했다. 또한 5년에 한번 있는 일이다. 대부분의 경우 불일치는 1번

---

[26] 종래에는 재심의의 순환횟수에 제한이 없었으나 1992년 국회법 개정으로 각 원에서 재심의를 3회로 제한하였다.

의 재심의로 대부분 해결되었다. 다만 1995년과 2005년 사이에 이견조정절차에서 다루어지는 안건이 다소 늘어나고 있다.

또한 1996년에서 2005년 사이에 상원이 제1원으로서 안건을 심의한 경우가 56%에 달하며 하원이 제1원으로 심의한 것은 44%에 달했다.

3. 상원의 기능

1) 대표기능

양원제체제는 특수한 소수자를 대표하는데 정당성을 찾을 수 있다. 특히 연방국가에서 상원은 정치적, 사회적 대표외에 지역적인 대표성을 우선시한다.

o 정치적 대표기능

하원은 비례대표에 의하여 선출하기 때문에 유권자들의 선호와 의석배분간의 격차가 적은 편이다. 이에 대해서 상원은 의회의 정원이 한정되어 있고, 다수대표제이고 유권자들의 전략적 행동으로 인하여 양자 사이에 과잉대표와 과소대표가 나타난다.

표 27 : 상원의 정치적 대표성의 차이 (단위: %) (출처: Vatter, 322 참조)

정당	유권자	하원	상원
SVP	26.6	27.0	10.9
SPS	18.7	23.9	23.0
FDP	15.1	15.0	23.9
CVP	12.3	14.0	28.3
GPS	8.4	7.5	4.3
GLP	5.4	6.0	4.3
BDP	5.4	4.5	2.2
EVP	2.0	1.0	0
EDU	1.3	0	0
기타	4.7	2.0	2.2

하원의 경우에는 유권자의 선호와 의석배분이 거의 일치한다. 이에 대해서 상원의 경우에는 유권자의 선호와 의석수 사이에 심한 격차가 있음을 보여준다.

o 사회구조적 대표

상원의 구성에서 여성과 40대 이하는 매우 낮은 편이다. 이에 대해서 장년층, 노년층의 구성비는 높은 편이다. 직업적인 측면에서 보면 고급직종의 직업군은 80-90%의 의석을 차지하는 반면에 상업과 농업, 임업, 수공업자, 시설업자, 장비업자, 보조인력 등은 상원에서 거의 대표되지 않는다.

표 28 : 상원의 사회계층적 대표성 (단위:%) (출처: Vatter, 322 참조)

	유권자	하원	상원
여성	50.7	28.5	19.6
남성	49.3	71.5	80.4
0세- 39세	47.3	18.5	6.5
40세- 59세	29.8	65.0	69.6
60세 이상	22.9	16.5	23.9
지도계층	7.8	18.5	26.1
학문적 직업	22.8	64.5	65.2
기술자	18.1	9.0	6.5
사무직원	9.4	2.0	2.2
상업	16.1	0.5	0
농업/임업	3.1	4.5	0
수공업자	13.6	1.0	0
시설 장비업	4.1	0	0
보조인력	4.4	0	0

o 지역적 대표성

지역적인 대표성에 있어서 상원은 하원과는 달리 시골지역의 국민을 훨씬 더 많이 대표한다. 도시지역에 사는 사람은 국민중에서 70%가 넘지만 상원에서는 의석의 30%도 되지 않는다. 전체 국민의 10%도 되지 않는 작은 칸톤들이 상원에서는 30%가 넘는 의석을 가진다.

표 29 : 상원의 지역대표성 (단위: %) (출처: Vatter, 323)

	인구	하원	상원
도시지역	73.7	68.5	28.3
시골지역	26.3	31.5	71.7
큰 칸톤	71.7	70.5	39.1
중간 칸톤	22.2	23.0	30.4
작은 칸톤	6.1	6.5	30.4

2) 연방제적 이익보전

상원의 주된 기능은 원래 새로 만들어진 연방에 대해 작고 자
치권 가진 칸톤의 이익을 보호하고 큰 칸톤과 작은 칸톤간의 조
정을 하는데 있었다. 상원은 연방의 권한에 대한 방파제가 되고
연방의 민주적인 다수지배에 대응하여 연방제적인 균형추가 되도
록 설계되었다. 그런데 스위스의 상원은 미국과 마찬가지로 칸톤
의 대표로서 지시를 받지 않으며, 직선제를 통하여 칸톤정부를 대
표하는 것이 아니라 칸톤의 국민을 대표한다. 이점에서 스위스의
상원은 독일의 참의원과는 근본적인 차이가 있다. 독일의 참의원
은 주정부의 지시에 구속을 받는 주의 대표이고, 주국민의 대표자
라고는 보기 어렵다. 이점에서 스위스의 상원은 연방에서 칸톤의
이익을 직접 대변한다고 보기 어려운 측면이 있다. 상원은 제한된
범위안에서만 칸톤의 이익을 대변한다.

3) 소수자의 보호

스위스의 상원은 미국의 상원과 마찬가지로 다수의 독재(tyrany
of majority)를 방지하고, 지역적·문화적 소수자를 보호하는데 주
된 기능이 있다. 특히 다민족 국가인 스위스에서는 상원이 라틴언
어권과 같은 소수자를 보호하는 기능을 한다.

4) 권력의 억제

몽테스키외나 메디슨이 강조한 것처럼 상원은 권력을 억제하고
기관간의 권력분립기능을 한다. 이중적인 의회구조는 정부가 그
정책을 실현하기 위해서는 중복적인 다수결에 의한 동의를 필요로

하기 때문에 정부에 권력이 집중하는 것을 방지하는데 기여한다.

5) 기관내부통제

양원제는 이중적인 입법심의를 통해서 의회결정의 품질을 높이는데 기여한다고 한다. 이에 상원을 가리켜 성찰원(Chambre de Réflexion) 또는 현인원(Rat der Weisen) 등으로 부르기도 한다. 양원제가 졸속하고 성급한 결정을 방지하고 신중하고 사려깊은 결정을 보장한다고 한다(Riker, 1992. 101). 상원이 실제로 이러한 이상을 실현하고 있는 지에 대해서는 찬반논의가 있다(Vatter, 329).

6)보수적, 현상유지

상원에서 보수적 시민세력을 과잉대표함으로써 단원제에 비하여 양원제는 현상유지적인 정치결과를 초래한다고 한다. 스위스에서도 상원은 보수적인 농촌칸톤의 이익을 보장하는데 기여한다. 이러한 효과는 상원의 정당구성의 면에서 추론되기도 하고 거부자(Vetospieler)이론에 근거해서 주장되기도 한다. 상원이 개혁조치나 현상변화에 대한 거부자로 작용한다는 것이다. 1990년대 이전의 연구들은 상원이 어느 정도 전통적이고 보수적인 경향을 갖고 있는 것으로 나타났지만 상원의 구성방식이 국민직선으로 변경되면서 이러한 기능은 상당히 약화된 것으로 보고되고 있다 (Vatter, 330).

7. 국가영향의 억제

상원에서는 보수당뿐만 아니라 자유주의 세력도 과잉대표된다.

특히 스위스에서는 상원에서 자유주의자들이 과잉대표되어 상원의 결정에 영향을 미치고 있다. 즉 국가의 영향력을 줄이고 복지국가를 확대하는 것을 억제하고 있다. 특히 상원은 주택건설, 사회보험 등과 같은 지출을 억제하여 연방이 절약정책을 펴도록 하여 재정적인 지출억제장치(Ausgabenbremse)로서 역할을 한다는 조사결과가 있다. 상원은 하원에 비하여 경제적 자유를 강조하고 국가개입과 지출을 억제하는 역할을 한다는 실증적인 연구들이 있다(Vatter, 331). 양원은 사회정책에 있어서 뚜렷한 차이를 보인다. 상원은 복지국가의 확대에 대해서 강한 의문을 가지고 있는 것으로 나타나고 있다.

제2절 연방정부

I. 개관

연방정부(Bundesrat)는 연방의 최고 지도기관이고 집행기관이다(연방헌법 제174조). 스위스 연방정부는 7명의 각료로 구성된다. 연방정부 위에 국민과 연방의회가 있지만 국가의 업무를 계획하고 집행하고, 지도하는 것은 연방정부이다. 이를 위한 수단으로 정부는 행정과 군대를 가지고 있다. 그러나 스위스 연방정부는 유일한 지도기관이 아니다. 일부는 국민에 의해서, 일부는 의회에 의해서 지도된다.

연방정부는 양원합동회의에 의해 선출된 각료들로 구성되며,

연방의회는 각료를 해임할 수는 없다. 이를 통해서 연방정부의 의회로부터 자율성과 독립성을 보장한다. 연방의회가 각료를 선출하여 연방정부를 구성함에 있어서는 지역과 언어권이 적정하게 대표되도록 하여야 한다(연방헌법 제175조 제4항). 그 밖에 헌법에 명시되지는 않았지만 성별, 정당별 적정 대표도 반영하고 있다. 연방정부를 구성함에 있어서 정당별 구성비율로 통용되고 있는 이른바 마법의 공식(Zauberformel)은 헌법의 규정에 의한 것은 아니다. 마법의 공식은 1959년 이래 2003년까지 주요정당인 FDP, CVP, SP, SVP간의 각료배분을 2:2:2:1로 배정하였다. 2004년 이후 참여정당과 그 비율은 여러 번 바뀌고 있으나 정당비율로 각료의석을 배분하는 원칙은 지켜지고 있다.

연방정부는 단순히 집행기능만을 수행하는 것이 아니라 정치적인 지도기능도 수행한다. 최종적으로는 의회가 법률이나 조약, 예산을 결정하지만, 결정을 준비하는 것은 정부의 권한에 속한다. 즉 연방정부는 국회안건의 초안을 마련하여 제출한다. 연방정부는 입법과정의 사전절차를 진행하고, 조약을 체결하며, 예산안을 제안한다.

연방정부는 법규와 의회의 결정, 법원의 판결을 집행한다(연방헌법 제182조 제2항). 연방정부는 다만 법규의 집행외에도 헌법과 법률의 위임이 있는 경우에 명령의 형식에 의한 법규를 제정하기도 한다(연방헌법 제182조 제1항). 또한 연방정부는 공공질서나 대내·외적인 장애가 발생하였거나 직접 중대한 위협을 받는 경우에 이 조항에 직접 근거해서 한시적인 명령이나 처분을 할 수 있다(연방헌법 제182조 제3항).

연방정부는 국가활동을 계획하고 조정하는 최고국가지도기능을 수행한다(연방헌법 제180조 제1항). 이를 위해 총괄보조기관으로 연방사무처장을 둔다(Bundeskanzlei). 연방사무처장은 그 외에 부서경계를 넘는 업무를 조정한다.

스위스 연방정부는 외국과 비교하여 내각의 숫자가 적은 편이다. 유사한 규모의 다른 나라가 10명 이상의 각료를 두고 있는데 비하여 스위스는 7명의 각료를 두고 있다. 또 다른 차이점은 정부의 수반인 연방대통령이 임기가 1년에 한정되고, 다른 각료에게 지시를 할 수 없다는 점이다. 이는 연방내각의 다수결로만 가능하다. 연방대통령은 연방내각회의를 주재하고, 외부적으로 대표하는 권한만 가진다. 또한 스위스 연방각료는 다른 나라와 다르게 대통령에 의해 해임되지 않으며, 의회에 의해서도 해임되지 않는다.

II. 연방정부의 구성과 선임

1. 역사적 변천

스위스 연방정부의 본보기가 된 것으로는 1795년에서 1799년 프랑스 혁명시에 도입된 집행위원회(Direktorium)와 이를 수입한 1789년에서 1803년의 헬베티아공화국의 5인 집행위원회(fünfköpfiges Vollziehungsdirektorium)를 한편으로 하고, 다른 한편으로는 자유주의적 혁신적 칸톤에서 채택하고 있었던 협의체정부체제를 들 수 있다. 이들 협의체 정부의 각료는 의회에서 선출했다. 1848년 헌법에서 7인 연방정부체제를 도입하면서 이를 통해 연방제적 구성과 지역적 다양성, 문화적 이질성을 반영하고자 했다.

1848년에서 1890년에 이르는 초기의 스위스 연방에서는 근본주의적 자유주의 세력이 연방정부를 지배했다. 당시 연방정부는 1당정부를 이루었다. 1848년 헌법제정자들이 다수대표제를 도입하였고, 이에 따라 의회에서 자유주의자들이 지배적이었다.

1860년대에 카톨릭－보수 야당이 정부에 1석의 각료를 얻기 위한 노력을 했으나 다수당인 근본적 자유주의자들의 반대로 실패했다. 이러한 관계는 카톨릭－보수세력이 1874년 도입된 임의적 국민투표제도를 자유주의 정책의 저지수단으로 활용하면서 변화되었다. 1891년에 철도국유화안이 국민투표에서 부결되자 담당 각료였던 벨티(Emil Welti)장관이 사퇴하였다. 당시 여당이었던 자유세력은 하원과 상원에서 여전히 다수를 차지하고 있었지만 카톨릭－보수세력에게 각료 1석을 양보하였다. 이로서 카톨릭－보수세력은 마침내 여당의 지위를 갖게 되었다. 이를 이후에 "자발적 정부비례(freiwilliger Regierungsproporz)"이라고 부르게 되었다. 왜냐하면 이는 수적 열세에 기인한 것이 아니었고, "연방정치의 기후변화"가 시작이 되었기 때문이다(Altermatt, 1992, 29).

1918년 국민발안을 통해 하원선거를 다수대표에서 비례대표로 전환한 이후 1919년 카톨릭 보수세력은 연방각료 의석을 1석 더 추가하여 2석을 얻게 되었다. 1929년에는 농민－자영업－시민당이 연방정부의 각료 1석을 얻게 되고, 1943년에는 사회민주당도 연방정부에 참여하게 된다.

1959년에는 FDP, CVP, SP가 각각 연방정부에서 2석을 차지하고 SVP는 1석을 차지한 이래로 2003년까지 "마법의 공식"으로 유지되었다.

> **"마법의 공식"**
>
> 스위스의 연방정부를 구성함에 있어서 1959년에서 2003년까지 지켜
> 졌던 정당별 비율을 가리켜 마법의 공식(Zauberformel)이라고 부른다.
> 연방정부의 각료 7명이 각각 자민당(FDP)과 사민당(SP), 기민당(CVP),
> 국민당(SVP)이 2:2:2:1의 비율로 배정되었다. 가장 큰 3개의 정당에
> 서 각각 2명을 선출하고 그 다음으로 큰 정당에서 1명을 선출한 것
> 이다. 마법의 공식은 화합정부(Konkordanzregierung)의 한 형식이고
> 또한 화합민주주의(Konkordanzdemokratie)의 한 부분이라고 할 수 있
> 다. 마법의 공식이라는 말은 1959년 선거후에 언론에서 쓰기 시작했
> 다. 처음에는 부정적인 의미로 사용되기도 했으나 시간이 지남에 따
> 라 부정적인 의미는 탈색되었다.

국민당(SVP)이 1999년과 2003년 선거에서 대승을 거두고 가장
지지도가 높은 정당이 되자 연방정부에서 1석을 더 요구하였다.
국민당은 블로헤르(Christoph Blocher)의 선출을 요구하였다. 만약
그가 당선되지 않으면 야당으로 남겠다고 하였다. 기민당의 현직
각료인 메츨러-아놀드(Ruth Metzler-Arnold) 대신에 블로헤르가
당선되었다. 이로써 자민당, 사민당, 국민당이 각각 연방정부의
각료 2명씩을 차지하고, 기민당이 1석을 차지하게 되었다. 연방정
부의 구성은 정당지지도에 따라 2:2:2:1로 되었다. 하지만 좌우
진영별 구성은 매우 다르게 나타나게 되었다. 종전에 우측/중도/
좌측 진영은 3:2:2로 구성되었으나 2003년도의 변화된 지형에서
는 4:1:2가 되었다.

1959년의 마법에 공식에 따르면 중도세력이 좌익 또는 우익과
연대하여 다수의 지위를 얻을 수 있었으나 이제는 어렵게 된 것
이다. 즉, 중도세력의 약화를 초래하게 된 것이다. 이를 두고 마법

의 공식은 해체되었다는 주장이 적지 않다.

2007년 연방선거 이후에 의외의 사태가 발생하였다. 국민당의 블로헤르 대신에 입후보도 하지 않은 비더머-쉬룸프(Eveline Widmer-Schlumpf)가 연방각료로 선출되자 국민당은 차후 야당으로 임하겠다는 선언을 하게 되고, 국민당출신의 연방각료 2명은 국민당 교섭단체로부터 배제된다. 이로써 이들 각료 2명은 당원신분은 가졌지만 교섭단체가 없게 되었다. 2008년 6월까지 유력정당의 연방정부 구성에서 2:2:2:1의 산술적인 비례는 유지되었지만 국민당은 국민당 출신의 연방각료를 국민당의 대표로 인정하지 않고, 연방정부에 더 이상 대표성을 갖지 않는다고 함으로써 마법의 공식은 종료되는 상황을 초래했다.

2008년 6월에는 그라우뷘덴의 국민당이 국민당을 탈퇴하여 새로운 명칭(처음에는 BPS, 나중에 BDP)으로 분리되었다. 이에 연방정부는 사민당, 자민당 각 2명에 기민당, 국민당, BDP이 각각 1명으로 구성되었다. 2014년 현재 연방정부는 자민당 2, 사민당 2, 기민당 1, 국민당 1, BDP 1 로 구성되어 있다.

스위스 연방국가의 역사는 다수정당이 참여하는 화합정부(Konkor-danzregierung)를 구성하게 되면서 달라졌다. 화합적인 정부구성으로 연방정부는 통상 연방의회의 80%이상의 지지를 받게 되었다.

표 30 : 정당별 각료수의 변화 (단위: 명) (출처: Linder, 247)

	FDP	CVP	SVP	SP	BDF
1848-1890	7				
1891-1918	6	1			
1919-1928	5	2			
1929-1942	4	2	1		
1943-1952	3	2	1	1	
1953-1958	3	3	1		
1959-2003	2	2	1	2	
2004-2007	2	1	2	2	
2008	2	1		2	2
2009-	2	1	1	2	1

2. 연방정부의 구성

연방정부는 7인의 각료로 구성된다. 7명은 연방헌법에 의하여 확정되어 있다. 연방정부의 구성에 있어서는 지역과 언어권이 적정한 비율로 고려되어야 한다(연방헌법 제175조 제4항).

> ### 연방각료와 부서의 숫자
>
> 연방각료의 숫자는 1848년 7명으로 규정된 이래로 166년이 지난 지금도 변함없이 유지되고 있다. 부서에는 다음과 같은 것이 있다. 외교부(EDA), 내무부(EDI), 법무-경찰부(EJPD), 국방-국민보호- 스포츠부(VBS), 재무부(EFD), 경제-교육-연구부(WBF), 환경-교통-에너지-통신부(UVEK)가 이에 속한다. 어떤 부서에서 어떤 업무를 배분할 것인지는 필요에 따라 달라질 수 있다. 예컨대, 2013년에 연방기술학교와 대학, 기초학문연구분야의 업무는 내무부에서 경제-교육-연구부(구 경제부)로 이관되었다.

연방각료의 피선거권은 하원의원에 피선거권이 있는 자, 즉 모

든 스위스인인 유권자이다. 이전에는 헌법에 한 칸톤에서 1명이
상의 각료를 선출하여서는 안된다는 규정(Kantonsklausel)이 있었
으나 1999년 헌법개정으로 이러한 제한은 철폐되었다. 이는 지역
과 언어권의 적정한 대표로 완화되었지만 한 칸톤에서 복수의 각
료를 선출하는 것은 바람직하지 않은 것으로 보는 견해가 많다.
2003년에 처음으로 같은 칸톤에서 두 명의 각료가 선출되었다.
연방각료는 연방하원이나 상원의원, 연방법원의 법관을 겸할 수
없다(연방헌법 제144조 제1항). 또한 연방각료는 일반적인 직업금
지의 적용을 받는다(동조 제2항).

3. 연방정부와 화합민주주의

영국이나 독일을 비롯한 대부분의 국가에서는 연방정부를 구성
함에 있어서 한 정당이 단독으로 또는 다른 정당과 연대해서 정
부의 구성을 독차지하고 다른 정당은 정부구성에서 배제되어 야
당이 되는 경쟁민주주의 내지 다수민주주의를 채택하고 있다(필
자는 이를 대결민주주의 라고 부른다.). 이들 나라와는 달리 스위
스는 유력한 정당이 모두 지지비율에 따라 연방정부의 구성에 참
여하는 이른바 화합민주주의(Konkordanzdemokratie)를 채택하고
있다. 이러한 화합민주주의는 합의민주주의(Konsensdemokratie)에
속하는 개념으로 승자독식 대신에 소수자를 정부의 구성에 참여
시키는 타협적인 정치체제이다. 화합민주주의 내지 합의민주주의
는 다수결에 의해서 권력을 행사하는 대신에 대화와 타협으로 합
의를 추구하는 민주주의의 한 형태이다.

화합민주주의는 소수자도 참여하도록 하여 정치적 의사결정에

가능한 한 넓은 사회계층의 합의를 이끌어 내려고 한다. 화합민
주주의는 의사결정과정에 다수결원칙 대신에 협의와 타협을 중
시한다. 이는 일종의 권력분립으로 권력남용을 방지하여 권력을
제한하는 방안의 하나라고 할 수 있다. 정치적 의사결정에 있어
서 협의와 타협을 중시하고, 모든 중요한 정치집단에게 비례에
따라 정치적 기관과 지도적 지위를 배분한다. 이점에서 화합민주
주의는 협의민주주의(Verhandlungsdemokratie) 또는 비례민주주의
(Proporzdemokratie)라고도 한다.

영국은 대의제 민주주의의 원형으로 다수민주주의를 채택하였
다. 다수민주주의와 합의민주주의를 국가유형별로 구분해보면 다
음과 같다.

표 31 : 국가유형과 민주주의 형태 (출처: Krumm, 82)

	단일국가	연방국가
다수민주주의	획일적 다수민주주의 영국, 뉴질랜드	연방적 다수민주주의 미국, 오스트레일리아
합의민주주의	획일적 합의민주주의 네덜란드, 스웨덴	연방적 합의민주주의 스위스

화합민주주의는 다음과 같은 장점과 단점을 가진다.

표 32 : 화합민주주의의 장단점

화합민주주의의 장점	화합민주주의의 단점
- 정치의 지속성 - 소수자의 참여 - 이질적 정치문화를 가진 사회에 적합	- 의사결정의 지연 - 개혁과 발전의 어려움 - 정치적 엘리트간의 카르텔 형성

화합민주주의는 가능한 많은 행위자(정당, 단체, 사회적 집단)를 정치과정에 참여시키고, 가능하면 합의로 정치적 결정을 하려고 하는 민주주의 유형을 말한다. 화합민주주의에서는 다수결원칙이 의사결정방식으로 중요한 역할을 하지 않는다. 화합민주주의에 반대되는 모델은 경쟁민주주의이다. 화합민주주의라는 개념이 일반화된 것에는 1960년대 말에 특히 렘부르흐(Gerhard Lehmbruch)와 라이프하르트(Arend Lijphart)가 기여하였다. 현실정치에서는 완벽한 화합민주주의는 존재하지 않는다. 룩셈부르크 정부형태가 가장 화합민주주의에 접근하고, 스위스와 오스트리아, 네덜란드와 벨기에 등에서 그러한 경향을 찾을 수 있다. 독일에서는 화합민주주의와 경쟁민주주의의 절충적인 형태를 취하고 있다.

스위스 헌법에는 화합민주주의에 대한 언급이 없다. 화합민주주의는 국민투표를 피하려는 노력과 소수자보호의 노력으로 수십 년간 점차적으로 발전해 왔다.

화합민주주의, 경쟁민주주의, 합의주주의, 다수민주주의 개념적 구분

위에서 설명한 개념들은 혼동하여 사용되고 있다. 이들 개념을 정부의 구성과 의사결정의 측면에서 구분해보면 의미가 보다 명확해 진다. 화합민주주의(Konkordanzdemokrstie)나 경쟁민주주의(Konkurenzdemokratie) 개념은 정부의 구성방법과 관련된 개념이라고 볼 수 있다. 이에 대해서 합의민주주의(Konsensdemokratie)나 다수민주주의(Mehrheitsdemokratie)는 의사결정방법과 관련된 개념이다. 후자는 전자를 포함한 보다 넓은 개념으로 볼 수 있다. 후자(화합민주주의 – 다수민주주의)는 전자(협의민주주의 – 경쟁민주주의)보다도 넓은 개념이라고 볼 수 있다 (Hermann, 2011, 19).

4. 연방각료의 선출

연방각료는 양원합동회의에서 선출한다(연방헌법 제168조 제1항). 각료를 국민직선으로 전환하려는 국민발안이 1900년과 1942년에 있었으나 국민투표에서 부결되었다. 국민직선을 하게 되면 연방의회의 위상이 저하되고 또한 각료의 선출에 있어서 지역별, 언어권별, 정당별 대표성을 적정하게 유지하는데 상당한 어려움이 있을 것으로 예상된다.

연방각료의 선거는 연방의회에서 개별선거로 이루어진다. 즉, 각료마다 1명씩 각각 선출한다(국회법 제132조 제2항). 이는 1848년부터 실시되었다. 이와같은 개별선거는 의원각료 전체에 대한 선거보다는 개별적 책임을 강화하는데 기여한다. 선거는 비밀투표로 하며 투표수의 과반수를 획득한 자가 선출된다.

각료의 선거는 각료전체를 정기적으로 새로 임명하는 경우(전면개각)와 결원을 보충하는 경우로 나누어 볼 수 있다(부분개각). 전면개각은 하원총선이 있을 때마다 각료 전부에 대한 선거가 실시된다(연방헌법 제175조 제2항). 선거는 하원선거가 있은 다음 회기에 실시된다. 이는 통상적으로 12월에 실시된다. 부분개각은 연방각료가 임기 중에 사임하거나 기타 사유로 궐위되는 경우에 실시된다. 보궐선거는 다음 회기에 실시된다(국회법 제133조).

> **각부 장관의 배정**
>
> 연방정부는 그 임기를 개시하기 전에 7개 부서의 장관을 각 각료에게 배정을 한다. 보궐선거가 있는 경우에도 마찬가지이다. 각료는 그에게 위임된 부서를 맡을 의무가 있다(정부 및 행정조직법 제35조 제3항). 연방각료들은 재임연한에 따라 원하는 부서를 먼저 표시한다. 선임자가 후임자보다 우선한다. 다선자는 초선자보다 우선권을 가진다. 각 각료의 의사에 대해서 다수결로 결정하는 경우는 드물다. 기존의 각부장관을 다른 부서의 장관으로 강제적으로 보임하는 것은 더욱 드물다. 추후의 전체회의에서 협력해야 할 것을 고려하면 임기 개시전에 이미 개인적인 상처를 입히는 것은 바람직하지 않다고 보기때문이다.

* 연방각료 선출에 관한 불문율

- 인구가 많은 칸톤인 취리히와 베른에 대해서는 각료를 항상 배정한다. 칸톤 바트(Waadt)에 대해서도 자주 각료가 선출된다.

III. 스위스 연방정부의 특성

1. 각료들의 동등한 지위

스위스 연방정부는 다른 나라들의 경우와는 달리 각료들간에 우열이 없고 모두 대등한 지위를 가진다는 점이다. 연방정부의 7명의 각료는 모든 중요한 안건에 대해서 공동으로 심의하고 결정을 하게 된다. 해마다 선출하게 되는 연방대통령(Bundespräsident)은 동등한 가운데 첫째(primus inter pares)에 불과하며 다른 연방각료들과 대등하다. 연방대통령의 업무는 연방정부회의를 준비하고 형식적인 진행과 형식적인 대표업무 등이다. 연방대통령은 또한 그의 부서업무를 처리한다.

연방대통령의 지위

연방대통령은 연방정부의 의장이 된다(연방헌법 제176조). 연방대통령과 부통령은 연방각료중에서 1년 임기로 양원합동회의에서 선출된다. 연방대통령의 계속연임은 인정되지 않는다. 부통령은 통상 다음 해에 대통령으로 선출되지만 이는 정치적인 관행에 불과하며 법적인 구속이 있는 것은 아니다. 연방대통령은 연방정부회의에서 어떠한 지휘권도, 지침권도 지시권도 없다. 연방대통령은 연방정부회의에서 의장의 역할을 할뿐 그 외에는 회의체의 대등한 구성원에 지나지 않는다.
- 회의에서 연방정부회의의 사회 및 활동계획
- 회의에서 찬반동수인 경우 결정투표
- 국내외에서 연방정부의 대표
- 그밖에 대통령권한에 속하는 부속사무의 처리 등이다.

2. 연방정부와 연방의회

연방정부의 각료는 헌법에 의하여 4년 임기가 보장되며, 임기 도중에 의회에 의하여 해임되지 않는다. 이는 연방각료가 연방의회에 대해서 책임을 지지 않음을 의미한다. 의회중심체제와는 달리 스위스에는 정부불신임이나 각료에 대한 해임제도가 없다. 이를 통해서 정부는 의회에 대해서 독립적인 지위에 있다. 정부도 의회를 해산할 수 없다.

3. 협의체제도(Kollegialsystem)

연방헌법은 연방정부의 구성원칙으로 협의체원칙과 부서원칙을 동시에 규정하고 있다(연방헌법 제177조).

- 협의체원칙(Kollegialprinzip)은 연방업무의 결정에 대해서 적
  용되며, 업무의 결정은 원칙적으로 7명의 각료로 구성되는
  연방정부 전체가 협의체기관으로서 결정하게 된다.

- 부서원칙(Departementalprinzip)은 연방정부의 업무는 부서에
  따라 개별 각료에게 배분됨을 의미한다. 부서원칙은 업무의
  준비와 집행에 한정된다.

o 협의체 원칙의 개념

협의체 원칙은 다음과 같은 의미를 가진다(정부와 행정조직법
제4조, 제12조 참조).

- 연방정부의 7명의 각료는 동일한 방식으로 선임되고 전체회
  의에서 동일한 법적 지위를 가진다.

- 정부업무에 대한 결정은 7명으로 구성되는 연방정부에서 이
  루어지며 개별 각료가 결정하는 것이 아니라는 의미이다.

스위스의 협의체제도

스위스에서는 왕이나 강력한 단독지배자를 가진 적이 없다. 권력을 강력한 개인에게 부여하는 대신에 협의체인 동료집단에게 부여하였다. 게마인데에서는 Gemeinderat에게 칸톤에서는 Regierungsrat에게, 연방에서는 Bundesrat에게 권력을 부여하였다. 아무도 단독으로 너무 많은 권한을 갖지 못하도록 하였다. 지시권을 가진 대통령을 원하지 않았다. 대신에 동료집단인 협의체에서 공동으로 결정하게 했다. 동료집단을 운영하는 것이 쉽지 않기 때문에 집행기관을 작게 유지했다. 연방정부의 각료를 7명으로 유지하는 것은 세계에서 그 규모가 가장 작다. 오스트리아 14부처, 벨기에15부처, 핀란드 20개부처에 비하면 스위스연방정부는 그 규모가 매우 작은 편에 속한다. 협의체원칙(Kollegialprinzip) 혹은 협의체제도(Kollegialität)는 정치적인 결정이 협의체에서 이루어 져야한다는 원칙을 의미한다(이하 Uhlmann, 2006 참조). 협의체를 이루는 각 구성원이 행정부서의 장을 맡고 있지만 전체로서의 협의체 결정이 부서별 운영보다 우선한다. 협의체제도는 인적 권력분립의 일종으로 기능의 배분없이 둘 혹은 그 이상의 사람들이 동일한 기능을 공동으로 수행하도록 함으로써 개개의 권력자가 권력을 남용하지 못하도록 하는 제도이다(Riklin, 365). 안건에 대한 협의체 구성원간의 의견 차이는 협의체안에서 조정되어야 한다. 협의체 원칙의 중심적인 요구는 의견차이가 협의체 외부가 아니라 협의체 안에서 해결하여야 한다는 점이다. 협의체 원칙은 내부적인 자제나 비겁함을 요구하는 것은 아니다. 필요하면 집요하고 소란한 논쟁을 할 수도 있다. 중요한 것은 협의체내에서 토론하는 목소리의 크기가 아니라 협의체의 모든 구성원들이 안건에 관한 충분한 정보를 가지고 있어야 한다는 점이다.

o 일치의 원칙(Identifikationsgebot)과 그 한계

협의체 원칙은 연방정부의 각료에게 전체회의의 결정을 확인하고, 이를 외부적으로 대표할 것을 요구한다. 다당제정부하에서 이 원칙은 초정당적인 연대의무로부터 나온다. 협의체원칙이 개별 각료를 해하지 않고 유지되기 위해서는 전체회의가 합의를 해야

하고 가능한 형식적인 표결을 피해야 한다. 협의체 원칙은 이질적 정당으로 구성된 연방정부에 대해서 결정을 함에 있어서 합의를 하도록 압력을 가하고 있다. 이는 개별각료의 전체회의에서 발언이 공개되는 경우에 어렵게 된다. 이점에서 연방정부 전체회의에서 회의 비공개가 협의체원칙을 원만하게 운영하기 위한 중요한 전제조건이 된다. 만약 연방정부의 회의가 공개된다면 연방정부 내의 타협능력은 현저히 떨어질 것이고 대중매체들은 각료를 승자와 패자로 편가르기를 하게 될 것이다(Villiger, 259). 그렇게 되면 모든 각료가 회의결과를 대외적으로 지지한다는 것도 의미가 떨어진다.

협의체 원칙은 다수결원칙과 양립하기 어렵다. 각료는 연방정부의 전체회의가 자신의 개인적인 의사와는 다르게 결정했더라도 외부에 이를 대해서는 전체회의의 결정을 대표해야한다. 만약 전체회의에서 한 정당이 지속적으로 다수결로 지배하려 한다면 전체회의의 분위기는 지나치게 경직될 수 있다. 이에 협의체 원칙은 다수정당에게 권력적 지위를 상당한 부분 포기할 것을 요구하고 있다(Uhlmann, 2006).

협의체원칙은 내부적으로는 권력분점, 외부에 대해서는 공동책임의 이상을 가지고 있다. 정부의 결정에 대한 외부적 공동책임은 사전적인 상호양보와 타협, 이상적으로는 의견일치를 위한 조건이 된다. 다수결의 원칙은 사전적인 타협노력을 배제하지는 않지만 이를 보장하는 것은 아니다. 최악의 경우에는 토론 없이도 다수결 결정을 할 수 있고 소수는 아무것도 얻지 못할 수 있다. 어떤 결정원칙을 채택하는지에 따라 정부의 스타일은 판이하게 달라질 수 있다. 투쟁적 표결을 피하고 협의를 통한 타협을 하는 협의스타일로부터 각료의 개별적인 입장을 지키는 다수결에 이르기까지 다양한 정부스타일이 있다. 충분한 사전토론과 협의를 통한 타협적인 결론을 도출함이 없이 다수결로 밀어붙이는 것은 협의체 원칙을 침해하는 것이 된다.

o 협의체 원칙의 장점과 단점

협의체 원칙은 무엇보다도 한 사람이나 한 정당에 권력이 집중하는 것을 방지한다. 즉 권력을 제한하거나 권력을 억제하는 기능을 한다. 이는 사회의 각 계층과 지역적, 문화적인 그룹이 그들의 이익을 비례적으로 정부업무에 영향을 미치도록 하는데 기여한다. 이를 통해 정부의 결정은 지지와 정당성을 높인다. 국가적인 통합을 위해 중요한 타협을 실현하는데 기여한다. 협의체를 통해서 다수의 대등한 각료들이 지식과 능력, 경험을 모으고 결합함으로써 결정의 품질을 높일 수 있다. 협의체를 통해서 행정내부의 다양하고 상반될 수 있는 이해관계를 정상에서 조정하도록 함으로써 최소한의 정치적 안정성과 지속성을 보장하는데 기여한다 (Vatter, 225).

협의체의 단점으로는 합의를 전제로 하므로 혁신적인 결정이 어렵게 되고, 지도력의 약화를 가져올 수 있다는 비판이 있다. 또한 각료는 자신의 업무에 대한 무난한 결정을 위해 다른 각료의 소관업무에 대해서 개입하기를 자제할 위험이 있다는 지적도 있다.

연방정부의 회의

연방정부의 회의는 업무수행에 필요한 경우에 개최된다(정부와 행정
조직법 제16조 제1항). 회의는 통상 매주 개최되며 수요일에 정기적
으로 개최된다. 다만 의회 회기중에는 월요일에 개최된다. 회의는 대
통령의 위임에 의해 연방사무처장(Bundeskanzler)이 소집한다. 긴급
시에는 대통령이 통상적인 소집절차를 거치지 않고, 예컨대 전화회
의를 할 수도 있다. 회의는 연방대통령이 주재하며 유고시에는 부통
령이 한다. 연방정부회의는 최소한 4명 이상의 각료가 출석해야 한
다. 연방정부회의는 공개되지 아니한다(정부 및 행정조직법 제21조).
하지만, 정부는 회의결과에 대해서 적정한 시기에 충분히 공표해야
한다(연방헌법 제180조 제2항). 매주 개최되는 연방정부회의에 대해
서는 연방정부 사무처소속의 연방정부 대변인이 보고를 한다.
안건의 발의는 각 연방각료들이 서면으로 한다. 안건심의와 의결은
개별적으로 한다. 특정 안건을 심의하기 위해 필요한 경우에는 통상
3인으로 이루어지는 소위원회를 구성해서 심의와 의결을 준비할 수
있다.
안건에 대한 결정은 묵시적으로 합의가 이루어 지지 않는 한 다수결
에 의한다. 최소한 3인 이상이 찬성한 경우에 의결은 유효하다. 안건
과 직접 이해관계를 가진 각료는 회의에서 제척된다.

4. 부서제원칙(Departementalprinzip)

부서제 원칙은 연방정부의 업무는 부서에 따라 배분되고, 모든
각료가 각각 한 부서를 담당하며, 이에 정치적인 책임을 진다는
것을 의미한다. 연방정부는 부서를 그 구성원인 각료에게 배분하
며, 각료는 그에게 위임된 부서를 맡아야 한다.

1848년 헌법제정당시 연방정부는 집단적 권력행사를 위한 위
원회형태로 출발했다. 연방정부가 정부위원회로 생각되었고, 전
체회의 업무와 부서업무의 역할배분도 존재하지 않았다. 각료의
자질도 정치인이 요구되었고 전문성이 요구된 것은 아니었다. 점

차 업무분장이 이루어지고 전체회의와 부서간의 역할분담이 일어났다. 1874년 이후에는 특별한 전문적 자질이 연방각료선거에서 중요한 기준이 되었다. 부서별 전문화가 진행되면서 형식적인 협의체원칙의 우월성은 사실상 지배적인 부서제원칙에 의해서 약화되었다.

이제는 부서제원칙이 협의체원칙의 기능을 위한 불가결한 조건으로 작용한다. 먼저 부서에 따른 업무배분은 전체회의를 서류뭉치로부터 해방하고 부서와 행정기관이 사실상 자율적으로 업무를 처리하도록 한다. 다른 한편으로 부서제원칙은 전체회의를 거쳐야 하는 안건에 대한 충분한 준비가 되도록 한다. 또한 부서제 원칙은 정치적 책임을 개별화하는데도 기여한다. 연방각료를 그가 맡고 있는 부서와 동일시하게 되고 그 부서의 실패나 잘못은 그 부서의 장인 각료의 책임으로 간주되기 때문이다.

IV. 연방정부의 권한

연방정부의 권한에 대해서는 연방헌법 제180조에서 187조에 규정하고 있다. 입법자들은 헌법에 규정된 권한외의 권한을 연방정부에 부과할 수도 있다(연방헌법 제187조 제2항).

1. 정부 · 행정기능

o 정부정책

연방정부는 우선 정부정책의 목표와 수단을 결정한다. 연방정부는 정부활동을 계획하고 조정한다. 연방정부의 정책은 여러 가지 계획보고를 통해서 나타난다. 임기계획(Legislaturplanung)과 연간계획(Jahreplanung)을 보고한다. 임기계획은 4년의 임기동안의 목표와 조치 등을 의회에 보고하는 것으로 4년 임기동안의 정책방향을 제시한다. 중요한 것은 연간계획이다. 연간계획은 연간 실시할 구체화된 활동목표와 수단을 매년 겨울 정기의회의 초기에 보고한다(국회법 144조, 제146조). 이에 근거하여 연방정부는 의회에 매년 활동보고를 한다. 또한 분야별 계획도 보고한다. 예컨대 재정계획(Finanzplan), 외교보고 등이 이에 속한다. 연방정부는 중대한 공익이나 사익에 반하지 않는 한 그의 활동에 관한 정보를 적시에 충분하게 공개하여야 한다(연방헌법 제180조 제2항).

o 의회안건의 발의

연방정부는 연방의회에 법률안을 제출할 수 있다(연방헌법 제181조). 이에는 헌법개정안이나 법률안뿐만 아니라 연방결정의 초안도 포함된다. 이로써 연방정부는 의회의원과 마찬가지로 광범위한 발안권을 가지고 있다.

o 연방행정의 지휘

연방정부는 연방행정을 지휘하고 감독한다. 헌법과 법률의 범위 안에서 정부는 행정조직을 운영한다. 연방정부는 연방행정에 부과된 업무를 효과적으로 수행할 책임을 진다. 연방각료는 소관부서에서 지시권과 통제권을 가진다. 필요한 경우에는 특정 행정업무를 스스로 집행할 수도 있다(이른바 개입권: Selbsteintrittsrecht)(정

부조직 및 행정조직법 제31조). 행정사무는 법률의 규정에 따라
공법이나 사법상의 법인이나 조직에게 위임될 수 있다.

o 연방법률의 집행

연방정부는 연방법률의 집행이 헌법이나 법률에 의하여 칸톤에
게 속하지 않는 경우에 연방법률을 집행하도록 한다(연방헌법 제
182조 제2항). 연방정부가 직접 집행하는 것은 예외적인 경우이
며 통상적인 집행은 부서의 각기관이 한다. 연방정부의 집행권에
는 집행명령을 발할 수 있는 권한까지를 포함한다.

o 재정

연방정부는 재정계획을 수립하고, 예산안을 편성하고, 회계를
작성한다. 또한 연방정부는 적법한 예산운용이 되도록 한다. 법적
구속력이 있는 지출결정은 원칙적으로 의회의 소관이다(연방헌법
제183조).

o 국내치안의 보장

연방정부는 연방의 국내치안을 보장하기 위한 조치를 취한다.
비상시에는 헌법에 직접 근거해서 경찰명령과 경찰처분을 할 수
있다(연방헌법 제185조 제3항). 또한 긴급한 경우에 연방정부는 제
한된 범위내에서 군대를 동원할 수 있다(연방헌법 제185조 제4항).

o 연방보장과 연방감독

칸톤의 질서가 문란해지거나 위협받고 있을 때 당해 칸톤이 스

스로 또는 다른 칸톤의 도움으로 질서를 유지하기 어려울 때에는 연방이 개입한다(연방헌법 제52조). 연방정부는 칸톤상호간이나 칸톤과 외국과의 계약에 대해 이의를 제기한다. 연방정부는 연방 법률과 칸톤헌법, 칸톤의 계약들이 준수되도록 하고 필요한 조치를 한다(연방헌법 제186조).

o 기타 정부·행정권한

연방정부는 연방행정과 그밖에 연방업무의 수행자에 대한 감독을 한다. 연방정부는 연방의회에 정기적으로 그의 업무수행과 스위스의 상황에 대해 보고를 한다. 연방정부는 다른 기관의 권한에 속하지 않는 선거를 실시한다(연방헌법 제187조).

2. 외교정책에 관한 권한

o 외국과 관계

연방정부는 연방의회의 관여하에 외교업무를 관장한다. 연방정부는 대외적으로 스위스를 대표한다. 연방정부는 조약에 서명하고 비준을 한다(연방헌법 제184조).

o 대외안전의 보전

연방정부는 대외적인 안전과 스위스의 독립과 중립을 보장하기 위한 조치를 한다. 연방정부는 공공질서나 대내·외적인 장애가 발생하였거나 직접 중대한 위협을 받는 경우에 이 조항에 직접 근거해서 명령이나 처분을 할 수 있다. 명령은 한시적이어야 한다. 연방정부는 긴급한 경우에 군대를 동원할 수 있다. 연방정부가 4,000명이상의 병역을 현역으로 동원하거나 병력투입이 3주 이상 지속될 것으로 예상되는 경우에는 지체없이 연방의회를 소집하여야 한다(연방헌법 제185조).

3. 입법권한

o 개헌과 입법에 대한 관여

연방정부와 연방행정은 헌법개정이나 법률제정과정에 중요한 역할을 한다. 우선 연방정부는 발안권을 행사해서 의회에 헌법개정안과 연방법률안을 제출할 수 있다(연방헌법 제181조). 또한 연방정부는 법률제정절차의 사전절차를 주관한다(정부 및 행정조직법 제7조). 연방정부는 연방의회의 심의에 참여할 권리를 가지고 있고, 동의를 할 수 있다(연방헌법 제160조 제2항).

o 명령의 제정

정부는 헌법과 법률의 위임에 의하여 명령 형식의 법규를 제정한다(연방헌법 제182조 제1항). 또한 다음과 같은 경우에는 법률의 위임이 없어도 헌법에 근거하여 명령을 할 수 있다(독립적 명령). 연방정부는 국익을 보전하기 위하여 필요한 경우에 명령과 처분을 할 수 있다(연방헌법 제184조 제3항). 연방정부는 공공질서나 대내·외적인 장애가 발생하였거나 중대한 위협을 받는 경우에 이 조항에 직접 근거해서 명령이나 처분을 할 수 있다(연방헌법 제185조 제3항). 또한 연방의회는 일정한 요건하에서 그의 입법권을 연방정부에 위임할 수 있다(연방헌법 제164조 제2항).

제3절 연방법원

I. 연방법원의 변천

o 1848년 연방설립후 초기의 연방법원

스위스 연방법원은 1848년 연방국가의 헌법제정으로 설치되었다. 연방법원은 초기에는 조직이나 권한, 사건 수에 있어서 약한 기관이었다. 초기의 연방법원에는 의회에 의해서 3년 임기로 선출된 11명의 겸직법관이 있었다. 법관은 직업적인 것이 아니라 시민복무(Miliz)의 원칙에 따라 활동을 했다. 당시 연방법원의 법관은 양원합동회의의 의원을 겸직할 수도 있었다. 법원의 상설적인 소재지도 없었다. 수도나 연방법원장이 지정하는 곳에서 개최되었다. 연방법원의 권한도 매우 제한적이었다. 연방법원의 권한은 사법(私法)과 형법에 한정되었다. 국가법영역에 속하지 않는 칸톤간의 분쟁이나 연방과 칸톤간의 관계, 국민의 연방에 대한 소송 등을 주로 다루었다. 그 밖의 모든 국가법적인 문제는 정치적 기관의 판단에 맡겨졌다. 연방법원은 연방의회나 연방정부에 의해 위임을 받은 경우에 한하여 이런 문제를 다루었다(이런 경우는 연방법원이 설립된 지 25년 동안 단 1번에 그쳤다). 연방정부와 연방의회는 법원의 판결이나 칸톤정부의 처분을 취소할 수 있었다.

o 1874년 전면적 헌법개정후의 연방법원

1874년 전면적인 헌법개정으로 법원의 지위에도 많은 변화가
있었다. 우선 연방법원이 로잔에 상설기구로 자리를 잡았다. 또한
다른 국가기관인 연방의회와 연방정부로부터 독립성도 강화되었
다. 이에는 종래의 겸직법관 대신에 9명의 전임법관이 연방의회
에 의하여 6년 임기로 선출되었다. 연방하원의원과 연방상원의원,
연방각료를 겸직하지 못하도록 함으로써 권력분립도 강화하였다.
연방법원의 권한도 확대되었다. 국가법상의 권리구제문제가 중심
이 되었다. 특히 연방과 칸톤, 칸톤과 칸톤간의 관계로부터 나오
는 공법상의 분쟁에 초점을 맞추었다. 헌법소송으로는 칸톤법률
과 처분으로 인한 국민의 헌법상 권리의 침해에 대한 권리구제가
있었다. 새로운 업무의 추가로 연방법관도 14명으로 늘어나고, 연
방법원도 민사부와 국가법부로 나누어졌다. 1896년에는 파산에
관한 권한이 추가되어 2명의 법관이 더 늘어나고 파산부가 추가
로 설치되었다.

o 20세기 이후의 변천

1904년에는 법관의 숫자가 16명에서 19명으로 늘어났다. 1912
년 민법전(ZGB)이 효력을 발생하고, 모든 민사분쟁에 관한 공소
절차가 인정되면서 연방법원의 법관정원은 24명으로 확대되었다.
1917년에는 연방보험법원(Eidgenössische Versicherungsgericht)이
연방법원의 독립부로 루체른에 설치되었다. 1928년에 연방법률로
행정법상의 권리구제와 공무원법상의 권리구제가 연방법원의 관
할에 속하게 되었다. 1942년에는 새로운 형법전이 도입되었고,

법원에 형사부가 설치되고 스위스 형법의 통일적인 적용책임을 맡게 되었다.

2000년 3월 12일에 사법개혁에 대해 국민과 칸톤이 찬성을 했다. 이는 1999년의 헌법전면개정과 결합하여 광범위한 개혁조치를 포함한 것으로서 여러 법률의 제정을 통하여 실현되었다. 권리구제절차의 보장이 정착되었고, 민사와 형사분야의 소송법이 전국적으로 통일되었으며, 제1심 연방법원이 새로 설치되었다. 이러한 광범위한 사법개혁은 세 가지 문제를 해결하기 위한 것이었다. 연방법원의 과부하, 복잡한 권리구제절차, 권리보호의 흠결문제를 해결하기 위한 것이다(Vatter, 483 이하).

첫째로, 연방법원의 과부하를 해소하기 위하여 연방법원의 제1심법원으로 연방형사법원, 연방행정법원, 연방특허법원이 새로 설치되었다. 이러한 전심절차를 도입함으로써 연방법원의 최고법원으로서 역할을 강화하려는 것이었다. 또한 민사법과 형사법, 공법 분야의 재판을 위한 칸톤기관의 설치를 의무화했다(연방헌법 제191조의 b). 2004년에 연방형사법원이 벨린쪼나(Bellinzona)에 설치되어 연방공무원의 범죄, 경제범죄, 조직범죄, 부패, 돈세탁, 폭발물 범죄 등을 다루고 있다. 2007년에는 연방행정법원이 설치되어 임시로 베른과 쫄린코펜(Zollinkofen)에서 활동하다가 2012년에 상트 갈렌으로 소재지를 이전했다. 행정법원의 설치로 종래의 행정외부적인 소청위원회(Rekurskommission)나 부서, 그리고 연방정부의 항소심으로서 사법권한은 폐지되었다. 연방행정법원은 연방행정 권한분야의 공법상 분쟁사건을 다룬다. 2012년에는 연방특허법원이 상트갈렌에 설치되었다. 연방특허법원은 특허의 존재와 침해를 다루며 칸톤법원의 연방법원 전심으로서 민사적 특허분쟁관할을 인수하였다.

둘째로, 권리구제절차의 복잡성을 해소하기 위하여 통합상소제도(Einheitsbeschwerde)를 도입했다. 전심판결을 취소하기 위해서는 상소이유나 전심기관에 상관없이 단일한 상소절차를 채택했다. 종래 루체른에 소재했던 연방보험법원을 연방법원에 편입하는 등 연방법원의 조직개혁조치를 취했다.

셋째로, 권리보호의 흠결문제는 연방행정법원의 설치를 통해서 보완했다. 연방행정법원은 부서나 종래의 소청위원회의 업무를 인수하여 연방법원에서 상소하기 전에 사법적인 전심절차를 구비하는데 핵심적인 기능이 있다.

II. 연방법원의 지위

연방법원은 연방의 최고의 사법기관이다(연방헌법 제188조 제1항). 연방법원의 소재지는 로잔(Lausanne)이다. 연방행정법원, 연방형사법원, 연방특허법원은 연방차원에서 연방법원의 하급법원이 된다. 이는 수평적으로 다른 국가최고기관과의 관계를 규정하며 또한 수직적으로 다른 사법기관과의 관계를 규정하고 있다. 다른 연방최고기관인 연방의회와 연방정부와의 수평적인 관계에서 연방법원은 사법영역에서 최고기관이다. 즉, 사법적인 문제에 관한한 연방법원이 최고의 기관이 된다. 또한 연방법원은 다른 사법기관과의 수직적인 관계에서 최고법원이 된다. 연방법원은 판결에서 최종적인 결정권을 가진다. 이점에서 연방법원은 연방국가적인 법적 통일성을 유지하는 기능을 한다.

스위스에서는 많은 연방법률을 칸톤이 집행한다. 이는 연방의 공법뿐만 아니라 형사재판이나 민사재판도 마찬가지이다. 사법권의 분권적인 집행으로 칸톤의 의미를 강화하고 재판의 사물근접성과 장소근접성을 높인다. 이는 다른 한편으로는 칸톤마다 연방법률이 다르게 적용될 우려가 있다. 이에 연방법원은 연방법률이 전국적으로 통일적으로 적용되도록 하는 역할을 한다. 이는 행정구제뿐만 아니라 형사절차나 민사절차에도 적용된다.

연방의회나 연방정부도 일정한 사법기능을 갖고 있다. 예컨대, 연방의회는 연방최고기관간의 권한분쟁을 결정하고, 연방정부는 정치적 업무에 대한 이의제기에 대한 결정을 한다. 연방의회와 연방정부의 사법적 결정에 대해서는 법률에 특별한 규정이 없는 한 연방법원에서 취소하지 못한다(연방헌법 제189조 제4항). 일정한 법적분쟁에 대해서 정치적인 연방기관이 최종적인 결정을 하도록 헌법이 용인한 것이라고 볼 수 있다. 이는 정치적인 사건에 한정해서 매우 드물게 인정되는 예외적인 경우이다.

III. 재판의 독립

사법기관은 재판활동에 있어서 독립적이며 오로지 법률에만 구속된다(연방헌법 제191조의 c). 재판의 독립은 법원의 독립뿐만이 아니라 개개 법관의 재판에 있어서 독립을 의미한다. 재판의 독립은 기본권으로 인정된 법률에 의하여 설치되고, 관할권이 있으며, 독립적이고, 공정한 법원에 의한 재판을 청구할 수 있는 권리(연방헌법 제30조 제1항)의 다른 측면이다.

o 기능적 측면

재판의 독립은 법원이외의 다른 연방기관이 재판에 영향을 미치는 것을 금지하는 것을 의미한다. 재판에 관한 지시는 물론 분쟁사안에 대해 어떤 결정을 하거나 그 밖의 영향력을 행사하는 것을 금지한다. 판결의 내용을 수정하는 것도 물론 금지된다. 다만 연방의회의 사면은 판결의 내용을 변경하는 것이지만 헌법이 명문으로 인정한 예외라고 볼 수 있다.

o 조직상의 측면

조직적인 측면에서 보면 재판의 독립은 법원이 하나의 자율적인 조직체로서 사법부의 자치행정을 보장할 것을 요구한다(연방헌법 제188조 제3항). 이는 특히 의회의 법원에 대한 감독권의 제한을 의미한다. 국회의 감독권은 엄격하게 법원의 외적 활동과정에 한정되어야 한다.

o 인적인 측면

먼저 헌법과 법률은 법관의 인적 독립을 보장하기 위하여 겸직금지(Unvereinbarkeit)를 규정하고 있다. 하원의원, 상원의원, 연방각료의 겸직을 금지하고, 일반적인 직업금지를 하고 있다.(연방헌법 제144조)

또한 법관의 인적독립은 법관의 선임권한과 선임절차와 관계가 있다. 스위스의 연방법원의 법관은 연방의회에서 선출된다. 이는 정치적인 영향을 피할 수 없지만 연방법관에 대한 민주적인 정당성을 보장하기 위한 불가피한 것으로 본다.

법원에 의한 법관 선임

법관을 법관으로 구성되는 법원이 선출하는 경우(호선제도)에 법관의 독립성은 가장 강하게 보장할 수 있다. 하지만 법원에 의한 법관의 자체충원은 민주적 정당성의 보장에 있어서 치명적인 약점을 가지고 있다. 법원의 판결이 국민들에게 수용되기 위해서는 그 정당성을 국민에게서 찾을 수 있어야 한다. 호선체제(Kooptationsystem)는 국가속의 국가를 인정하는 위험을 갖고 있다. 이는 또한 권력분립의 요구인 권력상호간의 견제원리와도 부합하지 아니한다(Tschannen, 519).

법관에 대한 임기제도는 법관의 독립성을 보장하는데 중요한 역할을 한다. 다만, 임기는 너무 짧지 않아야 한다. 연방법원의 법관 임기는 6년이다. 법관의 재임용 문제는 법관의 독립성을 해할 위험이 있다. 그렇다고 하여 종신제 법관제도를 취하는 것은 권력 남용의 위험이 있고 권력억제의 원리와 양립하기 어렵다.

IV. 연방법원의 전심법원

연방법원이 최고법원으로 역할에 집중하도록 하기 위해서 헌법은 그 전심기관으로 아래와 같은 법원을 두고 있다.

- 연방형사법원(Bundesstrafgericht)
연방형사법원은 벨린초나(Bellinzona)에 위치하며, 법률이 연방법원관할로 규정한 형사사건의 일심법원이 된다.

- 연방행정법원(Bundesverwaltungsgericht)

연방행정법원은 상트갈렌(St. Gallen)에 위치하며 주로 연방행
정청의 처분에 대한 항고사건을 다룬다.

- 연방특허법원(Bundespatentgericht)

연방특허법원은 상트 갈렌에 위치하며 특허의 존재와 그 침해
사건을 다루며 연방법원의 전심법원이 된다.

- 칸톤법원

그 외에도 민사법, 형사법, 공법 분야의 분쟁을 해결하기 위한
사법기관을 칸톤은 설치해야 한다.(연방헌법 제191조의 b)

표 33 : 스위스 법원의 심급구조 (출처:Moeckli, 2008, 70 참조)

	공법	사법	형법
제1심	소청위원회. 정부	지방법원/관구법원	지방법원/관구법원
제2심	칸톤행정법원 연방행정청의 처분은 연방행정법원	칸톤법원/고등법원	칸톤법원/고등법원 특정한 범죄 연방형사법원
제3심	연방법원	연방법원	연방법원

V. 연방법원의 구성과 심리

1. 연방법원의 구성

연방법원의 법관 정수에 대해서는 법률에 위임하고 있다(연방

헌법 제188조 제2항). 2014년 현재 연방법원에는 38명의 정규법관과 19명의 겸직법관이 있다. 또한 130명의 법원서기를 두고 있다. 법률상으로는 정규법관을 35~45명 둘 수 있도록 하고, 겸직법관은 정규법관의 2/3이하의 범위안에서 둘 수 있도록 하고 있다(연방법원법 제1조 제3항). 연방법원법관을 선임함에 있어서는 공용어 대표성에 유의하여야 한다(연방헌법 제188조 제4항).

부를 구성함에 있어서는 전문지식 외에 공용어와 지역에 대한 적절한 배려를 하고 있다. 현재 38명의 연방법원 정규법관 중에서 독일어권 25명, 프랑스어권 12명, 이탈이아어권 12명으로 구성되어 있다. 11명의 여성법관과 27명의 남성법관으로 구성되어 있다. 법관들의 직업군은 전직 칸톤법관, 대학교수, 변호사, 전직 고위공무원 등으로 구성되어 있다.

연방법원에는 연방법원장과 연방법원부원장을 두고 있으며 연방의회에 의하여 2년 임기로 선출된다. 연방법원과 연방형사법원, 연방행정법원은 법원장과 부원장 추천권이 있다. 연방법원장은 1회에 한하여 재선될 수 있다. 연방법원장은 법관전원회의(Gesamtgericht)의 수장이 되며, 내부적으로나 외부적으로 연방법원을 대표한다.

연방법원에는 법의 영역에 따라 구성되는 7개의 부(部)가 있다. 2개의 공법부, 2개의 민사법부, 2개의 사회법부, 1개의 형사법부가 이에 속한다. 각부의 장은 법관전원회의에서 2년 임기로 선임하며 최장 6년 이내에 부의 장(Abteilungspräsident)으로 업무를 수행할 수 있다. 부장회의(Präsidentenkonferenz)는 판결을 조정하고 법원장을 보좌한다.

2. 연방법관의 선거

1) 피선거권

모든 투표권자는 연방법관으로 선출될 수 있다(연방헌법 제143조). 법률교육은 요건이 아니다. 법률지식이 없는 일반인도 연방법관으로 선출될 수 있다. 최고법원으로서 연방법원의 역할에 비추어 모든 투표권자에게 연방법관의 피선거권을 부여한 것은 액면 그대로 받아들이기 어렵다. 실제로 연방의회에서 선출된 연방법관은 예외없이 법률전문가중에서 선출되고 있다. 연방법관은 6년 임기로 선출되며 재임기간에는 제한이 없다. 즉, 계속적인 선출이 허용된다.

연방법관은 하원의원, 상원의원, 연방각료를 겸할 수 없다. 또한 전임법관은 다른 직업을 가질 수 없다(일반적 직업금지)(연방헌법 제144조 제2항). 연방법관의 정년은 68세이다.

2) 연방법관의 선거

연방법관선거는 양원합동회의에서 한다. 원칙적으로 매6년마다 연방법관에 대한 선거가 실시된다. 정규법관과 겸직법관의 선거는 분리해서 실시한다. 연방법관의 재선은 가능하며 일반적이다. 연방법관이 임기말에 투표로 해임되거나 임기중에 사퇴하거나 기타사유로 궐위된 경우에는 보궐선거를 실시한다. 또한 연방의회는 연방법관중에서 2년 임기의 연방법원장을 선출한다.

연방의회가 연방법관을 선출함에 있어서는 정당비례에 따르는 것이 보통이다. 이에 정당연고가 없는 후보자가 당선되기는 어렵

다. 의회에서 연방법관을 선출함에 있어서는 어느 정당이 과잉대
표되고 있는지 아니면 과소대표되고 있는지를 검토하고 이를 법
관의 선출에 반영하게 된다. 특정시점에서 보면 특정정당에 대한
과잉대표나 과소대표가 있으나 전체적으로 보면 대체적으로 정당
의 의회내 세력관계와 연방법관의 정당별 배분은 상당한 비례관
계를 유지하고 있다. 이점에서 연방법원의 정당별 구성비율은 대
체로 연방정부의 구성비율과 상당한 부분 일치한다.

　2003년부터 양원합동회의에는 사법위원회가 구성되었다. 하원
의원 12명과 상원의원 5명으로 구성되며, 연방법원(연방법원, 연
방형사법원, 연방행정법원, 연방특허법원) 법관선거를 준비한다.
위원회는 양원합동회의에 후보자명단을 제출하기 전에 공모를 통
해서 후보자를 모집하고 그 전문적 자질과 인간적 자질을 검증한
다. 법관의 정치적 배분은 양원합동회의에서 교섭단체의 영향력
을 기준으로 한다. 사법위원회는 후보자추천명부를 작성해서 각
교섭단체에 회람한다. 각교섭단체는 그 중에서 어떤 후보를 선호
하는지를 사법위원회에 통보한다. 이를 참조해서 사법위원회는
다시 후보자추천명부를 작성해서 양원합동회의에 제출한다. 현재
연방법원 38명의 법관중 정당과 무관한 법관은 없다.

　3. 연방법원의 심리

　연방법원의 부(Abteilung)에서는 통상 3인의 법관이 재판을 한
다. 다만 중요한 의미를 가지는 법적문제가 있는 경우, 예컨대, 칸
톤법률에 관한 소송, 국민발안의 허용성, 국민투표의 필요성 등에
관한 결정 등은 5명의 법관이 재판을 한다. 다른 부의 판례를 변

경하고자 하는 경우에는 관계부와 협의를 거쳐야 한다. 통일적인
재판을 위해 중요한 법적문제에 대해서는 모든 부의 합의에 의한
동의가 필요하다.

연방법원의 부나 다른 기관의 결정은 절대다수로 하며, 가부동
수인 경우에는 그 장이 결정한다. 연방법원은 대부분(약 95%) 서
면심리에 의한다. 구두심리는 부의 장이나 한 법관이 요구하는 경
우, 판결에 이견이 존재하는 경우 등에 예외적으로 실시한다.

VI. 연방법원의 권한

1. 연방법원 관할에 관한 헌법의 규정

먼저 연방헌법은 연방법원의 관할을 소송의 근거가 되는 법에
따라 다음과 같이 열거하고 있다(연방헌법 제189조 제1항).

- 연방법률
- 국제법
- 칸톤간의 권리
- 칸톤 헌법에 의한 권리
- 지방자치와 공법상 사단을 위한 칸톤의 보장
- 정치적 권리에 대한 연방과 칸톤의 규정
- 연방과 칸톤간의 분쟁과 칸톤간의 분쟁에 대한 재판(연방헌
  법 제189조 제2항)
- 그 밖에 법률로 연방법원의 관할로 정한 분쟁에 관한 재판(연
  방헌법 제189조 제3항)

2. 사법권

o 공법상의 분쟁

공법상의 분쟁에 관하여 연방법원은 최종심이 된다(연방법원법 제82조). 연방이나 칸톤의 공법에 근거한 처분에 대한 소송, 칸톤법에 대한 소송, 투표에 관한 소송 등이 포함된다.

권한분쟁이나 그 밖의 연방과 칸톤, 칸톤상호간의 분쟁에 대해서는 연방법원이 단심법원이 된다. 다만, 유럽인권규약에 의한 기본권의 침해에 관한 연방법원의 결정에 대해서는 개인소원에 의해서 유럽인권법원에서 다시 다룰 수 있다[27].

o 민사분쟁

민사분쟁과 파산, 그밖에 민사법과 직접 관계가 있는 공법상의 소송에 대해서 연방법원은 최종심이 된다(연방법원법 제72조).

o 형사분쟁

형벌에 관한 소송에서 연방법원은 최종심이 된다(연방법원법 제78조).

o 권한쟁의 등

연방과 칸톤간, 칸톤상호간의 권한분쟁과 연방과 칸톤, 칸톤상

---

27) 유럽인권법원이 연방법원의 결정이 위법하다는 결정을 하게 되면 연방법원은 자신의 판결을 이에 맞게 변경할 의무를 지게 된다. 스위스는 유럽평의회(Europarat)의 회원국으로서 그 국민에게 유럽인권법원에 의한 인권을 보호할 의무가 있다.

호간의 공법상이나 사법상의 분쟁에 대해서 연방법원은 단일심으로서 판결을 한다.

3. 입법권과 행정권

연방법원은 사법권뿐만 아니라 일정한 입법권과 행정권을 가진다. 법원의 세부조직이나 법률에 의해 위임받은 사항에 대한 명령제정권을 가진다. 또한 사법행정에 대해서는 대법원이 자율적으로 수행한다.

4. 제한된 헌법소송권

독일이나 오스트리아와는 달리 스위스에는 헌법법원이 별도로 없다. 대법원이 주어진 일반적인 관할의 범위안에서 헌법과 관련된 소송을 수행한다. 스위스에서는 헌법소송에 관한 기능을 여러 기관이 다양한 절차로 수행한다. 예컨대, 연방의회는 국민발안이 유효한지 여부와 칸톤헌법이 연방헌법에 합치되는지 여부 등을 판단한다.

연방법원은 헌법상 권리의 침해에 관한 소송을 심판한다. 연방헌법상 보장된 기본권, 칸톤헌법상 보장된 기본권, 연방법률의 우위, 투표법과 선거법상의 기본원칙 등이 연방법원의 관할에 속한다. 칸톤에 대해서나 국민의 헌법상 권리보호에 대해서는 연방법원이 헌법재판기능을 수행한다.

하지만 연방의 법률에 대해서는 연방법원이 취소하지 못한다(연방헌법 제189조 제4항). 연방법률과 국제법은 연방법원이 재판을 함에 있어서 기준이 되므로(연방헌법 제190조) 그 위헌성과 상관없이 적용하여야 한다. 다만 연방의 다른 모든 법령은 연방법원이 선결문제형식으로 검토할 수 있다.

연방법원이 칸톤의 법률에 대해서만 헌법위반여부를 검토하도록 하고 연방법률에 대한 심판을 규정하지 않은 것은 역사적인 배경이 있다. 헌법제정 당시에 대부분의 권력은 칸톤정부가 가지고 있었다. 이에 칸톤정부의 법률에 대한 헌법보장으로 충분하다고 보았으며 구태여 연방의 조치에 대한 헌법적 재판의 필요성이 크지 않았다. 1874년의 전면적 헌법개정 당시에도 개정추진론자들은 국민이 동의한 연방법률에 대해서 연방법원이 사후적으로 심판하는 것을 피하고 싶었다. 그 후 연방의 권한이 확대됨에 따라 이러한 연방법률에 대한 헌법재판이 인정되지 않는 것에 대한 비판이 제기되고 확대되었다. 사실 연방법률에 대한 연방법원의 헌법소송을 도입하려는 시도가 여러 차례 있었으나 모두 실패하였다. 1999년의 전면적 헌법개정시에도 의회의 헌법개정위원회는 연방법률에 대한 연방법원의 구체적 규범통제를 도입하려는 안을 만들어 하원과 상원의 동의를 받았다. 다만 국민투표에 대한 우려 때문에 연방법원의 구체적인 규범통제에 관한 초안을 직접민주적 국민주권과 의회의 최고기관성을 해한다는 등을 이유로 철회하였다. 2012년 12월에 하원과 상원은 연방법원의 권한을 연방법률에 대한 헌법소송에까지 확대하지 않기로 결정하였다.

연방법원의 헌법재판권의 확대에 소극적인 것은 직접민주제의 발전과도 관련이 있다. 연방법률에 대해서 문제가 있다고 생각하는 반대자들은 이 문제를 연방법원으로 가져가서 심판을 기다리기보다는 국민발안을 통하여 국민적인 토론에 부치고 국민의 결정으로 해결하는 것을 선호하는 경향이 있다(Kälin/Rothmayr, 2006, 187).

연방법원이 연방법률에 대한 헌법소송권은 없지만 실무상으로는 그것이 연방법률에 대한 심사금지(Prüfungsverbot)가 아니라 연방법률의 적용의무(Anwendungdgebot)를 의미하는 것이라고 보고 있다. 즉, 연방법원은 구체적인 경우에 연방법률이 위헌인 것을 확인할 수 있지만 그 법률의 적용을 거부할 수 없다는 것을 의미한다. 연방법원은 적용해야하는 법률에 대한 비판을 할 수 있고 연방의회에 대해서 법률의 개정을 요청할 수 있다(Häfelin/Haller/Keller, 2012, 683).

또한 입법절차에 있어서 민주적 요청을 중대하게 침해한다든가 법률의 공포가 없는 경우 등 형식적 헌법위반이 명백한 경우에는 연방법원이 부분적인 헌법재판권을 가지고 있는 것으로 보고 있다(Vatter, 499).

VII. 연방법원이 정치에 미치는 영향

실증적인 연구에 의하면 연방법원의 결정은 분야에 따라서 상당한 영향을 미치는 것으로 나타난다(Vatter, 502 이하). 특히 복제의학, 공간정서, 환경보호, 장애인보험 등이 이에 속한다. 이러한 정치분야에 있어서 연방법원의 판결은 칸톤의 집행실무를 조정하는데 큰 영향을 미친다. 또한 연방법원의 판결은 1874년 헌법이 기본권에 충분히 규정되지 못한 기본권을 확대하고 성문화되지 않은 기본권을 인정하는데 큰 영향을 미친다. 1999년 헌법에 포함된 기본권목록의 확대는 연방법원의 적극적인 재판실무가 영향을 미쳤다. 연방법원의 판결은 연방뿐만 아니라 칸톤의 입법이나 법적용에도 강한 영향을 미친다. 칸톤법률과 조치에 대한 연방법원의 헌법재판은 모든 칸톤에 영향을 미친다.

VIII. 연방법원과 연방국가

스위스 연방제는 연방법원과 밀접한 관계가 있다. 역사적으로 보면 연방법원은 기본권분야에서 판례를 통해서 내국시장을 형성하는데 많은 기여를 하였다. 특히 행동과 영업의 자유, 신앙과 양심의 자유 등이 이에 속한다. 또한 연방법원은 입법활동에 있어서 연방법의 칸톤법에 대한 우위를 확정했다. 연방법원은 이미 1886년에 연방법에 위반되는 칸톤법을 적용해서는 안된다는 판결을 하였다(BGE12, 548)(1886).

오늘날 연방법원의 판결이 연방제와 결부하여 갖는 다른 중요한 의미는 칸톤간의 입법과 적용의 조화에 있다. 실무상 연방법원의 판례는 연방형법과 연방사법, 연방행정법에 대한 해석을 모든 칸톤에서 통일적으로 적용하도록 보장하는데 있다.

다른 한편으로 연방법원은 칸톤의 정치와 칸톤의 자치를 인정함으로써 집권적 경향으로부터 칸톤의 독립성을 보호하는 기능도 수행한다. 연방법원은 칸톤에 의한 기본권 제한을 심판하면서 연방법원보다는 칸톤기관이 보다 잘 알 수 있는 지역적인 상황에 따라 판단이 달라질 수 있는 경우에는 자제를 하도록 하고 있다 (BGE 117, 431f). 연방법원은 연방제적 다양성의 수호자로서 칸톤의 자치를 보호한다. 연방법원은 이점에서 한편으로는 연방제적인 칸톤의 자치를 보호하고 다른 한편으로는 연방법에 의해서 요구된 개인의 보호 사이에서 균형자적인 역할을 하도록 요구받고 있다.

IX. 칸톤의 법원

스위스의 연방제적인 성격 때문에 사법작용의 많은 부분을 칸톤의 법원이나 기관이 수행하고 있다. 칸톤의 법원이나 사법기관은 모든 법영역을 포괄하고 있다. 연방법에서 규율되는 형사법이나 민사법은 물론 지방자치법이나 칸톤법과 연방행정법도 칸톤에 의해 집행되는 경우에 칸톤법원이나 사법기관의 관할에 포함된다. 2010년 말까지는 칸톤별로 고유한 민사절차와 형사절차를 가졌으나 2011년부터는 통일되었다. 행정법에 관하여는 이전과 마찬가지로 여전히 칸톤마다 다양한 절차법을 갖고 있다. 대부분의 칸톤에서는 행정에 대한 법원의 통제는 20세기 후반에 와서야 정비되었다.

칸톤의 사법기관의 조직은 칸톤마다 매우 상이하나 모든 칸톤은 2심체제를 갖추고 있다는 점에서는 공통적이다.

- 대부분의 게마인데수준에서 설치된 치안판사(Friedensrichter)나 중재자(Vermittler)가 조정기관으로 기능을 한다.
- 칸톤의 1심법원은 관구법원(Bezirksgericht)이다. 이는 칸톤마다 다양한 명칭으로 불린다. 이러한 명칭에는 Amtsgericht, Kantonsgericht(칸톤에 따라서는 2심법원을 지칭하기도 함), Kreisgericht, Landgericht, Regionalgericht oder Zivilgericht 또

는 Strafgericht 등이 사용된다.

- 2심법원은 많은 칸톤에서 고등법원(Obergericht)라고 불리지만 역시 칸톤마다 다양한 명칭을 가지고 있다. Kantonsgericht(작은 칸톤에서는 1심법원을 지칭하기도 함), Appellationsgericht (Basel-Stadt), Cour de justice(Genf) 등으로 불린다. 모든 칸톤에는 제1심법원과 제2심법원에 연계된 강제조치법원 (Zwangsmassnahmengericht)이 있다. 이는 체포-수색명령과 기타 강제조치에 대한 명령 또는 승인을 한다.

- 모든 칸톤에는 행정소송을 위한 행정법원이 설치되어 있다. 이는 칸톤에 따라서 독립법원이거나 2심법원 소속의 부(部)이다. 칸톤에 따라서는 특수행정법원 예컨대, 건축항소법원 (Baurekursgericht)혹은 조세항소법원(Steuerrekursgericht) 등을 두고 있다.

- 일부의 칸톤에서는 독립적인 헌법재판소(Verfassungsgericht)를 두고 있다. 예컨대 칸톤 바젤-쉬타트, 유라(Jura), 겐프 (Genf) 등이다.

- 또한 칸톤에 따라서는 다양한 전문법원 혹은 특수법원을 두고 있다. 일부 칸톤에서는 형사법원(Strafgericht) 또는 범죄법원(Krimainalgericht)를 두어 중범자에 대해서 관구법원이나 고등법원을 대신하여 재판을 한다. 또한 일부 칸톤에서는 그 밖에도 다양한 특수법원을 두고 있다. 노동법원, 임차법원, 사회보험법원, 청소년법원, 상사법원(Handelsgericht), 농업법원 등을 두고 있다. 2011년 연방형사소송법과 민사소송법이 효력을 발생하면서 형사 및 민사법원 관련 소송절차가 모든

칸톤에 적용되면서 그 밖의 특수법원은 사라지게 되었다.

제4절 칸톤

I. 칸톤의 지위

1. 개요

스위스에서 칸톤은 연방국가를 이루는 구성국가로서 지위를 가진다. 칸톤이라는 명칭은 16세기부터 사용된 것으로 보인다. 18세기까지는 칸톤외에도 "Ort", "Gebiet". "Stand"라는 표현이 사용되기도 했다. 칸톤이라는 개념은 프랑스의 "canton"으로부터 유래한다(Vatter, 2014, 226). 칸톤이라는 명칭이 일반화된 것은 나폴레옹 점령군이 스위스에 헬베티아공화국(Hevetische Republik: 1798-1803)을 설립한 1798년 이후이다(Koller, 2013, 128).

스위스의 26개 칸톤은 다른 어느 연방국가의 구성국가보다도 많은 권한과 자결권을 가지고 있다. 스위스 연방국가의 핵심적인 특징으로 연방헌법에 의한 칸톤의 자치권, 칸톤간의 대등한 지위, 연방의 의사결정과정에 대한 참여와 협력의무를 들 수 있다. 오늘날의 스위스 연방국가가 탄생하기 이전의 스위스 연맹은 국가연합의 성격을 가졌다. 당시 칸톤은 주권을 가진 독립적인 국가였다. 1848년 연방국가가 결성된 이후에도 칸톤은 제한되긴 하지만 여전히 주권을 가지고 있으며, 1999년에 개정된 스위스 연방헌법 제3조는 "칸톤은 연방헌법에 의하여 통하여 주권이 제한되지 않

는 한 주권을 가진다."라고 규정하여 이를 명시적으로 확인하고
있다.

칸톤은 고유한 영토, 헌법과 법질서, 조직권과 인사권, 입법과
행정·사법기관에 의한 정치제도, 광범위한 입법권과 재정권 등
국가적인 여러 요소를 구비하고 있다. 20세기에 들어서 기술적·
경제적·사회적인 발전에 따라 연방의 권한이 급속하게 늘어나고
있지만 여러 지표를 통하여 칸톤의 연방에 대한 비중은 강화되고
있다. 연방의 권한이 늘어나는 만큼 칸톤의 권한도 늘어나는 것이
라고 볼 수 있다. 2004년에 새로운 재정조정제도(NFA)를 도입하면
서 정치적인 중복의 해소를 통하여 교육과 보건, 사법과 경찰과 같
은 본질적인 정치분야에서 칸톤의 활동재량은 상당히 증대되었다.

2. 연방과 칸톤의 정치구조적인 차이

스위스 연방정부와 칸톤의 정치구조는 직접민주제라든지, 협의
민주주의라든지 공통점도 적지 않으나 상당한 차이점을 보이고
있다. 또한 연방국가의 특성상 칸톤마다 정치구조는 동일하지 않
으며 다양하다.

o 정부구성상의 차이

연방정부를 구성하는 각료는 연방의회에서 4년 임기로 선출하는
데 비하여, 칸톤정부의 각료는 국민들이 직접 선거를 통해서 구성
된다는 점에서 중요한 차이를 보이고 있다. 칸톤정부는 연방정부에
비하여 의회에 대한 독립성이 보다 강하다. 칸톤정부는 국민에 대
해서 직접 책임을 진다. 칸톤정부의 국민직선은 칸톤정부의 지위를

강화하는데 기여할 뿐만 아니라 정치적인 변화에 대해서 칸톤정부가 연방정부보다 더 민감하게 반응을 보인다(Vatter, 2014, 246).

o 의회구성상의 차이

연방의회는 연방하원과 연방상원의 양원제로 구성되어 있다. 이에 대해서 칸톤의 의회는 단원제로만 구성되어 있다. 즉, 칸톤내의 게마인데나 구역(Bezirk)의 이익을 대표하는 제2원(상원)이 존재하지 않는바. 대신에 입법절차에서 통상 이른바 2차독회(zweite Lesungen)을 한다. 칸톤의회의 지위는 칸톤정부의 직선과 확대된 공민권(Volksrecht)으로 인하여 약한 편이다.

o 직접민주적 요소의 차이

국민투표와 국민발안 등을 포함한 공민권(Volksrecht)은 독일어권 칸톤에서 시작해서 다른 칸톤과 연방으로 확산되었다. 오늘날에도 국민투표와 국민발안은 이탈리아어권 칸톤에 비하여 독일어권 칸톤에서 더욱 활성화되어 있다. 직접민주제로서 국민투표와 국민발안은 연방차원보다는 칸톤차원에서 훨씬 자주 활용되고 있으며 성과도 큰 편이다. 정당들도 칸톤차원에서 국민투표와 국민발안을 더 많이 이용하고 있다.

o 칸톤간의 다양성

연방제도로 인하여 각 칸톤마다 다양한 정치체제를 발전시켜왔다. 자체조직과 기관의 구성, 업무수행에 대한 칸톤의 자유는 칸톤마다 각각 다른 다양한 정치제도를 가져왔다(Linder, 2012, 172).

우선 최고의사결정기관의 구성에서 칸톤총회를 취하는 칸톤과 의회제도를 채택한 칸톤의 차이가 가장 눈에 띈다. 칸톤간에는 정치구조상의 차이뿐만 아니라 인구구성이나 문화, 경제적인 여건 등에 있어서 심한 차이를 보이고 있다. 예컨대, 칸톤 취리히는 인구가 130만에 이르는데 비하여 칸톤 아펜젤 인너로덴은 16,000명에 불과하다.

II. 칸톤정부

1. 개관

스위스에서는 연방정부뿐만 아니라 칸톤정부, 게마인데 정부가 모두 합의제정부의 형태로 구성되어 있다. 다만, 연방정부와는 달리 칸톤정부와 게마인데정부의 구성원은 의회가 아니라 주민들의 직접선거에서 선출된다. 이에 칸톤정부와 게마인데정부는 연방정부보다도 민주적인 정당성이 높다. 이에 칸톤과 게마인데의 정부는 의회와의 관계에서 독립성과 지위가 강하다.

게마인데 정부는 행정의 수반과 관련해서 연방이나 칸톤과 다른 점이 있다. 연방대통령이나 칸톤지사는 동등한 가운데 첫째의 지위 갖고 있지만, 게마인데의 수장은 임기나 권한에 있어서 다른 정부구성원과 차이가 있다. 게마인데 수장은 임기동안 선출되며, 다른 정부구성원보다 많은 권한을 가진다.

2. 칸톤정부의 구성과 지위

칸톤정부는 연방정부와 마찬가지로 협의체기관이다. 19세기만

하더라도 칸톤정부는 15인(바젤-쉬타트) 또는 13인(취리히, 니더발덴)의 각료를 구성원으로 가진 칸톤도 있었으나 오늘날은 5인 또는 7인의 각료로 구성된다. 역사적으로 보면 칸톤정부의 구성원은 축소되었다. 이는 종래 겸직정부로부터 전임정부로 전문화된 것과 밀접한 관계가 있다. 정부활동이 전문화함에 따라 각료를 명예직에서 전무직으로 전환하게 된 것이다. 예컨대 칸톤 니더발덴은 1997년까지 9명의 겸직(명예직) 각료로 칸톤정부를 구성하였으나 현재는 7명의 전임각료로 구성원을 전환하였다. 칸톤정부 각료의 임기도 19세기에는 칸톤에 따라서는 8년 임기로 선출하기도 하였으나 20세기에 들어 대부분의 칸톤에서 4년 임기로 선출하고 있다. 다만 칸톤 겐프와 바트(Waadt), 프라이부르크에서는 5년을 임기로 하고 있다. 칸톤 아펜젤 인너로덴은 임기 1년이다. 다만 칸톤 아펜젤 인너로덴과 우리(Uri)에서는 정부구성원인 각료를 오늘날도 명예직으로 하고 있다.

일부의 칸톤(Bern, Schaffhausen, Solothurn, Tessin)에서는 정부구성원인 각료에 대한 국민소환을 인정하고 있다. 이는 국민발안의 형식으로 국민소환을 제기하여 국민투표로 확정되면 임기전에 지위를 박탈당한다. 19세기에 민주화운동의 여파로 국민소환제도를 도입한 칸톤중에서 일부 칸톤은 다시 이를 폐지했다(Aargau 1980, Basel-Landschaft 1984, Luzern 2007).

칸톤정부의 명칭은 칸톤마다 서로 다르다. 이에는 역사적, 언어적인 배경이 다르기 때문이다. 칸톤정부는 Regierungsrat, Standeskommission, Council d'Etat, Consigli di stato라는 명칭으로 불린다. 독일어권에서는 Regierungsrat이라는 표기가 주로 사용된다.

칸톤정부는 협의체원칙(Kollegialitätsprinzip)과 부서제원칙(Departmentsprinzip)에 따라 구성한다. 칸톤정부의 구성원인 각료는 각각 한 부서의 장을 맡는다. 대부분의 칸톤에서는 칸톤지사에게 특별한 지위를 부여하지 않는 협의체기관임을 헌법에 명시하고 있다.

칸톤의 수장에 대해서도 칸톤에 따라 여러 가지 명칭이 사용된다. 독일어권의 농촌 칸톤(Aargau, Appenzell Innerrhoden, Appenzell Ausserrhoden, Glarus, Nidwalden, Obwalden, Soloturn, Schwyz, Uri, Zug)에서는 Landamann이라고 지칭을 하지만 도시지역 칸톤에서는 Regierungspräsident라고 표기한다. 일부지역에서는 Staatspräsident 라고도 불린다(Freiburg, Genf, Neuenburg, Tessin, Waadt, Wallis). 칸톤 유라에서는 Schultheiss 라고 한다.

칸톤의 부서는 Department 혹은 Direktion이라고 불린다. 칸톤 정부의 구성원이 각부서의 장이 되며 Direktor라고 불린다. 예컨대 Bildungsdirektor(교육부장) Justiz- und Polizeidirektor(법무－경찰부장) 등이다.

칸톤지사(Regierungspräsident 등)의 지위

칸톤지사는 칸톤정부의 수반이 된다. 원칙적으로 칸톤정부의 각료간에는 서열이 없다. 칸톤지사는 통상 특별한 권한이 없고 해마다 교체된다. 다만 몇 개의 농촌 칸톤에서는 칸톤지사에게 다른 구성원보다 중요한 지위를 부여한다. 칸톤 글라루스와 칸톤 아펜젤 아우서로덴의 지사(Landamann)는 4년임기로 칸톤총회(Landsgemeinde)에서 선출된다. 하지만 이들 칸톤의 헌법에는 협의체원칙을 규정하고 있다. 칸톤 우리와 칸톤 아펜젤 인너로덴에서는 칸톤지사가 2년 임기로 주민에 의해 직접 선출된다. 칸톤 쉬비츠와 칸톤 추크의 지사는 칸톤의회에 의하여 2년 임기로 선출된다. 칸톤 바트(Waadt)에서는 2007년부터 임기 5년으로 칸톤정부(Staatsrat)에 의해 선출된다.

---

3. 칸톤정부의 선출

칸톤총회(Landsgemeinde)제도를 도입한 칸톤에서는 수백년간 주민들이 직접 참여하는 칸톤총회에서 칸톤정부의 구성원인 칸톤 각료를 선출하였다. 그 외 칸톤에서는 직접선거를 통하여 선출한다. 국민들이 칸톤정부의 각료를 직선으로 선출하는 제도는 1860년대에 전개된 민주화운동을 배경으로 하고 있다. 이 운동은 많은 칸톤에서 공민권(Volksrecht)의 확대를 넘어 칸톤정부의 구성에 선거를 요구했다(Kölz, 1992,10). 칸톤총회제도를 시행하지 않는 칸톤중에서 칸톤정부구성을 위한 주민직선은 1847년 칸톤 겐프(Genf)에서 처음으로 도입되었다. 이는 대의민주제하에서 정부에 대한 국민직선은 유럽에서 처음 있는 일이었고, 다른 칸톤에 대해서 이정표적인 역할을 했다. 16년 후 칸톤 바젤-란트샤프트에서 직선제를 도입하였다. 1920년대에 들어서 칸톤 프라이부르크와 발리스가 직선제를 도입함으로써 모든 칸톤이 직선에 의해서 칸톤정부를 구성하게 되었다.

선거방식으로는 대부분의 칸톤에서 다수대표선거방식을 실시하고 있다. 즉, 후보자 개인에 대한 투표를 하고 정당명부에 대한 투표를 하지 않는다. 다만 칸톤 테신과 추크(2013년 국민투표로 다수대표제로 전환)에서만 비례대표제로 칸톤정부의 구성원을 선출한다.

다수대표제도를 채택하고 있는 칸톤에서는 2단계 선거과정을 두고 있다. 첫 번째 선거에서는 절대적 다수를 요하며, 두 번째 선거에서는 상대적 다수로 선출한다. 정부구성원을 뽑는 투표에서는 칸톤 전체가 하나의 선거구를 이룬다.

비례대표제도를 실시하고 있는 테신에서는 비례선거를 통하여 소수자도 적정하게 대표를 낼 수 있도록 보장을 하고 있다. 다수대표를 채택하고 있는 일부 칸톤에서는 헌법에서 소수대표를 보장하고 있다. 예컨대 베른에서는 Jura Bern에게 1석을 배정하고 있으며, 칸톤 발리스에서는 역사적인 이유로 칸톤의 일부지역에 각각 1석씩을 부여하고 있다. 칸톤 우리(Uri)에서는 동일한 게마인데에서 많아도 3명이상이 당선되지 못하도록 함으로써 모든 칸톤지역에서 대표를 할 수 있도록 하고 있다(칸톤 우리 헌법 95조 제2항). 그 외의 칸톤에서도 자발적 비례(Freiwilliger Proporz)의 원칙에 따라 소수자도 대표를 낼 수 있도록 하는 칸톤이 많다. 즉, 각 정당이 그 칸톤의회의 의석비율에 합치되는 숫자만큼만 후보자를 공천하도록 하는 것이다. 이는 칸톤정부를 연방정부의 구성에서 적용되는 마법의 공식(Zauber formel)과 유사하게 화합민주주의(Konkordanzdemokratie)를 실현하고 있는 것으로 볼 수 있다.

대부분의 칸톤에서는 선거권과 피선거권을 동일하게 규정하고 있다. 선거권은 연방선거에서는 18세이지만 칸톤선거에서는 이보다 낮은 연령으로 규정할 수 있다. 예컨대, 칸톤 글라루스에서는 16세 이상에 선거권을 부여한다. 다만 피선거권은 18세 이상이어야 한다. 겐프에서는 27세 이상 이어야 칸톤정부 구성원의 피선거권을 가진다(칸톤 겐트 헌법 제104조). 일부의 칸톤에서는 연령상한제를 규정하고 있다. 칸톤 아펜젤 아우서로덴과 칸톤 글라루스에서는 65세를 상한선으로 규정하고 있다.

4. 칸톤행정

칸톤행정은 5명 내지 7명의 칸톤각료가 각각 한 부서를 책임지고 있다. 1990년대 이후 칸톤행정부서의 숫자는 감소하는 추세에 있다. 1990년에 26개 칸톤의 부서는 208개였으나 2008년에 조사된 부서의 숫자는 156개였다. 칸톤은 부서가 5개인 칸톤과 7명인 칸톤이 있다.

III. 칸톤의회

1. 칸톤의회의 지위

칸톤의회는 예외없이 단원제로 구성된다. 칸톤의회의 명칭은 칸톤에 따라 상이하다. 대부분의 칸톤에서는 Grosser Rat라고 불린다[28]. 그 외 Kantonsrat[29], Landrat[30], Parlament[31] 등으로 불린다. 칸톤의회는 대의기관이다. 칸톤의회는 국민의 대표기관으로 유권자인 국민에게 유보되지 아니한 최고의 권력을 행사한다.

칸톤의회의 의원 정수는 칸톤마다 상이하다. 칸톤 아펜젤 인너로덴에서는 49명인 반면에 칸톤 베른에서는 160명에 달한다. 의원 정수가 유동적인 경우도 있다. 예컨대 칸톤 추크는 의원을 최소 70인, 최대 80인으로 규정하고 있다(칸톤 추크 헌법 제38조 제1항).

---

28) 칸톤 Aargau, Appenzell Innerrhoden, Basel-Stadt, Bern, Freiburg, Genf, Graubünden, Luzern (2007년 까지), Neuenburg, Tessin, Thurgau, Waadt, Wallis. 칸톤정부(Regierungsrat)를 Kleiner Rat리고 부른 것에 대비해서 Grosser Rat라고 지칭하였다.

29) 칸톤 Appenzell Ausserrhoden, Luzern (2008년부터), Obwalden, Schaffhausen, Schwyz, Solothurn, St. Gallen (2003년부터), Zug, Zürich

30) 칸톤 Basel-Landschaft, Glarus, Nidwalden, Uri

31) 칸톤 Jura

칸톤의회의 정수를 축소해가는 추세에 있다. 아르가우에서는 200명에서 140명으로 축소하였다. 칸톤 바트(Waadt)에서는 200명에서 180명으로 줄였다가 최근에 다시 150인으로 축소하였다. 결과적으로 칸톤의원이 대표하는 국민의 숫자는 증가된다. 이는 인구증가와 칸톤의회의 전문화를 의원정수의 축소로 대응하는 것에 기인한다.

칸톤의회 의원의 임기는 대부분의 칸톤에서 4년이다. 이에 4년마다 의원전체에 대한 선거가 실시된다. 의원에 대한 소환을 규정하고 있는 칸톤도 있다. 예컨대 칸톤 사프하우젠, 테신, 우리 등이 이에 속한다. 칸톤 베른에서는 의원전체에 대한 주민소환을 30,000 이상의 유권자들이 청구할 수 있도록 하고 있다.(베른 헌법 제57조 제1항)

주권자들인 국민 참여의 확대와 국민직선에 의한 칸톤정부의 구성으로 인하여 칸톤의회의 지위는 칸톤정부에 비하여 상대적으로 약한 편이다. 법안에 대한 국민투표와 법안과 개별결정에 대한 국민발안으로 의회의 지위는 약화된다. 칸톤의회의 선거기능은 칸톤고등법원의 법관과 대부분의 독일어권 칸톤에서 주지사의 선출 등에 한정된다. 칸톤의회의 전문성도 정부에 비하여 낮은 편이다. 칸톤의회의 지위가 칸톤정부에 비하여 약한 편이지만 그 정도는 칸톤에 따라 상이하다. 칸톤 겐프와 프라이부르크, 베른 등에서는 비교적 양자간의 균형이 이루어져 있으나 칸톤총회제도를 가지고 있는 아펜젤 인너로덴이나 글라루스 등에서는 집행부가 지배적인 지위를 갖고 있다. 의회는 입법을 준비하는 기관에 불과하기 때문이다. 전문성에 있어서도 겐프의 칸톤의회(Grand Conseil)

가 높은 반면에 아펜젤 인너로덴은 낮은 편이다. 또한 동서간의 차이도 나타나고 있다. 프랑스어권인 서부 스위스의 칸톤에서는 노이엔부르크를 제외하고는 집행부의 우위가 약한 편이고 이에 대해서 독일어권인 동부스위스에서는 집행부의 우위가 지배적이다.

대부분의 칸톤에서 칸톤의원의 연간 회의시간은 200시간 미만이며, 의원의 수당은 대부분 시간당 100스위스 프랑 정도이다 (Bosler, 2004, 45).

2. 칸톤총회(Landsgemeinde)

아직도 칸톤 글라루스와 아펜젤 인너로덴에는 최고 입법기관인 칸톤총회(Landsgemeinde)가 있다. 예전에는 추크(1848), 쉬비츠(1848), 우리(1928), 옵발덴(1998), 니더발덴(1966), 아펜젤 아우서로덴 (1997) 등에도 있었으나 지금은 폐지되었다(괄호속의 숫자는 폐지된 연도 임). 게마인데에는 게마인데 총회(Gemeindeversammlung)가 있는 곳이 대부분이다.

스위스의 칸톤총회는 가장 오래되고 단순한 형태의 직접민주제의 일종이다. 투표권을 가진 유권자들이 헌법상 부여된 업무를 수행하기 위하여 특정한 날에 특정한 야외의 장소에서 회의를 한다. 칸톤 아펜젤 인너로덴에서는 칸톤총회가 4월 마지막 일요일에 개최된다. 이 날이 부활절 일요일과 겹치는 경우에는 5월 첫째 일요일로 연기된다. 글라루스의 칸톤총회는 5월 첫째 일요일에 개최된다. 다만 날씨가 매우 나쁘면 일주일 연기된다.

o 글라루스 칸톤총회

글라루스 칸톤총회는 입법기관으로 글라루스의 모든 유권자들의 회합이다. 칸톤총회는 칸톤의 최고기관이다(글라루스 헌법 제61조). 권한은 법률과 헌법의 제정과 개정, 세율과 징수세율(Steuerfuss)의 심의와 결정, 칸톤법관과 칸톤지사의 선출 등이다. 1971년까지는 칸톤정부의 각료도 칸톤총회에서 선출하였다. 모든 유권자는 투표권뿐만 아니라 발언권과 수정제안권(Abänderungsrecht)을 가진다. 또한 각 유권자는 발안권도 가진다. 유권자가 발안권을 행사하여 안건을 발의하면 칸톤총회는 이에 대한 투표를 실시하여 결정한다.

칸톤총회는 칸톤지사(Landamann)가 주관한다. 칸톤의회가 마련하여 칸톤지사가 투표권증서와 함께 세대별로 발송한 메모가 칸톤총회의 기초가 된다. 칸톤총회에서 투표는 투표권증서를 높이 들어서 한다. 표차가 확연하게 드러나는 경우에는 칸톤지사가 추산으로 다수결 결정을 한다. 다수를 추산하기 어려운 경우에는 다른 4명의 칸톤정부 구성원들을 소집하여 논의한다. 여기서 명백한 다수를 가리기 어려운 경우에는 칸톤지사가 불문율에 따라 부결된 것으로 결정을 하며 이 결정은 최종적이며 취소할 수 없다.

칸톤총회는 5월 첫 번째 일요일에 차운플라츠(Zaunplatz)에서 개최된다. 칸톤총회는 통상 시축제와 연계하여 개최된다. 유권자는 원형회의장소에 서고, 방청객들은 별도로 마련된 방청석에서 방청을 할 수 있다. 회의장소에 들어가기 위해서 투표권증서나 물려받은 긴 칼(Seitengewehr)을 제시한다.

칸톤총회가 결정했던 중요한 결정을 몇 가지 예를 들면 다음과 같다.

- 게마인데 통합

2006년 5월 7일 칸톤총회는 25개의 게마인데를 3개의 게마인데로 통합하는 결정을 하였다. 이 결정은 2007년 11월 25일 개최된 임시 칸톤총회에서 승인되었다. 원래는 10개로 통합하려는 안이었으나 수정동의권에 의해서 3개로 통합하는 안이 채택되었다.

- 16세 투표권 부여

2007년 5월 6일 개최된 칸톤총회는 투표권연령을 16세로 낮추었다. 이에 대해 피선거권은 18세로 유지되었다.

o 아펜젤 인너로덴 칸톤총회

아펜젤 인너로덴 칸톤총회는 최고기관으로서 입법권과 여러 기관의 선거권 등을 가진다. 권한은 법률과 헌법의 제정과 개정, 규모가 큰 재정지출, 칸톤정부(Staatskommission)의 각료선출 등이다. 모든 유권자는 투표권뿐만 아니라 발언권과 수정제안권(Abänderungsrecht)을 가진다. 또한 각 유권자는 발안권(Initiativerecht)도 가진다. 유권자가 발안권을 행사하여 안건을 발의하면 칸톤총회는 이에 대한 투표를 실시하여 결정한다. 발안권을 통해 결정한 대표적인 사례로 재정주민투표제도의 도입을 들 수 있다. 칸톤 아펜젤 인너로덴에서는 칸톤총회가 4월 마지막 일요일에 개최된다.

* 참고: 아펜젤 아우서로덴에서는 1997년 9월 28일 주민투표로 칸톤총회를 폐지하였다(54%가 폐지에 찬성). 2010년 6월 13일에 아펜젤 아우스로덴에 칸톤총회의 재도입을 위한 국민발안에 대한 국민투표가 있었으나 부결되었다(70.3%가 반대).

o 칸톤총회에 대한 비판론

칸톤총회는 직접민주제의 원형으로서 상징적인 가치가 크지만, 현대민주주의적 관점에서 여러 가지 비판론이 제기되고 있다. 이로 인하여 앞서 설명한 것처럼 몇몇 칸톤에서 칸톤총회를 폐지하였다. 먼저 칸톤총회의 거수에 의한 의결방식이 비밀투표의 원칙에 어긋난다는 비판이 제기된다. 또한 주민이 많은 칸톤에서는 수천명이 모일 수 있는 장소를 찾기 어려우며, 주민의 참여가 사실상 어려운 경우가 많다는 비판도 제기된다.

o 칸톤총회와 칸톤의회의 관계

칸톤총회가 있는 칸톤에서도 칸톤의회가 있다. 예컨대, 글라루스에는 칸톤의회(Landrat)가 있으며 60명의 의원으로 구성된다. 글라루스의 칸톤총회의 권한은 다음과 같다(글라루스 헌법 제60조). 칸톤총회는 그 권한은 그 일부를 구체적으로 범위를 정하여 칸톤의회나 칸톤정부에 위임할 수 있다(칸톤헌법 제60조 제3항).
- 헌법 개정과 법률의 제정과 개정, 폐지
- 헌법이나 법률 및 일정규모 이상(백만프랑, 반복적 지출은 매년 20만 프랑)의 지출에 관련된 조약이나 기타 계약
- 일정규모 이상의 지출(백만프랑, 반복적 지출은 매년 20만 프랑)을 수반하는 결정
- 5백만 프랑 이상의 토지취득
- 그 밖에 칸톤의회에 의해 제안된 안건
- 징수세율(Steuerfuss)의 결정

칸톤총회의 권한을 제외하고는 칸톤의회가 다른 칸톤의 의회와 마찬가지 역할을 한다. 칸톤총회의 권한사항에 대해서는 칸톤의회가 준비를 할 수 있다. 예컨대, 법률안이나 헌법 개정안 기타 안건을 준비하는 역할을 한다.

3. 칸톤의회의 선거

칸톤의회의 선거에 대해서는 칸톤에게 입법권이 있으므로 칸톤에 따라 선거법에 상당한 차이가 있다. 그럼에도 불구하고 연방헌법이 보장하고 있는 민주적 헌법의 요건, 법적 평등, 기본권, 정치적 권리 등은 모든 칸톤이 존중하여야 한다. 26개 칸톤 중에서 22개 칸톤은 칸톤의회 선거에서 비례선거제도를 채택하고 있다. 구체적인 선거제도는 칸톤마다 다양하다. 비례대표제는 정당지지도에 따라 정당명부에 의해 의석을 배분한다. 칸톤 우리와 아펜젤 인너로덴, 그라우뷘덴에서는 다수대표로 선출하고 있다. 칸톤 우리에서는 1989년에 다수대표에서 비례대표제로 전환하였으나 이는 칸톤의회에서 3석 이상 의석을 가진 게마인데에만 적용되고 있다. 칸톤 아펜젤 아우서로덴과 추크도 혼합적인 선거제도를 채택하고 있다. 칸톤 테신과 겐프에서는 칸톤 전체를 하나의 통합선거구로 하고 있으나 나머지 칸톤에서는 칸톤지역에 여러 개의 선거구를 설치하고 있다. 프라이부르크나 유라를 제외한 프랑스어권 칸톤에서는 저지조항(Sperrklausel)이 오래전부터 존재한다. 즉 정당난립을 방지하기 위하여 득표율이 5% 내지 10%에 미달하는 정당에게는 의석을 배분하지 않고 있다. 이에 대해서 독일어권의 칸톤에서는 이러한 제도를 도입하지 않고 있다. 다만 칸톤 베른-

쉬타트에서는 1990년대 초에 5% 저지조항을 도입하였다.

4. 칸톤의회의 조직

칸톤의회의 사전심의기관인 위원회의 구성은 칸톤에 따라 매우 큰 차이를 보이고 있다. 상임위원회의 숫자는 3개(베른, 테신)로부터 25개(겐프)에 이르는 곳도 있다. 대부분의 칸톤의회는 5개 내지 9개의 상임위원회를 두고 있다. 비상임위원회인 특별위원회의 구성도 칸톤에따라 현저한 차이를 보인다. 임기동안 전혀 구성을 하지 않은 칸톤(아아르가우, 아펜젤 이너로덴, 유라, 우리)이 있는 반면에 임기동안 145개를 구성한 칸톤(바트)도 있다(Koller, 2012, 100). 위원회의 권한과 관할도 칸톤마다 차이가 있다. 이는 칸톤정부에 대한 칸톤의회의 지위가 약한 것처럼 위원회의 권한도 대체적으로 약한 편이다.

IV. 칸톤정당체제

칸톤에 있어서 정당은 대체로 영향력을 강한 편이다. 공민권이 강화되고 단체들의 정형화된 영향력이 약한 편이다. 칸톤의회에서 대표되는 정당은 1990년에서 2000년 사이에는 3.9개였으나 2001년에서 2010년 사이에는 6.8개로 크게 증가하였다. 칸톤의 정당체제는 매우 다양하며 큰 차이를 보이고 있다. 칸톤에 따라서는 양극화된 양당제나 완화된 삼당제는 물론 특성있는 다당제가 서로 공존한다.

산업화와 현대화에 직면한 칸톤에서는 20세기 초반에 노동자계층과 부르조아계층 사이에 대립과 긴장이 심하였으나 카톨릭지역의 칸톤에서는 자유주의와 보수주의의 문화역사적인 대립이 지배적이었다. 카톨릭 칸톤에서는 다소간의 차이는 있지만 지배적인 양당체제, 대부분 보수정당이 지배적인 양당체제가 일반적이었다. 20세기 중반에 들어서 칸톤의 정당체제는 분산화되고 유동화되었고 일시적으로 군소정당들이 출현하였다. 정당의 분산화는 농촌지역의 작은 칸톤에서는 인구밀집지역 칸톤보다 서서히 진행되었다. 20세기 중후반에는 도시지역에서는 좌·우대립이, 농촌지역에서는 카톨릭과 자유주의간의 긴장관계가 있었다. 1990년대에 들어서 국민당(SVP)의 도약을 볼 수 있는데 이는 사회변동을 반영하고 있고 또한 유럽가입여부에 대한 새로운 노선논쟁으로 인한 것이다.

1998년에서 2009년에 이러는 시기에 칸톤의 정당체제는 몇 가지로 분류할 수 있다(Vatter, 2014, 259). 첫 번째 그룹은 좌파성향정당체제로 칸톤 바젤-쉬타트와 겐프, 샤프하우젠, 노이엔부르그 등이 속한다. 이 정당체제는 분산성과 유동성이 매우 큰 편이다. 두 번째 그룹으로는 분산성이 높은 다당제체제를 가진 칸톤으로 취리히, 아아르가우, 베른, 바드, 바젤 란트샤프트 등이 속한다. 세 번째 그룹으로는 분산화와 극단화, 중간강도의 좌파정당 등을 특징으로 하는데 이에는 루체른, 테신, 글라루스, 프라이부르그, 유라, 투르가우, 졸로투른, 상트 갈렌 등이 속한다. 그 밖의 농촌 칸톤들과 발리스가 4번째 그룹에 속하는데 우파정당이 위주이고 좌파성향은 약한 지역이다. 이들 칸톤은 우파성향의 양당체제를 가지고 있다. 정당분열의 증가는 칸톤의 화합민주제의 약화를 초래하고, 직접 민주적인 수단의 이용은 증가를 가져왔다 (Vatter 2014, 259).

V. 칸톤의 직접민주제

칸톤에서 직접민주제는 연방의 경우보다 상당히 강화되어 있다. 칸톤의 직접민주제는 칸톤마다 다양하다. 칸톤에는 헌법발안과 헌법국민투표뿐만 아니라 법률발안과 법률국민투표, 재정국민투표(Finanzreferendum)가 보장되어 있다. 많은 칸톤에서는 재정국민투표외에도 행정국민투표, 국가계약국민투표, 협약국민투표(Konkordatsreferendum), 연방의 사전심의절차에서 칸톤의 입장표명에 대한 국민투표 등이 있다[32].

제5절 게마인데

I. 개관

스위스의 게마인데에는 여러 유형이 있다. 먼저 지역을 기반으로 한 게마인데에는 주민게마인데(Einwohnergemeinde) 혹은 정치적 게마인데(Politische Gemeinde)가 있다. 그밖에도 지역적 혹은 인적 기반의 게마인데 유형이 있다. 예컨대 교회게마인데(Kirchgemeinde)

---

32) 칸톤의 직접민주제도에 대해 자세한 내용은 제2장 참조.

는 정치적 게마인데와 마찬가지로 조세권을 가진다. 인적기반에 근거한 특수 게마인데로 시민게마인데(Bürgergemeinde[33])를 들 수 있다. 또한 특정한 사무만을 수행하는 게마인데도 있다. 예컨대 학교게마인데(Schulgemeinde), 삼림게마인데(Waldgemeinde) 등을 들 수 있다.

> ### 학교게마인데
>
> 학교게마인데(Schulgemeinde)는 학교를 설립하고 운영하는 권한을 가진 게마인데이다. 학교게마인데는 칸톤 Zürich, Thurgau, St. Gallen, Appenzell Innerrhoden, Nidwalden의 5개 칸톤에 존재한다. 정치적 게마인데와는 별도로 독립된 게마인데이다. 학교게마인데의 유권자들은 학교의회(Schulrat)와 학교관리자(Schulpflege)를 선출한다. 오늘날 학교게마인데를 존치할 것인지 이를 정치적 게마인데와 통합하여 단일게마인데(Einheitsgemeinde)로 할 것인지에 대해서는 찬반 논의가 활발하다. 예컨대 칸톤 Glarus는 2011년 1월 1일부터 학교게마인데를 폐지하였으며 Zürich에서는 학교게마인데 숫자가 현저하게 감소하고 있으며, 칸톤 St. Gallen은 2007년과 2009년에 학교게마인데를 정치적 게마인데와 통합할 수 있도록 법적 근거를 마련했다. 현재(2012년) 스위스에는 5개 칸톤에 약 310개정도가 있다. 종전에 500여개 있었으나 점점 통합되는 추세에 있다. 학교게마인데끼리 통합되는 경우도 있지만, 정치적게마인데와 통합되는 경우도 적지 않다.

게마인데의 종류는 칸톤에 따라 상이하다. 예컨대 칸톤 Bern의 헌법 제107조는 게마인데의 종류로 주민게마인데, 시민게마인데,

---

33) 시민게마인데는 스위스 특유의 인적 사단법인이다. 구성원은 거주지와 상관없이 시민자격과 고향연고권(Heimatrecht)을 가진 자연인이다. 19세기에 이동성이 증가하면서 시민게마인데의 의미는 현저하게 감소하였으며 오늘날 일부 칸톤에서만 명맥을 유지하고 있다. 사무는 주로 시민영입과 배려, 시민재산을 관리하는 것이며, 조세권을 갖고 있지 않으며, 재산수입과 수수료로 재정을 충당한다. 시민게마인데는 대부분 주민게마인데 혹은 정치적 게마인데에 의해 흡수되었으나 일부 칸톤에서 잔존한다.

혼합게마인데(gemischte Gemeinde[34]), 교회게마인데를 두고 있다.

여기서 논의하는 게마인데는 정치적 게마인데(Politische Gemeinde)에 관한 것이다. 정치적 게마인데는 칸톤에 따라서는 여러 가지 명칭으로 불린다[35]. 스위스의 정치적 게마인데는 중세이래로 역사적으로 형성되어 오랜 전통을 가지고 있다. 2000년대에 들어서 게마인데통합이 이루어져서 2013년 5월 현재 그 숫자는 2, 396개에 이른다.

게마인데의 주민 수는 게마인데에 따라 큰 차이를 보이고 있다. 가장 큰 게마인데는 취리히(주민수 약 38만)를 들 수 있다. 이어서 겐프(18만 7천), 바젤(16만 8천), 베른(12만 7천), 로잔느(12만 2천), 빈트투르(9만8천) 등이 대도시에 해당한다. 주민수가 5만명이 넘는 도시는 모두 10개 게마인데이다. 주민수가 10,0000명 이상인 게마인데는 모두 129개인데 통상 통계적상으로 "시(Stadt)"로 불린다[36]. 게마인데의 평균 주민수는 2,806명인데 50%이상의 게마인데의 주민수는 1, 000명 미만이다. 주민수가 100명도 되지 않는 게마인데가 약 100개 있다. 가장 작은 게마인데로는 주민이 15명인 Corippo가 있다[37].

---

34) 혼합게마인데는 주민게마인데와 시민게마인데의 혼합형태의 게마인데로 Bern주에 1852년에 도입되었다. 행정은 주민게마인데에서 처리하지만 시민영입과 시민재산처분은 주민총회(Gemeindeversammlung)가 아니라 종전과 같이 시민총회(Bürgerversammlung)에서 결정한다.

35) 정치적 게마인데는 칸톤 Aargau, Appenzell Ausserrhoden, Basel-Landschäft, Basel-Stadt, Bern, Luzern, Obwalden, Schaffhausen, Solothurn, Uri, Zug에서는 주민게마인데(Einwohnergemeinde)라는 명칭이 사용된다. 이에 대해서 Glarus에서는 2010년까지 마을게마인데(Ortsgemeinde)라고 했다. 칸톤 Wallis에서는 Munizipalgemeinde라고 부르며 Appenzell Innerrhoden에서는 Bezirk라고 불린다. 이하에서 별도의 설명이 없으면 게마인데는 정치적인 게마인데를 의미한다.

36) "시"로 불리는 것에 자부심을 갖기도 하나 이는 순전히 역사적 산물이며 어떤 법적인 의미를 갖는 것은 아니다. 주민수가 10,000명이 넘어도 시로 불리지 않는 경우도 있으며, 주민수가 10,000명에 미달하여도 역사적인 이유로 시로 불리는 경우도 있다.

37) Corippo의 주민수는 2011년까지 12명이었다.

스위스의 게마인데는 그 규모가 매우 작은 편임에도 불구하고 그 자치권과 권한은 상당히 많이 보장되어 있다. 대부분의 칸톤에서는 헌법으로 보충성의 원칙을 규정하고 있고, 게마인데의 존립을 보장하고 있다. 명시적으로 연방이나 칸톤의 권한에 속하지 않은 사항에 대해서는 게마인데가 모든 사무를 처리한다. 또한 스위스 게마인데는 재정자율성과 조세자율성을 가진다. 즉, 게마인데가 세출을 결정하고, 필요한 재원을 마련하기 위해 세율을 결정한다. 스위스의 게마인데는 단순히 집행기관에 그치지 않고 중요한 지역현안을 스스로 결정하는 정치적 기관으로서 중요한 의미를 가진다. 이점에서 스위스 게마인데는 주변 유럽국가들의 게마인데에 비하여 현저히 높은 자율성을 가지고 있다.

II. 게마인데의 정치체제와 행정기관

스위스의 게마인데는 그 정치체제를 형성하는데 상당한 자율성을 가지고 있다. 게마인데의 정치적 기관을 어떻게 형성할 것인지에 대해서는 칸톤이 입법권을 가지고 있어 칸톤마다 차이가 있다. 또한 같은 칸톤안에서도 게마인데마다 그 정치체제가 다를 수 있다. 구체적인 정치체제는 칸톤마다, 게마인데마다 다르지만 게마인데의 정치기관은 크게 의결기관과 집행기관으로 구성된다. 그밖에 위원회가 있고, 행정의 수장으로 게마인데 서기가 있다.

1. 게마인데의 의결기관
스위스의 게마인데에서 의결기관 내지 입법기간은 두 가지 종류가 있다. 하나는 게마인데의 모든 유권자들이 일년에 두 번 혹은 여러 번 한 자리에 모여서 게마인데의 안건을 심의하고 결정하는 게마인데총회(Gemeindeversammlung)이고, 다른 하나는 선거를 통해서 당선된 지방의원들로 구성되는 지방의회(Gemeindeparlament)이다.

게마인데 총회는 통상 집행기관의 장(Gemeindepräsident)이 주관을 하지만 칸톤 베른에서는 게마인데총회의장(Gemeindeversammlung-präsident)을 따로 선출하여 회의를 주관한다. 1970년대에 많은 게마인데에서 지방의회제도를 도입했는데 그 원인은 1971년 여성투표권의 도입으로 게마인데의 유권자가 배로 늘어난 것에 있다. 그 외에도 게마인데의 인구증가나 게마인데총회에 대한 만족스럽지 못한 경험 등이다(Ladner, 2008, 6).

게마인데 의회를 가진 게만인데는 전체 게마인데 중에서 약 18.1%가 된다. 591개의 게마인데에 지방의회가 설치되어 있다(Ladner, 1991, 81이하). 즉 대부분의 게마인데는 게마인데 의회가 없이 게마인데총회에서 지역 사안을 논의하고 의결한다. 게마인데의회를 도입하는 곳이 많긴 하지만 일부 게마인데에서는 게마인데의회를 폐지하고 게마인데총회를 다시 도입하는 곳도 있었다.

스위스서부의 칸톤 겐프(GE)나 노이에부르크(NE)에서는 모든 게마인데가 게마인데의회를 가지고 있다. 칸톤 바트(VD)나 테신(TI)에도 게마인데의회를 가진 게마인데가 많다. 이에 대해서 인구 10,000명이 넘고 심지어는 25,000명에 이르는 게마인데(Rapperswil-Jona)에서도 게마인데의회 대신에 게마인데총회제도를 갖고 있는 곳도 있다.

게마인데의회를 도입하는지 아니면 게마인데총회제도를 유지하는지는 한편으로는 게마인데의 규모와도 상관이 있지만 다른 한편으로는 정치적인 문화와도 관계가 있다. 예컨대 독일어권 게마인데에서는 프랑서어권이나 이탈리아어권 칸톤보다 게마인데총회제도를 보다 선호하고 있다. 예컨대 칸톤 프라이부르크, 테신, 바트, 노이에부르크, 젠프에서는 5,000이상의 주민을 가진 게마인데는 모두 게마인데의회를 가진다. 그보다 작은 게마인데도 게마인데의회를 도입한 곳도 있다. 이에 대해서 독일어권 칸톤에서는 일부예외를 제외하고는 대체로 주민수가 20,000이상인 게마인데에서 게마인데의회를 도입하고 있다. 주민수가 10,000명에서 20,000명인 곳에서는 50%, 5,000명에서 10,000인 게마인데에서는 10%가 지방의회를 갖고 있다.

　게마인데의회의 의원수는 대체로 게마인데의 크기에 비례한다. 큰 게마인데일수록 의석수가 많다. 다만 정치문화적인 요인도 작용한다. 예컨대 게마인데 의회를 많이 설치한 서부 스위스 칸톤의 경우가 동부의 독일어권 게마인데보다 의원수가 많은 편이다. 다만 주민수가 10,000명 이상이 되는 지역에서는 독일어권 칸톤의 게마인데의회 의원이 많은 편이다. 예컨대 독일어권의 취리히, 바젤, 베른의 의원수는 각각 125, 130, 80석이다. 이에 비하여 서부 스위스의 젠프와 로잔은 각각 80석, 100석이다.

2. 게마인데의 집행기관

o 집행기관의 구성

스위스의 게마인데 집행기관은 협의체기관인 게마인데정부 (Gemeinderat)이다[38]. 게마인데정부는 게마인데의 장(Gemeinde-präsident)이 주재한다. 게마인데정부의 각료는 게마인데 행정기관의 한 부서를 주관한다. 여기서 주관은 의안의 준비와 결정의 집행을 의미한다. 결정권은 협의체기관인 게마인데정부가 가지고 있다.

집행기관인 게마인데정부의 구성원인 각료의 수는 게마인데마다 상이하다. 게마인데정부의 각료는 작은 게마인데에서는 명예직이지만 큰 게마인데의 경우는 전무직이다. 게마인데 각료의 숫자는 줄어들고 있는 추세에 있다(Ladner, 2008, 12). 1988년에는 집행기관 구성원인 각료가 18,200명이었으나 2005년에는 16,260명으로 감소되었다. 또한 게마인데 통합으로 1,500명이 줄었다. 이는 게마인데마다 평균 6.02명에서 5.86명으로 감소한 것이다. 약 57%의 게마인데는 집행기관의 숫자가 5명이다. 28.8%의 게마인데의 집행기관수는 7명이다. 나머지는 9명이나 그 이상이다. 집행기관의 숫자가 감소하고 있는 이유는 여러 가지이다. 한편으로는 전문인력을 구하기 어려운 경우도 있고 다른 한편으로는 비용

---

38) 독일에서 Gemeinderat는 게마인데 의회를 의미하지만 스위스에서는 대부분 게마인데 집행기관을 의미한다. 하지만 경우에 따라서는 게마인데의 입법기관을 의미하기도 한다. 칸톤 베른에서는 Gemeinderat는 집행기관을 의미하고, 입법기관은 Stadtrat라고 한다. 칸톤 취리히에서 작은 게마인데에서는 Gemeinderat가 집행기관을 의미하지만 취리히시나 빈트투어시에서는 Gemeinderat가 입법기관을 의미하고, 집행기관은 Stadtrat로 표기한다.

을 절감하고 전문성을 높이려는 경우, 사회구조적인 변화로 특정
지역을 배려하는 의미가 상실된 경우 등 다양하다.

게마인데의 장(Gemeindepräsident[39])

게마인데의 장은 합의제기관인 게마인데정부를 주관한다. 게마인데
의 장에게는 게마인데에게 위임된 연방법률이나 칸톤법률의 집행,
게마인데의 법규를 집행하는 권한과 책임이 있다. 또한 작은 게마인
데에서는 게마인데총회의 의장으로서 회의를 주재한다. 게마인데의
장은 주민에 의해서 투표로 선출하거나 게마인데총회에서 선출하거
나 게마인데의회에서 간선하기도 한다. 임기는 2년 또는 4년이다.
또한 많은 게마인데에서 게마인데 공무원에 대한 지휘를 게마인데의
장에게 부여하고 있다.

---

o 게마인데정부의 각료의 선출

게마인데정부의 구성원인 각료의 임기는 대부분의 게마인데에
서 4년이다. 다만, 서부 스위스인 칸톤 프라이부르크, 바트, 유라
에서는 5년 임기로 선출한다.

게마인데의 각료를 선출하는 방법은 칸톤마다 다르다. 대부분
의 칸톤에서는 투표소 선거를 통해서 선출되지만 14%에 해당하
는 게마인데에서는 게마인데총회에서 선출한다.

대부분의 칸톤에서는 어떤 선거절차에 의해 게마인데정부의 각
료를 선출할 것인지를 법률로 규정하고 있다. 대부분의 칸톤은 다
수대표제를 규정하고 있다. 비례대표제도를 규정하고 있는 곳은

---

39) 집행기관의 장을 통상 Gemeindepräsident로 표기하지만 칸톤에 따라서는 다른 표현을 사용한
다. 칸톤 프라이부르크나 아아르가우, 투르가우에서는 Gemeindeammann이나 Stadtammann이
라고 한다. 프랑스어권에서는 syndic(프라이부르크, 바트), Maire(유라, 겐프), Sindaco(테신)
등으로 표기한다. 독일어권에서 Bürgermeister라는 표현은 역사적인 맥락에서만 사용한다.

칸톤 추크와 테신 두 곳이다. 일부 칸톤(BE, FR, SO, BL, VS, JU, GR, TG)에서는 게마인데가 두 가지 절차중에서 선택하도록 하고 있다. 다수대표제로 선출하는 경우나 비례대표제로 선출하는 경우나 결과에 있어서 아주 다르지는 않다. 유력한 정당들은 게마인데정부의 각료를 배출한다.

o 게마인데정부의 근무형태

게마인데정부의 각료는 전통적으로 명예직(Milizgremien)이다. 16,200명의 집행기관 각료중에서 280명만 전일제로 근무한다. 이는 전체 각료중에서 2%밖에 되지 않는다. 약 2,700명(약17%)의 각료는 반일제로 근무한다. 나머지 13,200명은 명예직으로 활동한다. 게마인데 규모에 따라 명예직과 전일제 근무의 비율은 다음 표와 같다.

표 34: 게마인데 집행기관의 근무형태 (명/%) (출처: Ladner, 2008, 18)

	500까지	500-1,999	2,000-4,999	5,000-9,999	10,000-19,999	20,000이상	계
명예직	87.5	87.5	77.6	72.0	52.0	4.8	81.5
반일제	12.5	12.3	20.3	24.0	42.1	47.9	16.7
전일제	0.0	0.3	2.1	3.9	5.9	47.3	1.8
계	100.0	100.0	100.0	100.0	100.0	100.0	100.0

3. 위원회(Kommissionen)

집행기관과 의결기관외에 게마인데에는 위원회를 둘 수 있다. 위원회는 입법적 기능을 하는 경우도 있으며 집행적 기능을 하는 경우도 있다. 특히 지방의회가 없는 게마인데에서 위원회를 설치하는 경우가 많다. 위원회의 설치목적은 다양한 정치적인 집단을 참여하도록 하거나 위원회위원들의 전문지식을 활용하고자 하는 경우에 설치한다. 집행기관인 게마인데정부의 각료가 위원장을 맡고, 위원은 지방의회나 집행기관에서 선출한 위원으로 구성한다. 사회부조위원회(Sozialhilfekommission)나 예산을 작성하는 재정위원회(Finanzkommission) 등을 예로 들 수 있다. 또한 감독기능을 가진 위원회도 둘 수 있다. 회계감사위원회(Rechnungsprüfungskommission)이나 사무감찰위원회 (Geschäftsprüfungskommission) 등이 이에 속한다.

회계감사위원회

스위스의 게마인데중에서 게마인데총회제도를 채택하고 있는 게마인데는 거의 대부분 회계감사위원회(Rechnungsprüfungskommission: RPK)를 두고 있다. 회계감사위원회의 구성과 권한에 대해서는 칸톤마다 상이하고 영향력이나 실제활동에 차이가 있다. 회계감사위원회의 위원은 주민이 직접 선출하며 게마인데 집행기관인 게마인데정부로부터 독립적인 지위를 가진다. 또한 회계감사위원회는 집행기관에 대해서 직접적으로 구속력있는 영향력을 행사하지 않는다. 게마인데 총회에 대한 보고나 시민들에 대한 의견제시나 보고서 등을 통해서 정치적인 영향력을 미치는데 그친다. 집행기관의 활동에 대한 광범위한 평가와 대안의 제시를 한다. 이미 행하여진 사안에 대해서는 물론 앞으로 계획중인 사안이나 집행부가 소홀히 하고 있는 사안에 대한 의견이나 대안의 제안 등도 자유롭게 할 수 있다. 이점에서 회계감사위원회는 매우 효율적으로 집행기관을 감시하고 주민의 권익을 보호하며 지역발전에 기여할 수 있는 제도로 평가받고 있으며, 이를 연방차원에서도 도입해야 한다는 주장이 제기되고 있다(Eichenberger/Schelker, 2007).

4. 게마인데서기(Gemeindeschreiber)와 게마인데 공무원

o 게마인데서기

스위스 게마인데에서 게마인데서기는 특별한 위치를 차지한다. 게마인데서기는 사무직원의 수장으로서 게마인데 정치와 게마인데 행정의 가교역할을 한다. 명예직 각료로 구성되는 게마인데정부를 가진 게마인데에서 게마인데서기는 정치적인 사안의 결정에 많은 영향력을 미친다. 게마인데서기는 전반적인 행정조직과 행정조정, 게마인데 사무국의 지휘, 사무범위 내에서 행정기관이나 시민에 대한 조언, 집행기관이나 입법기관, 위원회의 회의준비와 기록 등을 행한다. 많은 게마인데에서 1990년대에 들어서 게마인데서기의 역할을 증대시켜 다른 나라에서 시지배인(City Manager)에 유사한 역할을 부여하고 있다.

o 게마인데 인력

스위스 게마인데에 근무하는 공무원은 약180,000명 정도가 된다, 규모가 500명 이하인 게마인데에는 일반행정에 평균 2명이 근무한다. 게마인데의 규모가 늘어남에 따라 고용인력도 늘어난다. 그밖에 공기업 등 외곽조직에 근무하는 인력과 학교에 근무하는 인력이 있다. 그 현황은 다음과 같다.

표 35 : 게마인데 규모에 따른 공무원 숫자 (출처: Steiner/Kaiser, 2013, 154)

게마인데규모	일반행정 (주민 100명당)	공기업 등 외곽조직 (주민100명당)	교육분야 (주민100명당)
499이하	2.1 (0.96)	1.6 (0.60)	6.2 (1.63)
500-999	3.6 (0.48)	3.3 (0.47)	7.2 (0.96)
1,000-1,999	4.7 (0.33)	6.4 (0.43)	13.1 (0.91)
2,000-4,999	13.7 (0.42)	19.0 (0.60)	32.3 (0.99)
5,000-9,999	45.9 (0.64)	37.1 (0.54)	93.1 (1.29)
10,000-19,999	150.2 (1.10)	92.6 (0.71)	123.6 (0.95)
20,000-49,999	1040.3 (3.36)	206.9 (0.76)	310.8 (1.08)
50,000 이상	3459.0 (3.22)	1412.3 (1.90)	727.0 (0.92)

III. 게마인데의 사무

1. 게마인데사무의 종류

게마인데는 지방사무와 칸톤의 사무, 연방사무를 수행한다. 게마인데가 처리하는 사무는 고유사무와 칸톤과 연방으로부터 위임된 사무로 구분할 수 있다.

o 위임사무(übertragene Aufgaben)

게마인데가 칸톤과 연방의 법령에 의해서 그 집행을 위임받은 사무를 위임사무라고 한다. 연방법률의 집행에 관한 위임사무는 예컨대, 수질보호나 식품경찰, 민방위(Zivilschutz)등이다. 칸톤의 법률집행을 위임받은 것으로는 예컨대, 교육사무를 들 수 있다.

o 고유사무(eigene Aufgaben)

고유사무에는 게마인데의 권한사항에 대한 법적 규율을 포함한다. 위임사무와는 달리 집행권뿐만 아니라 자치입법과 자치행정, 경우에 따라서는 사법을 포함한다. 예컨대, 게마인데 조례(Gemeinderegelmente)를 위반한 경우에 형벌의 부과가 포함된다. 고유사무에는 수행의무의 여부에 따라 필요사무와 선택사무로 구분할 수 있다.

- 의무사무(Pflichtaufgaben): 연방법이나 칸톤법에 의하여 게마인데에게 수행의무가 부과된 사무를 의무사무라고 한다. 예컨대, 지역계획이나 게마인데 건축규정의 제정 등이다.

- 선택사무(Selbstgewählte Aufgaben): 연방이나 칸톤, 그 밖의 기관의 배타적인 권한에 속하지 않는 공익사무로서 게마인데가 스스로 수행하는 사무를 선택사무라고 한다. 예컨대, 다목적강당의 건축이나 테니스장의 설치 등이다. 게마인데가 수행하는 사무에 어떤 것이 있으며 어느 종류의 사무에 속하는지는 관계법령의 해석을 필요로 한다.

2. 보충성의 원칙과 사무재배분

칸톤과 게마인데간의 사무배분원칙으로 보충성의 원칙(Subsidiaritätsprinzip)이 적용된다. 이는 수평적으로는 가능한 민간에 의해서 문제를 해결하고 그것이 어려운 경우에만 공공기관에 의한 사무처리를 한다는 것이고, 수직적으로는 하위 공공기관이 사무를 처리하고 어려운 경우에만 상급 공공기관이 그 사무를 처리한다는 원칙이다. 이는 상급기관과의 관계에서 게마인데의 능력이 닿는 한 많은 사무를 처리해야한다는 것이다. 보충성의 원칙을 통하여 정당성을 제고하고, 대응성을 높이며 효율성과 효과성을 높이려고 한다(Steiner/Kaiser, 2013, 152이하).

실제 사무의 배분에 있어서는 역사적인 발전과 정치적인 세력 관계를 반영하는 것이기 때문에 보충성의 원칙이 칸톤과 게마인데 사이의 사무배분에 있어서 충실하게 반영되어 있다고 말하기 어려운 부분도 있다. 보충성의 원칙은 하나의 큰 방향을 제시하고 있는 것이고 구체적인 사무의 배분은 이 원칙을 중심으로 상당한 거리를 보이는 경우도 있을 수 있다. 스위스에서 칸톤과 게마인데 간의 사무배분은 지난 수년간 상당한 변화를 보이고 있다. 이는 2008년부터 효력을 발생한 연방차원의 새로운 재정조정제도의 영향을 받아 칸톤과 게마인데간에도 연방과 칸톤간의 사무재조정의 경향을 반영하려고 하는 것이다.

또한 오늘날 전문성과 재정부담이 많은 사무가 증가함에 따라 과거 게마인데가 처리하던 사무중의 일부를 칸톤이 처리하도록 하는 경우도 늘어나고 있다. 왜냐하면 소규모 게마인데로서는 대처하기 어렵고 재정능력이나 전문성이 상대적으로 높은 칸톤이 처리하도록 사무배분을 변경하는 경우가 늘고 있다.

3. 게마인데의 사무 예시

게마인데의 사무는 칸톤마다 상당한 차이가 있으나 게마인데에 의하여 수행되는 전형적인 사무로는 다음과 같은 것을 들 수 있다.
- 교육: 유치원, 초등학교, 중학교(SekundarstufeI)
- 복지와 보건: 사회부조, 병원외후생, 노인돌봄, 사회보험
- 공급과 폐기: 상수도, 하수도, 폐기물, 전기 등
- 교통: 게마인데 내부교통
- 건축: 지역계획, 건축경찰, 경관과 사적보호, 도로망, 스포츠

시설, 문화시설 등

- 내부조직: 행정조직, 인사
- 재정: 예산과 결산, 지방재산관리, 조세조정율의 결정
- 지역경찰: 소방경찰, 교통경찰, 영업경찰
- 시민권: 외국거주민에 대한 시민권부여

베른 헌법상의 게마인데 사무:

- 환경－동물－식물보호(베른헌법 제31조)
- 경관 및 전통보호(베른헌법 제32조)
- 공간계획(베른헌법 제33조)
- 교통(베른헌법 제34조)
- 상수도 및 에너지 공급(베른헌법 제35조)
- 하수도 및 쓰레기처리(베른헌법 제36조)
- 공공질서 및 안전(베른헌법 제37조)
- 사회안전조치(베른헌법 제38조 내지 40조)
- 보건(베른헌법 제41조)
- 교육(베른헌법제42조, 43조)
- 문화(베른헌법 제48조)
- 여가, 스포츠, 휴양(베른헌법제49조)
- 경제(베른헌법제50조)

IV. 게마인데 통합

1. 게마인데 통합의 추이

게마인데 통합은 스위스에서 활발한 논의를 하고 있다. 논의가
활발하다는 것이 반드시 게마인데 통합이 많이 이루어진다는 것
을 의미하는 것은 아니다. 스위스 연방이 성립된 직후인 1850년

에 스위스에는 3,203개의 게마인데가 있었다. 1990년에 3,201개가 있었다. 2,000년에 2,899개가 있었다. 1850년에서 1990년까지 140년간 182개의 게마인데가 줄어들었다. 1953년 이후 2003년 사이에 스위스의 이웃나라에서는 급격하게 게마인데의 숫자가 줄어든다. 예컨대 독일에서는 같은 기간에 59%가 줄어들고, 오스트리아에서는 42%가 감소한 것에 비하여 스위스에서는 7%가 감소하는데 그쳤다. 하지만 2000년 이후에 스위스에서는 게마인데 통합이 활발하게 논의되면서 그 숫자가 이전에 비하여 상당히 급격하게 줄어들고 있다. 2014년 1월 1일 현재 스위스의 게마인데의 숫자는 2,352개이다. 2000년 이후 매년 약 38개의 게마인데가 줄어들고 있다. 게마인데의 통합은 칸톤에 따라 속도나 강도가 상당히 다르다. 일부 칸톤에서는 게마인데통합이 급속하고 강도높게 추진되고 있다. 예컨대, 테신(Tessin), 글라루스(Glarus), 아르가우(Aargau), 그라우뷘덴(Graubünden), 베른(Bern) 등에서 통합이 다른 칸톤에 비하여 많이 이루어지고 있다. 가장 극단적인 게마인데 간 통합을 한 지역으로는 칸톤 글라루스(Glarus)를 들 수 있다. 주민 약 40,000명의 글라루스에서는 종전에 25개의 게마인데를 2011년 1월1일부로 3개의 게마인데로 개편하였다[40]. 이에 대해서 칸톤 취리히에서는 통합에 대해서 유보적인 입장을 취하고 있다(이하 이기우, 2011 참조).

---

40) 이에 대해서 많은 전문가들은 이러한 극단적인 통합을 재정적으로 아무런 효과를 거둘 수 없다고 비판적인 입장을 밝혔다. 특히 경제학자인 아이헨베르크(Reiner Eichenberger)교수는 "글라루스가 미친 짓을 했다"라고 극단적으로 비난했다 (Eichenberger, 2007).

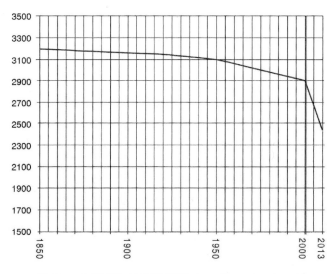

그림 14 : 게마인데의 숫자변화 (출처: http://www.htwchur.ch)

2. 게마인데 통합논의 배경

스위스의 게마인데는 과거에 비하여 주민들로부터 보다 많은 요구를 받고 있다. 게마인데의 과제가 늘어나고, 주민들의 지방행정에 대한 수요와 전문성에 대한 요구는 높아졌다. 게마인데의 역량으로는 감당하기 어려운 한계에 부딪혔다. 1990년대 이후 게마인데의 경제적-재정적인 기본여건은 더욱 악화되고 있다. 게마인데의 자체재정으로는 게마인데 공공지출액의 27%를 충당하는데 그치고 있다. 최근에는 게마인데의 재정적 압박은 더욱 증가하는 추세에 있다. 특히 망명자업무와 복지업무에 있어서 업무의 범위는 넓어지고 복잡해지고 있다. 상수도나 학교와 같이 이웃 게마인데와 조정과 협력을 요하는 사무도 늘어나고 있다. 이러한 요구의 증가는 게마인데 집행기관에게 높은 수준의 전문성을 요구하나 이를 감당할 만한 전문인력을 구하는 것도 쉽지 않다.

적지 않은 게마인데에서는 집행기능을 수행하는데 필요한 수많은 명예직 인력을 충원하는데 어려움을 겪고 있다. 작은 게마인데에서는 이들 업무를 감당하기 위하여 세율을 높일 수밖에 없게 되고, 그렇게 되면 주민들이 떠나는 악순환이 일어난다. 게마인데의 채무도 현저하게 증가되고 있다. 이러한 상황하에서 게마인데로서는 다음 조치 중에서 한 가지 혹은 여러 가지 조치를 취하도록 요구받고 있다(Steiner, 2003, 39).

- 게마인데의 내부조직 개혁(신공공경영: NPM 등)
- 다른 게마인데나 제3자와 협력의 강화(게마인데조합 혹은 아웃소싱 등)
- 자치계층으로서 지역(Region)의 설치: 칸톤과 게마인데사이에 새로운 자치계층으로 레기온(Region), 즉 지역이라는 자치단위를 신설하여 광역행정에 대처하려 함.
- 다른 게마인데와 통합

3. 스위스에서 게마인데 통합에 대한 논쟁

스위스에서는 게마인데 통합을 적극적으로 지지하는 입장과 이를 반대하는 입장간의 논쟁이 매우 치열하다. 이를 관점에 따라 정리해보면 다음 표와 같다.

표 36 ： 게마인데통합에 대한 찬반논거 (출처: 이기우, 2011, 64)

구분	통합찬성론	통합반대론
경제적 관점	- 서비스의 질적수준향상 - 규모의 경제로 인한 비용 감소 - 정책결정자, 비용부담자, 서비스향 유자의 일치 - 투자의 효율성 증대	- 통합이후 인력감축이 통상 이루지 지 않음 - 규모의 경제는 기껏 기술적 서비스 에 그침 - 게마인데규모 확대로 인건비 증대 - 관료주의 증대 - 복잡성의 증대
민주주의 관점	- 소규모 게마인데 인적자원의 결핍 - 보다 많은 선택가능성 - 대규모 게마인데에서 주민관심에 부응도 높음 - 전문적으로 교육받은 인력이 보다 좋은 결정을 함 - 주민요구에 부응하기 위한 보다 많은 자원의 구비	- 잘못된 공공재의 제공 - 명망가 지배의 증가 (진정한 주민참여의 감소) - 관료주의와 주민간의 거리 증대
배분의 관점	- 게마인데의 칸톤 의존성 감소 - 지방자치의 확대 - 칸톤문제에 게마인데의 비중증대 - 분권의 촉진 - 칸톤의 부담감소	- 칸톤의 부담감소의 허구성(가난한 게 마인데를 통합해도 여전히 가난함) - 복잡성이 증가되어 칸톤의 조언수 요는 감소되지 않음
발전의 관점	- 경쟁력의 증대로 입지조건 향상	- 계획된 발전에 대한 보장이 없음

4. 스위스 게마인데 통합논의와 한국의 시·군통합논의

스위스에서 게마인데 통합추진을 한국의 시·군통합을 위한 해외 참고사례로 거론하는 경우가 있다. 특히 칸톤 글라루스의 통합사례를 예로 든다. 하지만 스위스는 전체 칸톤의 50%이상이 주민수가 1,000명 미만이라는 점에서 지방자치단체의 규모가 이미 수십 배 내지 수백 배가 되는 우리나라의 시나 군, 자치구의 통합과 비교될 수 있는 것은 아니다. 스위스의 게마인데 통합은 기본적으로 주민수가 3,000명 정도 되는 게마인데를 만드는데 목표를 두고 추진되고 있다는 점을 감안할 필요가 있다. 우리나라의 대부분의 시나 군, 자치구의 규모는 스위스의 지방국가인 칸톤보다 큰 경우가 많다. 특히 눈여겨 볼 것은 스위스에서는 게마인데의 규모가 매우 작음에도 불구하고 통합을 반대하는 목소리가 강하다는 점을 오히려 눈여겨볼 만하다(자세한 것은 이기우, 2011 참조). 스위스의 사례에서 우리가 교훈을 얻고자 한다면 주민 수가 수명, 수 천명에 불과한 게마인데도 많은 공공업무를 자치적으로 수행하여 성과를 내고 있고, 국가발전의 초석이 되고 있다는 점에서 우리의 읍·면자치의 부활이나 동·리자치의 구상을 위한 참고사례로 조사하는 것이 바람직하다.

V. 지방간의 협력

1. 개관

스위스의 게마인데는 규모가 매우 작은 편이다. 50%이상의 게마인데에서 평균주민 수가 1,000명 정도이다. 이렇게 작은 게마인데가 업무를 잘 수행하기 위해서는 다른 게마인데와 협력을 강화할 필요가 있다. 단독으로 공공사무를 수행하기 어려운 경우도 있고, 단독으로 처리할 수 있다고 하더라도 이를 보다 효율적으로 처리하기 위해서 다른 게마인데와 협력할 필요가 있는 경우도 있다. 스위스는 유럽의 게마인데 중에서도 게마인데간의 협력이 가장 많이 이루어지고 있는 나라에 속한다. 게마인데간의 협력은 게마인데가 한 개 이상의 다른 게마인데와 협력하여 그의 사무를 처리하는 것을 의미한다. 경우에 따라서는 다른 게마인데와 민간기업을 포함하여 협력하는 경우도 있다.

게마인데간의 협력의 장점으로는 작은 규모의 게마인데가 협력함으로써 규모의 경제를 실현할 수가 있고, 전문성을 제고할 수 있는 장점이 있다. 이에 대해서 게마인데간의 협력은 지방의회나 주민에 의한 민주적인 정당성이 부족할 수 있고, 행정적인 결정에 의존한다는 점이 단점으로 지적된다(Steiner, 2003, 112ff.).

2. 게마인데간의 협력분야

스위스의 게마인데는 평균 약 8.6분야에서 다른 게마인데와 협력을 하고 있는 것으로 나타나고 있다(Ladner u.a. 2013, 35). 게마인데의 모든 사무가 다른 게마인데와 협력에 적합한 것은 아니다. 게마인데간의 협력이 가장 많이 이루어지고 있는 분야는 소방사무와 의료사무이다. 이 두 분야에서는 전체 게마인데의 3/4이 협력을 하고 있다. 또한 교육이나 상·하수도, 노인부양, 폐기물처리, 빈곤구제, 게마인데 경찰, 육아, 청소년 등의 분야에서 거의 절반에 가까운 게마인데들이 다른 게마인데와 협력을 하고 있다. 이들 분야는 인프라투자가 많아서 작은 게마인데가 단독으로 수행하기 어렵거나 정치적 영향이 큰 분야들이다. 이에 대해서 인사관리나 민원사무, 재정관리사무 등과 같은 행정사무는 다른 게마인데와 협력하여 처리하는 경우가 적고 단독으로 수행한다. 행정사무중에서도 정보관련 사무는 협력을 하는 경우가 많은 편이다. 공공건축물이나 경관보호나 환경보호 등도 협력이 적은 분야에 속한다(10%미만). 게마인데의 크기와 게마인데간의 협력에서는 작은 게마인데보다는 2만 이상의 게마인데에서 협력의 분야가 많은 것으로 조사되었다.

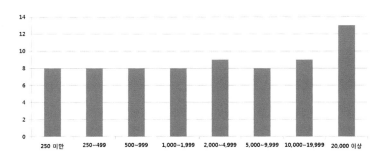

그림 15 : 게마인데규모와 협력분야의 숫자 (출처: Ladner u.a., p.38)

3. 게마인데간의 협력형태

스위스에서 게마인데간의 협력을 위한 법적인 형태는 매우 다양하다. 법적인 구속력이 없는 의견교환으로부터 공법상의 법인을 설립하거나 공법상의 계약 혹은 사법상의 계약을 통하여 법적인 구속력을 갖는 협력방식도 가능하다. 게마인데는 협력의 법적인 형태를 자유롭게 선택할 수 있다. 다만 예외적인 경우에 법률에 의해서 협력이 강제되는 경우도 있다[41]. 동일한 업무에 대해서도 여러 가지 형태의 협력이 적합할 수도 있다. 가장 많이 사용되는 협력방식으로는 목적조합을 설치하거나 공법상계약을 통하여 한 게마인데에게 위탁을 하는 방식(중심지 게마인데모델)이다.

---

41) 칸톤은 업무가 저렴하고 효율적으로 수행되기 어려운 경우에만 개입하는데 이 경우에도 재정적인 지원을 억제함으로써 협력을 하도록 압력을 가하고, 효과적이고 경제적인 업무 수행을 위하여 필요한 경우에만 강제적으로 협력의무를 부과한다(칸톤 베른 지방자치법 제5조 이하).

> **게마인데간 협력의 강제**
>
> 게마인데간의 협력은 게마인데가 자발적으로 할 수 있는 것이 원칙
> 이다. 다만 예외적으로 게마인데간의 협력이 강제되는 경우가 있다.
> 협력의무에 대해서 베른주 게마인데법은 다음과 같이 규정하고 있다.
> "경제적이고 효율적인 업무수행을 위하여 필요한 경우에는 칸톤정부
> 는 특정 지역의 게마인데에게 협력계약의 기간을 지정할 수 있다.
> 게마인데가 이 기간안에 적절한 협력계약을 칸톤정부에 제출하지 않
> 는 경우에 칸톤의회는 게마인데에게 법률이나 결정을 통해서 협력의
> 무를 부과할 수 있다. 칸톤의회는 어떤 게마인데가, 어떤 분야에서
> 협력을 해야 하는지, 그 법적인 형태와 참여 게마인데, 조직의 개요
> 와 투입되는 자원의 종류와 범위를 결정한다. 게마인데의 참여는 보
> 장되어야 한다. "(베른 게마인데법 제8조)

1) 목적조합(게마인데조합)

목적조합(Zweckverband) 또는 게마인데조합(Gemeindeverband)
은 하나 또는 다수의 업무를 수행하기 위해 두 개 혹은 여러 게마
인데가 하나의 단체를 만들고 그 단체로 하여금 업무를 수행하게
하는 협력방식이다. 우리나라의 지방자치단체조합과 유사한 게마
인데간 협력형태이다. 목적조합은 가장 많이 사용하는 공법상의
게마인데간 협력형태이다. 목적조합이 처리하는 사무로는 하수정
화, 소방, 상수도, 공동묘지, 노인복지시설 등 다양하다. 예컨대,
2005년 현재 칸톤 취리히에는 220개의 목적조합이 있다(Meyer,
2010, 33). 각 게마인데마다 평균 6.9개의 목적조합을 가지고 있다.

목적조합에서는 대표자회의를 통하여 참여하는 게마인데들이
목적조합에 민주적인 관여를 하게 된다. 이로 인하여 목적조합의
의사결정은 긴 과정을 거치게 된다. 참여 게마인데들이 대표기관

을 통하여 영향을 행사하는 데는 한계가 있으며 유권자들은 목적
조합의 업무수행과 관련하여 직접적인 통제권을 갖지 못하게 된
다. 이에 목적조합의 민주성이 부족(Demokratiedefizit)하다는 비판
이 제기되기도 한다[42]. 하나의 업무를 처리하기 위한 단일목적조
합도 있지만, 여러 개의 사무를 처리하기 위한 다목적조합도 있
다. 목적조합의 재정은 참여 게마인데의 분담금에 의해 충당된다.
목적조합은 주민들과 참여 게마인데에게 구속력을 갖는 결정을
하며 이점에서 공권력을 행사한다. 목적조합은 2개나 3개의 게마
인데가 결성하기도 하지만 30개가 넘는 여러 게마인데가 함께 설
치하기도 한다.

2) 공법상계약에 의한 위탁(중심지 게마인데모델: Sitzgemeindemodell)
한 개 혹은 여러 개의 게마인데가 다른 게마인데에게 한 개 혹
은 수개의 업무를 위탁하고, 위탁받은 게마인데가 업무를 수행하
도록 하는 공법상 계약을 체결하는 방식이다. 위탁을 받은 게마인
데를 중심지 게마인데(Sitzgemeinde)라고 한다. 이 경우에 업무를
위탁하는 게마인데는 중심지 게마인데와 업무처리의 법위와 질적
수준, 비용의 보상과 관여방식 등에 대해서 공법상의 계약(가맹계
약: Anschlussvertrag)을 통하여 구체화한다. 위임하는 게마인데에
서는 조례(Regelmente)를 통하여 그 업무를 중심지 게마인데에 위
임하여야 한다. 예컨대, 위임하는 게마인데의 소방사무처리권한
은 소멸되고 위임받은 게마인데의 권한이 된다. 이 방식은 새로운

---

42) 이를 시정하기 위하여 취리히 헌법 개정을 통하여 목적조합의 민주성을 제고하도록 하였
다. 현재는 목적조합에서도 주민투표와 주민발의권을 인정하고 있다(취리히 헌법 제93조).

행정기구를 설치할 필요가 없이 중심지 게마인데의 행정기관을 이용하여 업무를 처리하는 방식이다. 한마디로 하나의 게마인데가 다른 게마인데를 위하여 대신 업무를 처리하는 것이다(eine Gemeinde für alle). 중심지 게마인데는 규모의 경제를 통하여 전문화되고 효율적인 업무처리를 할 수 있게 된다. 위탁한 게마인데에게도 스스로 처리하는 것보다 싼 비용으로 사무처리를 할 수 있는 방식이 될 수 있다. 다만 이 방식은 위탁한 게마인데의 독자적인 업무처리가 인정되지 않고 그만큼 자기책임성이 약화되는 단점이 있다.

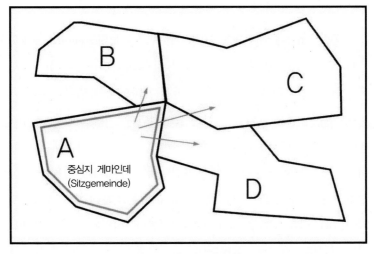

그림 16 : 중심지 게마인데모델

3) 자치계층으로서 지역(Region)의 설치

군소게마인데들의 역량을 넘는 지역문제를 해결하기 위한 방안으로 게마인데의 통합대신에 대안으로 게마인데와 칸톤사이에 자치계층인 지역(Region)을 설치하는 방안이 논의된다(Schenkel/Kübler, 2005, 28f.). 지역을 설치하는 경우에 칸톤과 게마인데는 보충성의 원칙에 따라 각각 그 사무중의 일부를 지역에 이양하여 지역의 사무를 정하게 된다. 즉, 게마인데의 역량을 초과하는 사무중에서 칸톤이 처리하지 않아도 되는 사무들이 지역의 사무가 될 수 있을 것이다. 이에 속하는 것으로는 예컨대 국도, 사회시설, 교육시설 등을 예로 들 수 있다. 지역은 게마인데나 칸톤처럼 집행기능 뿐만 아니라 입법기능을 가지며, 대표기관의 구성을 위한 선거와 소환 등이 인정되는 정치적인 자치공동체로 구성된다. 기존의 게마인데를 변경하지 않고 새로운 업무처리주체를 창설한다는 점에서 통합으로 인한 반발과 후유증문제는 없으나 새로운 자치계층의 설치로 인하여 국가구조에 큰 변화를 가져온다. 또한 지역에 게마인데가 아래에서 위로 업무를 이양하려는 동기가 약하고, 칸톤으로부터 아래로 업무를 이양하는 것도 쉽지 않아 새로운 자치계층으로서 지역이 정착하는데 상당한 시간이 걸릴 것으로 전망된다(Schenkel/Kübler, 앞의 글)

지역회의(Regionalkonferenz)

1993년의 베른 헌법은 지역(Region)을 지방자치단체로 설치하는 것을 포기하고 헌법 제3조에서 특별한 과제를 해결하기 위하여 칸톤은 지역적인 조직을 설치할 수 있도록 하였다. 베른 헌법 제110a조는 이를 구체화하여 게마인데의 의무적인 지역적 협력을 위하여 특별 게마인데단체를 설치할 수 있도록 규정하고 있다. 특별게마인데단체의 사무와 구역, 조직, 절차는 칸톤법률로 정하도록 하였다. 그 설치와 해산은 참여 게마인데 과반수의 찬성을 요한다. 이 헌법 규정에 따라 베른 게마인데법은 지역회의(Regionalkonferenz)의 설치를 규정하고 있다. 현재 베른에는 6개의 지역회의가 구성할 예정이었다. 2008년부터 3개지역(Oberland-Ost, Bern-Mitteland, Emmental)이 구성되었다. Thun-Oberland-West 지역은 2010년 6월13일 주민투표에서는 설치가 통과되었으나 55개 게마인데중 29개가 거부하여 실패했다. Oberaargau 지역회의도 2012년 3월 11일에 주민투표에서 통과되었으나 47개 게마인데중에서 28개가 반대하여 실패하였다. 이들 지역에는 중심도시와 더불어 밀집지역(Agglomeration)이 있다. 모든 게마인데는 하나의 지역회의에 속해야 한다. (Nuspliger/Mäder, 2012, 100 이하).

4) 목적게마인데(Zweckgemeinde)

스위스에서 게마인데의 규모가 작아 게마인데의 울타리가 지나치게 좁다는 것에는 대체로 공감대가 성립되어 있다. 다투어 지는 것은 이로 인한 문제를 어떻게 해결할 것인지의 방향에 대한 것이다. 스위스에서 목적조합의 결함을 보완하고, 게마인데간의 통합을 대체하는 대안으로서 목적게마인데가 연구되고 있다. 지방정치인들이 게마인데간의 통합을 추구하는 추세에 있는데 비하여 경제학자들은 특정한 목적을 지향하는 부분게마인데로서 목적게마인데의 설치를 주장하고 있다(Eichenberger,1998; Spinder, 2006).

목적게마인데는 기존의 게마인데가 자치적으로 수행하기 어려운 한 개 혹은 다수의 특정한 업무를 수임하여 수행한다는 점에서 앞에서 살펴본 목적조합과 유사하다. 목적게마인데는 해결하려는 과제의 성질과 필요에 따라 기존의 게마인데구역을 넘어 여러 게마인데에 걸쳐서 그 관할범위를 다양하게 정할 수 있게 된다. 목적게마인데는 관할지역의 주민에 의해서 직접 선출된 행정기관에 의하여 수행된다는 점에서 참여 게마인데의 집행기관에 의해서 운영되는 목적조합과는 구별된다. 즉, 민주성이 훨씬 강화된 것이다. 또한 목적게마인데는 독자적인 조세권을 가지고 있으며, 유권자의 직접적인 참여가 확대된다.

목적게마인데를 잘 활용하면 게마인데의 통합으로 달성하려는 구역개편의 목적은 상당히 달성할 수 있게 된다. 목적게마인데로는 스위스에서 전통적으로 발전해온 학교게마인데(Schulgemeinde)나 교회게마인데(Kirchgemeinde)와 같은 특별게마인데(Spezialgemeinde)를 들 수 있다. 목적게마인데는 게마인데와 같은 위상을 가지는 공법상의 사단으로서 특정한 업무를 수행한다. 목적게마인데는 주민으로 구성된 지역사단이라는 점에서 게마인데로 구성되는 목적조합과 구분된다. 또한 여러 게마인데에 걸치는 협력방식으로서 특정한 업무를 수행한다는 점에서 일반 게마인데와는 구분된다.

목적게마인데는 취리히대학에서 프라이(Bruno S. Frey)교수와 아이헨베르거(Reiner Eichenberger)교수에 의하여 구상된 지역사단형태인 FOCJ('Functional Overlapping Competing Jurisdictions)와 신정치경제에서 추구하는 공공선택이론을 그 기초로 한다(Frey/Eichenberger,

1999). 이는 스위스의 전통적인 목적게마인데와 미국의 특별구(special districts)를 발전시킨 연방주의모델로서 일반적인 연방주의모델보다도 효율적이고 민주적인 모델로서 지방자치정부는 물론 유럽공동체의 발전 내지 세계정부(Weltregierung)의 가능한 형태로 주장된다(Frey/Eichenberger, 2002).

이는 공공부분을 그 역사적인 배경과는 상관없이 무엇보다도 서비스제공기관으로 본다. 이에 서비스의 생산과정을 중요시 하고, 여러 공공주체(서비스제공기관)간의 경쟁적인 효율성과 효과성에 착안을 하고 있다. 둘째로 직접민주적인 접근을 공공기관이 보다 주민들의 기호를 보다 잘 반영할 수 있는 조직구조로 본다. 주민들의 직접적인 통제가 약화될수록 정치적인 결정이 시민들로부터 멀어질 수 있다고 보고 있다. 목적게마인데가 적용될 수 있는 영역으로 교통기반시설과 같은 지역인프라, 복지, 방재안전, 도시계획, 학교 등 작은 게마인데가 감당하기 어려운 분야의 업무가 될 수 있다. 2003년에 개정된 취리히 헌법은 종래의 목적조합에서 비민주적인 요소를 보완하여 목적게마인데라는 표현은 하지 않지만 목적조합이 목적게마인데로 될 수 있도록 길을 열어두고 있다.

VI. 게마인데 선거

스위스에서 게마인데 선거로 선출되는 것은 게마인데 집행기관인 게마인데정부(Gemeinderat)의 구성원과 게마인데 의회의원이다. 게마인데 정부의 구성원은 스위스 전역에서 약 15,000명에 이른다. 게마인데의회(Gemeindeparlament)의원은 약 17,000명에 이른다. 게마인데의회는 약 20%의 게마인데에만 구성되어 있고 나머지 게마인데에는 존재하지 않고 대신에 게마인데총회(Gemeindeversammlung)에서 중요한 사항을 의결한다. 게마인데의원선거는 일부 게마인데에 한정된 것이므로 여기서는 게마인데 집행기관의 선거를 중

심으로 살펴본다(이하 Ladner, 2011 참조)

스위스에서 지방선거는 전국적으로 같은 날 실시되지 않는다. 칸톤별로 같은 주말에 실시되는 것이 일반적이지만 칸톤에 따라서는 게마인데가 선거를 실시하는 주말을 정하도록 하는 곳도 있다(예컨대, 취리히, 베른, 그라우뷘덴). 예컨대 베른에서는 게마인데마다 선거일을 결정하고 있어 거의 매년 게마인데 선거가 실시된다.

게마인데 집행기관에 대한 선거는 통상 투표소에서 실시하지만 14%에 해당하는 게마인데에서는 게마인데총회(Gemeindeversammlung)에서 선출한다. 칸톤 뇌샤텔(Neuchâtel)에서는 게마인데의회에서 집행기관을 선출할 수 있도록 하고 있다. 선거방식에 있어서는 다수선거제도가 일반적이지만 게마인데의 1/4 정도는 비례대표로 선출한다.

집행기관에 당선된 자는 대체로 교육수준이 높고 50%이상이 자영업자이거나 회사에서 간부급이다. 당선자의 연령대는 45세에서 54세가 40%를 차지하고, 55세에서 64세가 25%정도가 된다. 집행기관 당선자들의 입후보 동기는 게마인데의 일에 대한 적극적인 역할과 공익에 대한 봉사를 위한 것이 대부분이고 정치적인 동기나 직업적인 동기는 낮은 편이다(Ladner,2011,10-12).

o 게마인데 선거에서 경쟁

게마인데 중에서 약1/5정도에서만 후보자간의 경쟁이 있다. 일반적으로 게마인데의 규모가 클수록 선거는 치열한 편이다. 칸톤 중에서 테신이 가장 경쟁이 심한 편이다. 약 50%정도의 게마인데

에서 입후보자 수가 의석수보다 많다. 주민수가 1,000명 미만이
게마인데에서는 입후보자보다도 의석이 많은 경우가 절반이 넘는
다. 이에 대해서 주민수가 10,000명 이상인 게마인데에서는 거의
대부분 입후보자가 의석수보다 많다. 7%내지 8%의 게마인데에
서는 무투표(stille Wahl)로 입후보자가 자동적으로 당선자가 된다.
약 5%의 게마인데에서는 공식적으로 입후보하지 않은 사람이 당
선자로 결정된다(Ladner, 15). 주민소환은 드물지만 일부 게마인
데에서 실시된다. 주민소환이 실시되는 게마인데는 20%미만이다.
소환받은 집행기관구성원은 재선이 배제된다.

o 게마인데 선거 투표율

게마인데 선거에서 투표율은 전국선거에서 투표율보다 높았으
나 최근에 들어서 전국선거의 투표율이 높은 곳이 많다. 특히
1988년 이전에는 거의 대부분 게마인데에서 게마인데 선거의 투
표율이 높았다. 칸톤선거 투표율이 가장 낮았다. 게마인데 선거보
다는 전국선거의 투표율이 높아지는 현상을 "정치의 전국화"라고
한다. 게마인데총회에서 선출하는 경우보다 투표소 투표를 실시
하는 게마인데의 투표율이 높은 편이다.

표 37 : 투표율 비교 (단위: %) (출처:Ladner, 2011, 33)

	1988	1998	2009
게마인데선거	48.8	44.5	40.7
칸톤선거	45.4	39.9	39.1
연방하원선거	45.5	41.9	46.8

o 정당과 게마인데 선거

1988년 이전에 게마인데 집행기관의 당선자 중에서 3/4이 주요 정당인 자민당(FDP), 기민당(CVP), 국민당(SVP), 사민당(SP)소속 이었으나 2009년 선거에서 그 비중은 55%로 떨어졌다. 그 대신 무소속당선자의 비중이 현저히 늘어났다. 이는 "지방정치의 탈정 치화(Entpolitisierung der Lokalpolitik)"로 표현할 수 있다. 특히 이 러한 현상은 작은 게마인데에서 강하게 나타나고 있다.

표 38 : 게마인데선거 정당별 당선자 (단위: %) (출처: Ladner, 2011, 74)

	1988	1998	2009
자민당(FDP)	23.0	22.3	20.2
기민당(CVP)	25.1	19.2	15.3
국민당(SVP)	19.9	18.4	15.7
사민당(SP)	13.0	11.7	9.8
기타정당	6.3	11.5	13.0
무소속	12.7	16.8	26.0
총계	100	100	100

o 여성당선자

스위스 게마인데에서 집행기관의 당선자중에서 여성의 비중은 꾸준히 증가하고 있다. 1988년에 비해서 2009년에는 3배가 증가 했다, 그럼에도 불구하고 스위스 게마인데의 집행기관 구성원 중 에서 여성의 비중은 25%수준이다.

o 직접민주제와 선거의 관계

스위스 게마인데의 가장 큰 특징 중의 하나로 직접민주제를 들 수 있다. 약 80%의 게마인데에서 가장 중요한 사안을 게마인데 총회에서 결정을 한다. 70%이상의 게마인데에서 주민투표나 주민발안과 그 밖의 직접참여제도를 행사하여 싫어하는 공사나 지출에 대해서 주민들이 저지시키거나 자신들의 관심사를 정치의제로 올려놓는다. 주민들이 집행기관의 업무수행과 관련하여 직접 영향력을 행사할 수 있는 직접민주제도는 주민들의 게마인데 선거에 대한 관심을 감소시키는 데 영향을 미친다. 즉, 스위스에서 투표율이 낮은 것은 직접민주제와 상관이 있다고 보는 견해가 많다(Krumm, 2013, 117; Ladner, 2011, 2).

제6절 정당

I. 개요

스위스 정당은 연방제적인 특성을 가지고 있다. 큰 정당은 연방차원과 칸톤차원, 게마인데 차원에서 활동하고 있다. 이에 대해서 작은 정당은 칸톤과 게마인데 수준에 국한하여 활동하는 경우가 많다. 스위스에는 4개 내지 5개의 큰 정당이 있으며 연방과 칸톤, 게마인데에서 정부구성에 관여하고 있다. 그 밖에 많은 소정당들이 다양한 정치적인 색깔과 특수이익을 대변하고 있다.

스위스에서 가장 유력한 정당은 이른바 연방정부정당(Bundesrat-spartei)이다. 즉, 여당이다. 이는 유권자들의 지지를 가장 많이 받는 정당들로 연방정부(Bundrsrat)에 최소한 1명 이상의 대표자(각

료)를 갖고 있다. 국민당(SVP: Schweizerische Volkspartei)), 사민당
(SP: Sozialdemokraten), 자민당(FDP: Freisinnig-Demokratische Partei),
자유당(LPS: Liberale Partei der Schweiz), 기민당(CVP:Christlich-
demokratische Volkspartei)이 큰 정당에 속한다.

스위스 정당은 전통적으로 자유주의적 보수주의인 시민진영과
좌익-녹색진영으로 구분한다. 양진영간의 균형은 1919년 비례선
거제도가 도입된 이래로 변하지 않고 있다.

개별 칸톤에서 정당체제는 연방차원의 정당구도와 상당한 차이
를 보이고 있다. 칸톤의 지구당은 모정당과 상당히 다른 모습을
갖고 있으며 적지 않은 차이를 보이고 있다. 카톨릭-독일어권 칸
톤에서는 좌익정당이 약하고 기민당(CVP)과 자민당(FDP)이 지배
적이다. 최근에는 국민당(SVP)이 상당한 수준으로 영향력을 강화
하고 있다. 개혁적인 칸톤에서는 기민당(CVP)이 군소정당이고 국
민당(SVP), 사민당SP), 자민당(FDP)이 유력하다. 기민당은 산악지
역 칸톤에서는 보수적이지만 칸톤 취리히에서는 자유주의적이다.
국민당(SVP)은 시민민주당(BDP: Bürgerlich-Demokratische Partei)
로부터 분리된 이래 모든 칸톤과 연방수준에서 보수적 우익 내지
우파포퓰리즘적 성격을 가진다.

스위스는 다른 유럽국가들과는 달리 정당에 관한 특별한 규정
을 두고 있지 않으며, 정당에 대한 국가의 지원과 선거보조 등을
하지 않고 있다는 점에 특성이 있다. 정당의 회계투명성을 보장하
기 위한 규정을 할 것을 요구받고 있지만 연방정부는 후원자들의
위축을 가져올 우려가 있다는 이유로 반대하고 있다.

II. 스위스 정당의 법적위상

스위스는 독일 등 다른 인접국가들과 달리 정당에 관한 헌법상, 법률상 규정이 많지 않다. 또한 정당의 정치적 영향력도 화합정치(Konkordanz)와 직접민주제의 영향으로 상대적으로 약한 편이다. 다만 큰 정당들은 직접민주제와 화합정치의 정치과정에서 중요한 거부자(Vetospieler)역할을 통해서 영향력을 행사한다.

연방헌법에서 정당을 두 곳에서 언급하고 있다. 먼저 연방헌법 제137조는 정당이 국민의 의견과 의사의 형성에 관여한다는 것을 규정하고 있다. 연방헌법 제147조는 중요한 입법이나 조약, 영향이 큰 사업을 결정함에 있어서 정당을 칸톤이나 이익집단과 마찬가지로 의견진술의 기회를 갖도록 규정하고 있다. 이는 다른 나라의 정당규정에 비해서 매우 간결하게 규정하고 있으며 정당의 지위나 권리와 의무에 대해서는 규정하지 않고 있다.

헌법에는 물론이고 법률차원에서도 정당의 선거운동비용이나 기부금 등의 투명성이나 재정상황의 공개의무를 부과하는 규정이 없다. 당원숫자의 공개의무도 없다. 정당의 자발적인 추산이나 자발적인 공개로 파악할 수 있을 뿐이다.

정당에 관해서는 정당법도 없고, 정당에 대한 국가지원도 존재하지 않는다. 영국과 마찬가지로 정당은 민법 혹은 사단법(Vereinsrecht)에 의하여 설립되고 활동한다. 스위스의 정당설립과 조직과 권한, 총회 등은 민법에 의한다(스위스 민법전 제60조 내지 79조). 즉, 스위스의 정당은 민법에 의해 조직된 단체로서 대부분 사단이다. 당원의 자격도 정당 스스로 결정한다. 법인을 당원으로 하는 것은 독일에서는 불가능하지만 스위스에서는 가능하다. 당원에 등급을 부여할 수도 있다(Krumm, 2013, 174 이하 참조).

하원선거에서 행정적인 편의를 제공받기 위해서는 등록을 해야 하는 정당등록부(Parteiregister)가 있다. 정당등록부에 관한 법적 근거는 정치적 권리에 관한 연방법률이다. 이에 의하면 정당등록 을 위해서는 민법상 정당일 것과 소속당에 적어도 1명 이상의 하 원의원이 있거나 3명이상의 칸톤의원이 있어야 한다(동법 제76a 조). 정당등록부에 등록이 정당의 성립요건은 아니다. 정당등록부 에 등록없이도 사법에 근거한 단체는 정당으로서 활동할 수 있다. 2014년 현재 정당등록부에 등록을 한 정당은 다음과 같다.

표 39 : 정당등록부 등록정당(2014년 현재) (출처: http://www.admin.ch)

Evangelische Volkspartei der Schweiz (EVP)
FDP.Die Liberalen (FDP)
Eidgenössisch-Demokratische Union (EDU)
Christlichdemokratische Volkspartei der Schweiz (CVP)
Sozialdemokratische Partei der Schweiz (SP)
Grüne Partei der Schweiz (Grüne)
Schweizerische Volkspartei (SVP)
Christlich-Soziale Partei der Schweiz (CSP)
Grünliberale Partei Schweiz (glp)
Bürgerlich-Demokratische Partei Schweiz (BDP)
Lega dei Ticinesi

III. 스위스 정당의 계보

1. 정당의 기원

스위스 사민당(SP)은 2013년에 125주년 기념행사를 가졌다. 기민당(CVP)도 100주년을 넘겼다. 최근 자민당(FDP)으로 표기한 정당도 100여년 전에 설립되었다. 오늘날 스위스 정당들은 프랑스 혁명의 결과와 그 후 사회문제의 전개에 뿌리를 두고 있다. 이에 따라 스위스 정당은 자유주의, 보수주의, 사회주의 정당으로 구분할 수 있다.

1848년 연방국가를 설치함에 있어서 자유주의자와 카톨릭 보수주의가 서로 대립하였다. 자유주의자들은 자유롭고 근본적인 현대적인 연방국가를 추구했다. 이에 대해 카톨릭 보수주의자들은 전통적인 국가연합적인 질서를 옹호하고 카톨릭교회에 충실한 반현대적 보수주의를 주장했다. 1860년대와 1870년대의 문화투쟁(Kulturkampf)에서 자유주의자들은 세 갈래의 정당으로 분화를 하였다. 우측에 자유주의자(die Liberalen), 중간에 근본주의자(die Radikale), 좌측에 민주주의자(die Demokraten)가 이에 속한다. 민주주의자들은 민주화운동에서 공민권의 현저한 확대와 사회민주적 이상을 추구했다. 사민당(SP)과 그 선행단체들은 무엇보다도 노동자계층의 이익을 옹호하였다.

사민당(SP)은 1888년에, 자민당(FDP)은 1894년에, 보수적인 국민당(SVP)은 1912년에 전국적인 정당을 조직하였다.

2. 분파정당의 출현과 변천

경제적인 이해대립이나 다수대표선거제도의 개혁을 두고 좌우의 정당들은 다시 세분화되어 새로운 정당들이 출현하였다. 예컨대 기독교국민당(EVP: Evangelischen Volkspartei), 농부·자영업자·시민당(BGB:Bauern-, Gewerbe- und Bürgerpartei)이 이에 해당한다. BGB는 1937년에 처음으로 전국정당으로 결성되었다(정당의 변천에 대해서는 Vatter, 2014, 96이하 참조).

제1차 세계대전에서 반사회주의적 시민블록에 의해 격리되었던 좌파들은 급진화와 논쟁을 불러일으켜 개량적인 사회민주주의와 사회주의(KPS: Kommunistische Partei der Schweiz)로 분화되었다.

이웃 독일과 이탈리아에서 전체주의적, 권위주의적 체제가 집권하면서 스위스 우측진영도 국가보수주의와 극우단체들이 출현했다. 후자에 속하는 것으로 1933년에 단기적으로 번창했던 "Frontenfrühlings"를 들 수 있다. 이 기간 동안에 좌우 급진정당외에도 여러 야당들이 출현하였다. 예컨대, LdU(Landesring der Unabhängigen)와 Jungbauern 등이 이에 속한다. 그 이후 상당한 기간 동안 안정되었으나 1960년대 말에 다시 정당분화가 일어났다. 도시 칸톤지역에서 우파진영과 좌파진영에서 여러 정당들이 생겨났다. 1970년대에는 우파 국수주의적 정당들이 출현했다

전통적인 정당안에서 진로를 두고 젊은 세대와 노년 세대간의 논쟁이 격화되면서 정당의 명칭을 바꾸는 일이 잦았다. 이에 보수국민당(Konservative Volkspartei)은 기민당(CVP)으로 개명을 했다. BGB는 1971년에 SVP(Schweizerischen Volkspartei)으로 바뀌었다.

탈물질주의 논쟁을 거치면서 전통적인 정당은 약화되고 새로운 대안정당이 부각된 1983년에는 스위스 녹색당(GPS: Grünen Partei der Schweiz)이 결성되었다. 또한 구좌파 대안정당인 "Melonengrünen"은 Grünes Bündnis Schweiz (GBS)와 Grüne Alternative Schweiz (GRAS)로 되었다. 녹색정당의 출현으로 신좌파정당은 약화되었다. 녹색당의 환경보호요구에 대응해서 1980년대 중반에 우파민족정당으로 자동차당(AP: Autopartei 나중에 자유당(FPS: Freiheitspartei)으로 개칭)이 결성되어 외국인에 대해 적대적인 활동과 망명권과 외국인정책에 반대하는 활동을 해왔다. 최근에는 장기간 개신교-농민-중산층의 대표역할을 주장하면서 국민당(SVP)이 괄목할 만한 도약을 하였다. 국민당이 1990년대 중반부터 도약하면서 우파정당인 민주당(SD: Schweizer Demokraten)과 자유당(FPS)은 몰락하였고, 우파정당인 Liberalen은 2007년에 자민당(FDP)와 통합하여 "FDP Die Liberalen"으로 통합되었다. 좌우의 대립이 심화되면서 중도정당인 자민당(FDP)과 기민당(CVP)이 피해를 보게 되고 작은 중도정당인 전국무당파연합(LdU)은 1999년에 해산하였다.

최근 2008년에는 각료선임과 관련하여 칸톤 그라우뷘덴, 베른, 글라루스에서 국민당(SVP)로부터 시민민주당(BDP:Bürgerlich-Demokratischen Partei)이 분리하여 창당되었다. 최근에도 정당분리의 조짐이 있으며 스위스 정당기상도는 유럽에서 가장 파편화되고 대립이 심한 축에 속한다.

IV. 스위스 정당의 사회적 조건

스위스 정당은 여러 가지 사회적, 정치적 조건에 의해 영향을 받는다. 스위스 정당의 형성과 활동에 영향을 미치는 요인들을 살펴본다(Vatter, 2014, 113 참조).

1. 사회적 다원성과 문화적 이질성

스위스는 문화적, 언어적으로, 종교적으로 매우 다양한 사회를 이루고 있으며 동질성보다는 이질성이 강한 사회이다. 26개의 칸톤과 2400개에 가까운 게마인데는 이를 바탕으로 하고 있다. 이러한 다양성과 이질성은 다양한 정당의 출현을 가능하게 하며 다른 한편으로는 정당들이 통합기능을 수행할 것을 요구한다.

2. 시민복무체제(Milizsystem)

스위스에서는 국가나 사회단체의 활동을 전문적인 직업관료나 사무직원에 의해서 수행하기 보다는 시민들이 자원하여 겸직으로 수행하는 경향이 있다. 정당에서도 마찬가지 조직원칙이 적용된다. 이로 인하여 한편으로는 정당운영비용이 절감될 수 있으나 다른 한편으로는 전문인력의 영입에 어려움이 있다.

3. 연방제와 지방자치

스위스에는 연방제와 지방자치를 통하여 권력이 분산되고, 지역마다 독자적인 결정이 가능하다. 연방은 26개의 칸톤으로 구성되어 그 구성원이 많은 편이며, 각 칸톤도 많은 수의 게마인데로 구성되어 있다. 이러한 지방분권적 정치치제는 정당에도 영향을 미쳐 전국적인 차원에서 중앙집권적이고 통일적인 정당조직을 갖기 어렵게 한다. 전국적인 차원에서 등록된 정당만도 12개나 된다. 칸톤차원에서 180여개, 게마인데 차원에서 5,000여개의 지역정당이 존재한다. 연방정당도 상당히 분권화된 조직을 갖고 있으며, 연방정당이 연방과 칸톤, 게마인데 수준에서 공통의 방향을 잡는 것이 어렵고, 조정하기가 쉽지 않다.

4. 직접 민주주의

직접민주주의는 정당의 영향력을 약화시킨다. 정당이 직접민주제와 밀접한 연관을 맺고 출현하기도 한다. 예컨대, 단일주제운동으로부터 자동차 정당, 녹색당 등이 출현한다. 하지만 이들 정당은 국민투표에서 전문적으로 조직된 단체들과 경쟁관계에 있게 된다. 선거도 직접민주제하에서는 그 의미가 약화된다. 입법부의 중요한 결정이 국민투표를 통해서 무력화될 수 있기 때문이다. 그만큼 선거에 관여하는 정당의 지위는 약화되는 것이다.

5. 화합체제(Konkordanzsystem)

정당비례에 의하여 여러 정당으로 구성되는 연방정부나 칸톤정부는 다당정부의 성격을 가진다. 다당정부하에서 협의체원칙(Kollegialitätsprinzip)은 여당간의 카르텔을 형성하고 정당의 책임을 약화시킨다. 또한 작은 정당들은 정부구성에 참여할 수 있는 문이 차단된다. 또한 의회는 임기전에 각료를 해임하거나 정부를 교체할 수도 없기 때문에 정당의 영향력은 그만큼 약화된다.

6. 정당보장과 정당지원의 결여

오랫동안 스위스에서는 정당에 대한 헌법보장이 없었고, 1999
년 헌법에 정당조항이 신설되었지만 정당의 권리나 의무의 보장
과는 거리가 있다. 또한 정당에 대한 재정지원이 없다. 스위스의
정당은 국가로부터 독립된 임의적인 조직으로 사적 재정에 의해
운영된다. 헌법 제137조는 정당의 역할만 언급하고 있을 뿐 이로
부터 국가의 재정지원을 도출하기는 어렵다. 국가에서 정당과 관
련하여 재정적인 지원은 의회의 교섭단체의 비용을 충당하기 위
한 교부금만 있다.

V. 스위스 정당체제의 특징

스위스의 정당체제의 특징으로 다당제도, 대립화, 연방적 분화
등을 들 수 있다.(Vatter, 115 이하; Krumm, 193이하 참조)

1. 다당제도

스위스 정당체제는 무엇보다도 다당제적 성격을 들 수 있다.
일반적으로 다수민주제(Mehrheitsdemokratie)는 양당제가 존재하
는 것이 일반적이다. 이에 대해서 합의민주제(Konsensdemokratie)
는 다당제가 일반적이다.

스위스는 연방은 물론 칸톤이나 게마인데에도 정당의 숫자는
매우 많은 편이다. 정치적인 영향력의 측면에서 보면 4개의 큰 정
당뿐만 아니라 작은 정당도 국민발안이나 국민투표에서 큰 영향
력을 행사하는 경우가 있다. 예컨대 국수주의적 정당은 유권자

10%이상의 지지를 얻은 적이 없지만 국민발안에 의한 국민투표에서 50%이상의 지지를 이끌어 내는 경우도 있다. 8월 1일을 국경일로 결정한 것도 작은 정당인 스위스민주당(Schweizer Demokraten)의 국민발안에 의한 것이다. 또한 정당에 따라서는 연방차원에서는 작은 정당에 속하지만 칸톤에 따라서는 영향력이 커서 정부구성에 참여하는 경우도 적지 않다.

정당의 숫자는 선거제도와도 밀접한 관계가 있다. 즉, 다수대표제도는 점진적으로 양당체제로 접근하며, 비례대표제도는 다당제체제를 초래한다(뒤베르제법칙)(Duverger, 1959, 232). 즉, 선거법을 어떻게 하는지에 따라 양당제 혹은 다당제가 결정된다. 이것은 스위스의 경험과 일치한다. 스위스에서는 1918년 비례대표제를 도입한 이래로 정당의 숫자가 현저히 늘어났다[43].

또한 연방제하의 정치적 경쟁으로 인하여 정당수가 증가한다는 주장도 설득력이 있다(Linder, 94). 정당은 대부분 인구가 많은 칸톤에서 설립되어서 다른 지역으로 확산되고 전국정당이 된다. 칸톤의 숫자가 많고 차이가 많아 정치적인 경쟁이 강화되고, 이로 인하여 정당의 숫자가 늘어난다.

2. 대립화

정당체제는 사회적인 분열을 반영하고 있다. 유럽 근대국가형성과 산업화과정에서 4가지 사회적 분열이 중요한 의미를 가졌다. 문화적, 정치적 관점에서는 국가와 교회, 중심과 주변, 사회경

---

43) 이에 대해서 국제적인 비교에는 선거법외에 다른 요인도 검토되어야 한다는 비판론도 제기된다(Nohlen, 1990, 55ff., Linder, 2012, 94)

제적인 측면에서는 농촌과 도시, 자본가와 노동자간의 좌우분열이 이에 속한다(Linder, 96). 정당은 이들의 한 부분에서 이익을 대변한다. 스위스에서는 과거에 자유주의자들은 도시-시민계층을 , 국민당(SVP)은 농촌- 시민계층에 뿌리를 두고 있은 반면에 사민당(SP)은 노동자계층을 대표했다.

종교적인 색체나 사회-경제적인 색체가 정당에서 유연화되면서 새로운 사회적 분열이 반영되었다. 경제성장과 생태보호라는 가치분열이 의미가 커졌다. 또한 작은 스위스와 전통의 보전을 중요시하는 측과 개혁지향적이고 대외적으로 개방적인 세력간의 분열이 생겨났다. 이러한 분열은 기존정당의 변신을 요구하면서 동시에 녹색당과 같은 새로운 정당의 출현을 가져왔다. 스위스 주요 정당의 대표성을 정리해보면 다음과 같다.

표 40 : 스위스 주요정당의 대표성의 대립 (출처: Linder, 97 참조)

	FDP	CVP	SVP	SP	Grüne
종교	세속주의	초기: 카톨릭 현재:교회중심	세속주의	세속주의	-
도시-농촌	도시	농촌	농촌	도시	도시
자본-노동	자본	자본 부분적으로 노동	자본	노동	노동
경제-생태	경제	경제	경제	생태	생태
대외정책	개방	개방 부분적으로 제한	제한	개방	개방

좌우의 분열에 대해서는 계급투쟁의 소멸, 복지의 발전, 정치적인 협의 등으로 인하여 그 의미가 사라졌다는 주장이 많으나 실

증적인 연구는 다르다. 좌우의 경제적인 이해관계에 관한 사회적 분열은 강화되고 있으며, 정당은 이를 반영하고 있다.

스위스 정당체제는 오랫동안 중도적이며 덜 대립적이었다. SPS는 좌측에, CVP와 SVP는 1980년대 말까지 시민적 중도입장을 대변했다. FDP는 우측에 위치했다. 그러한 상황은 지난 20년간 SVP가 우경화하고 SPS가 좌경화를 함으로써 좌우축의 분열과 대립은 심화되고 있다.

3. 연방적 분화

스위스 정당은 처음부터 칸톤의 정치문화적인 차이에 의해 영향을 받고 있다. 종교와 언어, 칸톤의 규모 등이 칸톤의 정당시스템에 영향을 미치는 결정적인 요인이 된다. 카톨릭 칸톤에서는 오랫동안 CVP가 지배적인 정당이었다. 이에 대해서 독일어권 칸톤에서는 SVP나 FDP가, 프랑스어권과 바젤시와 같은 곳에서는 FDP나 LPS가 지배적인 정당이다(Linder, 100).

정당은 조직상으로 연방제적인 국가구조를 따르고 있다. 대부분의 정당은 게마인데, 칸톤, 연방수준에서 각각 사단(社團)적인 조직을 갖추고, 각각의 정부수준에 해당하는 과제를 중심으로 활동한다. 지방수준의 총회와 칸톤과 연방수준의 대의원회는 아래에서 위로의 의사형성을 하는데 기여한다. 당의 결집을 위하여 의미가 큰 것은 전국 정당대회이다. 여기서 현안문제에 대한 입장과 정당후보 리스트와 정당프로그램 등을 결정한다.

중앙조직의 권한은 많지 않은 편이다. 즉, 칸톤정당은 연방정당의 입장 결정에 구속을 받지 않고 독자적 입장을 채택할 수도 있다. 칸톤정당의 자율성은 불가침으로 본다. 중앙정당은 칸톤정당의 당원에 대한 충분한 정보도 갖고 있지 아니한다. 이러한 정당의 분권적인 구조와 당원의 중요한 사안결정에 대한 참여는 스위스 정당의 연방적-민주적 성격을 특징짓고 있다.

VI. 정당의 당원

정당은 당원으로 구성된다. 1999년 스위스에서 정당당원의 숫자는 약 30만명 정도였다. 그중에서 약 26만명이 당시 연방정부를 이루는 4개정당에 소속되었다. 가장 당원이 많은 정당은 FDP로 약 12만명, 다음으로 CVP가 약 10만명, 다음으로 SVP가 약 9만명, SP의 당원은 약 3만 5천명 정도였다. 1990년대 말 당원의 유권자 대비 비율은 약 6-7%에 달하였다(Krumm, 182). 2014년 현재 스위스의 총당원수는 약 37만명에 이른다. 이를 스위스에 거주하는 총주민과 대비해서 보면 주민의 약 4.65%가 된다. 또한 순수한 스위스인을 기준으로 보면 비율은 약 6%가 된다. 정당별 당원수는 다음 그림과 같다.

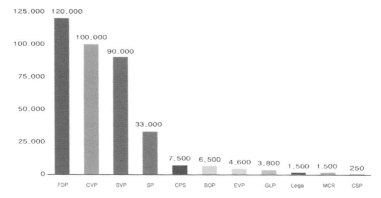

그림 17 : 정당별 당원수(2014년 3월 현재) (출처: http://de.statista.com)

VII. 정당의 재정

자유주의적 국가관의 표현으로 스위스에는 정당에 대한 국가의 지원이 없다(이하 Krumm, 185 이하 참조). 이는 정당의 전문성이 떨어지는 중요한 이유가 된다. 물론 정당에 대한 지원이 전혀 없는 것은 아니다. 의회의 교섭단체에게는 실비보상을 하고 있다. 또한 우편요금의 할인, 선거기간동안 공공방송시간의 무료제공 등이 포함된다.

정당은 그 소요비용을 교섭단체보조를 제외하고는 당원의 당비와 기부금, 의원부담금 등 사적 기여금으로 충당해야 한다. 스위스는 정당에게 재정수입과 지출에 대한 공개의무가 없다. 따라서 각 정당의 재정상황을 정확하게 파악하는 것은 쉽지 않다.

스위스에서는 재정수입에 대한 정당의 공개제도를 도입하려는 움직임과 이를 반대하는 자들간의 논쟁이 있었다. 정치자금의 투명성을 높이려는 측과 정당의 자유로운 활동을 해칠 우려가 있다는 주장이 있다. 2012년에는 이러한 투명성을 위한 국민발안을 시도하였으나 요건을 충족하지 못하여 무산되었다.

주요정당들의 예산은 1980년대에 들면서 급속하게 증가하였다. 2000년대에 들어서 다시 한번 예산이 크게 늘었다. 선거가 있은 2011년 CVP, FDP의 예산은 5.1백만 프랑에서 5.6백만 프랑에 달하는 것으로 추산된다. SVP는 거의 15백만 프랑에 이르는 것으로 추산된다. 1999년에 연간 정당예산이 19백만 프랑이었으나 2011년에는 30백만프랑으로 폭발적인 비용증가가 발생하였다. 이 비용에는 선거운동이나 투표운동 그밖에 안내책자의 발송 등의 비용은 일부만 포함되어 있다. 투표비용은 상당한 부분 기업연합체에서 부담하고, 선거비용은 정당후보자들이 개인적으로 부담한다.

칸톤정당의 예산규모는 2000년대에 들어 22백만프랑(선거가 없는 해)에서 34백만 프랑(선거가 있는 해)에 달했다. 칸톤정당예산의 규모가 큰 것은 그 만큼 칸톤정당이 독립적이고 강하다는 것을 의미한다.

칸톤정당은 대체로 당원들의 당비에 의존하고 있으며 이에 대해서 연방정당은 이를 처분할 수 없다. 이에 칸톤정당의 재정은 상당히 지속적이고 안정적이다. 이에 대해서 연방정당은 대체로 기부금에 의존하는데 기복이 심하다. SP는 전국정당차원에서 예산의 많은 부분을 당비와 의원들의 부담금으로 충당한다. 이에 대해 우파정당의 연방정당은 기부에 의존한다. 예컨대 정당명부에서 앞쪽에 위치한 후보자들로부터 상당한 기부금의 납부를 기대하고 있다. 예컨대, 정당명부 1-4번은 4만 프랑, 5-6번은 2.5만 프랑으로 추산된다(Krumm, 187).

사적인 정당재정충당에 대해서는 불투명성에 대한 비판이 제기된다. 다른 나라에서는 기부금의 출처에 대한 공개의무가 부과되는 것이 일반적이지만 스위스에서는 그러한 의무는 없다. 다만 칸톤 젠프와 테신에서만 예외적으로 이러한 의무를 부과하고 있다.

VIII. 정당에 의한 공직충원

정당의 중요한 기능중의 하나로 정치인을 양성하고 공직후보자를 추천하는 것을 들 수 있다(이하 Vatter, 143 이하 참조). 스위스에는 연방과 칸톤, 게마인데에서 입법과 행정을 위해서 약 25,000개에 달하는 선출직 공직이 있다. 약 15,00개에 달하는 게마인데의 집행부 공직은 이전과 마찬가지로 여전히 시민복무체제(Milizsystem)에 의하여 운영되고 그중에서 320명만 전일제로 공직을 수행한다. 이에 게마인데의 집행기관의 절반이상이 자영업자나 고위간부들이다. 오늘날 칸톤이나 연방수준에서 후보자는 많지만 게마인데수준에서 정치적 직책은 충원을 하는데 어려움이 있다. 이는 지방정치인을 충원하고 있는 지역정당들의 활동가들이 감소하는 것에 그 원인이 있다(Vatter, 144). 오늘날 게마인데의 집행부에서 정당의 대표는 감소하고 있는 추세에 있다. 2011년의 정당별 집행기관대표는 FDP가 17.4%, CVP가 13.1%, SVP가 10.5%, SPS가 9.4%에 달한다. 무소속이 50%에 이르며, 기타 5%를 차지한다(Vatter, a.a.O.).

이러한 사정은 도시와 농촌, 큰 게마인데와 작은 게마인데에 따라 상황에 차이가 있다. 도시지역의 큰 게마인데에서는 도시지역의 게마인데정부는 전문가와 파트타임 복무가 많은 반면에 시골지역에서는 자영업자가 많다. 도시지역에서는 집행부에 대한 경쟁률이 높고 직업적인 자격수준도 높은 편이다. 이에 정당은 도시지역에서 영향이 크며 정치적 엘리트를 충원하는데 중요한 역할을 한다. 주민이 적은 농촌지역에서는 전통적인 정당의 기능이 상당히 약하고 정치인을 충원하는데 어려움을 겪고 있으며 중산층 기업과 지역단체들이 그 빈자리를 채우고 있다(Vatter, 145).

제7절 이익단체

I. 개요

스위스는 단체의 국가(Land der Verbände)라고 할 정도로 각종 단체가 많고, 일상생활에 미치는 영향도 크다. 스위스에는 약 76,000개의 단체가 있으며, 180,000명의 상근자들이 있다. 이들 단체들은 연간 약 200억 프랑을 지출하며, 이는 실질국내총생산액의 3.5%에 달한다(Lichtsteiner, 2014). 이들 단체는 국가와 시장의 중간영역에서 내부적으로, 외부적으로 구성원들의 이익을 위하여 활동한다. 내부적으로 단체는 구성원들의 상호이익을 증진하기 위한 지원을 하고, 구성원을 위한 교육을 실시하고, 규정을 제정하고, 공동판매나 구매 등의 서비스를 제공한다. 외부적으로 단체는 구성원들의 공동이익을 정치과정에 반영시키는 역할을 한다. 단체의 종류에 따라 내부적, 외부적 목적이 매우 다양하다.

사회가 복잡화되고 전문화되어 경제분야와 직업영역이 증가될수록 이해구조가 다양해진다. 경제가 발전된 스위스에서는 단체들이 매우 세분화되었다. 단체는 민사법의 규율에 따르지만 헌법은 단체에 관한 특별한 보장을 하고 있다. 우선 스위스 연방헌법 제23조는 적극적인 결사의 자유와 소극적인 결사의 자유를 보장하고 있다. 연방헌법 제27조에서 경제적 자유와 직업의 자유를 보장하고 있으며, 제28조에서는 단결권(Koalitionsfreiheit)을 보장하고 있다. 이들 규정이 단체활동의 기초가 된다. 1999년의 전면적인 헌법개정으로 쟁의권과 직장폐쇄권이 헌법에 명시되었고 법률로 쟁의권이 제한되는 사람의 범위를 규정할 수 있다(연방헌법 제28조 제4항).

II. 스위스에서 이익단체의 역사와 주요 이익단체

수공업자와 상공인의 길드 형태로 단체는 중세에도 존재했다. 1226년 바젤지역의 모피조합증서는 가장 오랜 길드증서이다. 당시 길드의 목적은 시장규율을 통해서 직업적 이익을 보호하는데 있었다. 이를 위해서 이익의 극대화보다는 구성원들의 적정 생활수준을 보장하는 것이 중요했다. 독일어권의 여러 도시에서 길드는 사회적으로나 정치적으로 중요한 역할을 수행했다. 14세기에 취리히와 바젤에서 시작해서 점차로 작은 도시로 확산되었다. 귀족가문이 강했던 베른이나 루체른, 프라이부르크는 제외되었다.

1798년의 헬베티아 혁명과 1791년에 제정된 르샤쁠리에 법(la loi Le Chapelier)은 기존의 동업조합을 금지하고 모든 조합의 결성을 금지하였다. 국가와 개인 사이에 사회전체의 일반이익에 반하여 특수이익을 대변하는 단체가 존재해서는 안된다는 것이었다. 이로 인해 길드는 몰락하게 되고 정치적인 역할도 민주적 선거로 구성된 행정청에게 넘겨주게 되었다. 많은 길드가 사라지고, 일부는 친목단체로 남게 되었다. 다만 바젤에서는 길드가 여전히 정치적인 중심역할을 하였다(Lichtsteiner, 2014).

헬베티아공화국이 몰락하고 비인회의 이후 구체제가 부활하였다 스위스 전역에서 행정청은 다시 권한을 상실하고 엘리트들이 다시 권력의 일부를 회복하였다. 스위스에서는 산업화가 고도로 진행되어 동스위스지역의 섬유산업, 서부지역 유라의 시계산업, 1830년대부터는 여러 지역에 방직산업과 기계산업이 일어나 노동자들이 흘러들어 왔다. 1840년대부터 직업단체와 자영업자단체들이 지방수준과 지역수준, 칸톤수준에서 결성되기 시작했다. 이러한 일반적 단체외에 전국규모의 전문단체가 결정되었다. 예컨대, 1843년에 약국협회, 1869년 출판협회, 1877년에 맥주양조협회 등이 결성되었다.

19세기 중반 이후에 들어 경제단체들의 비중과 역할이 중요해졌다. 노동자와 사용자들은 정당보다 먼저 전국조직을 만들었다. 1869년에 스위스무역-산업협회(2000년에 Economiesuisse로 확대 개편)가 전국조직으로 결성되었다. 스위스 자영업자협회가 1879년에, 스위스 노동조합연합이 1880년, 스위스 농민협회가 1897년에 설립되었다. 경제단체들은 조직력을 이용해서 연방경제정책의 주역이 되었다. 이들 전국적인 경제단체들은 지역적·브랜드별 이익을 전국적인 정책으로 반영하는데 있어서 부분적으로는 정당이나 의회교섭 단체보다 앞서기도 했다(Linder, 2012, 125). 이들 경제단체들은 경제입법에 있어 주도적인 역할을 했고, 그 조직을 연방정책의 집행을 담당하도록 했다. 1947년 헌법개정을 통하여 경제조항의 하나로 경제단체의 입법절차에 있어서 청문과 집행에 관여가 규정되었다[44]. 이로써 연방은 경제정책에서 주도권과 연방경제행정기구의 설치를 상당부분 포기하였다. 한때 경제단체는 국가의 대리인이 되기도 했다[45]. 의회와 정당이 관여할 여지는 많지 않았다.

경제단체의 이러한 영향력의 요인으로 다음 3가지를 들 수 있다(Linder, 126).

첫째, 국민투표권을 들 수 있다. 경제단체의 이익이 의회의 법률안에 의해 침해되는 경우에 큰 경제단체는 국민투표를 발의해서 법률안을 취소할 수도 있다. 이에 국민투표는 의회전절차에서 경제단체들이 이익을 관철시키기 위한 유력한 협상카드가 되기도 한다. 국민투표에서도 경제단체들은 투표운동에 자금을 대기도 하고 정당처럼 안건에 대한 입장을 권고하기도 한다.

둘째, 경제단체의 집행권을 들 수 있다. 경제단체들은 국가가 그들의 입장을 수용하는 경우에 반대급부로 국가에 협력할 수 있

---

44) 1947년의 경제조항은 국민투표에서 53%의 찬성, 47% 반대로 통과되었다. 경제단체관련 조항은 다음과 같다. "시행법률을 제정하기 전에 관할 경제조직의 의견을 들어야 하고, 시행규정의 집행에 있어서 경제조직을 관여하게 할 수 있다."(구 연방헌법 제32조)
45) 1972년 유럽공동체와 무역협정을 함에 있어서 1994년 유럽경제권계약을 함에 있어서 상설대표단은 고위관료와 경제단체대표들로 구성되었다.

다. 단체들이 정보제공이라든지 집행에 참여함으로써 국가가 이를 위해 별도 기관을 설치할 필요가 없게 한다.

셋째, 경제단체들은 그 구성원들의 집단적 이익을 스스로 결정하고 수행할 수 있다. 이에 경제정책은 경제단체의 정책이자 브랜드의 정책이다. 국가는 이를 보완할 뿐이다. 경제정책은 국가에서 나오는 것도 아니고 경제전반적으로 기획되는 것도 아니다. 오히려 단체에 의하여 정해지고 수행된다.

표 41 : 스위스 주요 이익단체 (출처: Moeckli, 2008, 86)

경제단체/ 사용자단체	스위스경제협회, 스위스사용자협회, 스위스은행가협회, 스위스 기계-전기-금속산업협회, 스위스화학산업협의회, 스위스금속연맹, 스위스시계산업협회, 스위스 칸톤은행협회, 스위스신용은행과 재정기관협회, 스위스보험협회, 스위스 무역협회, 스위스 수입-대상협회, 스위스자동차수입협회, 스위스 곡물수입협회, 스위스 가축-정육수입조합, 스위스원자력협회, 스위스전력회사협회, 스위스가스산업협회
노동자 단체	스위스노동조합연맹, 스위스노동조합연합, 스위스교원총연합, 스위스철도종사자-교통종사자 연합, 스위스 공무원연합, 스위스은행원연합, 스위스상인연합, 스위스교원양성협의회, 스위스 김나지움교사연합
직업단체	스위스농민협회, 스위스상공협회, 스위스자영업협회, 스위스의사협회, 스위스소매상협회, 스위스건축사협회 , 스위스 기술자-건축기사협회, 숙박요식업협회, 자동차산업협회, 스위스섬유협회, 스위스변호사협회, 스위스낙농가협회, 스위스치즈협회, 스위스치즈연맹, 스위스과일협회, 스위스포도주협회
옹호단체	스위스자연보호연합, 스위스환경보호협회, 세계야생기금스위스, 스위스교통연합, 스위스에너지재단
정치단체	칸톤정부협의회, 스위스 게마인데협의회, 스위스도시연합(SSV), 게마인데의장협의회(칸톤)

정당도 일종의 단체라는 점에서 이익단체와 공통점이 있으나 다음과 같은 점에서 차이가 있다.

표 42 : 정당과 이익단체의 비교 (출처: Moeckli, 2008, 87)

	정당	이익단체
선거참여	참여	간접적
국민투표참여	참여	참여
입법과정참여	참여	참여
조직정도	낮은 편	높음
재정수단	부족함	충분
이데올로기적 폐쇄성	국민당의 경우 약함	높음
정치활동분야	모든 정치분야	일부 주제
구성원을 위한 서비스	적음	구성원만을 위한 서비스

III. 경제단체의 조직

경제단체의 조직은 매우 복잡하지만 몇 가지 공통적인 구조를 찾아볼 수 있다. 먼저 경제단체의 수직적인 조직원리로 연방제적인 조직원리를 들 수 있다. 다음으로 회원조직의 원칙을 들 수 있다(Linder, 126 이하 참조).

1. 연방제적 조직구조

단체조직은 대체로 브랜드나 직업별로 조직된 개별단체와 그 상급단체로 구분된다. 상급단체는 개별단체를 회원으로 하고 있다. 개별단체와 상급단체는 많은 경우에 동시에 지역조직, 칸톤조직, 연방차원으로 조직되어 있다. 이는 각급 정치단위에 직접 이익을 대변하기 위한 것이다. 또한 상급조직은 기초조직의 자발적인 협력에 의존한다. 상급조직이나 조직의 지도부는 외부에 영향력을 극대화하기 위하여 가능한 자율적인 이익대변을 요구하지

만, 이를 구성하는 기초조직은 지도부나 상급조직의 의사결정에
영향을 미치려고 한다.

2. 회원조직원칙

개별단체들은 기업이나 개인의 자발적인 회원권에 근거한다.
단체의 구성원들은 중요한 의사결정에 참여한다. 극히 일부의 경
우를 제외하고는 회원가입은 강제되지 않는 임의회원제이다. 회
원의 참여율은 사용자단체와 노동자단체간에 큰 차이를 보인다.
1980년대 중반까지 사용자단체는 회원들의 참여율이 57%내지
80%에 달했으나 노동자 단체들은 10-50%에 불과했다(Linder,
127).

3. 사용자단체와 노동자 단체의 차이

이익단체 중에서 사용자단체와 노동자 단체는 활동방식에 있어
서도 차이를 보인다. 사용자단체로는 스위스 경제인협회와 스위
스 사용자 협회가 중요한 역할을 한다. 양자의 상급단체는 역할에
있어서 분업을 한다. 스위스 사용자협회는 사회적동반자관계와
그와 관련된 사회복지문제에 관여한다. 이에 대해서 스위스 경제
인협회는 주로 산업과 상업분야의 일반적인 경제문제를 대표한
다.

노동자측에서는 이중적인 분파가 있다. 스위스 노동자연맹
(SGB)외에 또 하나의 노동조합으로 스위스 노동조합연합이 있다.
후자는 2002년에 기독교전국노조연합(CNG)과 스위스종업원연합
(VSA)이 합쳐서 만든 것이다. 스위스 노동자연맹이 항상 좌파정

당과 연대를 하는데 비하여 기독교전국노조연합과 스위스 종업원연합은 기민당과 연계한다. 또한 종업원과 노동자 사이의 사회구조적인 분파가 있다. 스위스 노동자연합은 양자를 기독교를 연계로 통합을 한 것이라 볼 수 있다.

IV. 사회적동반자(Sozialpartnerschaft)

스위스에서는 사용자측와 노동조합측 사이에 사회적동반자관계의 전통이 오래되었다. 이는 사회적 안정을 가져오고 스위스의 경제적 입지를 강화하는 하나의 요인이 되고 있다. 20세기 초에 스위스에서도 사용자측과 노조사이의 긴장관계가 있었다. 1932년 겐프의 총파업에서는 13명의 노동자가 사살되기도 했다. 사회적 동반자관계로 발전하게 되는 전기가 된 것은 1937년 취리히에서 체결된 기계산업과 시계산업분야의 사용자연합과 노동조합연합 사이에 체결된 평화협약(Friedensabkommen)이었다. 노동분쟁에 대해 신의성실에 따른 협상으로 계약에 의해 해결하도록 한 점, 파업과 폐업의 포기, 다층적인 중재·조정절차의 설치 등을 포함했다. 이 계약이 중요한 것은 제2차 대전 이후의 스위스 사회적동반자 관계의 모범이 되기 때문이다. 1950년대에 모든 분야의 사용자와 노동조합사이에 집단합의와 중재기관의 설치가 확대되었다. 정치권에서 좌우파 정당 사이에 시작된 화합정치도 사회적동반자의 확대에 기여했다. 특히 경제성장기에 사용자와 노동자가 협력하는 것이 대결하는 것보다 양편 모두에게 유리한 전략이라는 것도 작용했다(Linder, 129).

스위스 사회적동반자 관계는 다음과 같은 몇 가지 특색을 가진다(Linder, 130). 첫째, 사회적동반자관계 규율이 미치는 효력범위가 민간 피고용자의 50%를 조금 넘는 수준이다. 이는 독일의 80%, 스웨덴의 전체보다도 훨씬 낮은 편이다. 둘째, 계약상 형식적으로 대등한 지위에서 평화적인 분쟁규율을 함에도 불구하고 스위스 사용자들은 영업상의 공동결정을 통해서 벗어난다. 셋째, 사용자와 노동자들은 근로조건에 대한 규율을 자율적으로 하고, 국가의 개입을 거부한다. 근로조건에 대해서 법령으로 규정하기보다 계약에 의한다. 넷째, 집단적인 근로관계는 스위스에서 전통적으로 매우 분권적이라는 점이다(Vatter, 2014, 131). 이에 근로조건은 산업분야별로, 지역별로 협상한다. 사용자들은 분권화를 더욱 추진하여 점점 기업이 홀로 결정하는 경제부분이 늘어나고 있다.

경제적인 세계화는 노동조합에 불리하게 작용한다. 왜냐하면 스위스 기업들도 임금이 싼 외국으로 이전을 고려할 수 있기 때문이다. 이를 통해 사용자들은 유리한 상황을 만들어 갈 수 있지만 노조측에서는 마땅한 대응책을 찾기 어렵다. 이에 노조측에서는 파업을 부분적으로 부활하고, 계약에 의한 해결하기 보다는 법률 규정에 의해 해결하려는 경향이 나타나고 있다.

V. 이익단체의 정치과정 참여

이익단체들이 영향력을 행사하는 방법은 매우 다양하다. 헌법이나 법률에 규정된 공식적인 영향력행사는 물론 비공식적인 여러 가지 활동을 통해서 영향력을 행사한다. 이익단체가 정치에 영향을 미치는 방법은 단계에 따라 정치적 의사결정과정에 참여하여 영향을 미치는 방법과 공공업무의 수행과정에 관여하는 방법이 있다.

1. 의사결정과정에 참여

이익단체가 정치과정에 협력하는 방법은 전문가위원회, 의견청위절차, 의회로비, 국민투표 에 참여하는 방안들이 있다.

o 의회밖 전문가위원회(Expertenkommission)참여

전국협회들은 의회전절차에 참여해서 국민투표 권한과 집행권한을 기초로 해서 영향력을 행사한다. 중요한 법안에 대해서 연방부서들은 나중에 국민투표에 의해 저지당하지 않기 위해서 미리 노동자나 사용자측 전국협회들의 동의를 얻으려고 노력하게 된다. 의회밖의 입법절차인 조기단계에서 전국협회들이 참여한다. 즉, 법률안의 초안을 기초하는 의회밖 전문가위원회와 그에 대한 의견을 듣는 의견청취절차에서 이익단체들의 전국연합이 참여한다.

법률안 초안을 기초하는 전문가위원회는 연방정부가 임명하는 학자와 전문가외에 각종 단체의 대표자들로 구성되는데 전문지식에 기초하여 법안을 준비하고, 합의를 이끌어내는 기능을 한다. 전문가위원회에서 마련한 법률안의 예비초안(Vorentwurf)를 통해서 중요한 논점에 대해 타협을 통해서 사전결정이 이루어진다. 따라서 예비초안은 입법절차에서 결정적인 역할을 하며, 종종 실질적인 변경없이 의회에서 통과되는 경우도 드물지 않다. 전문가위

원회에 대해서는 그 민주적 정당성과 대표성에 대해 의문이 제기되는 경우가 없지 않아 그 지위가 예전처럼 강하지는 않지만 경제단체들과 노동자단체 등의 참여와 영향력은 여전하다. 전문가위원회의 숫자는 2011년 138개에서 119개로 감소하였다.

o 의견청취절차(Vernehmlassungsverfahren)에 참여

이익단체들은 의회전절차인 의견청취절차에서 이익을 대변한다. 연방부서는 거의 모든 법안에 있어서 경제단체의 의견을 듣게 된다. 중요한 법률안인 경우에 이익단체들은 내부적인 논의과정을 거쳐서 행정부서에 의견을 전달한다. 제2차 세계대전이후 의견청취절차는 매우 중요한 역할을 했고 의회절차와 직접 민주적 절차에 있어서도 그 영향이 컸다. 오늘날은 그 의미가 축소되고 있으며 이익단체들의 영향력도 감소하고 있다. 1990년대 이후 재정적 압력, 이익단체간의 대립증가, 언론의 압력 등이 영향을 미친 것으로 보인다(Vatter, 180).

o 의회로비

1950년대에서 1980년대와는 달리 의회전절차의 의미가 감소하면서 정책결정에서 무게의 중심은 이익단체에서 다시 연방정부와 연방행정, 의회로 넘어갔다. 그렇다고 경제단체들의 영향력이 근본적으로 상실된 것은 아니다. 의회전절차의 의미감소로 경제단체들은 활동의 중심을 의회전절차인 전문가위원회와 의견청취절차에서 직접적인 의회에 대한 로비로 옮기게 되었다. 즉 의원에 대한 개인적인 로비, 상하원에 지지기반의 형성, 언론캠페인을 통

한 여론형성, 전문화된 국민투표운동 등이 이에 속한다. 그밖에도 이익단체들은 그들의 대표를 의원으로 진출시킴으로써 의회내부에서 로비를 하기도 한다. 스위스의회에는 300명 내지 400명의 로비스트들이 활동하고 있으며 약 220명이 핵심그룹을 형성하고 있는 것으로 알려져 있다. 그 중에서 67명이 이익단체를 대표하며, 64명이 공공기관에서 파견되었고, 26명이 비영리단체를, 14명이 기업을 위해 활동하고 있다고 한다(Vatter, 182). 이익단체와 공공기관, NGO, 기별기업, 언론 등에 의한 의회로비는 강화되고 세분화, 전문화되고 있다.

o 국민투표 운동

직접민주적인 정책결정과정에 경제단체들이 매우 적극적으로 관여하여 국민투표와 국민발안 운동에 재정적인 지원을 한다. 특히 기업협회는 재정정책, 사회정책, 경제정책, 대외정책, 이민정책 등에 투표운동을 기획하고 집행하는데 재정지원을 한다. 전국경제단체인 스위스경제협의회(Economiesuise)가 대부분의 큰 운동을 주도한다. 이들의 인력과 재정지원은 시민정당인 기민당(CVP)와 자민당(FDP)의 투표운동에도 큰 의미를 가진다. 이들 정당은 통상 경제단체들과 입장을 같이 한다.

좌파측에서는 노동조합이 사회정책분야에서 맞서고 있다. 이들의 투표운동예산은 우파인 경제인연합의 1/3정도에 불과하지만 성과는 높은 편이다. 1950년대에서 1970년대에 노동조합은 국민투표를 한 건도 주도를 하지 않았지만 지난 15년간 여러 가지 법안에 대한 국민투표에서 상당한 성과를 거두었다. 예컨대, 노동법 유연화(1996), 실업자보상감축(1997), 전기시장자유화(2002), 노인-유족연금삭감(2004) 등이 이에 속한다. 노동조합은 국민투표에서 사회정책적인 삭감조치에 대해 거부자로서 역할은 잘 하지만 국민발안에서 좌파정책을 실현하는 데는 성공적이지 못한 편이다. 자본이윤세의 도입(2001), 노동시간 감축(2002), 연금연령 유연화(2008), 6주휴가(2012) 등을 위한 헌법개정발안은 국민투표에서 부결되었다. 노동조합은 경제정책에서 상공인연합과 같은 경제단체의 반대자의 위상을 가지고 있다. 우파가 다수인 의회와 국민투표에서 경제정책과 사회정책에서 기존의 제도를 폐지하는 것에 반대하여 현상을 유지하는 데에는 성과가 높다. 하지만 이를 확장해서 새로운 사회정책을 확장하는 데는 한계를 보이고 있다.

2. 집행과정에 참여

19세기와 20세기 초에 스위스연방의 권한이 강하지 않았을 때 필요한 규범의 통일을 위해 경제적-사회적 문제를 단체들이 자율적으로 규율하도록 위임한 적이 있었다. 그 결과로 각종 단체들이 공공업무를 준국가적으로 집행하게 되었다. 경제단체들은 이를 통하여 국가의 부담을 경감시키고, 상당한 자치권을 유지했다. 오늘날도 다양한 분야에서 단체들이 이러한 역할을 하고 있다. 사회적동반자인 사용자와 노동자간의 근무관계, 직업교육이나 기술적 규율, 경쟁규율 등의 규정이나 집행과 사회정책에 있어서 관련 단체가 중요한 역할을 한다. 직업교육의 수행에 단체들이 깊숙이 관여하며 법적으로 사실상 구속력을 가지는 규범을 제정한다. 또한 국민연금이나 장애인 연금 등의 감독기관에 대표자를 관여시킨다.

전쟁당시에 농업단체인 스위스 낙농가중앙협회, 스위스 치즈협회, 스위스 버터협회에게 제품가공과 시장공급 및 규율에 관한 공공업무를 위임했다. 정육과 곡물, 과일, 사료, 포도주 등 다른 농업분야에서도 사적 조직이 중요한 공공업무를 집행했다. 전후에 농업단체들의 위상이 강화되었고 부분적으로는 법률에 규정되었다.

1990년대 자유화물결과 민영화물결로 이러한 단체들의 준국가적 집행은 상당히 감소되었고 의미도 축소되었다. 사적조직에 의한 공공업무의 집행은 오늘날 더 이상 준국가적 집행이라고 불리지 않는다. 대신에 공사간의 협력(public private Partnership: PPP) 혹은 CO- Governance라고 부른다.

제6장

국가개조를 위한
분권의 방향

I. 국가개조론의 출발점이 된 세월호 침몰사건

1. 국가개조론의 대두

2014년 4월 16일 세월호 침몰사건만큼 국민들에게 큰 충격을 주었던 사건은 드물다. 그렇게 믿었던 중앙정부가 그렇게 무능하고 무책임한 것을 국민앞에 적나라하게 보여주었기 때문이다, 배가 좌초되기 시작하면서 완전히 침몰하기까지 충분한 인명구조의 시간이 있었지만 300명이 넘는 인명이 사망하고 실종하였다.

대통령에 의해서 "국가개조"라는 말이 나왔다. 세월호가 침몰한 이후 5개월이 지나도록 대통령이 약속한 국가개조의 구체적인 방안은 나오지 않았다. 해양경찰청을 해체하고 국가안전처의 신설과 안전행정부개편 등 정부조직법 개정안을 마련한 것을 제외하고는 뚜렷한 대책을 알 수가 없다. "관피아 척결" 등 구호는 높았지만 체감할 수 있는 성과는 아직 없다. 정작 세월호 사건의 해결과 수습에 필요한 조치를 해야 할 국회는 여야간의 정쟁에 빠져 거의 기능이 마비되었다.

4월 16일 세월호 침몰은 원인에 있어서 총체적인 부패, 중앙집권적 인명구조의 실패, 사건수습을 놓고 여야간 정쟁으로 초래된 국정마비 등은 대한민국의 총체적인 개혁을 요구하는 시그널이라고 보아야 한다. 4월 16일 이전과 이후는 달라져야 한다는 목소리가 높다. 단순히 정부조직법을 개정해서 해결될 문제가 아니다. 전체적인 국가구조적인 면에서 살펴보아야 한다.

일각에서는 대통령이 제안한 국가개조가 1930년대 일본식의 국가개조론이나 1960년대의 인간개조론을 연상시킨다는 점에서 부정적인 우려도 없지 않다. 하지만 세월호사건이 그 동한 누적되었던 국가운영시스템 전체의 재점검과 재정비를 요구하는 하나의 계기가 되었다는 점에서 국가개조라는 표현은 과도한 것이 아니라고 본다. 오히려 늦은 감이 있지만 시의적절한 문제의 제기라고 본다. 삼풍아파트붕괴, 성수대교붕괴이후에도 대한민국의 수준을 의심스럽게 하는 후진국형 사고가 끊이지 않고 있다. 또한 노무현 정부에서 대통령탄핵사건, 이명박정부에서 광우병사태에 이어 이번 세월호 침몰사건으로 인한 국정마비상태는 안정된 국정운영에 근본적인 문제가 있음을 보여주는 중요한 징표가 된다. 근본적이고 구조적인 변혁이 요구되고 있다. 문제는 국가개조의 방향이다.

2. 집권적 국정운영으로 인한 인명구조의 실패

세월호 참사는 우리 국가시스템의 총체적인 난맥상을 드러낸 것이다. 사고에 이르게 된 선박회사와 감독관청도 문제지만 사고에 대처하는 정부의 우왕좌왕이 더 큰 문제이다. 이제 국민들은 국가를 신뢰할 수 없게 되었다. 국민이 세금을 내는 것은 국민의 생명과 재산을 국가가 보호해 주려는 믿음에서다. 국가가 그 기본적인 의무를 못한 것이다. 단순히 선박회사의 사주를 처벌하고 선장을 처벌하고 몇몇 공무원을 징계하고 처벌한다고 해결될 문제가 아니다. 국무총리와 관계장관이 사퇴하거나 해임하고 대통령이 사과한다고 끝날 사안이 아니다.

선박침몰이 신고된 후 시간은 충분했다. 중앙정부가 적절하게 대응하지 못했을 뿐이다. 중앙정부가 우왕좌왕하는 사이에 생명을 구출할 수 있는 시간은 허비되었고, 구조현장에선 아무도 책임을 지고 일을 하는 사람이 없었다. 현장에 멀리서 안행부장관이 오고, 해수부장관이 오고, 국무총리가 오고, 대통령이 온들 인명을 구하는데 무슨 직접적인 큰 도움이 되었겠는가? 현장을 가장 잘 아는 해경은 중앙에 보고하느라 바쁘고, 현장에서 자원과 인력을 가진 전남지사와 진도군수는 아무 것도 할 수 없도록 국가운영체제가 발목을 잡았다. 현장을 모르는 중앙정부가 통계숫자나 발표하고 수정하고 우왕좌왕하는 사이에 배는 전복되었고, 온 국민이 지켜보는 가운데 수많은 생명이 수장된 것이다. 이들의 생명과 더불어 국가의 권위와 국가에 대한 신뢰도 함께 침몰한 것이다.

만약 전남도지사가 현장을 장악하고 해경에 지시를 내리고 책임을 지도록 했더라면, 중앙정부가 멀리서 현장에 맞지도 않는 지휘를 하는 대신 현장에서 요구하는 물자와 인력을 지원하는 역할을 맡았더라면 상황은 상당히 달라졌을 것이다. 지방분권이 특히 요구되는 분야가 분초를 다투는 위험방지와 위험제거와 같은 경찰, 소방, 방재분야이다. 위험에 대처하기 위해서는 현장성이 가장 중요하다. 현장을 가장 잘 아는 자가 책임과 권한을 져야한다. 국가운영체제가 아무도 책임지지 않고 발뺌을 하도록 하는 무책임을 조장하고 있는 것이다. 현장은 권한이 없으니 책임이 없고, 권한을 가진 중앙정부는 현장을 모르니 무능할 수밖에 없다. 재난 구호체제자체가 무책임과 무능력을 제도화하고 있는 셈이다. 국가안전처를 만든다고 하지만 현장을 움직이도록 하는 현장의 권한과 책임을 강화해야만 실효성을 거둘 수 있다.

침몰한 대한민국의 권위와 신뢰를 어떻게 세울 것인지를 진지하게 논의하여야 한다. 현장에 근접한 행정청에서 문제를 해결하도록 국가운영시스템을 전환해야 한다. 국가는 현장에서 문제를 해결하는 데 필요한 지원을 해야지 문제를 직접 해결하려고 해서는 안된다. 그동안 지방분권 논의에서 수없이 강조되었고 법률에도 규정된 보충성의 원칙이다. 이번 세월호 참사는 중앙집권의 재앙이다. 이제 경찰권과 위험방지, 위험제거기능을 현장에 근접한 지방자치단체에게 넘겨주어야 한다. 현장에서 도지사나 시장, 군수가 책임을 지고 현장에 있는 경찰과 더불어 문제를 해결하도록 하여야 한다.

중앙정부가 밝힌 재난 대응 정부조직개편안을 보면 현장중심이 아니라 현장과 거리를 더욱 멀게 하고 있다. 문제의 핵심을 파악하지 못하고 있는 것으로 보인다. 원거리에 있는 중앙의 권한을 더욱 강화시킨들 현장에 무슨 큰 도움이 될지 의문이다.

재난대응과 같이 현장의 특수성을 존중하고 임기응변과 신속한 대응을 필요로 하는 과제는 현장에 권한을 주어야 한다. 전장에 나가 있는 장수는 왕의 명령도 듣지 않을 수 있다. 현장의 사정에 맞추어 대응하여야 하기 때문이다.

만약 사건현장의 진도군수나 전남지사가 사건수습의 책임자였다면 인명구조와 사건수습에 신속한 대응을 통하여 보다 나은 결과를 가져왔을 것이다. 대통령이 "단 한 명의 인명 피해도 발생하지 않도록 하라"는 지시를 한 이후 단 한명도 구조하지 못했다. 최고 책임자인 대통령에게 보고를 하고 지시를 기다리는 사이에 이미 아무런 지시도 받지 않은 현장의 민간어선들이 자발적으로 출동하여 민간인이 해양경찰에 앞서 상당한 구조활동을 하였다는 점은 시사하는 점이 크다.

야당에서 문제를 제기하고 있는 '대통령의 7시간' 문제도 지극히 중앙집권적인 발상이다. 대통령이 즉시에 만사를 제치고 사고 현장에 도착하였고, 현장에 그 7시간을 머물면서 현장을 지휘했나고 한들 무엇이 달라졌겠는가? 현장의 손발이 묶여 있는데 현장도 모르고, 전문지식도 없는 대통령이 무엇을 할 수 있었는지 의문이다. 국가안전처를 만든다고 한들 현장이 중심이 되지 않으면 분초를 다투는 급박한 상황에서 재난 대응은 더 어려워 질 수 있다.

2. 집권적 대결정치로 인한 장기적인 국정마비

세월호 사건은 인명구조에만 실패한 것이 아니라 사건수습의 실패와 국정운영의 마비를 가져왔다. 사건의 수습에 대해서 아무도 책임지지 않으려고 했다. 청와대 수석과 안행부장관이 경질되고 국무총리를 해임하는 것으로 사건을 수습하려고 했지만 유가족들과 정치권은 대통령의 면담을 요구하며 정부와 대화가 사실상 단절되었다. 물론 해수부장관이 본업을 제치고 현장에서 고군분투를 하였지만 사건의 수습에는 성공하지 못하였다.

야당에서는 '대통령 7시간'문제를 제기하며 세월호문제의 정치적 해결을 거부하였고, 장외투쟁을 선언함으로써 사실상 의정마비상태를 5개월간 초래하고, 세월호사건과는 아무런 관계가 없는 현안법안조차도 심의를 거부하였다. 지난 6.4 지방선거는 세월호사건을 등에 업은 야당의 "민심"주장과 대통령의 원활한 국정수행을 등에 업은 이른바 "박심"간의 대결로 치달았다. 지방문제와는 아무런 상관이 없는 중앙정쟁이 지방정치판을 휩쓸었다.

사건후 5개월이 지났지만 아무런 해결책도 찾지를 못하고 있다. 국회는 장기간 마비되었고, 대통령이 약속했던 근본적인 재발방지대책도, 국가개조도 공염불에 그치고 있으며, 304명의 희생은 새로운 정쟁의 불쏘시게가 되었다.

만약 사건발생현장의 진도군수나 전남지사가 인명구조의 책임자였고, 중앙정부가 이를 지원하는 분권적인 국가구조를 가지고 있었더라면 이러한 정치적인 파국과 국정마비는 일어나지 않았을 것이다. 설사 진도군수나 전남지사가 인명구조에 실패하였더라도 150일간의 국정마비사태는 일어나지 않았을 것이다. 집권적인 정치구조가 세월호 문제를 전국적인 갈등의 불씨로 만들었다. 집권적인 권력구조가 사회적인 갈등을 이렇게까지 확대시키고 있는 것이다.

국민의 80% 이상이 이제 그만 정상으로 돌아가자고 요구해도 국회는 마비상태를 풀지 않았다. 주권자인 국민들은 그 대표자들이 정치권이 스스로 마비를 풀 때까지 바라보고만 있어야 했다. 속수무책이다. 대다수의 국민이 요구하는 것을 실현하지 못하는 국회는 이미 국민의 대표기관이 아니다. 국민의 대표기관으로 의

제될 뿐이다. 이렇듯 국정이 마비되는 것은 주권자인 국민을 무력화시키고 모든 권력을 의제된 국민대표인 국회에 집중시켜놓았기 때문이다. 국민의 대표자나 대표기관이 국민을 대변하지 않거나 못하는 경우에는 국민이 다시 위임한 대표권을 회복하여 직접 자신을 대표할 수 있도록 분권화했더라면 이러한 사태가 발생하지는 않았을 것이다. 권력의 집중은 책임과 위험의 집중을 가져온다. 그 만큼 정국은 불안해지고 위험은 커진다.

51:49로 집권한 정당이 모든 정부권력을 독식하지 않고 정부의 구성에 지지비율에 따라 양당이 모두 참여를 했더라면 여당과 야당간의 극한적인 발목잡기식 국정마비는 일어나지 않았을 것이다. 야당은 대선불복으로부터 시작하여 기회가 있을 때마다 여당의 발목을 잡아 무능정권으로 전락시키려 하는 것을 정권교체를 위한 중요한 전략으로 삼고 있는 듯하다. 여당은 야당을 국정의 파트너로 인정하지 않고 일방적인 권력을 행사로 야당을 무력화시키는 것을 재집권을 위한 주요전략으로 보고 있는 듯하다. 여당과 야당이 사사건건 대립하는 대결정치가 일상화된다. 이러한 대결정치 프레임속에서 세월호사건도 갈등을 증폭시키고 현안문제의 해결은 뒷전이 되었다.

거대 여당과 거대 야당에 정치권력이 집중되지 않고, 어느 정당도 다수를 형성하지 못하고 있다면, 여당과 상당한 영향력을 가진 제1야당, 제2야당, 제3야당 간에 권력이 분점되어 있는 상황이라면 정국이 이렇게 경직되지는 않았을 것이다. 여당은 야당중에서 어느 정당이든 협력하지 않을 수 없을 것이고 서로 다른 견해를 가진 야당과 협상과 타협을 했을 것으로 보인다. 경직된 집권적인 양당구도가 사생결단의 대결정치를 고착화시키고 있다. 정당 권력의 집중이 정국을 경색시키고 사회갈등을 증폭시키고 있는 것이다. 이러한 경직된 양당구도는 다수대표제를 채택한 선거제도가 만들어낸 인위적인 것이라는 점에서 해법의 실마리도 찾을 수 있다.

세월호 사건의 수습과정에서 초래된 사회적 갈등의 증폭과 국정의 마비현상은 우리나라 권력구조가 빚어낸 대표적인 재앙의 하나이다. 좀 심하게 얘기하면 집권적인 권력구조가 초래한 저주라고 할 수 있다. 선거를 의식한 사생결단의 정쟁속에서 현안 안건은 실종되는 대결정치의 프레임을 개선하지 않는 한 제2, 제3의 정국마비는 또다시 되풀이 될 수 있을 것으로 본다. 정치가 문제를 해결하는 것이 아니라 새로운 문제를 만들어 내고 문제를 키우는 메카니즘에 갇혀있기 때문이다. 그렇기 때문에 국민들은 "정치가 문제다"라고 하는 것이다.

이른바 민생정치 즉 현안 안건을 중심으로 사회적인 갈등과 문제를 해결하는 생산적인 정치를 위해서는 권력의 프레임을 바꾸어 주어야 한다. 집권적인 권력구조를 분권적인 권력구조로 전환하는데서 국가개조의 실마리를 찾을 수 있다. 세월호사건은 이를 위한 시그널이라고 본다.

사회적 갈등과 문제를 해결하는데 여야의 구별없이 머리를 맞대고 지혜를 모으는 화합정치 내지 공존의 정치를 통해 정치가 국가발전이 걸림돌이 아니라 디딤돌이 되도록 하기 위해서는 특정인, 특정기관, 특정정치주체에 집중된 권력을 여러 정치주체간에 분산하는 분권적인 국가개조가 필요하다.

II. 좋은 정치의 출발점으로서 중첩적 권력분립

대한민국에서 지금 정치가 국가발전을 가로막고 있다는데 대부분의 국민들은 공감할 것이다. 여당과 야당이 국가발전을 위해 지혜를 모으는 국정의 파트너가 되기는커녕 선거를 의식한 사생결단 발목잡기 정치를 하는데 나라가 정상적으로 발전할 수 없다. 국정의 현안이나 민생현안은 뒷전이고 임기기간 내내 다음 선거를 의식한 대결정치로 사회적 갈등은 증폭된다. 경제는 정치의 덫에 걸려 제자리도 지키기 어렵게 된다.

혹자는 정치인들이 수준이하라고 한다. 대통령만 잘 뽑으면, 정치인만 물갈이 하면 우리정치가 달라질 수 있을 것이라는 기대를 한다. 그래서 대통령을 여당에서 야당으로 수차례 교체도 해 보았다. 국회의원의 대부분을 물갈이하는 낙천낙선운동도 대성공을 거두었다. 하지만 발목잡기 대결정치는 사라지지 않고 점점 더 강화되고 있다. 정부를 구성하는 것조차도 발목을 잡혀 국정은 마비 직전의 위기에 빠지는 경험을 여러 차례 겪고 있다.

'승자독식, 패자배제'의 정치구도속에서 발목잡기 대결정치는 결코 소멸되지 않을 것으로 보인다. 그 속에서 협상과 타협을 본질로 하는 정치는 소멸되고, 오로지 권력장악을 향한 노골적인 정쟁이 판을 친다. 정치인을 외국에서 수입하면 어떨까하는 제안을 하기도 한다. 축구팀이나 농구팀처럼 외국의 정치선수를 영입하면 정치가 좀 달라질 수 있을까하는 막연한 기대도 해본다. 하지만 별로 성과가 없을 것으로 본다. 우리의 대결정치는 사람의 문제가 아니라 정치시스템의 문제이기 때문이다. 외국의 유능한 정

치선수를 영입한다고 하더라도 우리의 정치구도속에서는 대결정
치의 프레임에 갇혀 무능한 정치인으로 전락할 것이라고 본다.

거대 여당과 거대 야당의 대결구도속에서 근소한 표차로 정치
권력의 향배가 결정되고, 승자가 모든 권력을 차지하고, 야당은
어떤 권력으로부터도 소외되는 '승자독식, 패자배제'의 구도속에
서 선거는 사생결단의 한판승부가 될 수밖에 없고, 한표라도 더
끌어모으기 위해 각종 포퓰리즘 공약이 난무할 수밖에 없게 된다.
공동체문제를 해결하기 위한 사안정치(事案政治) 내지 안건정치는
실종되고, 임기 내내 다음 선거를 의식한 대결구도의 프레임에 갇
혀 있다. 이러한 대결정치의 구도 속에서 정치가 국가발전을 이끌
어 가는 것이 아니라 거꾸로 정치가 국가발전의 발목을 잡고 있
다. 더욱 무서운 것은 대부분의 국민들이 정치는 의례히 그런 것
이라고 체념하는데 있다. 여당과 야당이 사생결단 싸우는 것이 정
치의 본질인 것처럼 믿고 있다는데 문제의 심각성이 있다.

희망은 없는가? 있다. 대결정치는 정치제도의 문제이다. 정치제
도를 바꾸어 주면 정치구도가 바뀌게 되고, 정치구도가 바뀌면 정
치행태가 바뀌고 정치문화도 변화된다. 정치인이 달라질 수 있다.
정치제도는 인류만년의 역사에서 끊임없이 시행착오를 거치면서
발전해 오고 있다. 정치제도에는 좋은 정치제도와 나쁜 정치제도
이다. 좋은 정치제도란 정치인을 비롯한 정당이나 국민 등 정치적
행위자가 합리적인 선택을 하기 위해 노력하도록 동기를 부여하
는 정치제도이다. 정치인이 자신의 이익이 아니라 국가전체의 이
익을 위해 권력을 사용하도록 만드는 제도가 좋은 정치제도이다.
이에 대해서 국민전체의 희생하에 정치인이 자신의 개인적 이익

을 위해 권력을 남용하는 것을 막을 수 없고, 국민을 무력한 방관자로 만드는 정치는 나쁜 정치제도이다. 정치엘리트가 권력을 독점하여 국민을 무력하게 만들고, 무책임하게 만드는 정치가 나쁜 정치제도이다.

좋은 정치제도를 선택해야 좋은 정치를 할 수 있다. 좋은 정치제도는 그냥 주어지는 것이 아니다. 좋은 정치제도는 끊임없이 개발하고 발전시켜야 한다. 이런 의미에서 정치제도는 발명품이다. 인쇄술이나 전기의 발명, 컴퓨터의 발명이 인류의 역사를 바꾸었듯이 좋은 정치제도의 발명과 실현은 자유와 평화 그리고 번영을 가져왔고, 나쁜 정치제도는 압제와 전쟁, 기아와 고통을 가져왔다.

우리는 좋은 정치제도를 만들어 내는데 너무나 소홀히 해왔다. 공학적 기술이나 발명품을 만드는 데는 수천억, 수조원을 투자하면서 새로운 정치제도를 만들어 내는 데는 거의 무관심했다. 정치제도는 하루아침에 이루어지는 것이 아니다. 우리가 산업화를 하면서 선진국의 기술을 도입해서 모방하면서 우리 나름대로 새로운 기술을 창조수준으로 발전하고 있다. 마찬가지로 정치제도도 좋은 정치를 하는 나라의 것을 부지런히 살펴보아야 한다. 좋은 정치제도를 만들기 위한 창조적인 노력도 중요하지만 우리보다 앞선 다른 나라의 좋은 정치제도를 배우기 위한 노력이라도 해야 한다. 우리의 정치가 수렁에 빠져 서로의 발목을 잡고 한발짝도 앞으로 나아가지 못하고 있다면 그 프레임을 바꾸어 주어야 한다. 낡은 정치제도의 틀 안에서는 새로운 정치가 나올 수가 없다.

정치제도의 근본적인 틀은 헌법에 의해 정해진다. 이런 의미에서 헌법을 정치법이라고 한다. 좋은 정치제도를 도입하기 위해서는 헌법을 바꾸어야 한다. 좋은 정치제도는 한 번에 이루어지는 것이 아니다. 과학기술의 발전이 끊임없는 시도로 성공과 실패를 경험하면서 이루어지듯이 좋은 정치제도의 발명과 발견도 한꺼번에 실현되기 어려울 수도 있다. 여러 차례의 시행착오를 거치면서 점차로 발전해 가게 된다. 정치제도의 기본틀을 규정하는 헌법도 현실적인 문제를 해결하는데 디딤돌이 되지 못하고 걸림돌이 되는 경우에는 고쳐야 한다. 정치선진국으로 인정받는 독일과 스위스에서는 거의 매년 헌법개정을 하고 있다. 헌법개정이 정치적인 일상이 되고 있는 것이다.

미국과 같은 나라는 헌법개정을 자주 하지는 않지만 대법원의 헌법의 해석을 통하여 시대적인 요구에 부응하고 있다. 즉, 헌법해석을 통해서 사실상 헌법을 개정하고 있는 것이다. 미국처럼 헌법의 해석을 통해서 시대적 요구에 적응하기 위해서는 먼저 기존의 헌법이 시대적 변천에 따른 요구를 포용적으로 수용할 수 있도록 잘 만들어 졌어야 한다. 다음으로 헌법이 상당히 추상적으로 규정되어 있어 해석의 여지가 많아야 한다. 미국처럼 헌법해석을 통해 사실상의 헌법개정을 하는 경우에 헌법재판기관의 신뢰성과 민주적 정당성이 전제되어야 한다. 우리의 헌법재판소의 구성은 민주적인 정당성이 취약하고, 헌법재판에 대한 국민의 신뢰도 아주 높은 편은 못된다. 또한 우리의 헌법규정은 새로운 해석을 통해서 시대적인 요구에 부응할 수 있을 만큼의 추상성을 갖는 것도 아니다. 따라서 좋은 정치를 실현하기 위해 좋은 헌법이 되도록 하기 위해서는 헌법을 개정해 주어야 한다. 노벨 경제학상을 받은 뷰캐넌(James M. Buchanan)이 "정치의 실패는 헌법의 실패"

라고 한 것도 같은 맥락에서 이해를 할 수 있다. 뒤집어 보면 정치의 성공을 위해서는 좋은 헌법을 찾아야 한다. 좋은 정치는 좋은 헌법의 산물이다.

자주 인용되는 액튼경(Lord Acton)의 말처럼 "권력은 부패하는 경향이 있다. 절대 권력은 절대적으로 부패한다(Power tends to corrupt and absolute power corrupts absolutely)". 권력은 필요하지만 위험하다. 위험한 것은 계란을 여러 바구니에 나누어 담듯이 분권으로 위험을 분산시켜야 한다. 여러 정치주체간의 권력분립 내지 권력분점이 필요하다. 지식정보사회와 위험사회에서는 정치조직도 학습조직이 되어야 한다. 정치주체들이 가지고 있는 다양한 정책적 발상들이 가능하면 많이 국정에 반영될 수 있도록 되어야 한다. 많은 지식이 생산되고 다양한 선택이 보장되어야 한다. 권력의 집중과 독점은 다양한 지식의 생산과 활용의 기회를 제한하고 위험의 감지를 어렵게 만든다.

이상에서 검토한 스위스의 권력분점정치와 화합정치(분권화합정치)로부터 다음과 같은 시사점을 찾아본다. 물론 여기서 제시하는 다차원적인 분권을 한꺼번에 다 실현되기는 어려울 수도 있다. 하지만 그 정신과 그 방향성은 깊이 고려할 필요가 있다. 아래의 국가개조방향은 중앙정부에 대한 것이지만 지방정부에 대해서도 그대로 적용된다. 지방정부도 그 내부구조는 중앙정부 못지않게 권력이 집중되어 있기 때문이다.

III. 중앙정부와 지방간의 수직적 분권

중앙정부와 지방정부간의 권력분점은 중앙정부의 권력독점을 억제하여 권력남용을 방지하고 하나의 문제를 해결하는데 지방마다 다양한 선택이 가능하도록 한다. 또한 지방의 권력남용으로 전체국가로서 통합성을 해하지 않도록 중앙정부가 지방정부의 권력남용을 억제할 수 있도록 하기 위한 것이다. 지방정부들이 하나의 문제를 해결하기 위하여 다양한 선택을 하게 되면 서로 비교와 평가를 통해서 최선의 선택을 모색하는 학습을 하게 된다.

또한 위험사회에서 하나의 획일적인 선택은 국가전체의 실패를 초래할 수 있기 때문에 위험을 분산시키는 것이 필요하다. 지방마다 다양한 정책의 선택이 보장되면 실패를 하더라도 그 영향은 한 지방에 그치게 된다. 성공한 지방의 좋은 정책은 경쟁적인 학습을 통해 전국적으로 확산될 수 있다. 또한 지방정부간의 정책경쟁을 통한 혁신은 중앙정부의 혁신으로 이어질 수 있다. 지방분권을 통한 아래로부터의 혁신은 국가전체의 효율성을 높일 수 있도록 한다.

지방분권을 통한 혁신기능, 위험분산의 기능, 학습기능이 우리나라에서는 헌법상의 제약으로 인하여 기능을 충분히 발휘하지 못하고 있다. 지방정부의 독자적인 정책형성공간이 지나치게 협소하다. 복지정책에 있어서는 결정은 국가가 하고 비용을 비용은 지방이 부담한다. 비용을 부담하는 자가 결정을 하고 그 이익을 향유하는 재정상의 등가성원칙이 지켜지지 않아 자원의 낭비와 무책임이 양산되고 있다. 특히 중앙정부가 지방정부의 비용으로 선심을 쓰는 각종의 복지정책이 지방의 재정을 어렵게 만들고 있다. 중앙정부의 도덕적 해이를 가져온다.

현행 헌법하에서는 지방자치에서 "자치"는 찾기 어렵다. 지역실정에 맞지 않아도 중앙정부가 미리 정해둔 법령을 집행하는 역할에 그친다. 지방정부는 중앙정부가 일방적으로 결정한 갖가지 지침에 따라야 하는 사실상의 하급기관에 불과하다. 즉, 지방정부의 독자적인 정책은 실종되고, 법령의 형태로 규정된 중앙정부의 정책을 복사해서 배포하는 '복사기정부'에 불과하다. 이러한 지방정부에게 지방문제를 주도적으로 해결할 것을 기대하는 것은 애초부터 무리이다. 지방의 실패는 중앙에서 법령으로 입력한 정책의 실패에 기인한다. 즉, 지방실패는 중앙정부의 실패에 원인이 있게 된다.

중앙정치는 과부하 때문에 작동하기 어렵게 되고, 지방정치는 과잉규제로 인하여 손발이 묶여 있다. 중앙정치는 모든 것을 다 해결하려 하다 보니 어느 한 가지 문제도 제대로 해결하는 것이 어렵고, 지방정치는 지방문제를 해결하려고 해도 손발이 묶여 있다. 공동체의 문제를 해결해야 할 정치가 문제를 해결하는 것이 아니라 문제를 쌓아가고 있는 것이다. 이들 문제를 해결하는 것이 새로운 정치, 새로운 시대의 최대과제가 된다. 정치인보다도 정치설계도인 헌법에 치명적인 장애가 있는 것이다.

이제 문제해결방식을 바꾸어야 한다. 국가경영의 틀을 바꾸어야 한다. 중앙정부와 중앙정치는 외교나 국방, 금융, 통상 등 생활의 큰 문제에 집중하여야 한다. 생활의 작은 문제, 특히 지역발전과 주택정책과 같은 일상적인 문제는 지방정부에게 맡겨야 한다.

중앙정부는 지방분권을 통해서 과부하를 해소하고 거시적인 문제에 집중함으로써 기능을 회복해야 한다. 지방정부는 지방문제에 관한 결정권을 가지고 이를 뒷받침하는 재원을 스스로 조달할 수 있도록 지방분권을 통해서 자치역량을 갖춤으로써 기능을 회복할 수 있다. 정치가 문제의 원인이 아니라 문제의 해결자가 되도록 하기 위해서 지방분권이 필요하다.

이에 헌법개정을 통해 중앙정부와 지방정부간에 권력을 분점하여 지방이 정치의 중심이 되도록 하여야 한다. 지방이 정치의 중심이 되면 공간적인 천도(遷都)는 의미가 반감된다. 왜냐하면 지방분권이 되면 각 지방이 이미 정치적인 수도가 되기 때문이다. 이 점에서 지방분권은 기능적 천도라고 할 수 있다. 기능적 천도가 이루어지면 지방간의 경쟁과 협력을 통하여 아래로부터 혁신이 일어나고, 효율성 향상되고, 지역의 정체성의 강화될 수 있다.

헌법개정의 핵심은 지방분권을 강화하여 지방의 정치력과 책임성을 회복하는데 있다(지방분권적인 개헌방향에 대해서는 김성호, 2014, 이국운, 2014 참조). 자치사무에 대한 입법권을 강화하여 정책적 재량을 확대하고, 지방의 재정자율성과 재정책임성을 강화해야 한다. 지방간의 조세경쟁으로 혁신과 책임을 보장해야 한다. 또한 지방의 정치제도를 지방이 스스로 결정할 수 있도록 하여 정치제도의 개선이 아래로부터 일어날 수 있도록 하는 것이 필요하다(이승종, 2008). 지방문제는 지방이 궁극적인 책임을 지고 결정하도록 하는 지방주권 내지 주민주권의 발상이 요구된다(김순은, 2012). 이러한 대내적 주권의 분점은 헌법에 의하여 보장될 수 있다.

IV. 정부의 분권

모든 국민이 대통령의 입만 쳐다보고 사는 정치모델은 더 이상 지식정보사회에서는 적합하지 않다. 정부내에서 소통과 협의와 타협을 제도화하여야 한다. 문제해결을 위한 다양한 정책아이디어와 이해관계가 정치적 과정에 반영될 수 있어야 한다. 한사람의 지혜보다는 여러 사람의 지혜가 낫다. 대통령에게 권력이 집중되면 국무회의는 국정의 토론장이 아니라 지시하달의 장소가 되기 쉽다.

집행부내의 권력분점을 위해서는 내각의 구도를 하향식 수직구도에서 수평적 동료조직으로 전환할 필요가 있다. 국무회의를 단순한 심의 기관이 아니라 실질적인 합의기관으로 전환할 필요가 있다. 지시전달기관이 아니라 학습조직으로 그 위상을 전환할 필요가 있다. 국무총리와 장관의 위상도 단순히 대통령의 지시에 따르는 하급기관이 아니라 책임을 지도록 하는 제도가 필요하다. 이것은 운영상의 묘를 살린다고 실현되기는 어렵다. 집행부를 단독기관에서 협의체기관으로 전환하는 것도 고려해 볼수 있다.

국무위원의 선임에 있어서도 재고가 필요하다. 국무총리와 장관의 선임을 두고 국회의 인사청문회는 정부흠집내기로 치달고 있다. 51:49로 승리한 대통령은 내각을 구성함에 있어서 100%를 임명한다. 패배한 49%는 국가권력의 집행에서 소외된다. 이에 국무위원 선임과정에 극단적인 대립정국이 형성되어 국정마비를 가져온다. 여당은 100%독점을 위해, 야당은 1%라도 영향력을 확보하기 위하여 극단적인 대립정치로 치닫게 된다. 49%는 다음 선거에서 51%를 차지하기 위하여 대통령에 대한 발목잡기, 흠집내기를 할 수 밖에 없다. 여당은 여당대로 계속집권을 위해 야당을 철저히 짓밟아야 한다. 이런 구도속에서 협상과 타협을 통한 정치는 발붙일 곳이 없다. 극한투쟁과 정치마비가 일상화될 수밖에 없다. 임기 내내 선거에 올인하게 되고, 선거에서는 표만 되면 무슨 공약이든 내걸게 되는 포퓰리즘이 판을 칠 수 밖에 없다. 작은 표차가 승부를 갈라놓기 때문에 선심성 정치가 극성을 부리게 되고, 지역이기주의가 판을 친다. 선거가 과열된다.

이를 극복하기 위해서는 승자독식구조를 바꾸어 주어야 한다. 정부권력은 득표율에 비례하여 정당간에 배분하도록 한다면 정치권은 여야가 사사건건 사생결단을 하는 대신에 대화와 타협을 통해서 합리적인 대안을 내려고 노력하게 될 것이다. 선거에서 포퓰리즘도 상당히 감소될 것이다. 정부내의 투명성도 증가되어 부패도 획기적으로 감소할 것이다.

노무현 정부에서는 대통령이 야당에게 연립내각을 구성하자고 야당에 제안을 하였고, 세월호사건 이후 야당의 원내대표가 반쪽내각을 지양하고 거국중립내각의 구성하자는 제안을 했다. 2014년 6.4지방선거에서 당선된 남경필경기도지사는 야당과 연정(연립정부)를 구성하겠다고 선언을 했다. 연정은 원래 내각제하에서 과반수를 확보하기 위해 다른 정당과 제휴하는 것이지만 과반수로 당선된 후 연정을 제안했다는 점에서 특이하다. 이는 독일식의 연정제안이라기 보다는 정부구성에 있어서 일정비율 야당을 참여시키겠다는 스위스식의 화합정치에 가까운 제안을 한 셈이다. 그럼에도 불구하고 독일식의 연정협약에 해당하는 공동정책합의를 하는 것은 연정과 화합정치에 대한 충분한 이해를 하지 못한 점이 있다. 신선한 시도라고 볼 수 있지만 제도적인 선결조건을 갖추어야 한다. 협의체정부, 화합정부, 비례정부 등이 이에 속한다.

지방정부에는 각료가 없기 때문에 부지사나 부시장을 야당에 배분하는 방식을 채택할 수밖에 없겠지만 중앙정부의 경우에는 국무위원의 일정한 비율을 야당에 배분함으로써 정부내의 정당간 권력분점을 달성할 수도 있을 것이다. 이렇게 되면 내각은 국민의 51%지지를 받는 정당이 독식을 하는 것이 아니라 분점을 통하여 90%이상의 지지를 받는 정부가 될 수 있고 여당과 야당의 구분이 없어지고 국정에 공동책임을 져야하는 화합정부가 될 수 있을 것이다. 스위스식의 협의체정부나 독일식의 의원내각제뿐만 아니라 대통령제하에서도 다양한 변용을 생각해 볼 수도 있을 것으로 본다. 지방정부의 구조도 대결정치를 초래하는 독임제보다는 권력분점의 협의체정부로 전환하는 것이 바람직할 수 있다. 한사람에게 권력을 몰아주기 보다는 권력분점을 통해서 사생결단의 대결정치를 완화하여 화합정치로 프레임을 바꾸어 줄 필요가 있다.

V. 국회의 분권

집행부내의 권력분점을 통하여 권력의 남용과 정보의 차단을 방지하는 것과 마찬가지로 의회내의 권력분점을 통하여 의회 내에서 정치엘리트간의 카르텔 형성을 통한 야합과 권력의 남용을 억제하는 것이 필요하다. 현재의 국회시스템에서 국회의 권력은 집행기관을 능가하는 정도가 되었지만 여야 정치인간의 카르텔형성으로 필요한 법안이 제때 입법이 되지 못하고, 법률의 내용이 편향적인 경우가 적지 않다. 더구나 지방분권을 통하여 수직적인 권력분점을 달성하기 위해서는 국가를 대표하는 국회와 지방을 대표하는 의회간의 권력분점을 통해 서로 견제와 균형을 취하도록 하는 것이 필요하다.

국회에서 다양한 이익이 표출되고, 정책간 경쟁과 학습의 장이 되도록 하기 위해서는 대표의 기반이 다른 국회가 병존하면서 서로 보완하고, 협조하고, 견제하고, 경쟁할 수 있는 양원제를 채택하는 것이 필요하다. 앞으로 집행기관에 비하여 국회의 권한이 더욱 강화될 것으로 예상이 된다. 이런 상황에서 국회의 권력남용을 방지하고, 경솔한 결정을 피하고, 다양한 이해관계를 반영하는 의정활동을 위해서는 국회 내의 권력분점 즉, 양원제의 도입이 요구된다.

국회가 대결정치 속에서 국정을 마비시키는 대치정국을 해소하기 위해서도 현재의 국회와는 다른 대표성을 가진 제2원이 필요하다. 한쪽 국회가 정쟁에 사로잡혀 의정이 마비가 되더라도 다른 대표성을 가진 제2원에서 논의를 시작하고 성과를 거두면, 마비된 제1원도 정상화를 하도록 압력을 받게 된다.

또한 양원제도는 지방분권을 중앙정부 차원의 의사결정에 반영하기 위한 제도적 장치가 된다(안성호, 2013). 즉, 하원을 전국대표로 구성하고 상원을 지방대표로 구성하면, 하원은 전국적인 민주적 정당성을 보장하고 상원은 지방이익을 중앙정부의 의사결정 과정에서 반영함으로써 지방분권과 민주주의를 동시에 만족할 수 있을 것이다.

VI. 국회와 행정부간의 분권 보완

　전통적인 3권분립은 수평적인 권력분립에 속한다. 헌법은 국가 권력을 입법과 행정, 사법간의 권력분립을 전제로 하고 있다. 주로 집행부, 특히 대통령의 권력남용을 방지하기 위한 제도적 장치를 하고 있다. 이는 행정부의 독주를 방지하는 데는 매우 효율적인 제도적 장치라고 할 수 있다. 하지만 정부의 모든 중요한 의사결정을 국회에 의존시키다 보니 오히려 국회의 독주가 우려되는 상황을 초래하고 있다. 예컨대, 행정부의 내부문제인 정부조직법을 국회에 의존시키다 보니 정부가 새로운 조직이 필요한 경우에도 국회에 가로막혀 실현되지 못하는 경우가 발생한다. 국회의 내부조직에 대해서 자율성을 갖는 만큼 정부의 내부적인 자율성을 보장할 필요가 있다. 실제로 다른 나라의 사례를 보더라도 정부의 조직을 법률로 규정하는 나라는 찾아보기 어렵다.

　또한 국회가 정부가 필요로 하는 법률을 제정하지 않고 미루고 있는 경우에 행정부는 필요한 정책을 집행할 수 없는 마비상태에 빠진다. 국회가 마비상태에 빠지거나 국회가 정쟁으로 정부가 발의한 안건을 방치하는 경우에 정부로서는 속수무책이다. 정부가 제안한 법률안을 국회가 특별한 이유없이 방치하는 경우에 잠정적인 법률로 효력을 발생하고 이를 국회가 사후에 심의하도록 하는 견제장치가 필요하다.

VII. 국민대표와 국민간의 분권

국회와 정부가 잘못된 결정을 하면 국민이 시정할 수 있어야 한다. 4년에 한번 선거를 하는 것만으로는 정치엘리트(국민대표)들이 권력을 남용하는 것을 방지할 수 없다. 정치엘리트들이 국민의 이익을 위해서 활동하는 것이 아니라 자신의 이익을 위하여 활동하는 경우에 국민은 제어할 수 있어야 한다. 국민대표가 국민의 이익을 대변하지 않고 자신의 이익을 대변하는 경우에는 더 이상 국민대표라고 볼 수 없다. 선거를 통하여 4년 동안 모든 것을 백지위임하는 것은 매우 위험하다. 주권자인 국민을 고객으로 전락시킨다. 주권자인 국민은 선거일에만 자유롭다. 선거가 끝나면 다음 선거가 있을 때까지 국민은 국민대표자에 예속된다. 이러한 국민을 주권자로 자리매김하기는 어렵다. 국민이 주권자가 되기 위해서는 국민이 항상 주인의 자리에 있도록 해야 한다. 이에 국민의 대표기관인 국회와 집행기관인 정부가 잘못된 결정을 하는 경우에 국민이 나서서 시정할 수 있도록 해야 한다(국민투표).

또한 국민의 대표기관인 국회와 정부가 국민이 간절하게 필요로 하는 것을 외면하는 경우에 국민은 속수무책이다. 국민이 주인으로서 역할을 하기 위해서는 정치인들이 외면하고 소홀히 하는 국정과제를 스스로 의제화하여 논의를 하고 스스로 결정할 수 있도록 하여야 한다(국민발안).

정치엘리트들은 국민투표에 의해서 법률이 무효화될 수 있다는 것을 의식하여 입법과정에서 신중을 기할 것이다. 이를 통하여 부패의 소지도 줄어들게 될 것이다. 즉, 국민투표는 정치인들의 정치결정을 신중하게 하도록 동기를 유발한다. 또한 국민투표와 국민발안은 의회에서, 정부에서 일방적인 결정이 국민에 의해 번복될 수 있으므로 정치엘리트들이 이를 고려하여 화합정치를 하도록 압력을 가한다. 즉, 국민투표와 국민발안은 협력과 타협의 강제장치가 된다.

물론 국민이 모두 옳은 것은 아니다. 하지만 정치인도 항상 옳은 것은 아니다. 국민대표가 일부를 위한 편향적인 결정을 하는 경우에 주권자인 국민이 나서서 전체를 위한 보편적인 결정을 회복할 수 있는 가능성이 보장되어야 한다(국민주권주의). 오늘날 같은 속도사회에서 4년 혹은 5년에 한번씩 선거를 실시하고 임기 중에는 국민대표에게 전권을 백지위임하는 것만으로는 국민이 주권을 가지고 있다고 할 수 없다. 국민주권은 언제든지 상시적으로 현실화 될 수 있도록 보장되어야 한다.

VIII. 다당제 분권

1980년대 민주화 이후에 사회는 다원적인 가치구조로 세분화되어가고 있음에 비추어 우리의 정치구도는 점점 양당구도로 획일화되고 집권화되는 모습을 보이고 있다. 정당구도가 사회적 변화에 역행하고 있는 것이다. 다원화된 사회적 가치와 요구가 정당을 통하여 대변되거나 수렴되지 못하는 상황 속에서 정치적 무관심 내지 탈정치화 현상이 나오게 된다.

현재 거대여당과 거대야당의 양당구도가 고착화됨으로써 정치적 중간지대가 실종되고 극한적인 대립이 정치를 황폐화시키고 있다. 야당이 국회를 버리고 길거리 정치를 구사하는 극단적인 선택도 결국은 경직된 양당구도의 산물이라고 볼 수 있다. 경직된 양당정치가 의회정치를 어렵게 하고 거리정치를 부채질한다.

지난 대선과정에서 복지포퓰리즘이 선거판을 싹쓸이 하게 되는 쏠림현상도 정상적인 선진정치의 모습은 아니다. 합리적인 비판이나 대안을 제시해도 귀를 기울이는 여유를 상실해 버렸다. 극단적인 양당구도속에서 시민사회와 학계조차도 양분되어 대안을 모색하는 담론공간이 실종되고 있다. 흑백논리의 극한적인 대립구도속에서는 상생의 담론정치를 복원하는 것이 불가능하다. 오늘날 막말정치, 막장정치도 극단적 양당정치구도가 초래한 결과라고 할 것이다.

양당체제하에서 편을 나누어 사사건건 극한대립을 하고 있으며, 흑백논리가 지배하고 있다. 우리 편이 아니면 나쁜 것이고 우리와 조금이라도 다르면 적이라는 극단적인 관계가 성립된다. 정치의 제1덕목인 협상과 타협이 들어설 여지가 없다. 정치는 경직되고 극한적인 투쟁이 현실정치의 일상이 되고 있다. 합리적인 대안을 찾는 담론의 형성은 어렵게 된다. 사회단체들도 양당구도속에서 양분되어 적이냐 동지냐의 적대적인 관계로 재편되어 사회전체가 경직되어 가고 있다. 정치적 사회적 담론의 실종현상이 나타나게 된다. 합리적인 토론을 통해 제3의 대안을 모색하기 보다는 극한투쟁을 통한 '전부 아니면 전무'(all or nothing)을 선택하는 경향이 있다.

다원주의 사회에 걸맞게 정치적인 담론을 통해 합리적인 대안을 찾는 정치구도를 형성하기 위해서는 양당구도의 경직성을 타파할 필요가 있다. 시대적인 요구를 반영하여 다원적인 가치를 대표하는 다당제 구도로 자연스럽게 재편되는 것을 생각해 볼수 있다. 하지만 양당으로부터 벗어나는 순간 정치적인 죽음을 의미하는 현재의 정치구도 아래에서는 인위적으로라도 정계개편을 위한 제3당 내지 대안정당이 절실하게 요구되고 있다. 정당간의 무의미한 극단적 대립을 중재하고, 제3의 합리적 대안을 논의할 수 있는 대안정당의 출현을 위한 진지한 노력이 필요한 시점이다. 양당제를 통하여 정치적 안정을 보장하려는 취지는 정치현실에서 반대의 결과를 초래하고 있다. 경직된 양당구도는 정국을 불안하게할 뿐만 아니라 정당내의 정책적 분열로 정책정당으로 활동방향을 정하는 데도 심한 진통을 겪고 있다.

현재의 양당구도는 다수대표제의 산물이다. 양당구도는 선거제도를 통해 인위적으로 만들어진 것이라는 점에서 다원화시대에 대응하는 다원적인 정치를 복원하기 위한 선거제도의 개선이 필요하다. 양당제도의 폐단이 묵과할 수 없는 수준에 이른 지금 선거제도를 바꾸어서라도 다당제구도로 전환할 필요가 있다. 어느 정당도 권력을 독식할 수 없고 협상과 타협을 통해서 안건마다 다수관계를 형성해가는 안건정치의 정립을 위해 다당제가 필요하다. 대결적인 선거정치에서 담론적인 안건정치로 전환하기 위해서는 다당제가 정착되어야 한다. 다당제의 정착을 위해서는 비례선거제도를 도입해야 한다. 앞에서 얘기한 양원제를 도입한다는 것을 전제로 하원선거는 비례선거를 하도록 함으로써 다당제가 선거를 통하여 형성될 수 있도록 해주어야 한다. 이는 중앙정치에서 지역간의 극단적인 갈등구조를 해결하기 위한 방안이기도 한다.

IX. 헌법개정권력의 분권

현재의 헌법은 권력엘리트가 합의하지 않는 한 헌법개정이 사실상 불가능하도록 만들어 놓고 있다. 헌법개정의 발의 자체를 권력엘리트인 국회의원과 대통령에 한정시키고 있기 때문이다. 헌법개정은 대통령이나 국회의원 재적과반수의 찬성이 있어야 발의할 수 있다. 최종적으로 국민투표를 요하지만 이를 위해서는 다시 국회의원 재적 2/3이상의 찬성을 요한다. 다수의 횡포를 막기 위한 의미도 있지만 소수가 헌법개정을 발의하는 길을 원천적으로 봉쇄하고 있다. 주권자인 국민이 주권의 행사인 헌법개정으로부터 배제되어 있는 것이다.

물론 국가의 정체성이나 법치국가, 민주주의와 같은 본질적인 가치에 대해서는 헌법개정절차를 어렵게 하더라도 상관이 없다. 하지만 일반적인 정치제도에 대한 헌법개정을 사실상 불가능하게 한 것은 국민에 의한 정치개혁을 헌법이 봉쇄하는 것이 된다. 헌법이 정치개혁의 걸림돌이 될 수 있다. 근본적인 정치개혁이나 국가개조를 위해서는 헌법개정에 관한 헌법개정이 반드시 필요하다.

현재 헌법하에서는 정치엘리트에게 헌법개정발의권을 독점시키고 있다. 이렇게 해서는 정치엘리트의 권력독점구도를 개선하는 정치개혁은 불가능하다. 이에 주권자인 국민도 헌법개정을 발의할 수 있도록 해주어야 한다. 예컨대, 100만이상의 국민이 헌법개정을 요구할 수 있도록 하는 것이 바람직하다. 이 경우에 바로 국민투표에 회부하도록 한다. 또한 지방정부도 헌법개정을 요구할 수 있도록 하여야 한다. 예컨대 광역지방정부의 1/3이상이 헌법개정을 발의할 수 있도록 하는 것을 생각해 볼 수 있다. 이 경우에도 결정은 바로 국민투표에서 하도록 한다. 중앙정치인이 헌법개정안을 발의 하는 경우도 재적의원의 1/3이상이 발의하고 국회에서 재적과반수로 헌법개정안을 국민투표에 회부할 수 있도록 하는 헌법개정요건의 완화가 필요하다. 물론 헌법의 본질적인 내용에 대해서는 엄격한 요건을 설정하는 것도 가능하다. 이는 헌법개정 발의권을 정치엘리트와 국민, 지방정부간에 분점하도록 헌법을 개정하자는 것이다.

가장 시급한 것은 헌법개정발의권의 분점을 통해 헌법개정을 일상화하여 헌법이 정치발전의 디딤돌로 만들고 걸림돌이 되지 않도록 하는 것이다. 헌법개정을 일상정치화하고 정치과정으로 환원하는 것이 필요하다. 헌법은 기본적으로 정치제도이다. 근본적인 정치개혁은 정치제도인 헌법개정이 전제조건이 된다. 이에 정치개혁을 위한 헌법개정은 일회성으로 끝날 것이 아니라 상시적인 국가과제가 되어야 한다. 일정 수 이상의 국민에게 헌법개정 발의권을 돌려주어야 한다. 소수자도 헌법개정안을 발의하여 다수의 횡포를 방지할 수 있는 길을 열어주어야 한다. 앞에서 제안한 분권적인 국가개조방안을 요약하면 다음 표와 같다.

표 43 : 분권적 국가개조방안의 요약

권력분립의 형태	권력분립의 주체	비 고
수평적 권력분립	입법부/ 행정부/ 사법부간	- 전통적 권력분립 - 행정부의 자율성 보완 - 국회의 입법지연에 대한 견제장치
수직적 권력분점	중앙정부/지방정부간	- 권력남용의 방지 - 지방간 다양성의 공존 - 지방간 협력과 경쟁 (아래로부터 혁신)
정부의 권력분립	정당/정당, 각료/각료	- 협의체정부를 통한 인적권력분립 - 정당비례에 따른 정부구성(비례정부) - 대결정치에서 화합정치로 - 거리정치의 청산
의회의 권력분립	- 상원/ 하원간 - 국가전체/ 지방정부간	- 의회내부의 권력분점 - 상원과 하원은 대등한 지위 - 의회의 권력남용방지
국민대표와 국민 간 권력분립	- 국민대표/ 국민간 - 국민집단/ 국민집단간 - 국가/사회간	- 국민주권의 일상적 실현 (국민투표와 국민발안) - 국민에 대한 신뢰를 제도적으로 보장 - 권력엘리트간의 협력강제장치
다당제권력분립	- 다수정당/소수정당간	- 다양한 정치적 가치의 대변 - 양당정치의 경직성 극복 - 선거제도의 개선 (비례대표제도의 도입)
헌법개정발의권의 분권	- 권력엘리트/국민	- 국민주권의 실현 - 다수의 횡포방지 - 소수자보호

IX. 맺는 말

큰 건물이 붕괴하는 데는 몇 가지 조짐이 있다고 한다. 삼품백화점이 붕괴한 것도 순식간에 무너져 내린 것이 아니다. 1995년 6월 29일 오후 5시 57분에 발생하여 508명의 사망과 실종, 937명의 부상을 초래한 삼풍백화점의 붕괴도 한순간에 갑자기 발생한 것은 아니었다. 이미 사고발생 1년전부터 레포츠센터와 중앙홀

지역에 수많은 균열이 발생하였고 그 정도가 심해졌다. 뼈대구부러짐 현상도 나타났다. 1995년 4월에는 5층 북관 식당가 천장에 균열이 생기기 시작했다. 5월부터는 이 균열에서 모래가 떨어지기 시작했고, 5층 바닥은 서서히 내려앉기 시작했다. 1995년 사고 당일 날도 명확한 조짐이 있었다.

사고 당일 오전 9시에 삼풍백화점 5층의 한 식당주인이 식당 바닥에 돌출부분이 2m가 생겼고 천장이 조금 내려왔다는 보고를 했다. 확인 결과 5층 기둥이 20㎝가량 금이 가 있고 천장이 뒤틀려 내려앉아 있었다. 그 외에도 여러 조짐이 있었다. 붕괴되기 불과 2시간 전, 삼풍회장은 회장은 "큰 위험은 없으니 영업을 계속하면서 보수공사를 하자"는 최종 결정을 내렸다고 한다. 많은 사람의 운명을 갈라놓은 결정이었다.

국가도 마찬가지이다. 국가의 붕괴에는 여러 가지 조짐이 나타난다. 그 조짐에 유의하고 미리 대비책을 세우지 못하면 커다란 위험에 봉착할 수가 있다. 정치의 붕괴는 이미 시작되었다고 볼 수 있다. 정치가 공동체의 문제와 갈등을 해결하지 못하고 오히려 정치가 새로운 민제를 만들고 사회갈등을 증폭시키는 조짐이 자주 나타나고 있다.

노무현 정부에서 대통령탄핵정국, 이명박정부에서 광우병정국, 박근혜정부에서 국정원대선개입정국과 세월호침몰정국 등이 이에 속한다. 그 외에도 수많은 조짐이 위기신호를 보내고 있다. 국민들은 정치가 문제라고 느끼고 있으며 전면적인 정치개혁을 요구하고 있다. 근본적인 정치개혁은 그 기초가 되는 헌법의 개정을 필요로 한다.

헌법개정을 국가변란시에나 하는 것으로 보는 시각자체에 문제가 있다. 독일과 스위스 등에서는 거의 매년 헌법개정을 하고 있다. 미국에서는 헌법에 대한 대법원의 판례를 통해서 사실상 헌법을 개정에 상응하는 헌법의 사실상의 변경을 하고 있다. 예컨대 통상조항(commerce clause)을 확대해석하여 연방의 권한을 확대하는 것이 이에 해당한다. 헌법개정은 정치질서의 개혁이다. 정치개혁을 위해서는 헌법개정이 필요하다. 민주화된 대한민국에서 헌법개정은 더 이상 국가적인 변란이 아니라 정치적인 일상으로 이해되고, 그 과정도 권력엘리트에게 독점시킬 것이 아니라 주권자인 국민이 주도할 수도 있게 개방하여야 한다.

정치개혁의 핵심은 권력자에 대한 불신을 제도화하여 권력의 남용을 방지하고, 국민에 대한 신뢰를 제도화하여 국민이 실질적인 주권자로서 국가권력을 통제할 수 있도록 만드는데 있다. 다양한 정치세력이 공존할 수 있도록 하고, 경쟁과 혁신을 통해서 국가발전에 기여할 수 있도록 정치의 틀(프레임)을 바꾸어 주어야 한다. 여당과 야당이 권력을 독점하고 선거를 의식한 사생결단 발목을 잡는 대결정치를 모든 정치주체들이 참여하는 상생하는 화합정치로 전환해야 한다.

국회에서 헌법개정논의는 지난 정부에도 여러 차례 시도되었고, 이번 정부에 들어서도 몇차례 논의가 되고 있으나 국민적인 동력을 받지 못하고 있다. 헌법개정의 범위를 대통령임기문제나 대통령권한의 분점문제 등에 국한시키고 있기 때문이다. 특히 후자의 문제는 국회의 권한강화를 위한 방편으로 오인을 받을 우려도 있어 국민적인 공감대를 확산하는데 어려움이 된다.

국민들의 대다수가 헌법개정의 필요성을 느끼고 있다. 그만큼 우리의 정치가 국가발전에 발목을 잡고 있다는 것을 국민들이 우려하고 있다는 것을 의미한다. 지금처럼 국회가 국민적인 불신을 받고 있는 시점에서 국회가 헌법개정을 주도하는 것으로는 국민적 참여를 이끌어 내기 어려운 측면이 있다. 헌법이 국민주권의 직접적인 표현이라면 국민적인 참여가 필요하다. 이제는 국민대표의 신뢰와 국민에 대한 불신에 기초한 헌법을 근본적으로 손질해야 한다. 반대로 국민의 대표자인 권력자에 대한 불신을 제도화하여 권력남용을 방지하고, 궁극적인 결정권을 주권자인 국민에게 돌려주는 정치제도를 도입해야한다. 즉, 주권자인 국민을 신뢰하는 정치제도를 헌법개정을 통해서 도입하여야 한다. 중앙정부에 집중된 권력을 지방정부와 분점하여 국가혁신이 아래로부터 일어나도록 해야 한다. 승자독식의 대결정치를 청산하고 모든 주요정치주체가 국가와 지역의 공동체문제를 해결하는데 머리를 맞대고 협력하도록 해야 한다. 그것이 국가개조의 핵심이다.

부록-스위스 연방헌법

1999년 4월 18일 전면개정(2014년 2월 9일 현재)

전문

전지전능한 하느님의 이름으로 !

스위스 국민과 간톤은, 천지만물에 대한 책임을 느끼며, 세계에 대한 연대와 개방속에서 자유와 민주주의, 독립과 평화를 강화하기 위해 연방을 새롭게 하려는 노력을 하면서, 통합속에서 다양성을 서로 존중하고 배려하면서 살아가는 의지를 가지고, 공동의 성과와 미래세대에 대한 책임을 의식하면서, 자유를 사용하는 자만이 자유를 누릴 수 있으며 국민의 힘은 약자의 복리에 의해 가늠할 수 있다는 것을 확신하면서 다음과 같은 헌법을 제정한다.

제1편 총강

제1조 스위스 연방

스위스 국민과 칸톤 취리히, 베른, 루체른, 우리, 쉬비츠, 옵발덴과 니더발덴, 글라루스, 추크, 프라이부르크, 졸로투른, 바젤-쉬타트 바젤-란트샤프트, 샤프하우젠, 아펜젤 아우서로덴과 아펜젤 인너로덴, 상트갈렌, 그라우뷘덴, 아르가우, 투르가우, 테신,

바트, 발리스, 노이엔부르크, 겐프와 유라는 스위스연방을 구성한다.

제2조 목적

① 스위스연방은 국민의 자유와 권리를 보호하며 국가의 독립과 안전을 지킨다.

② 스위스연방은 공동의 복리와 지속적인 발전, 국가의 내적 단결과 문화적 다양성을 증진한다.

③ 스위스 연방은 시민간의 기회균등을 최대한 보장한다.

④ 스위스 연방은 자연적인 생활기반을 지속적으로 유지하고 평화롭고 정의로운 국제질서를 위해 노력한다.

제3조 칸톤

칸톤은 연방헌법에 의하여 주권이 제한되지 않는 한 주권을 가진다; 칸톤은 연방에 이양되지 않은 모든 권리를 행사한다.

제4조 국어

국어는 독일어, 프랑스어, 이탈리아어, 레토로만어이다.

제5조 법치국가의 원칙

① 국가활동의 근거와 한계는 법이다.

② 국가활동은 공익에 합치되어야 하고 비례적이어야 한다.

③ 국가기관과 개인은 신의와 성실에 따라 활동하여야 한다.

④ 연방과 칸톤은 국제법을 존중하여야 한다.

제5a조 보충성

국가의 업무를 배분하고 수행함에 있어서 보충성의 원칙을 존중하여야 한다.

제6조 개인적이고 사회적인 책임

모든 사람은 스스로 책임을 지도록 해야 하며, 능력에 따라 국가와 사회의 과제를 해결하는데 이바지 하여야 한다.

제2편: 기본권과 시민권, 사회복지목표

제1장 기본권

제7조 인간의 존엄성

인간의 존엄성은 존중되고 보호되어야 한다.

제8조 법적평등

① 모든 인간은 법앞에 평등하다.

② 누구든지 특히 출신, 인종, 성, 연령, 언어, 사회적 지위, 생활양식, 종교 또는 세계관, 정치적 신념, 정신적 혹은 육체적인 장애 때문에 차별 받아서는 안 된다.

③ 남자와 여자는 동등한 권리를 가진다. 법률은 특히 가족과 교육, 직업에서 남녀의 법적이고 사실적인 대등한 지위를 보장한다. 남자와 여자는 동일한 노동에 대해서 동일한 임금을 청구할 수 있다.

④ 장애인의 불이익을 제거하기 위한 조치는 법률로 정한다.

제9조 자의로부터 보호와 신의와 성실의 보장

누구든지 국가기관에 대해 자의에 의하지 않고 신의와 성실에 의한 대우를 요구할 수 있다.

제10조 생명권과 개인적 자유권

① 모든 인간은 생명권을 가진다. 사형은 금지된다.

② 모든 인간은 개인적인 자유 특히, 육체와 정신에 대한 불가
침을 보장받고 활동의 자유를 가진다.

③ 고문과 모든 종류의 잔인하고 비인간적이고 굴욕적인 처우
와 형벌은 금지된다.

제11조 아동과 청소년의 보호

① 아동과 청소년은 온전성을 위한 특별한 보호와 발육의 촉진
을 요구 할 수 있다.

② 아동과 청소년은 판단능력의 범위안에서 그 권리를 행사한다.

제12조 긴급부조요청권

긴급상황에 빠져 스스로 어쩔 수 없는 상황에 있는 자는 부조
와 보살핌과 인간다운 생존에 불가결한 물자를 요구할 수 있다.

제13조 사적영역의 보호

① 누구든지 사생활과 가족생활, 주거와 우편과 통신을 존중해
줄 것을 요구할 수 있다,

② 누구든지 개인정보의 남용으로부터 보호해 줄 것을 요구할
수 있다.

제14조 혼인과 가족에 관한 권리

혼인과 가족에 관한 권리는 보장된다.

제15조 신앙과 양심의 자유

① 신앙과 양심의 자유는 보장된다.

② 누구든지 종교와 세계관적인 확신을 자유롭게 선택하고 혼
자 혹은 공동체 속에서 다른 사람과 공동으로 고백할 권리
를 가진다.

③ 누구든지 종교단체에 가입하거나 소속하고 종교교육을 받을

권리를 가진다.

④ 누구도 종교단체에 가입하거나 소속하고, 종교적 행위를 하거나 종교교육을 받을 것을 강요받지 아니한다.

제16조 표현과 정보의 자유

① 표현의 자유와 정보의 자유는 보장된다.

② 모든 사람은 자유롭게 의사를 형성하고 방해없이 표현하고 전파할 권리를 가진다.

③ 모든 사람은 자유롭게 정보를 수령하고, 일반적으로 접근가능한 정보원으로부터 입수하고, 전파할 권리를 가진다.

제17조 언론의 자유

① 신문, 라디오, 텔레비전과 그 밖의 공개적인 원격통신기술에 의한 제안이나 정보 전파의 자유는 보장된다.

② 검열은 금지된다.

③ 편집의 비밀은 보장된다.

제18조 언어의 자유

언어의 자유는 보장된다.

제19조 초등교육청구권

충분한 초등교육을 무상으로 청구할 권리는 보장된다.

제20조 학문의 자유

학문적 강의와 연구의 자유는 보장된다.

제21조 예술의 자유

예술의 자유는 보장된다.

제22조 집회의 자유

① 집회의 자유는 보장된다.

② 모든 사람은 집회를 조직하고, 집회에 참여하고, 집회에 불참할 권리를 가진다.

제23조 결사의 자유

① 결사의 자유는 보장된다.

② 모든 사람은 단체를 만들고, 단체에 가입하거나 소속하고, 단체의 활동에 참여할 권리를 가진다.

③ 누구도 단체에 가입하거나 소속할 것을 강요받지 아니한다.

제24조 정주의 자유

① 스위스 국민은 국가의 어느 곳이든 정주할 권리를 가진다.

② 스위스 국민은 스위스를 출국하거나 스위스로 입국할 권리를 갖는다.

제25조 추방과 인도, 송환으로부터 보호

① 스위스 국민은 스위스로부터 추방되지 않는다: 스위스 국민은 그의 동의하에서만 외국 기관에 인도될 수 있다.

② 망명자는 박해받은 국가로 인도되거나 송환되지 아니한다.

③ 누구도 고문이나 다른 종류의 잔인하고 비인간적인 처우나 형벌의 위험이 있는 국가로 송환되지 아니한다.

제26조 소유권의 보장

① 소유권은 보장된다.

② 공용수용과 이에 상당하는 소유권의 제한은 완전한 보상을 하여야 한다.

제27조 경제적 자유

① 경제적 자유는 보장된다.

② 경제적 자유는 특히 직업선택의 자유와 자유로운 사적영리

활동의 참여와 그 자유로운 영위를 포함한다.

제28조 단결의 자유

① 노동자와 사용자, 그 조직은 자신의 이익을 보호하기 위하여 단결하고, 단체를 결성하고, 단체에 가입하거나 가입하지 않을 권리를 가진다.

② 쟁의는 가능하면 협상이나 중재로 조정되어야 한다.

③ 파업과 직장폐쇄는 그것이 노동관계에 관련된 것이고, 노동평화의 유지의무나 조정교섭의무에 반하지 않는 경우에 허용된다.

④ 법률로 특정한 빔위의 사람에게 파업을 금지할 수 있다.

제29조 일반적인 절차의 보장

① 모든 사람은 사법절차와 행정쟁송절차에서 평등하고 공정한 대우와 적정기간 내에 재판을 받을 권리를 가진다.

② 당사자는 법률상의 청문을 요구할 수 있다.

③ 쟁송의 요구에 승소할 전망이 전혀 없지 아니한 경우에 필요한 재원이 없는 모든 사람은 무료 권리구제를 청구할 수 있다. 권리를 보전하기 위하여 불가피한 경우에는 무료법률부조를 청구할 수 있다.

제29a조 재판청구권

누구든지 법적분쟁에 관한 법원의 재판을 청구할 수 있다. 연방과 칸톤은 법률로써 법원의 재판을 예외적으로 배제할 수 있다.

제30조 재판절차

① 자신의 사건에 대해 재판을 받아야 하는 모든 사람은 법률에 의하여 설치되고, 관할권이 있으며, 독립적이고, 공정한

법원에 의한 재판을 청구할 수 있다. 예외법원은 인정되지 아니한다.

② 모든 사람은 민사소송을 당하는 경우에 주소지 소재의 법원에 의한 재판을 청구할 수 있다. 법률로써 다른 재판관할을 규정할 수 있다.

③ 법원의 심리와 판결의 선고는 공개된다. 법률로 예외를 규정할 수 있다.

제31조 자유의 박탈

① 사람의 자유는 법률에 의하여 규정되어 있는 경우에만, 법률에 의하여 규정되어 있는 방법에 의하여만 박탈할 수 있다.

② 자유를 박탈당한 사람은 누구든지 지체없이 이해할 수 있는 언어로 자유박탈의 이유와 그 권리에 대하여 알려줄 것을 청구할 수 있다. 자유를 박탈당한 사람은 자신의 권리를 행사할 수 있어야 한다. 특히 자유를 박탈당한 사람은 가까운 친족에게 통보해줄 것을 요구할 수 있다.

③ 미결구금중인 사람은 누구든지 지체없이 법관에게 인도해줄 것을 요구할 수 있다. 법관은 미결구금을 계속 할 것인지 석방하여야 할 것인지를 결정한다. 미결구금중인 사람은 누구든지 적절한 기간 내에 판결을 해줄 것을 청구할 권리를 가진다.

④ 재판이외의 방법으로 자유를 박탈당한 사람은 누구든지 언제라도 법원에 소송을 제기할 권리를 가진다. 법원은 가능한 신속하게 자유박탈의 적법성에 관하여 결정한다.

제32조 형사절차

① 누구든지 법적 효력이 있는 판결을 받기까지 무죄로 추정된다.

② 피고인은 누구든지 자신에게 제기된 기소에 관하여 가급적 신속하고 상세하게 그 기소내용을 고지받을 권리를 가진다. 피고인은 자신에게 보장된 방어권을 행사할 수 있어야 한다.

③ 판결을 받은 사람은 누구든지 상급법원에 상소할 권리를 가진다. 다만, 연방법원이 단일 심급으로서 판결한 사안에 관하여는 그러하지 아니하다.

제33조 청원권

① 누구든지 관할기관에 청원을 할 권리를 가진다. 그로 인하여 어떠한 불이익도 받지 아니한다.

② 청원을 받은 기관은 청원의 내용을 검토하여야 한다.

제34조 정치적 권리

① 정치적 권리는 보장된다.

② 정치적 권리는 자유로운 의사형성과 그에 따른 표결을 보호한다.

제35조 기본권의 실현

① 기본권은 전체 법질서내에서 구현되어야 한다.

② 국가의 사무를 수행하는 자는 기본권을 존중하고 그 실현에 이바지할 의무를 진다.

③ 관할기관은 기본권이 적합한 범위안에서 개인들간에도 존중되도록 노력하여야 한다.

제36조 기본권의 제한

① 기본권의 제한은 법률적인 근거를 필요로 한다. 중대한 제한은 법률로 직접 규정하여야 한다. 다만, 중대하고 직접적이며 또한 절박한 위험이 있는 경우에는 그러하지 아니하다.

② 기본권의 제한은 공공의 이익이나 제3자의 기본권을 보호하

기 위하여 정당화 되어야한다.

③ 기본권의 제한은 비례적이어야 한다.

④ 기본권의 본질적 내용은 불가침이다.

제2장 시민권과 정치적 권리

제37조 시민권

① 게마인데와 칸톤의 시민권을 가진 자는 스위스 시민이 된다.

② 누구든지 그 시민권을 이유로 우대받거나 불리하게 대우 받아서는 안된다. 다만, 칸톤의 법률로 달리 규정하지 않는 한 시민게마인데나 단체에 있어서 정치적 권리와 그 재산에 참여할 권리에 대한 규정에는 예외가 인정된다.

제38조 시민권의 취득 및 상실

① 연방은 혈통, 혼인 및 입양에 의한 시민권의 취득 및 상실을 규정한다. 또한 연방은 다른 원인에 의한 스위스인 시민권의 상실과 재귀화를 규정한다.

② 연방은 칸톤을 통한 외국인의 귀화에 필요한 최소한의 요건을 정하고 귀화를 허가한다.

③ 연방은 무국적 어린이의 귀화요건을 완화한다.

제39조 정치적 권리의 행사

① 연방에서 정치적 권리의 행사에 대해서는 연방이, 칸톤과 지방자치단체의 사무에 관한 정치적 권리의 행사에 대해서는 칸톤이 각각 규정을 한다.

② 정치적 권리는 주소지에서 이를 행사한다. 연방과 칸톤은

예외를 규정할 수 있다.

③ 누구라도 정치적 권리를 한 개의 칸톤을 넘어 행사할 수 없다.

④ 칸톤은 신규전입자가 전입후 최장 3개월의 대기기간이 지난 후에 칸톤과 지방자치단체의 사무에 관한 투표권을 비로소 행사할 수 있도록 규정할 수 있다.

제40조 외국체류 스위스인

① 연방은 외국에 체류하는 스위스인 상호간의 관계 및 이들과 스위스와의 관계를 증진한다. 연방은 이 목적을 추구하는 조직을 지원할 수 있다.

② 연방은 외국체류 스위스인의 권리와 의무, 특히 연방에서 정치적 권리의 행사, 병역이나 대체복무의무, 사회적 약자의 지원과 사회보험에 대해 규정을 한다.

제3장 사회적 목적

제41조

① 연방과 칸톤은 개인의 자기책임과 개인적인 자발성을 보완하여 다음 사항을 보장 한다.

a. 누구든지 사회보장의 혜택을 받아야 한다.

b. 누구든지 건강을 위해 필요한 의료보호를 받아야 한다.

c. 어른과 아이로 이루어진 공동체로서 가족은 보호받고 지원을 받아야 한다.

d. 일할 능력이 있는 자는 누구라도 적절한 조건하에서 노동을 통하여 생계를 영위할 수 있어야 한다.

e. 자신과 가족을 위해 주택을 필요로 하는 자는 감당할 수 있는 조건으로 적절한 주택을 구할 수 있어야 한다.

f. 아동과 청소년, 노동연령에 달한 자는 그 능력에 상응하는 교육과 직업교육, 계속교육을 받을 수 있어야 한다.

g. 자립적이고 사회적 책임을 질 수 있는 사람으로 성장하는 과정에서 아동 및 청소년은 지원을 받고 사회적이고 문화적, 정치적 통합을 위한 보호를 받아야 한다.

② 누구든지 노령, 장애, 질병, 사고, 실업, 출산, 부모나 배우자의 사별로 인한 경제적인 결과로부터 보호받도록 연방과 칸톤은 노력하여야 한다.

③ 연방 및 칸톤은 헌법상의 권한과 능력의 범위내에서 사회목적을 위해 노력한다.

④ 사회목적으로부터 국가급부청구권이 직접 도출되는 것은 아니다..

제3편 연방과 칸톤, 게마인데

제1장 연방과 칸톤의 관계

제1절 연방 및 칸톤의 사무

제42조 연방의 사무

① 연방은 연방헌법에서 의하여 규정된 사무를 수행한다.

② [삭제]

제43조 칸톤의 사무

칸톤은 그 권한의 범위 내에서 어떠한 사무를 수행할 것인가를
결정한다.

제43a조 국가 사무의 배분과 수행에 관한 원칙

① 연방은 칸톤에 의한 사무 수행이 불가능하거나 연방에 의한
통일적인 규율이 필요한 사무만을 수행한다.

② 국가적 급부의 수혜를 받는 공동체가 그 비용을 부담한다.

③ 국가적 급부의 비용을 부담하는 공동체가 그 급부에 대한
결정을 한다.

④ 기본적 후생에 해당하는 급부는 모든 사람에게 비슷한 방식
으로 개방되어야 한다.

⑤ 국가의 사무는 수요와 합치되게 경제적으로 수행되어야 한다.

제2절 연방과 칸톤의 협력

제44조 원칙

① 연방 및 칸톤은 각각의 사무수행에 있어서 상호 간에 지원
하고 협력한다.

② 연방 및 칸톤은 상호 존중하고 지원할 책임을 진다. 연방 및
칸톤은 상호 간에 행정상·사법상의 지원을 한다.

③ 칸톤 상호간 또는 칸톤과 연방 간의 분쟁은 가능한 한 교섭
이나 조정에 의하여 이를 해결한다.

제45조 연방의사형성에 참여

① 칸톤은 연방헌법에 따라 연방의 의사형성 특히 입법에 참여
한다.

② 연방은 칸톤에게 안건에 대해 적절한 시기에 충분하게 알려

야 한다. 연방은 칸톤의 이익이 관계되는 때에는 칸톤의 의견을 들어야 한다.

제46조 연방법률의 집행

① 칸톤은 헌법과 법률에 따라 연방법률을 집행한다.

② 연방과 칸톤은 칸톤이 연방법률을 집행함에 있어서 일정한 목적을 달성하고 이를 위해 연방이 재정적으로 지원하는 프로그램을 집행하도록 서로 합의할 수 있다.

③ 연방은 칸톤에게 가능한 많은 결정의 자유를 부여하고 칸톤의 특수성을 고려하여야 한다.

제47조 칸톤의 독립성

① 연방은 칸톤의 독립성을 보호한다.

② 연방은 칸톤에게 충분한 고유사무를 남겨두어야 하며 칸톤의 조직자율성을 존중하여야 한다. 연방은 칸톤에게 충분한 재원을 남겨 두어야 하며, 칸톤이 고유사무를 추진하는데 필요로 하는 재원을 확보할 수 있도록 해야 한다.

제48조 칸톤간의 협약

① 칸톤은 서로 협약을 체결할 수 있으며 기구와 시설을 공동으로 설치할 수 있다. 칸톤은 특히 지역적인 이익을 가진 사무를 공동으로 집행할 수 있다.

② 연방은 그 권한의 범위안에서 관여할 수 있다.

③ 칸톤간의 협약은 연방의 권리와 이익, 다른 칸톤의 권리를 침해해서는 안 된다. 칸톤간의 협약은 연방에 통보하여야 한다.

④ 칸톤은 칸톤간의 협약으로 칸톤간 공동의 기관이 칸톤간의 협약을 이행하기 위해 필요한 규정을 제정할 수 있도록 권한을 부여할 수 있다. 이를 위해서는 협약이

a. 법률제정과 같은 절차에 따라 승인을 받고

b. 규정의 주요내용을 포함하고 있을 것을 요한다.

⑤ 칸톤은 칸톤간의 권리를 존중하여야 한다.

제48a조 일반구속성의 선언과 참여의무

① 이해관계가 있는 칸톤의 신청에 따라 연방은 다음 업무영역에서 칸톤간 협약이 일반적으로 구속적이라고 선언하거나 칸톤간 협약에 참여할 의부를 부과할 수 있다.

a. 형벌과 처분의 집행

b. 제62조 제4항에 열거된 분야에 관한 학교제도

c. 칸톤대학

d. 초지역적 문화시설

e. 폐기물관리

f. 하수정화

g. 밀집지역교통

h. 첨단의학과 특수병원

i. 장애인 요양시설

② 일반구속성선언은 연방결정의 형식으로 한다.

③ 법률은 일반구속성선언과 참여의무의 조건을 정하고 그 절차를 규정한다.

제49조 연방법 우선과 준수

① 연방법은 그에 반하는 칸톤법에 우선한다.

② 연방은 칸톤이 연방법을 준수하도록 감독한다.

제3절 게마인데

제50조

① 게마인데의 자치는 칸톤법에 따라 보장된다.

② 연방은 그의 활동이 게마인데에 미칠 수 있는 영향을 유의하여야 한다.

③ 연방은 이 경우에 도시와 도시밀집지역과 산악지역의 특별한 상황을 고려하여야 한다.

제4절 연방보장

제51조 칸톤헌법

① 모든 칸톤은 민주적인 헌법을 제정한다. 칸톤헌법은 국민의 동의를 필요로 하고, 유권자의 과반수가 요구하는 경우에는 개정될 수 있어야 한다.

② 칸톤헌법은 연방의 보장을 필요로 한다. 칸톤헌법이 연방법에 반하지 않는 한 연방은 이를 보장한다.

제52조 헌법합치적 질서

① 연방은 칸톤의 헌법합치적 질서를 보장한다.

② 칸톤의 질서가 문란해지거나 위협받고 있을 때 당해 칸톤이 스스로 또는 다른 칸톤의 도움으로 질서를 유지하기 어려울 때에는 연방이 개입한다.

제53조 칸톤의 존립과 영토

① 연방은 칸톤의 존립과 영토를 보호한다.

② 칸톤의 존립변경은 해당 주민과 해당 칸톤, 국민다수와 칸톤다수의 동의를 요한다.

③ 칸톤간의 영토변경은 해당 주민과 해당 칸톤의 동의와 연방결정 형식으로 연방의회 승인을 요한다.

④ 칸톤간의 경계조정은 칸톤간의 협약을 통하여 할 수 있다.

제2장 관할

제1절 대외관계

제54조 외교업무

① 외교업무는 연방의 권한이다.

② 연방은 스위스의 독립과 복리를 보장한다. 특히 연방은 세계의 위난과 가난의 구제, 인권의 존중, 민주주의의 신장, 민족간의 평화로운 공존, 자연적인 생존기반의 유지에 기여해야 한다.

③ 연방은 칸톤의 권한을 고려하고 칸톤의 이익을 보호한다.

제55조 대외정책 결정에 대한 칸톤의 참여

① 칸톤은 칸톤의 권한에 속하고 칸톤의 이익에 중대한 영향을 미치는 대외정책결정을 준비하는데 참여한다.

② 연방은 칸톤에게 적절한 시기에 충분히 알려야 하고 칸톤의 의견을 들어야 한다.

③ 칸톤의 권한에 관계되는 경우에 칸톤의 의견에 대해 특별한 고려를 해야 한다. 이러한 경우에는 칸톤은 적절한 방법으로 국제협상에 참여한다.

제56조 칸톤과 외국의 관계

① 칸톤은 그 권한범위 안에서 외국과 조약을 체결할 수 있다.

② 이 조약은 연방의 권리와 이익, 다른 칸톤의 권리에 위배되
지 않아야 한다. 칸톤은 조약을 체결하기 전에 연방에 알려
야 한다.

③ 칸톤은 외국의 하위관청과 직접 교섭할 수 있다. 칸톤의 외
국과 교섭은 통상적으로 연방을 통하여 이루어진다.

제2절 안정, 국방, 민방위

제57조 안보

① 연방과 칸톤은 그 권한의 범위안에서 국가안보와 국민보호
를 위해 노력하여야 한다.

② 연방과 칸톤은 대내적 치안업무의 수행에 있어서 서로 협력
한다.

제58조 군대

① 스위스는 군대를 가진다. 군대는 원칙적으로 시민복무원칙
(Milizprinzip)에 따라 조직한다.

② 군대는 전쟁을 억제하고 평화유지에 이바지 한다. 군대는
국가와 국민을 지킨다. 군대는 중대한 국내 치안의 위협을
방어하고 그 밖의 비상적인 상황을 극복하기 위하여 일반
행정청을 지원한다.

③ 군대의 동원은 연방의 권한이다.

제59조 군복무와 대체복무

① 모든 스위스 남자는 군복무의무를 진다. 법률로 민간대체복무를 규정한다.

② 스위스 여자의 군복무는 자유의사에 따른다.

③ 군복무도 대체복무도 하지 않는 스위스 남성은 세금을 납부할 의무를 진다. 이 병역대체세는 연방이 부과하며 칸톤이 산정하고 징수한다.

④ 연방은 (군복무와 대체복무로 인한) 수입감소에 대해 적절한 보상규정을 제정한다.

⑤ 군복무나 대체복무로 건강을 해치거나 생명을 잃은 자는 본인이나 가족을 위하여 연방의 적정한 지원을 청구할 권리를 가진다.

제60조 군대의 조직과 훈련, 군장비

① 군사입법과 군대의 조직, 훈련, 군장비는 연방의 권한에 속한다.

② (삭제)

③ 연방은 적절한 보상을 하고 칸톤의 군사시설을 인수할 수 있다.

제61조 민방위

① 무력충돌로부터 오는 인명과 재산을 보호하는 민방위에 대한 입법권은 연방에 속한다.

② 연방은 재난과 비상사태가 발생한 경우 민방위 동원에 관한 규정을 제정한다.

③ 연방은 남자의 민방위복무의무를 선언할 수 있다. 여자에게

민방위복무는 자유로운 의사에 맡긴다.

④ 연방은 민방위복무로 인한 소득감소에 대한 적정한 보상규정을 제정한다.

⑤ 민방위복무로 건강을 해치거나 생명을 잃은 자는 본인이나 가족들을 위하여 연방의 적정한 지원을 청구할 권리를 가진다.

제3절 교육, 연구, 문화

제61a조 스위스의 교육공간

① 연방과 칸톤은 각각 그 권한의 범위안에서 협력하여 스위스 교육공간의 높은 수준과 접근성을 보장하여야 한다.

② 연방과 칸톤은 업무수행에 있어서 서로 조정하고 공동기구와 다른 조치를 통하여 협력하여야 한다.

③ 연방과 칸톤은 그들의 업무를 수행함에 있어서 일반교육과정과 직업교육과정이 사회적으로 동등한 가치를 인정받도록 하여야 한다.

제62조 학교교육

① 학교교육은 칸톤의 권한에 속한다.

② 칸톤은 모든 아동들에게 개방된 충분한 초등교육을 실시하여야 한다. 초등교육은 의무적이며 국가의 지도와 감독을 받는다. 초등교육은 공립학교에서 무상이다.

③ 칸톤은 모든 장애 아동과 청소년을 위한 충분한 특수교육을 20세까지 하여야 한다.

④ 학교입학연령과 교육의무, 교육단계별 기간과 목표, 진급과 졸업의 인정에 대해서 (칸톤간의) 조정을 통하여 학교교육

에 대한 합의를 하지 못하는 경우에는 연방이 필요한 규정
을 제정한다.

⑤ 연방은 학년도의 개학시기를 규율한다.

⑥ 칸톤의 권한에 속하는 연방규정을 준비하는 경우에는 칸톤
의 참여에 특별한 고려를 해야 한다.

제63조 직업교육

① 연방은 직업교육에 관한 규정을 제정한다.

② 연방은 직업교육분야에서 다양하고 접근가능한 과정을 지원
한다.

제63a조 대학

① 연방은 연방공과대학을 운영한다. 연방은 그 밖의 대학과
고등교육기관을 설치하거나 인수하거나 운영할 수 있다.

② 연방은 칸톤의 대학을 지원하고 그밖에 연방에 의해 인가된
고등교육기관에게 지원금을 지급할 수 있다.

③ 연방과 칸톤은 스위스 대학교육에 있어서 협력과 질적수준
을 보장하기 위하여 공동으로 노력한다. 연방과 칸톤은 이
경우에 대학의 자치와 그 다양한 운영자를 고려하고 동일한
업무를 가진 기관을 평등하게 대우하도록 유의하여야 한다.

④ 연방과 칸톤은 그 업무수행을 위해 협약을 체결하고 일정한
권한을 공동기관에게 위임할 수 있다. 법률로 위임할 수 있는
권한을 규율하고 협력의 조직과 절차의 기본원칙을 정한다.

⑤ 연방과 칸톤이 협력을 통해서 공동의 목적을 달성하지 못한
경우에는 연방이 교육단계와 그 이수, 계속교육과 교육기관
의 인가와 졸업에 대해 규정을 제정한다. 또한 연방은 대학

지원을 통일적인 재정지원원칙에 따르도록 하고, 특별히 비용이 많이 드는 분야에서 대학간의 업무배분에 따라 지원하도록 할 수 있다.

제64조 연구

① 연방은 학문적 연구와 혁신을 지원한다.

② 연방은 질적 보장과 조정의 확보를 조건으로 지원을 할 수 있다.

③ 연방은 연구시설을 설치하거나 인수하거나 운영할 수 있다.

제64a조 계속교육

① 연방은 계속교육에 대한 기본원칙을 정한다.

② 연방은 계속교육을 지원할 수 있다.

③ 법률로 (계속교육의) 분야와 기준을 정한다.

제65조 통계

① 연방은 스위스의 인구, 경제, 사회, 교육, 연구, 공간, 환경의 상태와 발전에 관한 통계적인 자료를 조사한다.

② 연방은 조사비용을 가능한 절감하기 위하여 공적인 등록의 통일과 운영에 관한 규정을 제정할 수 있다.

제66조 교육지원금

① 연방은 칸톤이 대학과 그 밖의 고등교육기관 학생에게 지출한 보조금에 대해 칸톤에게 보조금을 줄 수 있다. 연방은 교육지원금에 대해 칸톤간 조화를 촉진하고 교육지원금의 지급원칙을 정할 수 있다.

② 연방은 그밖에 칸톤의 교육권을 존중하면서 칸톤의 처분을 보충하여 교육을 촉진하기 위한 자신의 처분을 할 수 있다.

제67조 아동과 청소년에 대한 지원

① 연방과 칸톤은 그의 업무를 수행함에 있어서 특별한 지원과 보호가 필요한 아동과 청소년을 고려한다.

② 연방은 칸톤의 처분을 보충하여 아동과 청소년의 학교밖 활동을 지원한다.

제67a조 음악교육

① 연방과 칸톤은 특히 아동과 청소년의 음악교육을 장려한다.

② 연방과 칸톤은 그 권한의 범위안에서 학교에서 수준높은 음악수업이 되도록 노력하여야 한다. 협력을 통하여 칸톤이 학교음악수업의 목적에 관해 합의하지 못하는 경우에 연방은 필요한 규정을 한다.

③ 연방은 칸톤의 참여하에 청소년의 음악회 참석과 음악영재의 지원에 대한 기본원칙을 정한다.

제68조 체육

① 연방은 체육 특히 체육교육을 장려한다.

② 연방은 체육학교를 운영한다.

③ 연방은 청소년체육에 관한 규정을 제정하고 학교체육수업을 의무적인 것으로 선언할 수 있다.

제69조 문화

① 문화분야는 칸톤권한이다.

② 연방은 전체 스위스를 위한 문화적인 노력을 지원하고, 예술과 문화 특히 교육분야를 장려할 수 있다.

③ 연방은 그 업무를 수행함에 있어서 문화적이고 언어적인 다양성을 고려하여야 한다.

제70조 언어

① 연방의 공식적인 언어는 독일어 프랑스어, 이탈리아어이다. 레토로만어를 사용하는 사람에 대해서는 레토로만어도 역시 연방의 공식언어이다.

② 칸톤은 그의 공식언어를 결정한다. 언어공동체간의 이해를 유지하기 위하여 칸톤은 전통적 언어권의 구성에 유의하고 언어적 소수자를 배려하여야 한다.

③ 연방과 칸톤은 언어공동체간의 이해와 교류를 장려한다.

④ 연방은 특별한 업무를 수행하는 다중언어 칸톤을 지원한다.

⑤ 연방은 그라우뷘덴과 테신의 레토로만어와 이탈리아어 보전과 장려를 위한 칸톤의 조치를 지원한다.

제71조 영화

① 연방은 스위스의 영화제작과 영화문화를 지원할 수 있다.

② 연방은 영화공급의 다양성과 우수성을 촉진하기 위한 규정을 제정할 수 있다.

제72조 교회와 국가

① 교회와 국가의 관계에 대한 규율은 칸톤의 권한이다.

② 연방과 칸톤은 각각의 권한 안에서 다양한 종교공동체의 신도간에 공적 평화를 유지하기 위한 조치를 할 수 있다.

③ 회교사원의 높은 첨탑은 건축이 금지된다.

제4절 환경과 공간계획

제73조 지속가능성

연방과 칸톤은 한편으로는 자연과 그 복원력, 다른 한편으로는

인간의 요구가 지속적으로 균형된 관계를 이루도록 노력하여야
한다.

제74조 환경보호

① 연방은 인간과 그 자연환경을 유해하고 나쁜 영향으로부터
보호하기 위하여 규정을 제정할 수 있다.

② 연방은 그러한 영향을 방지하기 위해 노력한다. 방지비용과
제거비용은 원인자가 부담한다.

③ 규정의 집행은 법률이 연방의 권한으로 규정하지 않으면 칸
톤의 관할이다.

제75조 공간계획

① 연방은 공간계획의 기본원칙을 정한다. 공간계획은 칸톤의
권한이며 토지의 합리적이고 경제적인 이용과 국토에 질서
있는 주거를 하도록 한다.

② 연방은 칸톤의 노력을 촉진하고 조정하며 칸톤과 협력한다.

③ 연방과 칸톤은 그 업무를 수행함에 있어서 공간계획의 요구
를 고려하여야 한다.

제75a조 측량

① 국토의 측량은 연방의 권한이다.

② 연방은 공적 측량에 관한 규정을 제정한다.

③ 연방은 토지관련 공적 정보의 통일에 관한 규정을 제정할
수 있다.

제75b조 별장

① 별장의 비율은 각 게마인데의 전체 주거지역과 주거목적으
로 사용되는 총면적의 20%를 초과할 수 없다.

② 법률로 게마인데에게 주된 주택의 비율계획과 그 세부적인 집행상황을 해마다 발표할 의무를 부과한다.

제76조 물

① 연방은 그 권한의 범위안에서 물의 경제적인 이용과 수자원의 보호와 물의 피해를 방지하도록 노력해야 한다.

② 연방은 수자원의 보전과 개발, 수력발전과 냉방을 위한 물의 이용, 그 밖의 물순환의 개입에 대한 기본원칙을 정한다.

③ 연방은 물보호와 적정 잔여수량 보장, 수리공사, 댐의 안전, 강수의 영향에 관한 규정을 제정한다.

④ 칸톤은 수자원을 관리한다. 칸톤은 물의 사용에 대해 연방법률의 범위안에서 공과금을 부과할 수 있다. 연방은 수송을 위해 물을 사용할 권한을 가진다. 연방은 이를 위해 사용료와 보상금을 지급한다.

⑤ 연방은 관계 칸톤의 참여하에 국제적인 수자원에 관한 권리와 이와 결부된 공과금을 결정한다. 칸톤이 국제적인 수자원에 관한 권리에 대하여 합의하지 못하면 연방이 결정을 한다.

⑥ 연방은 그의 업무를 수행함에 있어서 물이 발원하는 칸톤의 이익을 고려하여야 한다.

제77조 숲

① 연방은 숲이 보호기능과 이용기능, 복지기능을 수행할 수 있도록 노력하여야 한다.

② 연방은 숲의 보호에 관한 원칙을 정한다.

③ 연방은 숲의 유지를 위한 조치를 장려한다.

제78조 자연보호와 향토문화보호

① 자연보호와 향토문화보호는 칸톤의 권한이다.

② 연방은 그의 업무를 수행함에 있어서 자연보호와 향토문화
보호에 유의하여야 한다. 연방은 경관과 지역형상, 사적, 자
연적 유산과 문화적 유산을 보호한다. 연방은 공공의 이익
을 위해 필요한 경우에는 이를 원형대로 보전한다.

③ 연방은 자연보호와 향토문화보호 노력을 지원할 수 있고 전
국적인 의미를 가지는 것에 대해서는 계약이나 수용을 통해
서 취득하거나 확보할 수 있다.

④ 연방은 자연적인 다양성속에서 동물계와 식물계의 보호와
그 생존공간을 유지하기 위해서 규정을 제정할 수 있다. 연
방은 멸종위험에 처한 종을 보호한다.

⑤ 특별히 아름답고 전국적인 의미를 가지는 습지와 습지경관
은 보호를 받는다. 그 안에는 시설을 설치하거나 토지형질
변경을 해서는 안된다. 다만, 습지나 습지경관의 보호나 기
존의 농업적 이용을 위한 시설은 제외된다.

제79조 어로과 수렵

연방은 어로와 수렵에 관하여 특히 물고기와 야생포유류와 조
류의 종의 다양성을 유지하기 위하여 기본원칙을 정한다.

제80조 동물보호

① 연방은 동물보호에 관한 규정을 제정한다.

② 연방은 특히 다음 사항을 규율한다.

a. 동물의 사육과 보살핌

b. 동물실험과 살아있는 동물에 대한 처치

c. 동물의 이용

d. 동물과 동물제품의 수입

e. 동물거래와 동물수송

f. 동물의 도살

③ 법률이 연방의 권한으로 규정하지 않는 한 규정의 집행은 칸톤의 권한이다.

제5절 공공토목시설과 교통

제81조 공공토목시설

연방은 전국적이거나 국토의 대부분의 이익을 위하여 공공토목시설을 설치하거나 운영하거나 그 시설을 지원한다.

제82조 도로교통

① 연방은 도로교통에 관한 규정을 제정한다.

② 연방은 전국적인 의미를 가진 도로에 대한 감독을 한다. 연방은 교통을 위하여 어떤 통과도로를 개방하도록 할 것인지를 결정할 수 있다.

③ 공공도로의 이용은 무료이다. 연방의회는 예외를 승인할 수 있다.

제83조 국도

① 연방은 국도망의 설치와 그 이용을 보장한다.

② 연방은 국도를 건설하고 운영하고 유지한다. 연방은 이를 위한 비용을 부담한다. 연방은 이 업무를 전부 혹은 부분적으로 공적, 사적, 혼합적 운영자에게 위임할 수 있다.

③ (삭제)

제84조 알프스횡단 통과교통

① 연방은 알프스지역이 통행교통으로 인하여 유해한 영향을 받지 않도록 보호한다. 연방은 수송을 통한 부담이 인간, 동물, 식물과 그 생존공간을 해치지 않도록 제한할 수 있다.

② 국경에서 국경으로 알프스를 횡단하는 화물통과운송은 철도를 통해서 한다. 연방정부는 필요한 조치를 한다. 불가피한 경우에만 예외가 허용된다. 자세한 것은 법률로 정해야 한다.

③ 알프스지역의 통과도로용량을 늘려서는 안된다. 지역의 통과교통을 경감시키는 우회도로는 이 제한으로부터 제외된다.

제85조 대형차량세

① 대형차량이 다른 요금이나 공과금으로 충당되지 않는 공공비용을 유발하는 경우에 연방은 대형차량에 대해 용량이나 거리에 따라 세금을 부과할 수 있다.

② 조세수입은 도로교통과 관련된 비용의 충당에 사용된다.

③ 칸톤은 조세순수입의 분배에 참여한다. 분배액을 산정함에는 세금이 산악지역과 변두리지역에 미치는 특수한 영향을 고려하여야 한다.

제86조 연료소비세와 기타 교통세

① 연방은 연료에 소비세를 부과할 수 있다.

② 연방은 대형차량세를 부담하지 않는 차량과 그 부속물의 국도주행에 대해 세금을 부과할 수 있다.

③ 연방은 비행기연료를 제외한 연료에 대한 소비세수익의 절반과 국도세수익을 다음과 같은 교통관련 업무와 지출에 사용한다.

a. 국도의 건설, 유지, 운영

b. 연계교통과 수송관련차량의 지원조치

c. 간선도로비용의 부담

d. 자연재해보호시설과 도로교통에 원인이 있는 환경보호와 경관보호조치의 부담

e. 모터차량에게 제공되는 칸톤의 도로비용에 대한 일반적 부담

f. 국도가 없는 칸톤에 대한 지원

④ 도로교통이나 항공교통을 위한 업무와 지출을 위해 재원이 충분하지 않는 경우에 연방은 관련 연료소비세를 할증한다.

제87조 철도와 그 밖의 교통운영자

철도교통과 케이블카, 선박운항과 항공과 우주비행에 관한 입법권은 연방에 있다.

제88조 보도와 도보여행길

① 연방은 보도와 도보여행길망에 대한 기본원칙을 정한다.

② 연방은 칸톤의 보도와 여행길망의 설치와 유지를 지원하고 조정하는 조치를 할 수 있다.

③ 연방은 그 업무를 수행함에 있어서 보도와 도보여행길망을 고려하고 연방이 폐쇄해야 하는 길을 대체하는 길을 마련한다.

제6절 에너지와 통신

제89조 에너지정책

① 연방과 칸톤은 그 권한범위 안에서 충분하고, 다양하고, 확실하고, 경제적이고, 환경적으로 지속가능한 에너지공급과 절약적이고 합리적인 에너지사용을 확보하기 위한 노력을

한다.

② 연방은 지역적이고 재생가능한 에너지이용과 절약적이고 합리적인 에너지사용에 대한 기본원칙을 정한다.

③ 연방은 시설과 차량, 도구의 에너지사용에 관한 규정을 제정한다. 연방은 특히 에너지 절약과 재생에너지분야의 에너지기술발전을 촉진한다.

④ 건물 내에서 에너지 사용에 관한 조치는 우선적으로 칸톤의 관할이다.

⑤ 연방은 그의 에너지정책에서 칸톤과 게마인데, 경제계의 노력을 감안한다. 연방은 개별적 지역의 상황과 경제적인 부담능력을 고려해야 한다.

제90조 핵에너지

핵에너지분야의 입법권은 연방의 관할이다.

제91조 에너지수송

① 연방은 전기에너지의 수송과 공급에 대한 규정을 제정한다.

② 액체나 기체형태의 가연물질이나 연료의 수송을 위한 배관설비에 관한 입법권은 연방의 관할이다.

제92조 우편과 통신

① 우편과 통신은 연방의 관할이다.

② 연방은 충분하고 저렴한 우편서비스와 통신서비스의 기본적 공급이 전국의 모든 지방에 이루어지도록 한다. 요금은 통일적인 원칙에 따라 결정한다.

제93조 라디오와 텔레비전

① 라디오와 텔레비전 그 밖의 형태에 의한 연예나 정보를 보

급하는 통신에 대한 입법권은 연방의 관할이다.

② 라디오와 텔레비전은 교양과 문화적 발전과 자유로운 여론 형성과 오락에 기여한다. 라디오와 텔레비전은 국가의 특수성과 칸톤의 필요를 고려하여야 한다. 라디오와 텔레비전은 사건을 사실에 충실하게 보도하고 다양한 견해가 적절하게 표현되도록 한다.

③ 라디오와 텔레비전의 독립성과 프로그램편성의 자율성은 보장된다.

④ 다른 매체 특히 신문의 위상과 과제를 고려해야 한다.

⑤ 프로그램에 대한 이의제기는 독립된 쟁송기관에 할 수 있다.

제7절 경제

제94조 경제질서의 기본원칙

① 연방과 칸톤은 경제자유의 원칙을 유지한다.

② 연방과 칸톤은 스위스 전체의 경제적 이익을 지키고 사경제와 함께 국민의 복리와 경제적인 안정에 이바지한다.

③ 연방과 칸톤은 각각의 권한범위 안에서 사경제를 위한 유리한 여건을 조성한다.

④ 경제적 자유의 원칙에 대한 예외, 특히 경쟁을 제한하는 조치는 연방헌법에 예정되어 있거나 칸톤의 독점권에 근거가 있는 경우에만 허용된다.

제95조 사경제의 영리활동

① 연방은 사경제의 영리활동에 관한 규정을 제정할 수 있다.

② 연방은 통일적인 스위스 경제권을 유지하기 위해 노력한다.

연방은 대학교육을 받았거나 연방이나 칸톤에 의한 혹은 칸톤에 의해 인정된 교육을 이수한 사람이 스위스 전역에서 직업을 가질 수 있도록 보장한다.

③ 국민경제와 사유재산, 주주, 지속적인 기업운영을 보장하기 위하여 법률은 국내 또는 국외에 상장된 스위스 주식회사에 대해 다음과 같은 기본원칙에 따라 규율한다.

a. 주주총회는 매년 이사와 임원, 고문의 보수 총액(현금과 이익의 가치)을 결정한다. 주주총회는 매년 이사장과 이사, 보수책정위원회위원, 독립적인 의결권대리인을 선출한다. 연금회계는 피보험자의 이익을 위하여 표결하고, 그 표결을 공개한다. 주주는 온라인을 통해 원격으로 표결을 할 수 있다. 회사간부나 수탁은행에 의한 의결권대리는 금지된다.

b. 회사간부들은 퇴직수당이나 유사한 보상, 사전보수, 회사매매의 보너스를 받지 않고, 그룹의 다른 회사의 고문계약이나 근로계약을 추가적으로 하지 않는다. 회사의 운영은 법인에게 위임될 수 없다.

c. 정관으로 회사간부에 대한 신용대출, 대부, 임대의 최고액, 회사간부에 대한 이익배당계획과 주식배당계획, 콘체른 외부의 대리인 숫자, 임원들의 고용계약기간을 규율한다.

d. a-c호의 규정에 위반하는 경우에는 3년 이하의 징역과 6년치 연봉에 해당하는 금액이하의 벌금에 처한다.

제96조 경쟁정책

① 연방은 카르텔이나 그 밖의 경쟁제한이 국민경제나 사회적으로 미치는 유해한 영향을 방지하기 위한 규정을 제정한다.

② 연방은 다음과 같은 조치를 할 수 있다.

a. 사법이나 공법상의 시장지배적인 기업이나 조직에 의한 가격형성의 남용방지

b. 부당경쟁의 방지

제97조 소비자보호

① 연방은 소비자보호를 위한 조치를 취한다.

② 연방은 소비자단체가 제기할 수 있는 권리구제에 관한 규정을 제정한다. 소비자단체에게는 공정경쟁에 관한 연방입법 권분야에서 직업단체나 경제단체와 같은 권리가 있다.

③ 칸톤은 일정한 쟁송가액이하의 분쟁을 위한 조정절차 또는 신속한 재판절차를 정한다. 연방정부는 쟁송가액의 한계를 정한다.

제98조 은행과 보험

① 연방은 은행과 증권거래에 관한 규정을 제정한다. 연방은 이 경우에 칸톤은행의 특별한 과제와 위상을 고려하여야 한다.

② 연방은 다른 분야의 재정서비스에 대한 규정을 제정할 수 있다.

③ 연방은 사보험에 관한 규정을 제정한다.

제99조 금융정책과 통화정책

① 금융과 통화분야는 연방의 관할이다. 연방만 화폐와 은행권의 발행에 관한 권한을 가진다.

② 스위스 국립은행은 독립적인 중앙은행으로서 국가전체의 이익에 기여하는 금융-통화정책을 이끌어 간다. 스위스 국립은행은 연방의 협력과 감독을 받으며 운영한다.

③ 스위스 국립은행은 그 수익에서 충분한 준비금을 적립한다. 이 적립금의 일부는 금으로 한다.

④ 스위스 국립은행의 순수입의 최소한 2/3은 칸톤에게 귀속된다.

제100조 경기정책

① 연방은 균형잡힌 경기변동적 발전, 특히 실업과 인플레이션 예방과 극복을 위한 조치를 한다.

② 연방은 각지역의 경제적 발전을 고려하여야 한다.

③ 연방은 금융과 신용, 재외경제와 공공재정분야에서 필요한 경우에 경제자유의 원칙에 예외를 둘 수 있다.

④ 연방과 칸톤과 게마인데는 그 수입정책과 지출정책에서 경기상황을 고려해야 한다.

⑤ 연방은 경기안정을 위하여 임시적으로 연방세의 할증을 하거나 감면을 할 수 있다. 은닉된 재원은 동결시켜야 한다. 동결 해제후에 직접세는 개인별로 환불하거나 부담경감을 위하여 또는 일자리창출을 위하여 사용하여야 한다.

⑥ 연방은 기업에게 일자리창출을 위한 준비금을 만들도록 의무를 부과할 수 있다. 연방은 이를 위하여 세금을 경감할 수 있고 칸톤에게 그러한 의무를 부과할 수 있다. 준비금비축의무의 해제후에 기업은 법률적인 사용목적 범위안에서 자유롭게 그 용도를 결정한다.

제101조 대외경제정책

① 연방은 스위스 경제적 이익을 외국에서 보호한다.

② 연방은 특별한 경우에 국내경제를 보호하기 위한 조치를 할 수 있다. 연방은 필요한 경우에 경제자유의 원칙으로부터

벗어나 예외를 인정할 수 있다.

제102조 국가조달

① 연방은 무력행사나 전쟁의 위협으로 경제가 스스로 대응할 수 없는 심한 결핍상황에 처한 경우에 생존에 중요한 재화나 용역의 조달을 확보한다. 연방은 사전배려적인 조치를 한다.

② 연방은 필요한 경우에 경제자유의 원칙으로부터 벗어날 수 있다.

제103조 구조정책

기대되는 자구조치를 통해 존립을 보장하기 어려운 경우에 연방은 경제적으로 위협을 받고 있는 지역을 지원하고 산업과 직업을 촉진한다. 연방은 필요한 경우에 경제자유의 원칙으로부터 벗어날 수 있다.

제104조 농업

① 연방은 농업이 지속적이고 시장지향적인 제품을 통하여 다음 각호를 위해 중요한 기여를 하도록 노력한다.

a. 국민의 안전한 부양

b. 자연적인 생활기반의 유지와 문화유산의 관리

c. 국토의 전국적 분산 거주

② 연방은 기대되는 농업의 자력구제를 보완하기 위하여 필요한 경우에는 경제자유의 원칙으로부터 벗어나 농민의 토지경작을 지원한다.

③ 연방은 농업이 그 다목적과제를 수행할 수 있도록 조치를 취한다. 연방은 특히 다음과 같은 권한과 업무를 가진다.

a. 연방은 농민들이 생태적인 성과를 달성하였음을 입증하는 것을 조건으로 적절한 보상을 위하여 직불금을 통하여 농민의 소득을 보충한다.

b. 연방은 자연에 가깝고 환경친화적이고 동물친화적인 제품형태를 경제적 보상으로 동기를 부여하는 방법으로 촉진한다.

c. 연방은 식품의 생산지, 품질, 생산방법, 가공절차를 명시하기 위한 규정을 제정한다.

d. 연방은 비료나 화학제품, 기타 다른 보조제의 과사용으로 인한 침해로부터 환경을 보호한다.

e. 연방은 농업연구, 조언, 교육을 지원할 수 있고 투자를 지원할 수 있다.

f. 연방은 농민의 토지소유를 확보하기 위한 규정을 제정한다.

④ 연방은 이를 위해 목적이 구속되는 농업분야 재원이나 일반 연방재원을 투입할 수 있다.

제105조 술

증류주의 생산, 수입, 정제, 판매에 대한 입법권은 연방의 관할이다. 연방은 특히 음주의 유해한 영향을 고려하여야 한다.

제106조 도박

① 연방은 도박에 관한 규정을 제정한다. 연방은 이 경우에 칸톤의 이익을 고려한다.

② 도박장의 개설과 운영은 연방의 허가를 필요로 한다. 연방은 허가를 함에 있어서 지역적인 여건을 고려한다. 연방은 수입에 따라 도박장세를 부과한다. 도박장세는 도박 순수입의 80%를 초과해서는 안된다. 도박장세는 노령연금, 유족

연금과 장애연금을 위해 사용된다.

③ 칸톤은 다음 사항에 대한 허가와 감독권을 가진다.

a. 불특정다수인에게 개방되고, 여러 장소에 제공되고 우연적이거나 유사한 절차로 결정되는 도박, 다만 도박장의 잭팟은 제외.

b. 운동에 대한 내기

c. 특별한 기술이 필요한 게임

④ 제2항과 제3항은 원격통신 도박에 준용된다.

⑤ 연방과 칸톤은 도박의 위험을 고려해야 한다. 연방과 칸톤은 입법과 감독조치를 통해 적절한 보호를 하고 이를 위해 게임의 다양한 요소와 종류, 게임공급의 장소를 고려한다.

⑥ 칸톤은 제3항 a호와 b호에 따른 게임의 순수익이 전액 공동이익목적 특히 문화, 사회, 체육분야에 사용되도록 한다.

⑦ 연방과 칸톤은 업무를 수행함에 있어서 조정을 한다. 법률은 이러한 목적으로 위해서 연방과 칸톤의 집행기관의 공무원으로 각각 절반씩 구성하는 공동의 기관을 설치한다.

제107조 무기와 전쟁물자

① 연방은 무기와 무기부속품, 탄약의 남용에 대처하기 위한 규정을 제정한다.

② 연방은 전쟁물자의 생산, 조달, 판매, 수입, 수출, 통과에 대한 규정을 한다.

제8절 주거, 노동, 사회안전과 보건

제108조 주택건설과 주택소유촉진

① 연방은 실소유자의 필요에 의한 주택건설과 주택의 취득과

공동주택건설의 운영자나 조직의 활동을 촉진한다.

② 연방은 특히 주택건설을 위한 토지의 취득과 개발, 주택건설비용의 합리화와 경감, 주택비용의 경감을 촉진한다.

③ 연방은 주택건설을 위한 토지의 개발과 건축합리화에 관한 규정을 제정할 수 있다.

④ 연방은 이를 함에 있어서 특히 가족, 고령자, 저소득자, 장애인의 이익을 고려한다.

제109조 임대제도

① 연방은 임대제도의 남용 특히 부당한 임대료를 방지하고 부당한 해지의 취소와 임대관계의 기한부연장에 관한 규정을 제정한다.

② 연방은 기본임대계약의 일반구속성 선언에 관한 규정을 제정할 수 있다. 기본임대계약은 정당한 소수자의 이익과 지역적인 다양성에 적합하고 법적평등을 침해하지 않는 경우에만 일반구속적인 것으로 선언할 수 있다.

제110조 노동

① 연방은 다음과 같은 규정을 제정할 수 있다.

a. 노동자의 보호

b. 사용자측과 노동자측의 관계 특히 영업적이고 직업적 사항에 관한 공통적인 규율

c. 직업소개

d. 단체협약의 일반구속성선언

② 단체협약은 정당한 소수자의 이익과 지역적인 다양성에 적합하고 법적평등과 단결권을 침해하지 않는 경우에만 일반

구속적인 것으로 선언할 수 있다.

③ 8월 1일은 연방국경일이다. 이 날은 노동법상 일요일에 준하며 유급이다.

제111조 노령연금, 유족연금, 장애인연금

① 연방은 충분한 노령연금, 유족연금, 장애인연금을 보장하기 위한 조치를 한다. 이는 특히 연방 노령－유족－장애인 보험과 직업연금과 개인연금의 3대 지주에 기초를 두고 있다.

② 연방은 연방 노령－유족－장애인 보험과 직업연금이 지속적으로 그 목적을 달성할 수 있도록 한다.

③ 연방은 연방 노령－유족－장애인 보험과 직업연금 시설에 대한 세금이 면제되고, 피보험자와 그 사용자의 납입금과 기대권에 대해 세금을 경감을 하도록 칸톤에게 의무를 부과할 수 있다.

④ 연방은 칸톤과 협력하여 특히 조세정책과 소유권정책상 조치를 통해 개인연금을 촉진한다.

제112조 노령보험, 유족보험, 장애인보험

① 연방은 노령보험, 유족보험, 장애인보험에 관한 규정을 제정한다.

② 연방은 다음 원칙을 지켜야 한다.

a. 보험은 의무적이다.

b. 연금은 생존수요를 적정하게 충당해야 한다.

c. 최고연금은 최소연금의 두배를 넘지 않아야 한다.

d. 연금은 최소한 물가변화에 따라 조정한다.

③ 보험의 재원은 다음과 같이 충당된다.

a. 피보험자의 납입금, 사용자와 노동자는 납입금의 절반씩을 부담한다.

b. 연방의 지원금

④ 연방의 지원금은 지출의 절반을 최고한도로 한다.

⑤ 연방의 지원금은 우선적으로 담배세와 증류주세, 도박장세의 순수입금으로 충당한다.

⑥ (삭제)

제112a조 추가급여

① 연방과 칸톤은 생존수요를 노령보험, 유족보험, 장애인보험으로 충당하지 못하는 사람에게 추가급여를 지급한다.

② 법률로 추가급여의 범위와 연방과 칸톤의 업무와 권한을 정한다.

제112b조 장애인의 재활촉진

① 연방은 장애인의 금전급여와 현물급여를 통해서 장애인의 적응을 촉진한다. 이 목적을 위하여 장애인보험의 재원을 사용한다.

② 칸톤은 특히 거주와 노동에 기여하는 시설의 건설과 운영의 지원을 통해서 장애인의 적응을 촉진한다.

③ 적응의 목적과 원칙과 기준은 법률로 정한다.

제112c조 노인·장애인 지원

① 칸톤은 노인과 장애인의 재택지원과 돌봄을 한다.

② 연방은 노인과 장애인을 위한 전국적인 노력을 지원한다. 이 목적을 위하여 연방은 노령－유족－장애인 보험의 재원을 사용한다.

제113조 직업연금

① 연방은 직업연금에 관한 규정을 제정한다.

② 연방은 아래 원칙을 지켜야 한다,

a. 직업연금은 노령- 유족- 장애인 보험과 함께 적절한 방법
으로 이전의 생활유지가 가능하게 한다.

b. 직업연금은 노동자에게 의무적이다.

c. 사용자는 그 노동자를 연금기관에 보험을 가입시킨다. 필요
한 경우에 연방은 노동자들이 연방연금기관에 보험을 들 수
있도록 한다.

d. 자영업자는 임의적으로 연금기관의 보험에 가입할 수 있다.

e. 연방은 특정집단의 자영업자에 대해 직업연금을 일반적 혹
은 개별적 위험에 대해서 의무적인 것으로 선언할 수 있다.

③ 직업보험은 피보험자의 납입금으로 재원을 충당한다. 이 경
우에 사업자는 그 노동자의 납입금의 절반을 이상을 지불해
야 한다.

④ 연금기관은 연방법상의 최소요건을 충족해야 한다. 연방은
특별한 과제를 해결하기 위하여 전국적인 조치를 할 수 있다.

제114조 실업보험

① 연방은 실업보험에 관한 규정을 제정한다.

② 연방은 다음 원칙을 지켜야 한다.

a. 보험은 적절한 대체소득을 보장하고 실업의 예방과 극복을
위한 조치를 지원한다.

b. 노동자들의 가입은 의무적이다. 법률로 예외를 인정할 수 있다.

c. 자영업자의 가입은 자유의사에 따른다.

③ 보험은 피보험자의 납입금으로 충당한다. 사용자는 그 노동자를 위해 납입금의 절반을 지불한다.

④ 연방과 칸톤은 특별한 사정이 있는 경우에 재정적인 지원을 한다.

⑤ 연방은 실업자배려에 관한 규정을 제정한다.

제115조 빈곤자지원

빈곤자에 대해서는 그 거주 칸톤이 지원한다. 연방은 예외와 관할을 규율한다.

제116조 가족수당과 출산보험

① 연방은 그 업무를 수행함에 있어서 가족이 필요로 하는 것을 고려하여야 한다. 연방은 가족보호를 위한 조치를 지원한다.

② 연방은 가족수당에 관한 규정을 제정하고 연방가족보상금고를 운영한다.

③ 연방은 출산보험을 개설한다. 연방은 보험급여를 받을 수 없는 사람에게도 납입금납부의무를 부과할 수 있다.

④ 연방은 가족보상금고와 출산보험의 가입을 일반적 혹은 개별 국민집단에게 의무적인 것으로 선언할 수 있고 그 급여를 칸톤의 적정부담에 상응하도록 할 수 있다.

제117조 건강보험과 사고보험

① 연방은 건강보험과 사고보험에 관한 규정을 제정할 수 있다.

② 연방은 건강보험과 사고보험을 일반적 혹은 개별 국민집단에게 의무적인 것으로 선언할 수 있다.

제118조 건강보호

① 연방은 그 권한 범위안에서 건강보호를 위한 조치를 한다.

② 연방은 다음 사항에 관한 규정을 제정한다.

a. 식료품과 의약품, 진통제, 유기물, 화학제품과 건강을 해칠
   수 있는 물건의 이용

b. 인간이나 동물에게 전염되거나 널리 퍼지거나 심한 질병의
   극복

c. 이온화 방사선으로부터 보호

제118a조 보완대체의학

연방과 칸톤은 그 권한범위 안에서 보완대체의학에 대한 고려
를 한다.

제118b조 인간에 대한 연구

① 연방은 인간의 존엄과 인격의 보호를 위해 필요한 경우에
   인간에 대한 연구에 관한 규정을 제정한다. 연방은 이를 함
   에 있어서 연구의 자유와 건강과 사회를 위한 연구의 의미
   를 고려해야 한다.

② 인간에 대한 생물학과 의학 연구는 다음 원칙을 준수해야
   한다.

a. 모든 연구계획은 참여자와 법적 대리인이 충분한 설명에 따
   라 동의했을 것을 전제로 한다. 법률로 예외를 규정할 수 있
   다. 거부는 언제든지 구속적이다.

b. 참여자의 위험과 부담이 연구계획의 이익에 비해서 불균형
   관계에 있지 않아야 한다.

c. 판단능력이 없는 사람에 대한 연구계획은 동일한 발견이 판

단능력이 있는 사람에게서는 얻을 수 없을 경우에만 실행될 수 있다. 연구계획이 판단능력이 없는 사람을 위해 직접적인 이익이 없으면 위험과 부담은 최소에 그쳐야 한다.

d. 독립적인 연구계획평가를 통해 참여자들의 안전이 보장된다는 결과가 나와야 한다.

제119조 인간에 대한 생식의학과 유전공학

① 인간은 생식의학과 유전공학의 남용으로부터 보호받는다.

② 연방은 인간의 배아와 유전형질의 이용에 관한 규정을 제정한다. 연방은 이 경우에 인간의 존엄과 인격과 가족을 보호하고 특히 다음 원칙을 지켜야 한다.

a. 모든 종류의 복제와 인간의 생식세포와 엠브리오에 대한 침해는 허용되지 않는다.

b. 인간의 것이 아닌 배아와 유전형질을 인간배아에 넣거나 융합시켜서는 안된다.

c. 의학적인 방식에 의한 생식절차는 불임이나 중대한 질병의 전염을 달리 제거할 수 없는 경우에만 허용되며, 태아에게 특정한 특성을 부여하거나 연구를 하기 위해서는 할 수 없다. 여성의 체외에서 수정은 법률에서 규정된 조건하에서만 허용된다. 여성의 체외에서 인간난자를 배아로 배양하는 것은 여성의 체내에 즉시 이식할 수 있는 양만큼만 허용된다.

d. 엠브리오의 증여나 모든 종류의 대리모는 허용되지 않는다.

e. 인간의 배아와 엠브리오 산출물의 거래는 허용되지 않는다.

f. 사람의 유전형질은 본인이 동의하거나 법률로 규정된 경우에만 검사되고, 등록되고, 공개된다.

g. 모든 사람은 그의 혈통정보에 접근할 수 있다.

제119a조 이식의학

① 연방은 장기와 조직, 세포의 이식에 관한 규정을 제정한다. 연방은 이 경우에 인간의 존엄과 인격과 건강을 보호하기 위해 노력하여야 한다

② 연방은 특히 장기의 공정한 배분에 관한 기준을 정한다.

③ 인간의 장기와 조직, 세포의 기증은 무상이다. 인간의 장기 거래는 금지된다.

제120조 인간외 영역의 유전공학

① 인간과 그 환경은 유전공학의 남용으로부터 보호를 받는다.

② 연방은 동물과 식물, 다른 생명체의 배아와 유전형질의 이용에 관한 규정을 제정한다. 연방은 이 경우에 생명의 존엄과 인간, 동물, 환경의 안전을 고려하고 동물과 식물종류의 유전적 다양성을 보호한다.

제9절 외국인의 체류와 영주

제121조 외국인분야와 망명분야의 입법권

① 외국인의 입국, 출국, 체류, 영주와 망명의 보장에 관한 입법권은 연방의 권한에 속한다.

② 외국인이 스위스의 안전을 위험하게 하는 경우에 스위스로부터 추방당할 수 있다.

③ 외국인은 그의 외국인법상의 지위에 관계없이 다음의 경우에는 스위스에 체류권과 체류에 관한 모든 권리를 상실한다.

a. 고의적인 살인죄나 강간죄나 기타 중한 성범죄, 그밖에 강도

와 같은 다른 폭력죄, 인신매매, 마약거래나 주택침입죄로 유죄를 선고받거나

b. 사회보험이나 사회부조로부터 부당한 급여를 받은 경우

④ 입법자는 제3항의 구성요건을 상세하게 규정한다. 입법자는 다른 구성요건을 보충할 수 있다.

⑤ 제3항과 제4항에 따라 스위스에 체류권과 체류에 관한 모든 법적청구권을 상실한 외국인은 관할 행정청에 의해 스위스로부터 추방당하고 1년 내지 15년간 입국금지의무가 부과된다. 반복되는 경우에 입국금지의무는 20년으로 정한다.

⑥ 입국금지의무를 지키지 않거나 기타 불법으로 스위스에 입국을 하면 형벌에 처할 수 있다. 입법자는 이에 관한 규정을 제정한다.

제121a조 이민조정

① 스위스는 외국인의 이민을 독자적으로 조정한다.

② 외국인의 스위스 체류를 위한 허가의 숫자는 매년의 최대숫자와 할당량에 의해 제한된다. 최대숫자는 망명을 포함한 외국인법의 허가 전체에 적용된다. 계속적인 체류와 가족이민과 사회급부 청구권은 제한될 수 있다.

③ 외국인 취업자를 위한 매년의 최대숫자와 할당량은 스위스인의 우선적인 고려하에 스위스 전체의 경제적 이익에 맞추어 조정해야 한다; 국경을 왕래하는 노동자를 포함한다. 체류허가의 중요한 기준은 특히 사용자의 신청, 통합능력, 독립적이고 충분한 생존기초 등이다.

④ 이 조항에 위반되는 국제조약을 체결해서는 안된다.

⑤ 자세한 것은 법률로 정한다.

제10절 민법, 형법, 도량형
제122조 민법
① 민법과 민사소송분야에 관한 입법권은 연방의 권한이다.
② 민사에 관한 법원조직과 재판은 법률에 별도의 규정이 없는 한 칸톤의 권한이다.

제123조 형법
① 형법과 형사소송분야의 입법권은 연방의 권한이다.
② 형사에 관한 법원의 조직과 재판과 형의 집행과 처분의 집행은 관한 것은 다른 법률에 규정이 없는 한 칸톤의 권한에 속한다.
③ 연방은 형과 처분의 집행에 관한 규정을 제정한다. 연방은 칸톤에게 다음을 위한 보조금을 지급할 수 있다.
a. 행형시설의 설치
b. 형벌과 처분의 집행의 개선
c. 아동과 청소년, 젊은 성인을 위한 교화시설

제123a조
① 성범죄 또는 폭력범죄자에 대한 보고서에서 법원의 판결이 필요하고 범인이 극히 위험하고 치유가능성이 없는 것으로 분류되어 재범의 우려가 높으면 종신구금형까지 처한다. 가석방과 복역중 휴가는 배제된다.
② 범인이 교화될 수 있고 공공에 대한 위험이 없다는 것이 새로 과학적인 지식을 통해서 입증된 경우에만 새로운 보고서

를 작성할 수 있다. 이 새로운 보고서에 근거해서 구금이 해
제되면 범인의 재범에 대한 책임은 구금을 해제한 행정청이
져야 한다.

③ 성범죄자와 폭력범인에 대한 모든 보고서는 최소 2인의 서
로 독립적이고 경험있는 전문가가 판단을 위하여 중요한 모
든 기초자료를 고려하여 작성한다. .

제123b조 사춘기 이전의 아동에 대한 성범죄와 포르노범죄행
위에 대한 공소시효배제

사춘기 이전의 아동에 대한 성범죄나 포르노 범죄행위에 대해
서는 공소시효가 배제된다.

제124조 피해자 지원

연방과 칸톤은 범죄행위로 인하여 신체적, 정신적, 성적인 불가
침성을 훼손당한 자가 범죄행위로 경제적인 어려움에 처한 경우
에 지원을 하고 적절한 보상을 하도록 한다.

제125조 도량형

도량형에 대한 입법권은 연방의 관할이다.

제3장 재정질서

제126조 예산운영

① 연방은 지출과 수입의 균형을 지속적으로 유지해야 한다.

② 승인을 위해 제안된 총지출예산의 상한액은 경제상황을 감
안한 추계수입총액에 맞추어야 한다.

③ 예외적인 재정수요가 있는 경우에는 제2항에 의한 상한액을

적정하게 인상할 수 있다. 상한액의 인상에 대해서는 연방 의회가 제159조 제3항에 의하여 결정한다.

④ 국가회계상 총지출액이 제2항이나 제3항에 의한 상한액을 초과하는 경우에는 후속연도에 보전하여야 한다.

⑤ 자세한 것은 법률로 정한다.

제127조 과세원칙

① 세금에 관한 규정 특히 납세자의 범위와 과세대상, 그 산정 의 기본적인 것을 법률로 규율해야 한다.

② 조세의 성질상 허용되는 경우에는 보편성의 원칙과 과세의 평등성, 경제적 능력에 상응한 과세의 원칙은 준수되어야 한다.

③ 칸톤상호간의 이중과세는 금지된다. 연방은 필요한 조치를 취한다.

제128조 직접세

① 연방은 다음 직접세를 징수할 수 있다.

a. 개인소득에 대한 최고 11.5%

b. 법인의 순수익에 대한 최고 8.5%

② 연방은 세율을 정함에 있어서는 칸톤과 게마인데에 의한 직 접세부담을 고려하여야 한다.

③ 개인소득세에 있어서 물가상승을 고려하지 않은 단순누진세 의 결과를 정기적으로 조정하여야 한다.

④ 세금은 칸톤에 의하여 산정되고 징수된다. 원징수액의 최소 한 17%는 칸톤에 귀속한다. 재정조정을 위해 필요한 경우 에는 칸톤의 귀속비율을 15%까지 인하할 수 있다.

제129조 조세조화

① 연방은 연방과 칸톤, 게마인데의 직접세의 조화를 위한 기본
   원칙을 정한다. 연방은 칸톤의 조화노력을 고려하여야 한다.

② 조화는 납세의무, 과세대상과 세액산정시기, 절차법과 조세
   형법에 미친다. 과세표와 세율, 면세액은 조화의 대상에 포
   함 되지 않는다.

③ 연방은 정당하지 않은 조세혜택을 방지하기 위한 규정을 제
   정할 수 있다.

제130조 부가가치세

① 연방은 자가소비를 포함한 물건이나 용역의 공급과 수입에
   대해서 최고 6.5%의 통상세율과 최소 2.0%의 감면세율로
   부가가치세를 부과할 수 있다.

② 숙박업과세에 대해서는 법률로 감면세율과 통상세율 사이에
   서 세율을 정할 수 있다.

③ 연령구성의 변화로 노령연금과 유족연금, 장애인 연금의 비
   용부담이 어려운 경우에는 연방법률로 통상세율을 최대1%,
   감면세율을 최대 0.3%까지 인상할 수 있다.

④ 목적에 구속되지 않는 세수의 5%는, 법률에 의해서 저소득
   층의 부담경감을 위한 다른 사용용도가 정해지지 않으면, 저
   소득층을 위한 건강보험료의 인하를 위하여 사용할 수 있다.

제131조 특별소비세

① 연방은 다음 물품에 대해서 특별소비세를 부과할 수 있다.

a. 담배와 담배상품

b. 증류주

c. 맥주

d. 자동차와 그 부품

e. 석유와 미네랄오일, 천연가스와 그 가공생산품과 연료

② 연방은 연료에 대한 소비세에 부가세를 부과할 수 있다.

③ 칸톤은 증류주에 대한 순조세수입의 10%를 받는다. 이 자금은 중독문제의 원인과 결과를 해결하는데 사용한다.

제132조 인지세와 정산세

① 연방은 유가증권, 보험료영수증, 그 밖의 상거래증명서에 인지세를 부과할 수 있다. 다만 토지거래증서와 토지저당거래증서에 대해서는 인지세를 부과하지 않는다.

② 연방은 유동자산수입과 복권당첨수입, 보험급여에 대해서 정산세를 징수할 수 있다. 조세수입 중에서 10%는 칸톤에 귀속된다.

제133조 관세

관세와 그 밖의 국경을 넘는 상품거래에 대한 공과금에 관련된 입법권은 연방의 관할이다.

제134조 칸톤과 지방자치단체의 과세배제

연방법률이 부가가치세, 특별소비세, 인지세, 정산세의 대상으로 규정하거나 면세를 선언한 것에 대해서는 칸톤과 게마인데는 동종의 세금을 부과할 수 없다.

제135조(재정조정과 부담조정)

① 연방은 연방과 칸톤 및 칸톤간의 적정한 재정조정과 부담조정에 관한 규정을 제정한다.

② 재정조정과 부담조정은 다음 각 호를 목적으로 한다.

a. 칸톤간 재정능력의 격차를 줄인다.

b. 칸톤에게 최소한의 재정자원을 보장한다.

c. 지형적이거나 사회인구적인 조건으로 인한 칸톤의 과도한 부담을 조정한다.

d. 부담조정을 포함한 칸톤간의 협력을 촉진한다.

e. 국내적 – 국제적 관계에서 칸톤의 조세경쟁력을 유지 한다.

③ 재원조정을 위한 자금은 재원이 많은 칸톤들과 연방에 의하여 마련한다. 재원이 많은 칸톤들의 급부는 연방급부의 최소 2/3, 최대 80%에 달해야 한다.

제4편 국민과 칸톤

제1장 총칙

제136조 정치적 권리

① 정신질환이나 정신박약으로 행위능력이 제한되지 않는 18세 이상의 모든 스위스 국민은 연방문제에 관한 정치적 권리를 가진다. 누구든지 동등한 정치적 권리와 의무를 가진다.

② 모든 스위스 국민은 하원의원선거와 연방의 투표에 참여할 수 있고, 연방안건에 대한 국민발안과 국민투표를 하고 서명할 수 있다.

제137조 정당

정당은 국민의 의견과 의사 형성에 관여한다.

제2장 국민발안과 국민투표

제138조 연방헌법의 전면개정에 관한 국민발안

① 100,000명의 유권자는 국민발안 공표 후 18개월 이내에 연 방헌법의 전면개정을 발안할 수 있다.

② 이 발안은 국민투표에 회부되어야 한다.

제139조 연방헌법의 부분개정에 관한 국민발안

① 100,000명의 유권자는 국민발안 공표 후 18개월 이내에 연 방헌법의 부분개정을 발안할 수 있다.

② 연방헌법의 부분개정에 대한 발안은 일반적인 발의형식이나 완성된 형식의 초안형식으로 할 수 있다.

③ 국민발안이 형식의 통일성, 대상의 통일성, 국제법의 강행규 정에 반하는 경우에 연방의회는 그 전부 혹은 일부에 대한 무효를 선언한다.

④ 연방의회가 일반적 발의형식의 국민발안에 동의하는 경우에 는 발안내용에 따른 부분개정안을 작성해서 국민과 칸톤의 투표에 회부하여야 한다. 연방의회가 국민발안을 거부하는 경우에는 그 국민발안을 국민투표에 부쳐야 한다. 국민은 발안을 수용할 것인지 여부를 결정한다. 국민이 찬성하는 경우에 연방의회는 상응하는 개정안을 작성해야 한다.

⑤ 완성된 초안형식의 국민발안은 국민과 칸톤의 투표에 회부

된다. 연방의회는 국민발안에 대해 동의 혹은 거부할 것을 권고한다. 연방의회는 국민발안에 대한 대안을 제안할 수 있다.

139 a조 (삭제)

139b조 국민발안과 대안에 대한 절차

① 투표권자는 국민발안과 그 대안에 대해서 동시에 투표를 한다.

② 투표권자는 양자에 대해서 모두 찬성할 수 있다. 양자를 찬성하는 경우에 투표권자는 우선순위질문에서 어느 안을 더 선호하는 지를 표시할 수 있다.

③ 통과된 헌법개정안 중에서 우선순위질문에서 하나의 헌법개정안이 국민다수를 차지하고 다른 하나가 칸톤다수를 차지한 경우에는 우선순위질문에서 국민다수의 비율과 칸톤다수의 비율이 높은 헌법개정안이 효력을 갖는다.

제140조 필요적 국민투표

① 다음 각호의 사항은 국민과 칸톤의 투표를 요한다.

a. 헌법개정

b. 집단안전보장조직이나 초국가적 공동체의 가입

c. 헌법상 근거를 갖지 않고 1년 이상 효력을 갖는 긴급연방법률; 이 법률은 연방의회에 의하여 승인된 후 1년 이내에 국민투표에 회부되어야 한다.

② 다음 사항에 대해서는 국민투표를 요한다.

a. 연방헌법의 전면개정 국민발안

b. 연방의회에서 부결된 일반발의형식의 헌법 일부개정안에 대한 국민발안

c. 연방헌법 전부개정의 시행여부에 관하여 상·하원의 의견이 상반되는 경우

제141조 임의적 국민투표

① 다음 각호의 사항에 대해서 공포후 100일 이내에 50,000명 이상의 유권자 또는 8개 이상의 칸톤이 요구하는 경우에 국민투표를 실시한다.

a. 연방법률

b. 유효기간이 1년이 넘는 긴급연방법률

c. 헌법이나 연방법률이 규정하는 연방결정

d. 국제법상의 조약으로

1. 무기한 해지불가능한 조약

2. 국제기구에 가입하는 조약

3. 중요한 입법규정을 포함하거나 그 집행에 연방법률의 제정을 요하는 조약

② (삭제)

제141a조 국제법상의 조약의 전환

① 국제법상의 조약의 승인결정이 필요적 국민투표사항이면 연방의회는 조약의 시행에 필요한 헌법개정을 승인결정에 포함할 수 있다.

② 국제법상의 조약의 승인결정이 임의적 국민투표사항이면 연방의회는 조약의 시행에 필요한 법률개정을 승인결정에 포함할 수 있다.

제142조 요구되는 다수결

① 국민투표에 회부된 안건은 투표자과반수의 찬성으로 채택된다.

② 국민투표와 칸톤투표에 회부된 안건은 투표자과반수와 칸톤과반수가 찬성한 경우에 채택된다.

③ 칸톤에서 국민투표결과는 칸톤투표의 결과로 간주된다.

④ 칸톤 옵발덴, 니더발덴, 바젤-쉬타트, 바젤-란트샤프트, 아펜젤 아우서로덴과 아펜젤 인너로덴은 각각 1/2 칸톤표를 가진다.

제5편 연방기관

제1장 총칙

제143조 피선거권

투표권이 있는 모든 사람은 연방하원의원, 연방상원의원, 연방법원법관에 선임될 수 있다.

제144조 겸직금지

① 연방하원의원, 연방상원의원, 연방법원의 법관은 동시에 서로 겸직할 수 없다.

② 연방각료와 연방법원의 전임(專任) 법관은 연방이나 칸톤의 다른 직을 겸할 수 없으며 다른 영리활동을 해서는 안된다.

③ 법률로 다른 겸직금지를 규정할 수 있다.

제145조 임기

연방하원의원과 연방정부의 각료와 연방사무처장은 4년 임기로 선출된다. 연방법원의 법관임기는 6년이다.

제146조 국가책임

연방은 그 기관이 직무수행중에 위법하게 야기한 손해에 대한 책임을 진다.

제147조 의견청취절차

칸톤과 정당 그리고 이익단체는 중요한 입법과 그 밖에 영향이 큰 사업과 중요한 조약에 있어서 의견표명의 기회를 갖는다.

제2장 연방의회

제1절: 조직

제148조(위상)

① 연방의회는 국민과 칸톤의 권리를 유보하고 연방에서 최고 권력을 행사한다.

② 연방의회는 양원으로 구성한다. 양원에는 하원과 상원이 있다. 양원은 서로 대등하다.

제149조 연방하원의 구성과 선거

① 연방하원은 200명의 국민대표로 구성된다.

② 연방하원의원은 비례선거의 원칙에 따라 국민에 의해 직접 선거로 선출된다.

③ 각 칸톤이 선거구가 된다.

④ 의석은 주민숫자에 따라 칸톤에 배분된다. 각 칸톤은 최소한 1석 이상을 가진다.

제150조 상원의 구성과 선거

① 상원은 46명의 상원의원으로 구성된다.

② 칸톤 옵발덴, 니더발덴, 바젤-쉬타트, 바젤-란트샤프트,

아펜젤 아우서로덴, 아펜젤 인너로덴은 각각 1명씩 상원의
원을 선출하고, 그 밖의 칸톤은 각각 2명씩 상원의원을 선
출한다.

③ 상원의원의 선거에 대해서는 칸톤이 규율한다.

제151조 회기

① 양원은 정기적으로 회기에 회합을 한다. 법률로 소집에 대
한 규율을 한다.

② 각원의 재적의원 1/4 또는 연방정부는 비회기에 의회의 소
집을 요구할 수 있다.

제152조 의장

각원은 그 의원 중에서 1년 임기로 의장과 제1부의장과 제2부
의장을 선출한다. 다음 해에 재선은 허용되지 않는다.

제153조 의회위원회

① 각원은 그 의원들로 구성하는 위원회를 설치한다.

② 법률로 공동위원회를 둘 수 있다.

③ 법률로 입법권이외의 권한을 위원회에 부여할 수 있다.

④ 위원회는 그 업무를 수행하기 위하여 정보권, 열람권, 조사
권을 가진다. 그 범위는 법률로 정한다.

제154조 교섭단체

연방의회의원은 교섭단체를 구성할 수 있다.

제155조 의회사무처

연방의회에는 사무처를 둔다. 연방의회는 연방행정부서에 협조
요청을 할 수 있다. 자세한 것은 법률로 정한다.

제2절 절차

제156조(분리 심의)

① 상원과 하원은 각각 분리해서 심의한다.

② 연방의회의 결정을 위해서는 양원의 일치를 요한다.

③ 양원의 결정이 불일치하는 경우에 다음 사항의 효력을 보장하기 위한 법률규정을 둔다.

a. 국민투표의 유효 또는 일부 유효

b. 국민투표에서 통과된 일반적 발의형식의 국민발안의 시행

c. 국민에 의해서 통과된 전면적 헌법개정에 대한 연방결정의 시행

d. 예산(Voranschlag) 또는 추가예산

제157조(공동심의)

① 다음 각호에 대해서는 하원과 상원이 합동연방의회로서 하원의장의 사회로 공동으로 심의한다.

a. 선거

b. 연방최고기관의 권한 분쟁에 대한 결정

c. 사면에 대한 결정

② 그 외에도 합동연방의회는 특별한 사유가 있거나 연방정부의 설명을 받기 위해 회합을 할 수 있다.

제158조 회의의 공개

의회의 회의는 공개한다. 법률로 예외를 규정할 수 있다.

제159조 의사정족수와 요구되는 다수

① 의회는 재적의원의 과반수 출석으로 유효하게 심의를 할 수 있다.

② 양원과 합동연방의회는 투표자과반수로 결정한다.

③ 그럼에도 불구하고 다음의 경우에는 재적과반수의 동의를 요한다.

a. 연방법률에 대한 긴급선언

b. 2천만 프랑을 초과하는 일회성 지출이나 2백만프랑 이상의 반복적 지출을 가져오는 보조금과 신용채무, 지출범위와 결정

c. 제126조제3항에 의한 예외적인 지출수요에 있어서 총액의 인상

④ 연방의회는 제3항 b호의 금액을 명령으로 물가변동에 따른 조정할 수 있다.

제160조 발안권과 동의권

① 모든 의회의원과 모든 교섭단체, 모든 위원회, 모든 칸톤은 의회에 발안을 할 수 있다

② 의회의원과 연방정부는 심의중인 사안에 대한 동의(動議)를 할 수 있다.

제161조 지시금지

① 연방의원은 지시를 받지 않고 표결을 한다.

② 연방의원은 이익연계를 공개한다.

제162조 면책특권

① 연방의원과 연방각료, 연방수상은 연방의회와 그 기관에서 행한 발언으로 인한 법적인 책임을 지지 않을 수 있다.

② 법률로 다른 종류의 특권을 인정할 수 있으며, 면책특권의 인적범위를 확대할 수 있다.

제3절 관할

제163조 연방의회법령의 형식

① 연방의회는 연방법률과 명령의 형식으로 입법상의 결정을 한다.

② 그 밖의 입법은 연방결정의 형식으로 한다. 국민투표의 대상이 되지 않는 연방결정을 단순한 연방결정이라고 표기한다.

제164조 입법

① 모든 중요한 입법결정은 연방법률의 형식으로 제정한다. 이에 속하는 것으로는 특히 다음과 같은 기본적인 결정이다.

a. 정치적 권리의 행사

b. 헌법상 권리의 제한

c. 개인의 권리와 의무

d. 납세의무자의 범위와 과세대상, 세액산정

e. 연방의 업무와 급부

f. 연방법률의 실시와 집행에 있어서 칸톤의 의무

g. 연방행정청의 조직과 절차

② 입법권한은 연방헌법에 의하여 금지되지 않는 한 연방법률에 의하여 위임될 수 있다.

제165조 긴급 입법

① 시행을 더 이상 미룰 수 없는 연방법률에 대해서는 각 원의 재적과반수로 긴급을 선언하고 즉시 효력이 발생하도록 할 수 있다. 긴급연방법률에는 기한이 있어야 한다.

② 긴급한 것으로 선언된 연방법률에 대해 국민투표가 요구되면 연방의회에서 채택된 날로부터 1년 이내에 국민투표에서

통과되지 못하면 효력을 그 기한의 만료로 효력을 상실한다.

③ 헌법상 근거를 갖지 아니한 긴급연방법률은 연방의회에 의하여 채택된 날로부터 1년 이내에 국민과 칸톤에 의해 채택되지 않으면 그 기한이 만료로 그 효력을 상실한다. 긴급연방법률에는 기한이 있어야 한다.

④ 긴급한 것으로 선언된 연방법률이 국민투표에서 채택되지 않으면 이를 다시 반복할 수 없다.

제166조 (외국과의 관계 및 국제조약)

① 연방의회는 외교정책의 형성에 참여하며 대외관계를 감독한다.

② 국제법상의 조약은 연방의회는 승인을 얻어야 한다. 다만 법률이나 국제법상의 조약에 의하여 그 체결이 연방정부의 권한에 속하는 조약은 제외한다.

제167조 재정

연방의회는 연방의 지출을 결정하고, 예산을 확정하고, 연방회계를 승인한다.

제168조 선거

① 연방의회는 연방각료, 연방수상, 연방법원의 판사, 장군을 선출한다.

② 법률로 연방의회에게 그 밖의 선거나 승인을 하도록 권한을 부여할 수 있다.

제169조(감독)

① 연방의회는 연방정부와 연방행정, 연방법원과 그 밖에 연방사무를 수행하는 기관에 대한 감독을 한다.

② 법률의 규정에 의한 감독위원회의 특별대표단에게는 비밀유

지의무를 주장할 수 없다.

제170조 효과성의 평가

연방의회는 연방의 조치에 대한 효과성이 평가되도록 하여야
한다.

제171조 연방정부에 대한 위임

연방의회는 연방정부에게 위임을 할 수 있다. 개별적인 사항,
특히 연방의회가 연방정부에 영향을 미치기 위한 수단에 세부적
인 사항은 법률로 정한다.

제172조 연방과 칸톤의 관계

① 연방의회는 연방과 칸톤의 우호적인 관계를 위해 노력한다.

② 연방의회는 칸톤헌법을 보장한다.

③ 칸톤상호간의 협약과 칸톤과 외국과의 조약은 연방정부나
　칸톤이 이의를 제기하는 경우에 연방의회의 승인을 받아야
　한다.

제173조 기타 업무와 권한

① 연방의회는 그 외 다음과 같은 업무와 권한을 가진다.

a. 연방의회는 스위스의 대외안전과 독립, 중립성을 보전하기
　위한 조치를 한다.

b. 연방의회는 대내적 치안을 유지하기 위한 조치를 한다.

c. 연방의회는 특별한 사정이 있어 필요한 경우에는 a호와 b호
　의 업무를 수행하기 위하여 명령이나 단순한 연방결정을 제
　정할 수 있다.

d. 연방의회는 현역복무와 이를 위한 군대와 그 일부를 동원할
　수 있다.

e. 연방의회는 연방법의 실시를 위한 조치를 한다.

f. 연방의회는 성립된 국민발안의 유효성여부를 결정한다.

g. 연방의회는 중요한 국가활동의 계획에 관여한다.

h. 연방의회는 연방법률이 명시적으로 규정하고 있는 경우에 개별행위에 대한 결정을 한다.

i. 연방의회는 연방최고기관 사이의 권한분쟁을 결정한다.

k. 연방의회는 특별사면을 선언하고 일반사면을 결정한다.

② 연방의회는 그 밖에 연방권한에 속하지만 다른 기관의 소관이 아닌 업무를 심의한다.

③ 법률로 그 밖의 업무와 권한을 연방의회에 부여할 수 있다.

제3장 연방정부와 연방행정

제1절 조직과 절차

제174조 연방정부

연방정부(Bundesrat)는 연방의 최고지도기관이고 최고집행기관이다.

제175조 구성과 선거

① 연방정부는 7명의 각료로 구성된다.

② 연방정부의 각료는 하원 총선거후에 연방의회에 의하여 선출된다.

③ 연방정부의 각료는 스위스 국민중에서 하원의 피선거권이 있는 자 중에서 4년 임기로 선출된다.

④ 연방정부의 각료를 선출함에 있어서는 지역과 언어권이 적

정하게 대표되도록 고려한다.

제176조 의장

① 연방대통령은 연방내각의 의장직을 수행한다.

② 연방대통령과 연방내각의 부의장은 연방각료 중에서 1년 임기로 연방의회에 의하여 선출된다.

③ 다음 해에 재선은 금지된다. 연방대통령은 다음 해의 부의장으로 선출될 수 없다.

제177조 협의체원칙과 부서제원칙

① 연방정부는 협의체로서 결정한다.

② 연방정부의 업무 준비와 집행은 부서에 따라 개별 각료에게 배분된다.

③ 부서와 그 하위단위에 업무의 독립적인 처리를 위임할 수 있다. 이 경우에 법적보호가 보장되어야 한다.

제178조 연방행정

① 연방정부는 연방행정을 지휘한다. 연방정부는 적정한 행정조직과 효과적인 업무의 수행이 이루어지도록 한다.

② 연방행정은 소관부서별로 구분한다. 연방각료는 각 부서의 장이 된다.

③ 행정업무는 법률에 의해서 연방행정 외에 공·사법상의 조직이나 법인에게 위임할 수 있다.

제179조 연방사무처

연방사무처는 연방정부의 총괄보조기관이다. 연방사무처는 연방사무처장이 지휘한다.

제180조 정부정책

① 연방정부는 정부정책의 목적과 수단을 결정한다. 연방정부
는 국가활동을 계획하고 조정한다.

② 연방정부는 중대한 공익이나 사익에 반하지 않는 한 그의
활동에 관한 정보를 적시에 충분하게 공개하여야 한다.

제181조 발의권

연방정부는 의회에 법률안을 제출한다.

제182조 입법과 집행

① 정부는 헌법과 법률의 위임에 의하여 명령 형식의 법규를
제정한다.

② 연방정부는 법규와 의회의 결정, 법원의 판결을 집행한다.

제183조 재정

① 연방정부는 재정계획을 수립하고, 연방예산안을 편성하며,
연방회계를 작성한다.

② 연방정부는 적정한 재정운용을 한다.

제184조 대외관계

① 연방정부는 연방의회의 관여하에 외교업무를 관장한다. 연
방정부는 대외적으로 스위스를 대표한다.

② 연방정부는 조약에 서명하고 비준을 한다. 연방정부는 국회
의 승인을 위해 조약을 연방의회에 제출하여야 한다.

③ 연방정부는 국익을 보전하기 위하여 필요한 경우에 명령과
처분을 할 수 있다. 명령은 한시적이어야 한다.

제185조 대내·대외적인 안전

① 연방정부는 대외적인 안전과 스위스의 독립과 중립을 보장

하기 위한 조치를 한다.

② 연방정부는 대내적인 안전을 보장하기 위한 조치를 한다.

③ 연방정부는 공공질서나 대내·외적인 장애가 발생하였거나 직접 중대한 위협을 받는 경우에 이 조항에 직접 근거해서 명령이나 처분을 할 수 있다. 명령은 한시적이어야 한다.

④ 연방정부는 긴급한 경우에 군대를 동원할 수 있다. 연방정부가 4,000명 이상의 병역을 현역으로 동원하거나 병력투입이 3주 이상 지속될 것으로 예상되는 경우에는 지체없이 연방의회를 소집하여야 한다.

제186조 연방과 칸톤의 관계

① 연방정부는 칸톤과의 관계를 관리하고, 칸톤과 협력하여야 한다.

② 연방법률을 집행하기 위해 필요한 경우에는 칸톤의 법률제정에 승인을 한다.

③ 연방정부는 칸톤상호간이나 칸톤과 외국과의 계약에 대해 이의를 제기할 수 있다.

④ 연방정부는 연방법률과 칸톤헌법, 칸톤의 협약들이 준수되도록 하고 필요한 조치를 한다.

제187조 그 밖의 사무와 권한

① 연방정부는 그 밖에 다음과 같은 권한을 가진다.

a. 연방정부는 연방행정과 그밖에 연방사무의 수행자에 대한 감독을 한다.

b. 연방정부는 연방의회에 정기적으로 그의 사무수행과 스위스의 상황에 대해 보고를 한다.

c. 연방정부는 다른 기관에 속하지 않는 선거를 실시한다.

d. 연방정부는 법률로 규정된 이의사건을 처리한다.

② 법률로 연방정부에 추가적인 사무와 권한을 부여할 수 있다.

제4장 연방법원과 그 밖의 사법기관

제188조 연방법원의 지위

① 연방법원은 연방의 최고 사법기관이다.

② 연방법원의 조직과 절차는 법률로 정한다.

③ 법원은 그 업무를 독립적으로 처리한다.

제189조 (연방법원의 관할)

① 연방법원은 다음 각호의 위반으로 인한 분쟁을 재판한다.

a. 연방법률

b. 국제법

c. 칸톤간의 권리

d. 칸톤헌법에 의한 권리

e. 지방자치와 공법상 사단을 위한 칸톤의 보장

f. 정치적 권리에 대한 연방과 칸톤의 규정

② 연방법원은 연방과 칸톤간의 분쟁과 칸톤간의 분쟁에 대한
   재판을 한다.

③ 그 밖에 연방법원의 관할을 법률로 규정할 수 있다.

④ 연방의회와 연방정부의 행위는 연방법원이 취소할 수 없다.
   법률로 예외를 규정할 수 있다.

제190조 준거법

연방법률과 국제법은 연방법원과 그밖에 법률을 적용하는 기관에게 기준이 된다.

제191조 연방법원에 접근

① 법률로 연방법원에 접근을 보장한다.

② 본질적인 의미를 갖는 법적문제가 아닌 분쟁에 대해서는 법률로 소송가액최소한도를 정할 수 있다.

③ 특정한 분야에 대해서는 법률로 연방법원에 접근을 배제할 수 있다.

④ 명백한 이유가 없는 제소에 대해서는 법률로 약식절차를 규정할 수 있다.

제191a조 기타 연방사법기관

① 연방은 형사법원을 설치한다. 이 법원은 법률이 연방법원관할로 정한 제1심 형사사건을 재판한다. 법률로 그 밖에 연방형사법원의 관할을 정할 수 있다.

② 연방은 연방행정관할로부터 발생하는 공법상분쟁의 재판을 위한 사법기관을 설치한다.

③ 법률로 그 밖의 연방사법기관을 규정할 수 있다.

제191b조 칸톤의 사법기관

① 칸톤은 민사, 공법상의 분쟁과 형사사건의 재판을 위한 사법기관을 설치한다.

② 칸톤은 공동사법기관을 설치할 수 있다.

제191c조 사법의 독립

사법기관은 재판활동에 있어서 독립적이며 오로지 법률에만 구속된다.

제6편 헌법개정과 경과규정

제1장 헌법개정

제192조 기본원칙

① 연방헌법은 언제든지 부분적 혹은 전면적으로 개정되어질 수 있다.

② 연방헌법과 이에 근거한 법률에 다른 규정이 없으면 헌법개정은 입법절차에 의한다.

제193조 전면개정

① 연방헌법의 전면개정은 국민이나 양원중 하나의 원에 의하여 제안되거나 연방의회에서 의결될 수 있다.

② 국민에 의해서 발의되거나 양원이 서로 불일치하는 경우에는 국민이 전면개정의 시행여부에 대해서 결정한다.

③ 국민이 전면개정에 대해 동의하면 양원은 다시 선출된다.

④ 국제법상의 강행규정은 위반되어서는 안된다.

제194조 부분개정

① 연방헌법의 부분개정은 국민에 의해서 요구되거나 연방의회에 의하여 의결된다.

② 부분개정은 내용적 통일성을 유지해야 하며 국제법상의 강행규정은 위반되어서는 안된다.

③ 부분개정에 대한 국민발안은 형식의 통일성을 지켜야 한다.

제195조 효력발생

헌법의 전면개정이나 부분개정은 그것이 국민에 의해 채택되었을 때 효력을 발생한다.

제2절 경과규정

제196조 (생략)

제197조 (생략)

스위스 칸톤의 약자

AG Aargau	OW Obwalden
AR Appenzell Ausserhoden	SG St. Gallen
BE Bern	SH Schaffhausen
BL Basel Land	SO Solothurn
BS Basel Stadt	SZ Schwyz
FR Fribourg	TG Thurgau
GE Genf	TI Tessin
GL Glarus	UR Uri
GR Graubünden	VD Waadt
JU Jura	VS Wallis
LU Luzern	ZG Zug
NE Neuchâtel	ZH Zürich
NW Nidwalden	

참고문헌

김성호, 지방분권 개헌, 삼영사, 2014

김순은, 주민주권론과 지방자치의 발전, 지방행정연구, 26권1호, 2012, 3-29

박영도, 스위스 연방의 헌법개혁과 향후전망, 한국법제연구원, 2004

삼성경제연구소, 한국의 사회갈등과 경제적 비용, CEO Information(710호), 2009.6.24

선학태, 남북한 통합국가 모형 – 스위스 '콘코르단츠' 민주주의적 접근, 민주주의와 인권 제6권 2호, 2006.10, 75-106. 송상훈 외, 분권시대 지방교부세의 발전방향, 경기개발연구원, 2011

안병영, 오스트리아의 갈등관리와 체제통합에 관한 연구, 한국행정연구원, 2011

안성호, 스위스연방민주주의 연구, 대영문화사, 2001

안성호, 분권과 참여. 스위스의 교훈, 도서출판 다운샘, 2005

안성호, 양원제 개헌론, 신광문화사, 2013

이기우, 스위스 지방세제도, 한국지방세연구원, 2013

이기우, 스위스에서의 지방자치단체간 통합논쟁과 대안, 자치행정연구 제25권 제2호, 2011, 57-78

이기우/권영주, 연방주의적 지방분권에 관한 연구, 경기개발연구원, 2010

이국운, 지방분권, 출발점은 개헌이다!, 박근혜정부의 분권정책과 지역발전, 2014년도 한국지방자치학회 하계학술대회자료집, 671-702

이승종, 선진지방자치를 위한 정책과제, 지방행정 57권657호, 2008, 33-40

Altermatt, Urs, Die Schweizer Bundesräte, ein biographishes Lexikon, Zürich/München 1992

Aubert, Jean-François, Bundesstaatsrecht der Schweiz, Basel/Frankfurt a.M., 1995

Baur, Martin / Daepp, Martin / Jeitziner, Bruno, Die formelle Steuerhar-monisierung im Lichte ökonomischer Theorien, Die Volkswirtschaft Das Magazin für Wirtschaftspolitik 3-2010, 58-62, http://www.dievolkswirtschaft.ch/de/editions/201003/pdf/Baur.pdf

Bauer, Werner T., Vorbild Schweiz? Einige Anmerkungen zur eidgenossischen

„Direkten Demokratie", http://www.politikberatung.or.at/uploads/media/
SchweizDirekteDemokratie.pdf

Bertelsmann Stiftung, Finanzwissenschaftliche Leitlinien zur Gestaltung eines
dezentralen Finanzsystems, 2006, http://www.bertelsmann-stiftung.de/
cps/rde/xbcr/SID-37704587-DA4D8549/bst/B_Finanzwissenschafliche_
Leitlinien.pdf

Blöchliger, Hansjörg/ Frey, René L. Der schweizerische Foderalismus: Ein
Modell für den institutionellen Aufbau der Europaischen Union?,
Aussenwirtschaft 47, 1992, 515 - 48.

Brülhart, Marius, Erfolgsgeschichte Obwalden?, BATS.CH 2012.2.22,
http://www.batz.ch/2012/02/erfolgsgeschichte-obwalden/

Brunner, Emil: Gerechtigkeit. Eine Lehre von den Grunden der Gesellsch-
aftsordnung, Zurich 1943

Bützer, Michel, Direktdemokratie in Schweizer Städten, Baden-Baden 2007
(Zürich Univ. Diss. 2006)

Caroni, Andrea, Die sieben Fähnlein des aufrechten Föderalisten, Peter Ruch,
Pierre Bessard, Daniel Eisele(Hrsg.), Robert Nef - Kämpfer für die
Freiheit, Luzern 2012, 75-77

Defaco, Alfred, Schlussreferat eines Auslandschweizer, in: Staatskanzlei Kanton
Aargau(Hrsg.), Der Schweizer Föderalismus unter Effizienzdruck:
Was sind Perspektiven?, Zürich 2008, 39-46

Duverger, Maurice, Die Politische Parteien, Landshut, Siegfried(Hg. und
übersetzt), Tübingen, 1959

Eichenberger, Reiner, The Future of Switzerland, in: Christoffersen,Henrik/ Beyeler,
Michelle/ Eichenberger,Reiner/ Nannestad,Peter/ Paldam,Martin, The
Good Society. A Comparative Study of Denmark and Switzland,
Heidelberg 2013, 283-311

Eichenberger, Reiner, Deutschland braucht Steuerautonomie für Länder und
Gemeinden, http://www.handelskammer-bremen.ihk24.de/linkableblob/
hbihk24/Bremen+und+die+Region/Steuern+und+Finanzen/Anhaen
gesl/2362052/.8./data/Prof_Dr_Reiner_Eichenberger-data.pdf (2011)

Eichenberger, Reiner, Zweckgemeinden statt Zweckverbände, Bruno Meier,
Bruno (Hrsg.), Der politische Raum. Beiträge zu Politik, Wirtschaft,
Kultur und Gesellschaft, Baden1998: 39-51

Eichenberger, Reiner/ Frey, Bruno S. Democratic Governance for a Globalized World. Kyklos, Vol. 55(2002): 265 - 288.

Eichenberger, Reiner.2007. 인터뷰기사(2007.5.13), http://www.anian-liebrand.ch/files/ Interview_Eichenberger_Nachteile_Gemeindefusionen.pdf

Eichenberger, Reiner/ Mark Schelker, Was macht direkte Demokratie noch besser? Unabhängige Rechnungsprüfungskommissionen in: Markus Freitag, Uwe Wagschal (Hrsg.): Direkte Demokratie - Bestandsaufnahmen und Wirkungen im internationalen Vergleich. Münster 2007, 385 - 417

Eberle,Thomas, Der Sonderfall Schweiz aus soziologischer Perspektive, 2007 Zürich, http://www.temoa.info/go/135025

Erne, Matthias, Was Heisst Volkssouveränität?, in, Elsässer, Jürgen/Erne, Matthias, Erfolgmodell Sweiz, Berlin, 2010, 9-26

Erne, Roland, Plebiszit, Referendum und Volksbegehren. Drei Typen direkter Demokratie im europäischen Vergleich, 2002, http://irserver.ucd.ie/bitstream/handle/ 10197/3926/Plebiszit,_Referendum_und_Volksbegehren.pdf?sequence=1

Erne, mattias, Was Heisst Volkssouveränität?, in: Elsässer, Jürgen/ Erne Mattias(Hrsg.), Erfolgsmodell Schweiz, 9-26

Feld, Lars, Braucht die schweiz eine materielle steuerharmonisierung?, Zürich 2009

Feld, Lars/ Kirchgässner, Gebhard: Sustainable Fiscal Policy in a Federal System: Switzerland as an Example, CREMA Working Paper No. 16, 2005.

Feld, Lars/ Savioz, Marcel, Direct Democracy Matters for Economic Per-formance: An Empirical Investigation, Kyklos 50(4) 1997, 507-538.

Feld, Lars/ Kirchgässner, Gebhard, Public Debt and Budgetary Proce-dures: Top down or Bottom Up? Some Evidence form Swiss Municipalities, in: Poterba James M./Hagen, Jürgen von(hrsg.) Fiscal Institutions and Fiscal Performance. Chicago1999, 151-179.

Fleiner, Fritz, Schweizerisches Bundesstaatsrecht, Tübingen 1923

Fleiner, Thomas/Fleiner, Lidija R. Basta, Allgemeine Staatslehre, Dritte Auflage, Berlin u.a. 2004

Freitag, Markus/Vatter, Adrian/Müller, Christoph, Bremse oder Gaspedal? Eine empirische Untersuchung zur Wirkung der direkten Demokratie auf den Steuerstaat, Politische Vierteljahresschrift, 09/2003; 44(3):348-369.

Frey, Bruno S., A Constitution for Knaves Crowds Out Civic Virtues, Economic Journal 107(443) 1997, 1043-1053.

Frey, Bruno S., Neubelebung: Direkte Demokratie und dinamischer Föderalismus, in: Borner,Silvio/Rentsch,Hans(hrsg), Wieviel direkte Demokratie verträgt Schweiz, Chur/Zürich, 183-203

Frey, Bruno/ Eichenberger, Reiner, The New Democratic Federalism for Europe - Functional, Overlapping and Competing Jurisdictions. Edward Elgar Publishing Ltd 1999.

Frey, René/Dafflon,Bernard/Jeanrenaud,Claude/Meier,Alfred/ Spillmann, Andreas (1994): Der Finanzausgleich zwischen Bund und Kantonen. Gutachten. Bern: EFV/FDK

Frey, Miriam/Frey, Rene, Irrgarten Finanzausgleich, Kantonsmonitoring 5, 2013

Frey, René, Experten in der Reform des Neuen Finanzausgleichs (NFA) in der Schweiz, 2010, CREMA Beiträge zur aktuellen Wirtschaftspolitik No. 2010-03

Frey, René. (1996), Verteilung der Aufgaben und Steuern im schweizerischen Bundesstaat, in: Pommerehne/ Ress (Hrsg.), *Finanzverfassung im Spannungsfeld zwischen Zentralstaat und Gliedstaaten*, Nomos, Baden-Baden, 104 - .115.

Frey, René, Steuerwettbewerb - bis der Staat kaputt geht?, Vortrag im Rahmen der SeniorenUniversitäat Basel, 26. und 27. April 2006, CREMA Beiträage zur aktuellen Wirtschaftspolitik No. 2006-04, http://www.crema-research.ch/bawp/2006-04.pdf

Frey, René, Verteilung der Aufgaben und Steuern im schweizerischen Bundesstaat, in: Pommerehne/ Ress (Hrsg.), *Finanzverfassung im Spannungsfeld zwischen Zentralstaat und Gliedstaaten*, Nomos, Baden-Baden 1996, 104 - 115

Gasser, Adolf, Gemeindefreiheit als Rettung Europas, Basel 1947

Giacometti, Zaccaria/ Fleiner, Fritz , Schweizerisches Bundesstaatsrecht, Zürich 1978

Grabenwarter,Christoph, Subsidiarität: Rechtsprinzip oder Politische Slogan? 2010, http://www.venice.coe.int/webforms/documents/default.aspx?pdffile= CDL-UD(2010)043-ger

Gross, Andreas, Die EU und die direkte Demokratie: Ewig unvereinbar oder gar aufeinander angewiesen?, in: LEGES 2004/3, S.49 - 57

Habermann, Gerd, Europa braucht eine unabhängige Schweiz, 2005, http://www.schweizerzeit.ch/1105/europa.htm

Häfelin, Ulrich/Haller, Walter/Keller, Helen, Schweizerisches Bundesstaatsrecht, 8. Aufl., Zürich 2012

Hermann, Michael, Kokordanz in der Krise, Zürich 2011

Hilty, Carl, Vorlesungen über die Politik der Eidgenossenschaft. Bern 1875

Kälin, Walter/Rothmayr, Christine, Justiz, in: Klöti,Ulrich/Knoepfel, Peter/ Kriesi, Hanspeter/ Linder, Wolf/ Papadopoulos, Yannis/ Sciarini, Pascal(Hrsg.), Handbuch der Schweizer Politik, 4.Aufl., Zürich 2006, 177-200

Kirchgässner, Gebhard, Kokordanz, Divided Government und die Möglichkeit von Reformen, in: Köppl, Stefan/Kranenpohl, Uwe(Hrsg.), Konkordanzdemokratie, Ein Demokratietyp der Vergangenheit?, Baden-Baden, 2012, 219-240

Klöti, Ulrich, Regierung, in: Klöti, Ulrich. et al. (Hrsg.), Handbuch der Schweizer Politik (4. Auflage), Zürich 2002, 151-175

Koller, Anold, Wie die Konkordanz zu retten wäre ?, in: Neuer Zürcher Zeitung(2007.6.1)

Koller, Christophe, Die kantonalen Verwaltungen, in: Ladner, Andreas/ Chappelet, Jean-Loup/ Emery,Yves/ Knoepfel, Peter/ Mader,Luzius/ Soguel,Nils/ Varone,Frédéric (Hrsg.), Handbuch der öffentlichen Verwaltung in der Schweisz, 127-148

Kölz, Alfred, Neue Schweizerische Verfassungsgeschichte, Bern, 1992

Koydl, Wolfgang, Die Besserkönner, was die Schweiz so besonders macht, Zürich, 2014

Kranepohl, Uwe, Konkordanzdemokratie, Konsensusdemokratie, Verhandlungs- demokratie. Versuch einer terminologischen und typologischen Strukturing, in: Akademie für Politische Bildung Tutzing, Baden-Baden 2012, 13-31

Krumm, Thomas, Das politische System der Schweiz. Ein internationaler Vergleich, München 2013

Ladner, Andreas, Politische Gemeinden, kommunale Parteien und lokale Politik. Zürich 1991

Ladner, Andreas, Die Schweizer Gemeinden im Wandel: Politische Institutionen und lokale Politik, Chavannes-Lausanne 2008

Ladner, Andreas, Wahlen in den Schweizer Gemeinden, Lausanne 2011

Ladner, Andreas/ Steiner, Reto/ Horber-Papazian, Katia/ Fiechter, Julien/ Jacot-Descombes, Caroline/ Kaiser, Claire, Gemeindemonitoring 2009/2010, Bericht zur fünften gesamtschweizerischen Gemeindeschreiberbefragung, Bern, 2013(Ladner u.a. 2013)

Lehmbruch, Gerhard, Proporzdemokratie: Politisches System und Politische Kultur in der Schweiz und Österreich, Tübingen 1967

Lichtsteiner, Hans, Die Schweiz - das land der Verbande, Bulletin 4x/2014, http://www.bulletin-online.ch/uploads/media/11-14_1404s_lichtsteiner. pdf

Lijphart, Arend, The Politics of Accomoation: Pluralism and Democracy in Netherlands, Berkeley 1968

Lihphart, Arend, Democracies, Forms, Performance, and constitutioal engineering, in: European Jounal of Political Research 25, 1994, 1-17

Lihphart, Arend, Patterns of Democracy. Government Forms and Performance in thirty-Six Countries, Second Edition, Yale University Press, New Heaven & London 1999, 2012

Linder, Wolf, Swiss Democracy, Possible Solutions to Conflict in Multicultural Societies, Basingstoke 2010

Linder, Wolf, Schweizerische Demokratie, Institutionen Prozesse Perspektiven, 3.Aufl., Bern u.a. 2012

Linder, Wolf, Kompetenzzuordnung und Wettbewerb im Föoderalismus, http:// www.wolf-linder.ch/wp-content/uploads/2014/01/Kompetenzzuordnun g-und-Wettbewerb.pdf, 2013

Linder, Wolf, Entwicklung, Strukturen und Funktionen des Wirtschafts-und Sozialstaats Schweiz, in: Riklin, Alois(Hrsg.), Handbuch politisches System der Schweiz Bd.I, Berm 1983, 255-382

Linder,Wolf/ Iff, Andrea, Das Politische System in der Schweiz http:// www.swissworld.org/media/political_system_2011/?lang=de

Loewenstein, Karl, Verfassungslehre. 3. Aufl. Tübingen 1975

Mächler, August, Finanzrecht, Recht der öffentlichen Finanzen, Zürich 2014

Marti, Urs, Zwei Kammern - ein Parlament. Ursprung und Funktion des Schweizerischen Zweikammersystems, Frauenfeld 1990

Marxer,Wilfried / Pallinger, Zoltan Tibor, Direkte Demokratie in der Schweiz und in

Liechtenstein, 2006, www.liechtenstein-institut.li

Maurer, Ueli, Direkte Demokratie: Garant für Stabilität und Sicherheit, 2013.

5. 18, https://www.news.admin.ch/message/index.html?lang=de&msg-id= 48800

Meyer, Miro, Perimeter der Gemeindezusammenarbeit im Kanton Zürich.

2010, http://www.geo.uzh.ch/fileadmin/files/content/abteilungen/gis/research/ msc_thesis/msc_miro_meyer_2010.pdf

Moeckli, Sivano, Das politische System der Schweiz verstehen, 2. Aufl.

Altstätten 2008

Möckli, Silvano, Funktionen und Dysfunktionen der direkten Demokratie.

Beiträge und Berichte. Institut für Politikwissenschaft. Hochschule St. Gallen, 1995.

Neidhart, Neonhard, Plebiszit und pluralitäreDemokratie: Eine Analyse der Funktion des schweizrischen Gesetzesreferendum, Zürich 1970

Nohlen, Dieter, Whalrecht und Parteisystem, Über die politischen Auswirkungenvon Wahlsystemen, Opladen 1990

Nuspliger, Kurt/Mäder, Jana, Bernisches Staatsrecht, 4. Aufl., Bern 2012

Pommerehne, Werner W., The Empirical Relevance of Comparative Institutional Analysis", European Economic Review 34(2/3), 1990, 458-469.

Powell, Bingham G. Jr., contemporary Demokracies: Participation, Stability and violence, Cambridge, 1982

Rhinow, René, Das Geheimnis der schweizerischen Demokratie, http:// www.humboldt.hu/HN30/HN30-2-12-Das_Geheimnis_der_ schweizerischen_Demokratie.pdf

Riker, William H, Justification of Bicameralism, in: International Political Science Riview13(1992), 101-116

Riklin, Alois, Konkordanz, Koalition oder Konkurrenz?, Zeitschrift für Politik, Wirtschaft, Kultur, Band80 heft6 (2000), 19-23

Sager, Fritz / Vatter, Adrian, Debatte um das Ständemehr Föderalismus contra Demokratie, Neue Zürcher Zeitung, 2013.3.6, http://www.nzz.ch/ aktuell/ schweiz/foederalismus-contra-demokratie-1.18041403

Saladin, Peter, Art. 3, in: Aubert Jean-Francois et al.(hrsg), Kommentar zur

Bundesverfassung der Schweizerischen Eidgenossenschaft von 29. Mai. 1874, Zürich u.a. 1987

Schenkel,Walter/ Kübler,Daniel, Strukturen für eine bessere Zusammenarbeit im Wirtschaftsraum, Zürich 2005

Schiller, Theo, Direkte Demokratie. Einen Einführung, Frankfurt/New York 2002

Schweiz, Das Politische System der Schweiz, www.geschichte-luzern.ch/sites/default/files/PolSys_de.pdf

Schweiz Steuerkonferenz(SSK), Die geltenden Steuern von Bund, Kantonen und Gemeinden, 2014

Schweiz Steuerkonferenz(SSK), Steuersatz und Steuerfuss, 2012

Tschannen, Pierre, Staatsrecht der Schweizerischen Eidgenossenschaft, zweite Aufl., Bern 2007

Spindler, Jürgde. 2006. Die Zweckgemeinde http://www.sgvw.ch/d/fokus/Seiten/061108_zweckgemeinde_despindler.aspx

Steffani, Winfried, Gewaltenteilung und Parteien im WandelOpladen/Wieswaden, 1977

Steiner, Reto, Interkommunale Zusammenarbeit und Gemeindezusammenschlüsse in der Schweiz, Bern 2003

Steiner, Reto, in: Nachrichten 2010, http://www.nachrichten.at/nachrichten/politik/landespolitik/art383,490032,

Steiger, Yolanda, Direkte Demokratie-Utopie oder realistische gesellschaftliche Staatsform?, 2006, http://socio.ch/demo/t_steiger.htm

Sturm, Roland, Föderalismus, Baden-Baden 2010

Stuzer, Alois, Demokratieindizes für die Kantone der Schweiz, 1999, http://www.iew.uzh.ch/wp/iewwp023.pdf

Stutzer, Alois/ Frey, Bruno S., Stärkere Volksrechte - Zufriedenere Bürger : eine mikroökonometrische Untersuchung für die Schweiz, Swiss Political Science Review 6(3) 2000, 1-30

Tiefenbach, Paul, Positionspapier Nr. 10 Chaos oder Sanierung? Wie sich Volksentscheide auf die öffentlichen Haushalte auswirken, 2011, http://sh.mehr-demokratie.de/fileadmin/pdf/Positionen10_Volksentscheide_und_Finanztabu.pdf

Tremmel, Jörg/Karls, Eberhard, Eine erweiterte staatliche Gewaltenteilung als theoretisches Fundament für die Institutionalisierung von Nachhaltigkeit - ideengeschichtliche Grundlagen, 2013.5.28, https://backend.uni-tuebingen.de/ fileadmin/Uni_Tuebingen/Fakultaeten/SozialVerhalten/Institut_fuer_Po litikwissenschaft/Dokumente/tremmel/Gewaltenteilung_20130528.pdf

Tschanen, Pierre, Staatsrecht der Schweizerischen Eidgenossenschaft, 2. Aufl., Bern2007

Uhlmann,Felix, Kollegialität und politische Verantwortung, Gemeindeforum 2006, 16. November 2006, http://www.google.co.kr/url?url=http:// www.gaz.zh.ch/internet/justiz_inneres/gaz/de/aktuell/veranstaltungen1/ archiv_gemeindeforum/gemeindeforum_2006/_jcr_content/contentPar/ downloadlist/downloaditems/483_1282570006568.spooler.download.1 300958076427.pdf/Kollegialitaet_Vortrag_Uhlmann.pdf&rct=j&frm =1&q=&esrc=s&sa=U&ei=TQLXU_GCM5L68QXVBQ&ved=0CB MQFjAA&usg=AFQjCNGPne5j1BPysMVNLtiiNQZWkMnQNg

Tiemann, Guido, Wahlsysteme, Parteisysteme und politische Repräresentation in Osteuropa, Wiesbaden 2006

Vatter, Adrian, Das politische System der Schweiz, Baden-Baden, 2014

Vatter, Adrian, Vom Extremtyp zum Normalfall? Die schweizerische Konsensusdemokratie im Wandel: Eine Re-Analyse von Lijpharts Studie für die Schweiz von 1997 bis 2007, in: Swiss Political Science Review 14(2008), 1-47.

Vatter, Adrian, Föderalismus, in: Klöti, Ulrich/Knoepfel, Peter/Linder, Wolf/Papadopoulos, Yannis/ Sciarini Pascal, Handbuch der Schweizer Politik, 4. Aufl., Zürich 2006, 79-102

Vatter, Adrian, Kanton, in: Klöti,Ulrich/ Knoepfel,Peter/ Kriesi, Hanspeter/ Linder,Wolf/ Papadopoulos,Yanis/ Sciarini,Pascal(Hrsg.), Hanbuch der Schweizer Politik, 5. Aufl., Zürich 2014, 245-274

Villiger, Kaspar, Eine Willensnation muss wollen. Die politische Kutur der Schweiz: Zukunfts- oder Auslaufmodell?, Zürich 2009

Wartburg, Wolfgang von, Geschichte der Schweiz, München 1951

Weiss , Peter, Die müden Multi-Partizipierer?, Züich 2012, http://www.socio.ch/par/t_ pweiss.pdf

Werner Seitz, Elemente der Politischen Kultur der Schweiz, Eine Annäherung, Blum Roger / Meier, Peter / Gysin, Nicole (Hg.), Wes Land ich bin, des Lied ich sing? Medien und politische Kultur, Berner Texte zur Kommunikations- und Medienwissenschaft, Band 10, Haupt Verlag, Bern 2006, S. 51 - 64

Widmer, Paul, Der Wille ist es!, Zeitschrift für Politik, Wirtschaft, Kultur, Band 90(2010), 26-28

Widmer, Paul, Die Schweiz als Sonderfall. Macht der Sonderfall Schweiz im Zeitalter der Globalisierung noch Sinn?, http://www.libinst.ch/ publikationen/LI-Rede-Paul-Widmer-2008-02-15.pdf

Widmer, Paul, Die Schweiz als Sonderfall, Zürich 2008

Widmer-Schlumpf, Evelline, Lebendiger Föderalismus - Standortvorteil für Menschen und Unternehmen, in: Stattskanzlei Kanton Aargau(Hrsg.), Der Schweizer Föderalismus unter Effizienzdruck:Was sind Perspektiven?, Zürich 2008, 58-63

(같은 내용으로 http://www.ejpd.admin.ch/content/ejpd/de/home/dokumentation/ red/archiv/reden_eveline_widmer-schlumpf/2008/2008-03-28.html

Wüthrich, Marianne/ Roca, René, Das Schweizer Modell, www.zeit-fragen.ch/ index.php?id=952

색인

이기우 ─────

독일 뮌스터대학교에서 법학박사를 취득한 후 인하대학교에서 법학전문대학원 원장, 정석학술정보관 관장, 교수회의장 등을 역임하고 현재 법학전문대학원 교수로 재직하고 있음. 주로 지방분권과 시민참여, 정치제도개혁에 관한 연구를 하고 있음.

대통령소속 정부혁신지방분권위원회 위원, 지방행정체제개편위원회 위원, 국회 윤리심사자문위원회 위원, 시장군수구청장협의회 자문위원, 시도지사협의회 지방분권특별위원회 공동위원장, 시군자치구의회 의장단협의회 자문위원, 경실련 지방자치위원장과 정책위원장, YMCA전국연맹 지방자치위원장 등을 역임하면서 다양한 정부자문활동과 시민사회활동을 해왔음.

지방자치행정법, 지방자치이론, 지방분권과 시민참여, 지방자치법, 지방행정체제개편론 등의 저서를 집필하였음.

분권적
국가개조론

초판인쇄   2014년 11월 11일
초판발행   2014년 11월 11일

지은이   이기우
펴낸이   채종준
펴낸곳   한국학술정보㈜
주소   경기도 파주시 회동길 230(문발동)
전화   031) 908-3181(대표)
팩스   031) 908-3189
홈페이지   http://ebook.kstudy.com
전자우편   출판사업부   publish@kstudy.com
등록   제일산-115호(2000. 6. 19)

ISBN   978-89-268-6735-8 93340